Das Buch von Margaret S. Mahler und ihren Mitarbeitern Fred Pine und Anni Bergman über die »zweite« Geburt des Menschen wird von Fachleuten als Meilenstein der psychoanalytischen Theoriebildung gepriesen. Nach den Erkenntnissen der bekannten amerikanischen Psychoanalytikerin wird die kindliche Entwicklung durch Loslösung und Individuation geprägt: Loslösung ist das Auftauchen des Kindes aus der symbiotischen Verschmelzung mit der Mutter, Individuation ist eine Folge von Entwicklungsschritten, die zu individuellen Verhaltens- und Charaktermerkmalen führen. Phasen und Unterphasen dieses Entwicklungsprozesses werden in aller Ausführlichkeit geschildert und mit einer Fülle empirischer Beobachtungen dokumentiert. Der Leser gewinnt im Verlauf des ungewöhnlich verständlich geschriebenen Buches ein klares Bild von den Aufgaben, die Mutter und Kind zu bewältigen haben, wenn die kindliche Entwicklung in die Individualität münden soll. Die von den Autoren erarbeitete Untersuchungsmethode und die Bedeutung des Forschungsansatzes werden ebenso erklärt wie Veränderungen des Beobachtungsrahmens, die im Laufe der Untersuchung notwendig wurden. Mehrere Kapitel verfolgen im einzelnen die Entwicklung von fünf Kindern durch die verschiedenen Phasen und Subphasen des Loslösungs- und Individuationsprozesses. Das Buch zählt zu den wichtigsten entwicklungspsychologischen Beiträgen der letzten Jahrzehnte.

Prof. Dr. Margaret S. Mahler, in Österreich geboren, 1985 im Alter von 88 Jahren gestorben, arbeitete zuletzt als Psychoanalytikerin und Forschungsdirektorin am Masters Children's Center in New York. *Fred Pine* und *Anni Bergman* sind Professoren für Psychologie.

Margaret S. Mahler
Fred Pine / Anni Bergman

Die psychische Geburt des Menschen

Symbiose und Individuation

Aus dem Amerikanischen von
Hilde Weller

Fischer
Taschenbuch
Verlag

Einmalige Sonderausgabe
Veröffentlicht im Fischer Taschenbuch Verlag GmbH,
Frankfurt am Main, Januar 1993

Lizenzausgabe mit freundlicher Genehmigung des
S. Fischer Verlages GmbH, Frankfurt am Main
Die Originalausgabe mit dem Titel
›The Psychological Birth of the Human Infant‹
erschien 1975 bei Basic Books, Inc. Publishers, New York

Umschlaggestaltung: Balk/Heinichen/Walch
Gesamtherstellung: Clausen & Bosse, Leck
Printed in Germany
ISBN 3-596-11545-0

Gedruckt auf chlor- und säurefreiem Papier

Inhalt

Einleitung und historischer Rückblick

Bereits im Jahre 1949 entwarf Margaret S. Mahler erstmals ihre Theorie, wonach die Syndrome der schizophrenieähnlichen kindlichen Psychose entweder autistischen oder symbiotischen Ursprungs oder einer Kombination von beidem wären.[1] Zusammen mit Gosliner stellte sie 1955 die Hypothese von der Universalität des symbiotischen Ursprungs der *condition humaine* auf sowie die Hypothese eines obligatorischen Loslösungs- und Individuationsprozesses in der normalen Entwicklung.[2]
Diese Hypothesen waren Anlaß eines Forschungsprojekts über »Die Naturgeschichte der symbiotischen kindlichen Psychose«, das unter der gemeinsamen Leitung von Mahler und Dr. Manuel Furer am New Yorker *Masters Children's Center* durchgeführt wurde. Die Mittel für das Projekt wurden vom *National Institute of Mental Health* (USPHS) zur Verfügung gestellt; es sollte der Erforschung der gravierendsten Abweichungen von der angenommenen symbiotischen Phase und der des völligen Scheiterns des obligatorischen intrapsychischen Loslösungs- und Individuationsprozesses dienen. Die Ergebnisse dieser Forschungsarbeit sind Gegenstand des Buches *Symbiose und Individuation.*[3]
In ihren Anfangsstadien beschränkten sich die Forschungsbemühungen auf die Untersuchung symbiotisch-psychotischer Kinder und ihrer Mütter. Den beiden Projektleitern wurde jedoch immer klarer, daß die obigen Hypothesen der Validierung anhand der normalen menschlichen Entwicklung bedurften: eine vergleichende Paralleluntersuchung normaler Babys und ihrer Mütter war erforderlich, um die Allgemeingültigkeit der Hypothesen zu untermauern. Folglich wurde 1959 mit der Untersuchung einer Kontrollgruppe »durchschnittlicher Mütter mit normalen Kindern« am *Masters Children's Center* begonnen. Durch Zuwendungen der

[1] Siehe »Clinical Studies in Benign and Malignant Cases of Childhood Psychoses – Schizophrenia-Like«, American Journal of Orthopsychiatry, *19*, S. 297, Anm.
[2] Siehe »On Symbiotic Child Psychosis: Genetic, Dynamic and Restitutive Aspects«, The Psychoanalytic Study of the Child, *10*, S. 195–212.
[3] Margaret S. Mahler, *Symbiose und Individuation*, Stuttgart (Klett) 1972.

Field Foundation und der *Taconic Foundation* wurde eine Pilot-Untersuchung (»The Development of Self-Identity and Its Disturbances« [Die Entwicklung der Selbst-Identität und ihrer Störungen]) ermöglicht. Sie war dazu bestimmt herauszufinden, auf welche Weise gesunde Kinder das Gefühl »individueller Einheit« und Identität erwerben. Ann Haeberle-Reiss (in der Forschung tätige Psychologin), Anni Bergman und später Edith Atkin waren die Mitarbeiterinnen von Mahler und Furer bei dieser Pilot-Untersuchung.

Als die *National Association of Mental Health* gleich zu Beginn der sechziger Jahre ihr Interesse an einer vergleichenden Untersuchung im Rahmen unseres Projekts »The Development of Intelligence in Schizophrenic Children and a Control Group of Normal Toddlers« (»Die Entwicklung der Intelligenz bei schizophrenen Kindern und einer Kontrollgruppe normaler Kleinkinder«) bekundete, wurde deutlich, daß beide Forschungsprojekte einander zu ergänzen vermochten. Dr. David L. Mayer trat unserem Forschungsstab bei, und viele Mitarbeiter, die zuvor ausschließlich mit der Untersuchung symbiotischer Psychosen beschäftigt gewesen waren, nahmen nunmehr auch als forschende Psychiater oder Beobachter an der normativen Untersuchung teil.

Die Komplementarität der beiden Forschungsprojekte erforderte eine durchdachte neue Methodologie, die 1961 von Dr. Fred Pine initiiert wurde. (Die Arbeit von Pine und Furer aus dem Jahre 1963 »Studies of the Separation-Individuation Phase: A Methodological Overview« [»Untersuchungen über die Loslösungs- und Individuationsphase: Eine methodologische Übersicht«] ist für das Verständnis unserer gesamten Arbeit im damaligen Stadium von Bedeutung.)[4]

Durch die Entwicklung der Methodologie und systematischerer, psychoanalytisch orientierter Beobachtungen führten die vereinten Bemühungen von Mahler, Furer, Pine, Bergman und vieler anderer Mitarbeiter zu weiteren Konstruktionen; die zusätzliche Hypothese der vier Subphasen des normalen oder nahezu normalen Loslösungs- und Individuationsprozesses wurde formuliert.[5] Daraufhin

[4] In The Psychoanalytic Study of the Child, *18,* S. 325–342.

[5] Siehe Mahler und Furer, »Description of the Subphases. History of the Separation-Individuation Study«, vorgetragen am 4. 5. 1963 im Workshop IV: »Research in Progress« der *American Psychoanalytic Association,* St. Louis, und Mahler, »Studies of the Process of Normal Separation-Individuation: The Subphases«, Vortrag vor der *Philadelphia Psychoanalytic Society* am 15. 11. 1963.

wurde offenbar, daß die Gültigkeit der Hypothese gesichert werden mußte, indem die Untersuchung wiederholt und auf eine weitere Gruppe durchschnittlicher Mütter und ihrer normalen Kinder ausgedehnt wurde.
Im Februar 1963 beantragte Mahler beim *National Institute of Mental Health* ein Forschungsstipendium. In diesem Antrag stellte sie fest, daß sie und ihre Mitarbeiter aufgrund ihrer bisherigen Arbeit der Ansicht seien, daß die Wurzeln der kindlichen Psychose in der zweiten Hälfte des 1. Lebensjahres und im 2. Lebensjahr zu suchen seien. Diese Zeitspanne wurde als die »Loslösungs- und Individuationsphase« der Entwicklung erkannt. Mahler bezeichnete es als den Zweck des geplanten Forschungsvorhabens, den Ablauf der vier Subphasen des Loslösungs- und Individuationsprozesses durch Längsschnittuntersuchungen an einer weiteren Gruppe von Mutter-Kind-Paaren zu verifizieren und die Muster sowohl der für jede Subphase typischen Mutter-Kind-Interaktion als auch die Entwicklungsmuster des Kindes in jeder Subphase darzulegen. Man glaubte, daß zusätzliche systematische Erkenntnisse über diese wenig erforschte Entwicklungsperiode der Verhütung schwerer emotionaler Störungen nutzbar gemacht werden könnten. Die Mittel für das Vorhaben wurden vom *National Institute of Mental Health* zunächst für fünf Jahre gewährt, dann aber weiterhin zur Verfügung gestellt. Die Ergebnisse dieser Forschungsarbeit bilden den Gegenstand des vorliegenden Buches.
Im Jahre 1965 schloß sich uns Dr. John McDevitt an und hat seither Systematisierung, Umfang und Präzision unserer Arbeit unschätzbar erhöht. Statt jedoch an der Niederschrift dieses Buches mitzuwirken, zog er es vor, seine Zeit wichtigen Forschungsaspekten zu widmen, die für ihn und die im Gange befindlichen weiteren Untersuchungen von besonderem Interesse sind.
Die psychische Geburt des Menschenkindes: Symbiose und Individuation besteht aus vier Teilen. Die Autoren hielten es für zweckmäßig, zunächst einen Hintergrund für die in den Teilen II und III erklärten Formulierungen zu liefern. In Teil I, Kapitel 1 (von Pine und Mahler), integrieren wir deshalb die Ideen, die in über zwanzig weitverstreuten, relevanten Arbeiten Mahlers und ihrer Mitarbeiter aus Vergangenheit und Gegenwart enthalten sind. Dieses Eröffnungskapitel wurde durch unsere Diskussionen stark beeinflußt. (Die Protokolle unserer Mitarbeiterkonferenzen wurden in diesem wie in anderen Kapiteln verwertet.)

Teil I, Kapitel 2, sowie die Appendizes (von Pine) beschreiben Entwicklung und Funktionieren des Forschungs-Settings unter methodologischen Gesichtspunkten. Wir meinen, daß die Korrelation der Arbeit von Pine mit der Mahlers und Bergmans in Teil II und III evident wird.

In Teil II, Kapitel 3 bis 6, beschreiben Bergman und Mahler ihre klinischen Untersuchungen der ersten drei Subphasen des Loslösungs- und Individuationsprozesses und fügen illustrative Vignetten bei. Kapitel 7 behandelt die vierte Subphase sowie die Objektkonstanz im (emotionalen) psychoanalytischen Sinn.

In Teil III, einem Beitrag von Mahler und Bergman, werden die »Subphasen-Fallgeschichten« anhand von fünf repräsentativen Beispielen der Interaktion von Kindern mit ihren Müttern geschildert. In diesem Abschnitt versuchen wir demnach, die Implikationen des breiten Mittelbereichs von »Variationen der Normalität« zu dokumentieren, die in Teil II dargestellt werden. Sowohl aus unseren auf Beobachtung beruhenden Untersuchungen als auch aus unserer klinischen Arbeit geht hervor, daß die Subphasenentwicklung der repräsentativen Fälle die Konzeptualisierungen von McDevitt und Pine, auf denen das 7. Kapitel im wesentlichen basiert, in dramatischer Weise zu bestätigen scheinen.

Im abschließenden Teil IV faßt Mahler die Ergebnisse der beobachtenden Untersuchungen zusammen und verweist auf einige Erweiterungen und Änderungen im Hinblick auf bisher anerkannte metapsychologische Begriffe. Sie macht ferner auf einige (keineswegs alle) spezifische Gebiete aufmerksam, die nach ihrer und der Ansicht ihrer Mitarbeiter in besonderem Maße weiterer psychoanalytischer Erforschung bedürfen.

Margaret S. Mahler
Fred Pine
Anni Bergman

Teil I
Loslösung und Individuation in perspektivischer Sicht

1. Kapitel
Überblick

Die biologische und die psychische Geburt des Menschenkindes fallen zeitlich nicht zusammen. Die erste ist ein dramatisches, beobachtbares und genau umrissenes Ereignis, die zweite ein sich langsam entfaltender intrapsychischer Prozeß.

Für den mehr oder weniger normalen Erwachsenen stellt die Erfahrung seiner selbst als vollkommen »in der Außenwelt befindlich« und vollkommen »von der Außenwelt getrennt« eine selbstverständliche Gegebenheit des Lebens dar. Bewußtes Empfinden des Selbst und Selbstvergessenheit sind zwei Pole, zwischen denen er sich mehr oder weniger behaglich bewegt, die er abwechselnd oder zu gleicher Zeit erlebt. Aber auch das ist das Ergebnis eines sich langsam entfaltenden Prozesses.

Wir bezeichnen die psychische Geburt des Individuums als den *Loslösungs- und Individuationsprozeß:* die Entstehung eines Gefühls des Getrenntseins von einer realen Welt und einer Verbundenheit mit ihr, insbesondere im Hinblick auf das Erlebnis des *eigenen Körpers* und auf den im Empfinden des Kindes wichtigsten Vertreter der Welt – das *primäre Liebesobjekt.* Wie jeder intrapsychische Prozeß durchdringt auch dieser den gesamten Lebenszyklus. Er hört niemals auf, bleibt immer tätig; in neuen Phasen des Lebenszyklus sind neue Abkömmlinge der frühesten Prozesse noch immer am Wirken. Doch die hauptsächlichen psychischen Errungenschaften dieses Prozesses fallen in die Zeit zwischen dem 4. oder 5. und dem 30. oder 36. Lebensmonat. Diese Periode nennen wir die *Loslösungs- und Individuationsphase.*

Der normale Loslösungs- und Individuationsprozeß im Gefolge einer normalen symbiotischen Entwicklungsperiode führt dazu, daß das Kind fähig wird, in Gegenwart der Mutter und mit Hilfe ihrer emotionalen Verfügbarkeit (Mahler, 1963) als getrenntes Wesen zu funktionieren; dem Kind drohen ständig minimale Gefahren durch Objektverlust (die auf jeder Stufe des Reifungsprozesses vorhanden zu sein scheinen). Jedoch im Gegensatz zu traumatischen Trennungssituationen findet der normale Loslösungs- und Individuationsprozeß in einem Setting entwicklungsgerechter

Bereitschaft zu unabhängigem Funktionieren und der Freude daran statt.

Loslösung und Individuation werden als zwei einander ergänzende Entwicklungen begriffen: die Loslösung stellt das Auftauchen des Kindes aus der symbiotischen Verschmelzung mit der Mutter dar (Mahler, 1952), und die Individuation besteht aus jenen Errungenschaften, die zeigen, daß das Kind seine individuellen Persönlichkeitsmerkmale als solche annimmt. Es handelt sich um miteinander verschlungene, doch nicht identische Entwicklungsprozesse; sie können in verschiedene Richtungen gehen, wobei sich auf einem Gebiet ein Entwicklungsrückstand, auf einem anderen Frühreife ergeben kann. So kann eine vorzeitige Entwicklung der Fortbewegung, die dem Kind die körperliche Trennung von der Mutter ermöglicht, zu einem Gewahrwerden des Getrenntseins führen, bevor innere Regulationsmechanismen (vgl. Schur, 1966) als Bestandteile der Individuation die Mittel zur Verfügung stellen, mit diesem Gewahrwerden zurechtzukommen. Im Gegensatz dazu kann eine allgegenwärtige infantilisierende Mutter, die das angeborene Streben des Kindes nach Individuation – meist die autonome Fortbewegungsfunktion seines Ichs – stört, retardierend auf die Entwicklung des Kindes zur vollen Wahrnehmung der Differenzierung von Selbst und Anderem einwirken, obgleich seine kognitiven, perzeptuellen und affektiven Funktionen regelrecht oder gar vorzeitig entwickelt sein mögen.

Aus dem beobachtbaren, abgeleiteten anfänglichen primitiven kognitiv-affektiven Zustand des Kindes, das noch keine Unterscheidung zwischen Selbst und Anderem kennt, entwickelt sich eine wichtige Organisation intrapsychischen Verhaltens im Zusammenhang mit Loslösung und Individuation, die wir dadurch zur Kenntnis nehmen, daß wir die nachfolgende Periode als Loslösungs- und Individuationsphase bezeichnen. In Teil II werden wir die Stufen dieses Prozesses (die Subphasen) beschreiben, indem wir mit den frühesten Anzeichen der Differenzierung beginnen und dann die Periode durchschreiten, in der das Kind so sehr in sein autonomes Funktionieren versunken ist, daß es die Mutter fast völlig ausschließt. Darauf folgt die überaus bedeutungsvolle Phase der Wiederannäherung, in der das Kind – gerade weil es nunmehr sein Getrenntsein von der Mutter deutlicher wahrnimmt – sich veranlaßt sieht, dieser erneut seine Aufmerksamkeit zuzuwenden. Schließlich gelangen wir zur Empfindung eines primitiven Selbstgefühls, der Einheit und individuellen Identität und zu Schritten in Richtung auf Konstanz des libidinösen Objekts und des Selbst. Wir möchten betonen, daß unser Hauptinteresse der *frühen* Kindheit gilt. Wir wollen nicht implizieren, wie es manchmal leichtfertig geschieht, daß jede Trennung oder jeder einzelne Schritt auf dem Wege zu einem erneuerten oder erweiterten Selbstgefühl in jedem beliebigen Alter Teil des Loslösungs- und Individuationsprozesses sei. Dies würde uns als Verwässerung des Konzepts erscheinen und es irrigerweise von jener *frühen intrapsychischen Errungenschaft eines Gefühls des Getrenntseins, das wir als seinen Kern betrachten,* ablenken. Ein älteres, teilweise unbewältigtes Gefühl der Selbstidentität und der Körpergrenzen oder aber ältere Loslösungs- und Individuationskonflikte können in jedem Lebensabschnitt wiederbelebt werden (bzw. peripher oder gar zentral aktiv bleiben); wir werden uns jedoch mit den ursprünglichen Vorgängen der kindlichen Entwicklung beschäftigen und nicht mit den neuen auslösenden Ereignissen oder Situationen. Hinsichtlich ihres Standorts innerhalb der psychoanalytischen Theorie insgesamt, meinen wir, daß unsere Arbeit vor allem für zwei Hauptpunkte von Bedeutung ist: Anpassung und Objektbeziehung.

Anpassung

Zu einem ziemlich späten Zeitpunkt in der Entwicklungsgeschichte der Psychoanalyse begann Hartmann (1939), im Rahmen der psychoanalytischen Theorie den Blick auf die Anpassung zu richten. Das hängt vielleicht damit zusammen, daß in der klinischen Psychoanalyse von Erwachsenen so vieles dem Inneren des Patienten zu entstammen scheint – seinen seit langem bestehenden Charaktermerkmalen und den dominierenden Phantasien. Bei der Arbeit mit Säuglingen und Kindern hingegen springt die Anpassung dem Beobachter zwangsläufig ins Auge. Von Anbeginn wird das Kind innerhalb der Matrix der Mutter-Kind-Zweieinheit geformt und entwickelt. Ob sich die Mutter dem Kind anpaßt und ob sie sensibel und einfühlsam ist oder nicht, wir sind fest überzeugt, daß die spontane, flexible Anpassungsfähigkeit des Kindes und sein Anpassungsbedürfnis (um Befriedigung zu erlangen) weit größer sind als bei der Mutter, deren Persönlichkeit mit all ihren Verhaltens- und Abwehrmustern festgelegt und häufig rigide ist (Mahler, 1963). Der Säugling findet seine Gestalt in Harmonie und Kontrapunkt zu Verhaltensweisen und Stil der Mutter, unabhängig davon, ob sie ein gesundes oder ein pathologisches Objekt dieser Anpassung darstellt. Metapsychologisch ist der Fokus des *dynamischen* Gesichtspunkts – der Konflikt zwischen Trieb und Abwehr – in den ersten Lebensmonaten weit weniger wichtig als später, wenn die Strukturierung der Persönlichkeit intra- und intersystemische Konflikte von überragender Bedeutung schaffen wird. Spannung, traumatische Angst, biologischer Hunger, Ich-Apparat und Homöostase sind nahezu biologische Begriffe, die in den ersten Monaten relevant *beziehungsweise* die Vorläufer von Angst mit psychischem Gehalt, Signalangst, oralen oder anderen Trieben, Ich-Funktionen und inneren Regulationsmechanismen (Abwehr- und Charaktermerkmale) sind. Der *Anpassungs*gesichtspunkt ist in der frühen Kindheit am relevantesten, da die Geburt dem Kind ein Höchstmaß an Anpassung abverlangt. Glücklicherweise entspricht diesen Anforderungen (infolge der Biegsamkeit und Ungeformtheit seiner Persönlichkeit) die Fähigkeit des Kindes, sich von seiner Umwelt formen zu lassen und sich ihr anzupassen. Die Fähigkeit, sich auf die Gestalt der Umwelt einzustellen, ist bereits in der frühesten Kindheit vorhanden.

Objektbeziehung

Wir glauben, daß unser Beitrag einen besonderen Platz in der psychoanalytischen Untersuchung der Geschichte der Objektbeziehung einnimmt. Frühe psychoanalytische Schriften zeigten, daß die Entwicklung der Objektbeziehung von den Trieben abhängt (Freud, 1905; Abraham, 1921, 1924; Fenichel, 1945). Begriffe wie (primärer und sekundärer) Narzißmus, Ambivalenz, Sadomasochismus, oraler oder analer Charakter sowie das ödipale Dreieck betreffen gleichermaßen Trieb- und Objektbeziehungsprobleme (vgl. auch Mahler, 1960). Unser Beitrag sollte als Ergänzung hierzu angesehen werden, da er die Entwicklung der Objektbeziehung vom Narzißmus parallel zur frühen Lebensgeschichte des Ichs und im Zusammenhang mit der gleichlaufenden libidinösen Entwicklung zeigt. Die kognitiv-affektive Errungenschaft des Gewahrwerdens der Getrenntheit als Voraussetzung einer echten Objektbeziehung, die Rolle des Ich-Apparates (z. B. Motilität, Gedächtnis, Wahrnehmung) und komplexerer Ich-Funktionen (etwa der Realitätsprüfung) durch die Förderung dieses Gewahrwerdens ste-

hen im Mittelpunkt unserer Arbeit. Wir versuchen zu zeigen, wie die Objektbeziehung sich aus dem kindlichen symbiotischen oder primären Narzißmus entwickelt und sich parallel zum Erwerb von Loslösung und Individuation verändert, und wie andererseits Ich-Funktionen und sekundärer Narzißmus in der Matrix der narzißtischen und später der Objektbeziehung zur Mutter sich entfalten.
Hinsichtlich ihrer Beziehung zu klinischen psychopathologischen Phänomenen glauben wir, daß unsere Arbeit zur Bestätigung dessen beiträgt, was Anna Freud (1965b) Entwicklungsstörungen genannt hat, die der wachsende Energiestrom (Kris, 1955) später beheben kann, während sie in bestimmten Fällen Vorläufer einer kindlichen Neurose oder einer mittleren Pathologie sein können. In seltenen Fällen, in denen die Subphasenentwicklung ernsthaft gestört war oder mißlang, fanden wir in Übereinstimmung mit anderen, etwa Frijling-Schreuder (1969), Kernberg (1967) und G. und R. Blanck (1974), daß es zu Borderlinephänomenen oder -zuständen und sogar zur Psychose kommen kann.
Der vorliegende Band beschäftigt sich im Unterschied zu der Arbeit über Psychosen im frühen Kindesalter (Mahler, 1968b) vornehmlich mit der durchschnittlichen Entwicklung und versucht zum Verständnis einer im Höchstfall mittleren Pathologie beizutragen.
Im Rahmen der Untersuchung frühkindlicher Psychosen sowohl bei vorwiegend autistischen (Kanner, 1949) als auch bei vorwiegend symbiotischen Syndromen (Mahler, 1952; vgl. auch Mahler, Furer und Settlage, 1959) wurden Kinder beobachtet, die unfähig schienen, das täuschende Zwielichtstadium eines symbiotischen gemeinsamen Mutter-Kind-Umkreises zu erreichen oder aber es jemals wieder zu verlassen (Mahler und Furer, 1960; Mahler, 1968b). Dies sind Kinder, die vielleicht niemals auf von der mütterlichen Person ausgehende Stimuli reagieren oder sich auf sie einstellen können, d. h. Kinder, die ein »mütterliches Prinzip« (Mahler und Furer, 1966) nicht zu nutzen vermögen. Andererseits aber können sie in Panik geraten, sobald sie wirkliche Getrenntheit wahrnehmen. Selbst auf die Ausübung autonomer Funktionen (z. B. Motilität oder Sprechen) kann verzichtet werden bzw. sie erfolgt in entstellter Form, um die Illusion einer bedingungslosen omnipotenten symbiotischen Einheit aufrechtzuerhalten (vgl. Ferenczi, 1913).
In jedem Falle ist die Fähigkeit dieser Kinder gestört, die Mutter

als Orientierungspunkt in der realen Welt zu benutzen (Mahler, 1968b). Das führt dazu, daß es der kindlichen Persönlichkeit nicht gelingt, sich selbst mit Hilfe der Beziehung zur Mutter als einem äußeren Liebesobjekt zu organisieren. Die Ich-Apparate, die sich gewöhnlich in der Matrix der Beziehung zur »durchschnittlich ergebenen« Mutter entwickeln (siehe Winnicott, 1962) gedeihen nicht oder, um Glovers Bezeichnung (1956) zu gebrauchen, die Ichkerne werden nicht integriert, sondern fallen sekundär auseinander. Das Kind, bei dem autistische Abwehrformen vorherrschen, scheint die »leibhaftige« Mutter (Bowlby, Robertson und Rosenbluth, 1952) als nicht existent zu behandeln; nur wenn seine autistische Schale durch menschliches Eindringen bedroht wird, reagiert es mit Wut oder Panik oder beidem. Andererseits scheint das Kind mit vorwiegend symbiotischer Organisation die Mutter als Teil seiner selbst zu behandeln, d. h. als nicht vom Selbst getrennt, sondern vielmehr mit ihm verschmolzen (Mahler, 1968b). Die letztgenannten Kinder sind unfähig, das Bild der Mutter als getrenntes, einheitliches äußeres Objekt zu integrieren; statt dessen erhalten sie die Spaltung zwischen guten und schlechten Teilobjekten aufrecht und wechseln zwischen dem Wunsch, sich das gute einzuverleiben und das schlechte auszustoßen. Im Gefolge der einen oder anderen dieser Lösungen kommt es nicht zur Anpassung an die Außenwelt (am spezifischsten repräsentiert in einer sich entwickelnden Objektbeziehung zur Mutter [oder zum Vater]), und die Individuation, die zur einzigartigen Persönlichkeit des Kindes führt, entwickelt sich nicht gleichmäßig von einem frühen Stadium an. Auf diese Weise werden wesentliche menschliche Eigenschaften in ihrem rudimentären Stadium abgestumpft oder verzerrt oder zerfallen späterhin.

Die Erforschung der normalen symbiotischen Phase und der normalen Loslösung und Individuation trägt dazu bei, das Entwicklungsversagen psychotischer Kinder verständlicher zu machen.

Einige Definitionen

In jahrelangen Diskussionen und Darstellungen haben wir bemerkt, daß drei unserer Grundbegriffe so häufig mißverstanden werden, daß eine Klärung angezeigt erscheint. Erstens benutzen wir die Termini *Loslösung* oder *Getrenntheit,* um den *intrapsychischen* Erwerb eines Gefühls des Getrenntseins von der Mutter und dadurch von der Welt im allgemeinen zu bezeichnen. (Eben dieses Gefühl des Getrenntseins vermag das psychotische Kind nicht zu erreichen.) Dieses Gefühl des Getrenntseins führt zu klaren intrapsychischen Repräsentanzen des Selbst im Unterschied zu den Repräsentanzen der Objektwelt (Jacobson, 1964). Natürlich tragen im normalen Verlauf des Entwicklungsgeschehens reale körperliche Trennungen von der Mutter, seien sie gewohnheitsmäßiger oder anderer Art, in erheblichem Maße dazu bei, daß sich das Kind als eigenständige Person empfindet, aber wir wollen uns hier mit dem Gefühl des Kindes, ein getrenntes Individuum zu sein, beschäftigen, und nicht mit der Tatsache der physischen Trennung von einem anderen. (Tatsächlich kann in gewissen Verwirrtheitszuständen die physische Trennung zu immer heftigerer panikartiger Verleugnung der Tatsache des Getrenntseins und zur Illusion der symbiotischen Einheit führen.)

Zweitens benutzen wir die Bezeichnung *Symbiose* (Mahler und Furer, 1966) in ähnlicher Weise, um einen intrapsychischen und nicht so sehr einen Verhaltenszustand zu beschreiben – es handelt sich also um einen Zustand, der auf einer Schlußfolgerung beruht. Wir sprechen nicht etwa von anklammerndem Verhalten, sondern vielmehr von einem Merkmal primitiven, kognitiv-affektiven Daseins, in dem es keine Unterscheidung zwischen dem Selbst und der Mutter gibt oder eine Regression zu jenem nicht zwischen Selbst und Anderem differenzierenden Zustand stattgefunden hat (der die symbiotische Phase kennzeichnete). In der Tat bedarf dieser nicht unbedingt der körperlichen Anwesenheit der Mutter, er kann vielmehr auf primitiven Imagines des Einsseins und/oder der Skotomisierung oder Verleugnung entgegengesetzter Wahrnehmungen beruhen (siehe auch Mahler, 1960).

Drittens hat Mahler (1958a, 1958b) früher den frühkindlichen Autismus und die symbiotische Psychose als zwei extreme Identitätsstörungen bezeichnet. Wir verwenden den Terminus *Identität,* um die früheste Wahrnehmung eines Daseinsgefühls, einer Einheit zu beschreiben – ein Gefühl, das unseres Erachtens eine partielle Besetzung des Körpers mit libidinöser Energie umfaßt. Es ist nicht ein Gefühl, *wer* ich bin, sondern *daß* ich bin – als solches ist es der erste Schritt auf dem Wege zur Entfaltung der Individualität.

Symbiotische Psychose und normale Loslösung und Individuation: Ein Rückblick

Historisch gesehen führten die Beobachtungen Mahlers über die normale Entwicklung und die Mutter-Kind-Dyade allmählich zur Erforschung pathologischer Phänomene, einschließlich der kindlichen Psychose. Natürlich gab es niemals eine völlige Abwendung von den Problemen der normalen Entwicklung. Obgleich der unmittelbare Vorläufer unserer derzeitigen Arbeit die Untersuchung der symbiotischen Psychose im frühen Kindesalter war, möchten wir nunmehr zeigen, wie uns diese Forschung zwangsläufig zur Neubetrachtung der normalen Entwicklung führte.

Zur Hypothese einer normalen Loslösungs- und Individuationsphase

Bei unseren früheren Untersuchungen über die Naturgeschichte der symbiotischen kindlichen Psychose stießen wir auf gewachsenen Fels, als wir zu verstehen versuchten, weshalb die kindlichen Patienten unfähig waren, sich über eine (verzerrte) symbiotische Phase hinaus zu entwickeln, ja, weshalb sie gar auf bizarre lebenserhaltende Mechanismen sekundärer autistischer Art zurückgreifen mußten (Mahler und Furer, 1960; Mahler, 1968b). Um dies zu begreifen, mußten wir unseres Erachtens mehr über die Schritte, die zu normaler Individuation führen, und insbesondere über koenästhetische, präverbale und frühe Grenzen ziehende Erlebnisse wissen, die in den ersten beiden Lebensjahren überwiegen.

Wir begannen uns Fragen zu stellen. Welches war der »gewöhnliche Weg«, ein getrenntes Individuum zu werden, den diese psychotischen Kinder nicht zu finden vermochten? Wie sah der »Ausschlüpfungsprozeß« des normalen Kindes aus? Wie konnten wir im Detail verstehen, auf welche Weise die Mutter – als Katalysator, Aktivator oder Organisator – zu diesen Prozessen beitrug? Auf welche Weise gelang es der überwiegenden Mehrheit der Kinder, zu dem zweiten, anscheinend sehr allmählich einsetzenden psychischen Geburtserlebnis zu gelangen, das während der symbiotischen Phase beginnt und den Geschehnissen des Loslösungs- und Individuationsprozesses weicht? Und was waren im Gegensatz dazu, die genetischen und strukturellen Merkmale, die das präpsychotische Kind am Erlebnis seiner zweiten Geburt hinderten, dem Aus-

schlüpfen aus der »gemeinsamen Grenze« der Mutter-Kind-Symbiose?
Etwa 1955 konnten wir schließlich damit beginnen (Mahler und Gosliner), ein Konzept der normalen Loslösungs- und Individuationsphase zu formulieren.

»Der Kürze halber wollen wir diese Periode ... die *Loslösungs- und Individuationsphase* der Persönlichkeitsentwicklung nennen. Wir gehen davon aus, daß diese Loslösungs- und Individuationsphase für das Ich und die Entwicklung von Objektbeziehungen entscheidend ist. Wir gehen ferner davon aus, daß die charakteristische Angst in dieser Periode Trennungsangst ist. Diese Trennungsangst ist nicht gleichbedeutend mit der Furcht vor Vernichtung durch Verlassenwerden. Es ist eine Angst, die weniger abrupt überwältigend ist als die Angst in der vorhergehenden Phase. Sie ist jedoch komplexer, und wir hoffen, diese Komplexität später genauer erläutern zu können. Denn wir müssen den starken Drang untersuchen, der zur Loslösung treibt[1] und sie gleichzeitig fürchten läßt, wenn wir die schwere kindliche Psychopathologie verstehen wollen, die so häufig heimtückisch oder akut von der zweiten Hälfte des 2. Lebensjahres an in Erscheinung tritt.
Diese Loslösungs- und Individuationsphase ist eine Art zweiten Geburtserlebnisses, das einer von uns als ›ein Ausschlüpfen aus der gemeinsamen symbiotischen Mutter-Kind-Membran‹ bezeichnete. Dieses Ausschlüpfen ist ebenso unumgänglich wie die biologische Geburt« (Mahler und Gosliner, 1955, S. 196).

Ferner:

»Um unsere Vorstellungen zu verstehen, schlagen wir vor, sich auf die Abwehrhaltung des 18 bis 36 Monate alten Kindes zu konzentrieren, das sein sich entwickelndes, angenehmes und eifersüchtig gehütetes Selbstbild gegen Einmischungen der Mutter und anderer wichtiger Personen verteidigt. Dies ist ein klinisch bedeutsames, auffälliges Phänomen in der Loslösungs- und Individuationsphase. Wie Anna Freud (1951b) ausgeführt hat, kann man beim zwei- bis

[1] Wir wissen jetzt, daß der Trieb nicht auf die Lösung *per se* gerichtet ist; die angeborene Gegebenheit ist vielmehr der Drang nach Individuation, die ohne selbständige Loslösung nicht zu erreichen ist.

dreijährigen Kleinkind eine quasi normale negativistische Phase beobachten. Es ist die Verhaltensreaktion, die mit der Befreiung aus der Mutter-Kind-Symbiose einhergeht und diesen Prozeß charakterisiert. Je unbefriedigender oder parasitärer die symbiotische Phase war, desto hervorstechender und übertriebener wird die negativistische Reaktion sein. Die Furcht vor Wiederverschlingung bedroht die neue, kaum begonnene individuelle Differenzierung, die verteidigt werden muß. Jenseits der Markierung des 15. bis 18. Lebensmonats hört das primäre Stadium von Einheit und Identität mit der Mutter auf, die Entwicklung des Ichs und der Objektwelt konstruktiv zu beeinflussen« (Mahler und Gosliner, 1955, S. 200).

Heutzutage würden wir den Beginn von Loslösung und Individuation viel früher datieren, und wir können auch die damaligen Formulierungen beträchtlich erweitern.

Zur Hypothese der mit dem Gewahrwerden des Getrenntseins einhergehenden Angst

Mahler (1952) stellte die Hypothese auf, daß bei bestimmten Kleinkindern der Reifungsanstieg, den Fortbewegung und andere autonome Ichfunktionen bedeuten, von einem Rückstand der affektiven Bereitschaft begleitet wird, getrennt von der Mutter zu funktionieren, und eine organismische Panik hervorruft, deren seelische Ursache nicht ohne weiteres zu erkennen ist, da sich das (noch im präverbalen Stadium befindliche) Kind nicht mitteilen kann (siehe auch Harrison, 1971). Diese Panik reift niemals zu angemessener Signalangst, sondern behält den Charakter akuten oder heimtückischen organismischen Unbehagens bei gleichzeitiger Unfähigkeit des Kindes, den »anderen« als äußeren Organisator oder Hilfs-Ich zu nutzen. Dies bringt die Strukturierung des Ichs weiter zum Stillstand. Gerade die Tatsache, daß die mehr oder weniger eingebaute körperliche Reifung fortschreitet, während die psychische Entwicklung dies nicht tut[2], läßt das rudimentäre Ich äußerst brüchig werden. Es kann zu Entdifferenzierung und Fragmentierung kommen, worauf das wohlbekannte klinische Bild der kindlichen Psychose folgt (Mahler, 1960).

[2] Siehe Hartmann, Kris und Loewenstein (1946) hinsichtlich der Erörterung von Reifung und Entwicklung.

Diese Vorstellung vom intrapsychischen Geschehen bleibt natürlich hypothetisch, insbesondere da die Phänomene, die sie erklären soll, präverbaler Art sind. Sie scheint jedoch weitgehend mit den beobachtbaren klinischen Daten übereinzustimmen – die nicht hypothetisch, sondern deskriptiv sind –, soweit es den Verlust bereits erworbener autonomer Funktionen und den Stillstand der nachfolgenden Entwicklung betrifft. Diese Fragmentierung kann vom Ende des 1. Lebensjahres an und im Verlauf des 2. jederzeit einsetzen. Sie kann auf ein schmerzhaftes, unerwartetes Trauma folgen, häufig aber auf ein anscheinend unbedeutendes Ereignis wie eine kurze Trennung oder einen geringfügigen Verlust. Diese Beobachtungen veranlaßten uns schließlich, die abgeschwächten »Paniken« des normalen Säuglings und Kleinkindes während der Loslösung und Individuation zu untersuchen sowie die Art und Weise, wie Mutter und Kind – als Einheit und als Individuen – damit fertig wurden. Unsere wachsende Erkenntnis der Entwicklungsaufgaben, die der normale Säugling und später das normale Kleinkind in der Loslösungs- und Individuationsphase zu bewältigen haben, und die Anstrengungen, Schwierigkeiten und zeitweiligen Regressionen, die am Verhalten dieser Kinder abzulesen sind, bilden die Formulierungsbasis unseres theoretischen Rahmens zum Verständnis benigner und vorübergehender sowie neurotischer Störungen und der selten auftretenden schwereren und anhaltenden Reaktionen symbiotisch-psychotischer Kinder in frühem oder späterem Alter.

Zur Hypothese der Entwicklung eines Identitätsgefühls

Eine dritte Hypothese (Mahler, 1958a, 1958b) besagt, daß die normale Loslösung und Individuation die erste entscheidende Vorbedingung der Entwicklung und Bewahrung des »Identitätsgefühls« sind. Die Beschäftigung mit dem Identitätsproblem ergab sich aus der Beobachtung eines verwirrenden klinischen Phänomens, nämlich, daß das psychotische Kind niemals ein Gefühl der Ganzheit, der individuellen Einheit oder gar »ein Gefühl menschlicher Identität« erlangt. Autistische und symbiotische kindliche Psychosen wurden als zwei extreme Störungen des »Identitäts«gefühls betrachtet (Mahler, 1958a): Es lag auf der Hand, daß bei diesen seltenen Formen bereits an der Wurzel etwas grundlegend falsch gelaufen war, das heißt, bei den frühesten Interaktionen in der Mutter-Kind-Einheit. Kurzum, man konnte die zentrale Hypothese folgendermaßen zusammenfassen: Während es beim primären Autismus eine seelenlose, eisige Wand zwischen Subjekt und menschlichem Objekt gibt, handelt es sich bei der symbiotischen Psychose um eine Verschmelzung und fehlende Differenzierung zwischen dem Selbst und dem Nichtselbst – ein völliges Verwischen von Grenzen. Diese Hypothese führte uns schließlich zur Erforschung der normalen Bildung von getrennter Einheit und Identität (vgl. Mahler, 1960).

Zur katalytischen Funktion der normalen Bemutterung

Eine vierte Hypothese ergab sich aus der eindrucksvollen und charakteristischen Beobachtung, daß die symbiotisch-psychotischen Kinder unfähig waren, die Mutter als reales äußeres Objekt zur Grundlage der Entwicklung eines stabilen Gefühls sowohl des Getrenntseins von der realen Welt als auch der Verbundenheit mit ihr zu machen. Die Arbeit mit normalen Mutter-Kind-Paaren weckte unser Interesse für die Modalitäten des Kontakts zwischen Mutter und Kind in verschiedenen Stadien des Loslösungs- und Individuationsprozesses (wie wurde der Kontakt selbst dann gewahrt, wenn die Symbiose sich lockerte?) und für die spezifische Rolle der Mutter bei der Förderung nicht nur der Getrenntheit des Kindes, sondern auch der spezifischen Formung seiner individuierenden Persönlichkeit durch Ergänzung, Kontrast, Identifizierung oder Nichtidentifizierung (Greenson, 1968). Auf diese Weise entwickelten sich die zentralen Vorstellungen über die Arbeit mit symbiotisch-psychotischen Kindern und verwandelten sich reibungslos und kontinuierlich in Vorstellungen, wie die Arbeit mit normalen Mutter-Kind-Paaren zu organisieren sei. Das traf auch auf unsere mehr formalen Forschungsbemühungen zu, die wir nun schildern wollen.

Gegen Ende der fünfziger Jahre hatten Mahler und Furer am *Masters Children's Center* in New York mit der systematischen Erforschung der »Naturgeschichte der symbiotischen kindlichen Psychose« begonnen. Es handelte sich um eine Untersuchung auf der Basis therapeutischer Aktion, für die wir das sogenannte Dreiparteienmodell benutzten (Kind, Mutter, Therapeut), das erstmals von Dr. Paula Elkisch (1953) angewandt wurde. Wir versuchten zwischen Mutter und Kind das herzustellen, was die verstorbene Augusta Alpert (1959) eine *korrigierende symbiotische Beziehung* genannt hätte, wobei der Therapeut als Brücke zwischen ihnen fungierte. Zusammen mit dem genannten Projekt wurde die Versuchsphase einer auf Beobachtung beruhenden Untersuchung von *normalen* Mutter-Kind-Paaren eingeleitet. Es handelte sich bei letzterer um eine bifokale Untersuchung (d. h. sie konzentrierte sich auf Mutter und Kind), wobei die Mutter-Kind-Paare mehr oder weniger beiläufig ausgewählt und die Mutter-Kind-Einheiten mit anderen und mit sich selbst zu verschiedenen Zeiten verglichen wurden. Diese Untersuchungen über symbiotische kindliche Psychosen und normale Mutter-Kind-Paare liefen etwa vier Jahre parallel und wurden dann weitere sieben Jahre lang getrennt fortgesetzt.

Die Untersuchungen durchschnittlicher Mutter-Kind-Paare wurden auf breiterer Basis und systematischer seit 1963 weitergeführt.[3] Die Probleme, denen wir uns ursprünglich widmeten, waren an zwei Haupthypothesen ausgerichtet: 1. daß es einen *normalen* und *universalen* Loslösungs- und Individuationsprozeß gibt, dem eine normale symbiotische Phase vorausgeht, und 2. daß in bestimmten, prädisponierten, doch *äußerst seltenen* Fällen der Reifungsanstieg der Fortbewegung und anderer autonomer Ichfunktionen organismische Panik auslöst, wenn er mit einem gleichzeitigen Rückstand der affektiven Bereitschaft zu von der Mutter getrenntem Funktionieren gekoppelt ist. Es ist diese Panik, die die Ich-Fragmentierung verursacht und damit das klinische Bild der symbiotischen kindlichen Psychose herbeiführt (Mahler, 1960). Mittlerweile haben wir gelernt, daß es zahllose Grade und Formen partiellen Scheiterns des Loslösungs- und Individuationsprozesses gibt.

Das Verfahren bei der Untersuchung des normalen Loslösungs- und Individuationsprozesses ähnelte dem bei der Erforschung der »Naturgeschichte der symbiotischen kindlichen Psychose« angewandten (Dreiparteienmodell); es war gekennzeichnet durch die ständige Anwesenheit der Mutter, durch ein Setting, das besonders entworfen und einzigartig geeignet war, die Bereitschaft des Kindes zu beobachten, mit Trennung und Rückkehr aktiv zu experimentieren, sowie schließlich durch die Möglichkeit, die Reaktion des Kindes auf passive Trennungserlebnisse zu prüfen.

[3] Sie wurden als katamnestische Untersuchung von Dr. John McDevitt, Anni Bergman und Mitarbeitern unter den Auspizien des *Board of the Masters Children's Center* bis zum 31. 12. 1974 fortgesetzt. Die Untersuchung wird nunmehr vom Margaret S. Mahler Research Fund der Menil Foundation aus Mitteln einer anonymen Spende an das Medical College of Pennsylvania finanziert.

Die der normalen Loslösungs- und Individuationsphase gewidmete Arbeit hat wiederum einen beachtlichen Rückkopplungseffekt für die frühere Arbeit über symbiotische kindliche Psychosen gehabt. Unsere Beschreibung der Subphasen in der Entwicklung von Loslösung und Individuation hat es uns nicht nur ermöglicht, einige der progressiven Veränderungen beim symbiotisch-psychotischen Kind während seiner intensiven Therapie zu antizipieren und konzeptualisieren (vgl. Bergmann, 1971; Furer, 1971; Kupferman, 1971), sondern unsere Formulierungen (die zum Teil oben wiedergegeben wurden) über das symbiotisch-psychotische Kind tragen selber den Stempel unseres späteren Verständnisses des Loslösungs- und Individuationsprozesses (Mahler und Furer, 1972; Mahler, 1969b, 1971).

Vorbemerkung über Beobachtung und Schlußfolgerungen

Die Frage nach der Art der Schlußfolgerungen, die aus direkter Beobachtung der präverbalen Periode gezogen werden können, ist höchst kontrovers. Das Problem wird durch die Tatsache kompliziert, daß nicht nur das Kind präverbal ist, sondern daß die verbalen Mittel des Beobachters und Begriffsbildners zur Übersetzung solchen Materials wenig geeignet sind. Die Probleme psychoanalytischer *Re*konstruktion finden hier ihre Parallele im Problem psychoanalytischer Konstruktion – der Konstruktion eines Bildes vom Innenleben des präverbalen Kindes, eine Aufgabe, bei der koenästhetische Empathie unseres Erachtens eine zentrale Rolle spielt. Obgleich wir letztlich die Richtigkeit solcher Konstruktionen nicht beweisen können, glauben wir nichtsdestoweniger an ihre Nützlichkeit und machen uns anheischig, sie zu formulieren.
Im Bemühen, die präverbale Periode zu verstehen, haben Analytiker Positionen eingenommen, die ein breites Spektrum umfassen. An dem einen Ende stehen jene, die an angeborene komplexe ödipale Phantasien glauben und wie Melanie Klein und ihre Anhänger dem frühesten extrauterinen menschlichen Seelenleben ein quasi phylogenetisches Gedächtnis zuschreiben, einen angeborenen symbolischen Prozeß (Mahler, 1969; Furer, zit. nach Glenn, 1966). Am anderen Ende des Spektrums stehen jene Analytiker aus der Schule Sigmund Freuds, die zwar zwingende verbale und rekonstruktive Beweise – die auf Freuds metapsychologischen Konstrukten beruhen – anerkennen, aber dennoch präverbalem

Material kaum zuzubilligen scheinen, daß es als Grundlage selbst behutsamster und versuchsweiser Erweiterung unseres hypothetischen Grundstocks dienen könne. Sie fordern, daß auch diese Hypothesen durch Rekonstruktion gestützt würden, d. h. durch klinisches und natürlich vorwiegend verbales Material. Wir glauben allerdings, daß es bei den Analytikern eine breite Mittelschicht gibt, die mit einiger Vorsicht bereit ist, Theoriebeiträge zu prüfen, die Schlußfolgerungen über die präverbale Periode entstammen (Mahler, 1971).

Wenn analytische Theoretiker Schlüsse hinsichtlich der präverbalen Periode aus psychoanalytischen klinischen Daten ziehen, berufen sie sich gewöhnlich auf das Recht, stets zu fragen: »Warum?«, »Wie kam es dazu?« und Antworten zu finden, indem sie verbalisierbare Erinnerungen immer weiter zurückverfolgen, um schließlich diese Erinnerungen mit präverbalen (aber manifest beobachtbaren) Phänomenen aus der Kindheit zu verknüpfen, die mit verbalisierbaren klinischen Phänomenen isomorph sind; etwa Freuds (1900, S. 278 f.) Berichte über Flugträume und das Erlebnis des Kindes, von Erwachsenen hochgehoben zu werden (vgl. auch Anthony, 1961). Das heißt, wir untersuchen Phänomene der präverbalen Periode, die (von außen gesehen) mit jenen Erlebnissen übereinzustimmen scheinen, die die Patienten erst später in der Analyse berichten können, wo es sich dann um verbalisierbare Erinnerungen, d. h. freie Assoziationen handelt, deren Ursprung zu diesem Zeitpunkt nicht mehr bewußt ist.

Wie bei der klinischen Psychoanalyse war auch unser Vorgehen von Anfang bis Ende von »gleichschwebender Aufmerksamkeit« gekennzeichnet, um das Gewöhnliche und Erwartbare, insbesondere aber unerwartete, überraschende und ungewöhnliche Verhaltensweisen und Interaktionsverläufe aufzunehmen. So wie das psychoanalytische Instrument, speziell das Ohr (siehe Isakower, 1939), während der Analyse funktioniert, läßt sich das psychoanalytische Auge bei der psychoanalytischen Kinderbeobachtung überall hinführen, wohin es die tatsächlichen phänomenologischen Abfolgen leiten (vgl. A. Freud, 1951b).

Aber neben diesen allgemeinen psychoanalytisch gewonnenen Beobachtungen bietet sich dem Beobachter des Kindes in der präverbalen Periode eine besondere Gelegenheit: er kann den Körper in seiner Bewegung betrachten. Um eine unserer wichtigsten Grundlagen für Schlußfolgerungen aus nicht-verbalem Verhalten zu erklären, möchten wir kurz auf die Bedeutung der kinästhetischen Funktion und der Funktion der Motilität beim heranwachsenden Kind eingehen. Wie in einigen Arbeiten aus den vierziger Jahren dargestellt (Mahler, 1944; Mahler, Luke und Daltroff, 1945; Mahler und Gross, 1945; Mahler, 1949a), kann die Beobachtung motorischer, kinästhetischer und gestischer (affektmotorischer) Phänomene des ganzen Körpers von großem Wert sein. Sie erlaubt uns Schlüsse darüber, was im Innern des Kindes vor sich geht, das heißt, die motorischen Phänomene stehen mit dem intrapsychischen Geschehen in Verbindung. *Das trifft besonders auf die ersten Lebensjahre zu.*

Weshalb ist das so? Weil die motorischen und kinästhetischen Pfade die wichtigsten Ausdrucks-, Abwehr- und Entladungswege sind, die dem Kind zur Verfügung stehen (lange bevor es zur verbalen Kommunikation kommt). Wir können aus ihnen innere Zustände ableiten, weil sie die Endprodukte innerer Zustände sind. Man hat hinsichtlich des inneren Zustands keine Gewißheit, doch im Bemühen, ihn zu erschließen, bieten vielfältige, wiederholte und gemeinschaftlich validierte Beobachtungen und Schlußfolgerungen einen gewissen Schutz vor totalem Irrtum.[4] Ferner hat das Sprechen in der präverbalen Periode *per definitionem* noch nicht die wichtige Ausdrucksfunktion, die es später besitzen wird, so daß die Aufgabe der Kommunikation vorwiegend dem mimischen, motorischen und gestischen Bereich überlassen bleibt. Und schließlich stehen dem sehr kleinen Kind Abwandlungen wie Modulation, Hemmung, Stilisierung und der Abwehr dienende Verzerrung körperlicher Ausdrucksformen noch nicht zu Gebote.

Die vielfältige und ausdrucksvolle affektmotorische Gestik des ganzen Körpers des kleinen Kindes sowie die Hin- und Herbewegung von Annäherungs- und Appellverhalten einerseits und Distanzierungsverhalten zwischen Kind und Mutter andererseits – ihre Häufigkeit, Umfang, Regulierung und Intensität – dienten als wichtige Richtlinien, die viele Hinweise auf Phänomene bieten, denen wir in späteren Altersstufen durch verbale Kommunikation

[4] Kestenbergs wichtige Arbeit bezeugt, wieviel wir aus Bewegungsmustern von Mutter und Kind lernen können (1965a, 1965b, 1967a, 1971). Leider lag es jenseits unserer Forschungsmethodologie, eine allgemeine Leitlinie zu schaffen, um mit ihrer Hilfe die motorischen, insbesondere die Ausdrucks- oder affektmotorischen Phänomene spezifischer als Indikatoren intrapsychischer Prozesse zu nutzen und zu lehren. Ich bin zuversichtlich, daß Forscher in der Zukunft ein solches Projekt in Angriff nehmen werden.

begegnen. Wir verfolgten die ausdrucksvolle Motilität des Säuglings, wie sie die unmittelbare Triebentladung mittels der Umleitungsfunktionen überwand, die die Fähigkeiten des primitiven Ichs, zu verzögern, zu lernen und zu antizipieren, ihm eröffneten. Wir beobachteten und beurteilten das autonome, konfliktfreie motorische Funktionieren des Säuglings unter besonderer Berücksichtigung der Fortschritte seines Loslösungs- und Individuationsprozesses. Kurz gesagt, die Beobachtung motorisch-gestischen Verhaltens lieferte uns wichtige Hinweise auf das intrapsychische Geschehen, und die wesentlichen Erkenntnisse, auf die wir in Kürze zu sprechen kommen werden, sind von diesen Beobachtungen beeinflußt worden (siehe Homburger, 1923; Mahler, 1944; Mahler, Luke und Daltroff, 1945).

Statt uns weiter auf die allgemeine Kontroverse über die Beobachtung präverbaler Kinder und die Legitimität von Vermutungen über die Entwicklung intrapsychischer Phänomene einzulassen, möchten wir hier Geschichte, Methoden und vorläufige Ergebnisse einer solchen Bemühung darstellen.

2. Kapitel
Entwicklung und Funktionieren des Forschungs-Settings

In diesem Kapitel beschreiben wir die langsame Entwicklung einer Arbeitsweise, die zunächst in hohem Maße klinisch, recht unsystematisch und doch außerordentlich anregend war. Später wurden wir systematischer – gelegentlich allzu systematisch in dem Sinne, daß unser Verfahren der Datensammlung den Kontakt mit dem natürlichen Zufluß an Material beeinträchtigte –, aber wir meinen, daß es uns gelang, das Gleichgewicht wiederherzustellen und einigermaßen flexible Methoden zu entwickeln, um die gewonnenen Daten zu organisieren. Diese Verschiebungen fielen bis zu einem gewissen Grade mit einer Ortsveränderung und einer fortschrittlichen Weiterführung unserer Thesen zusammen (die wir später beschreiben werden). Insgesamt jedoch blieb es unser Ziel, eine Arbeitsweise zu finden, die unserer Meinung nach ein angemessenes Gleichgewicht zwischen freischwebender psychoanalytischer Beobachtung und vorher festgelegter experimenteller Anordnung sicherte.

Wir wissen, daß unsere Maßnahmen unter beiden Gesichtspunkten ernster Kritik unterliegen, und wir sind durchaus bereit, uns diese Kritik zu Herzen zu nehmen. Insbesondere sind wir uns des Problems wohlbewußt, Beweise zu erbringen, und wenn schon nicht solche von letzter Gültigkeit, dann zumindest Annäherungswerte.

Vom psychoanalytischen Standpunkt aus bieten uns unsere Beobachtungen von Säuglingen und Kleinkindern keine Möglichkeit der Bestätigung durch Berichte der Kinder selbst, durch das Auftauchen bestätigender Erinnerungen, durch Symptomwandel, d. h. durch jene Indikatoren, die die Richtigkeit einer Deutung anzeigen und auf die man sich im allgemeinen in der klinischen Analyse stützt. Doch obwohl uns persönliche Berichte (aus den frühkindlichen Altersstufen) fehlen (von älteren Krabbelkindern und Müttern erhalten wir sie durchaus) und wir gewiß keine Übertragungsbeziehung zu unseren Studienobjekten ohne innere Anteilnahme aufrechterhalten, beobachten wir doch mit einem »psychoanalytischen Auge«, geschult durch alle früheren Begegnungen mit in-

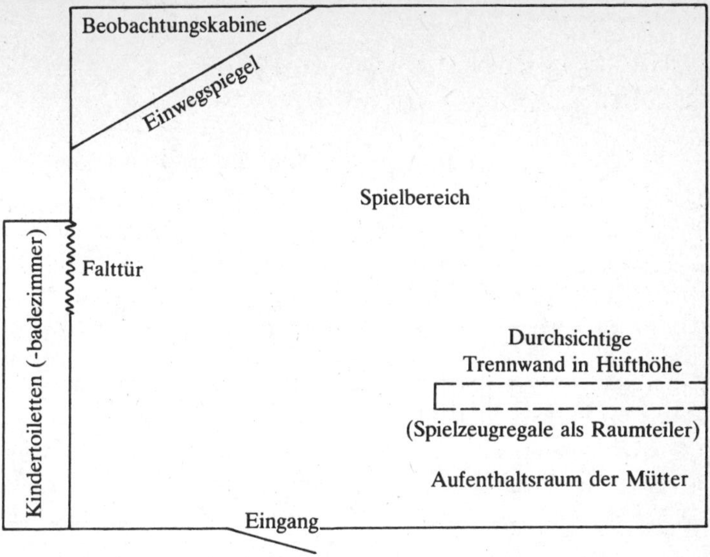

Abbildung 1
Grundriß des Raumes für Mütter und Kinder in unserer ursprünglichen Anordnung

trapsychischem Leben, und widmen unsere Aufmerksamkeit den Entwicklungspfaden, die die vor uns liegenden Phänomene nahelegen. Wenden wir uns dem entgegengesetzten Pol zu: unter rigoros experimentellen Gesichtspunkten ist es uns sicher nicht immer gelungen, bei unserer Beweiswürdigung von Vorurteilen, Beschönigungen oder wertenden Betrachtungen frei zu bleiben. Aber obgleich wir offen zugeben, daß unser Ansatz in hohem Maße klinisch und unabgeschlossen ist, haben wir die Arbeit so angeordnet, daß wir bestimmte Phänomene *in einer gewissermaßen standardisierten Situation und mit einem angemessenen Grad von Übereinstimmung wiederholen konnten.*
Die weniger systematische Anfangsphase der Arbeit war, wie gesagt, außerordentlich produktiv und ermöglichte uns Formulierungen hinsichtlich der Subphasen des Loslösungs- und Individuationsprozesses, auf die wir bereits hingewiesen haben und die wir im folgenden Abschnitt näher beschreiben werden. Diese Produktivität rührte zweifellos von der damaligen Neuartigkeit der Arbeit her; zahllose Beobachtungen und Ideen entstanden vor und in uns,

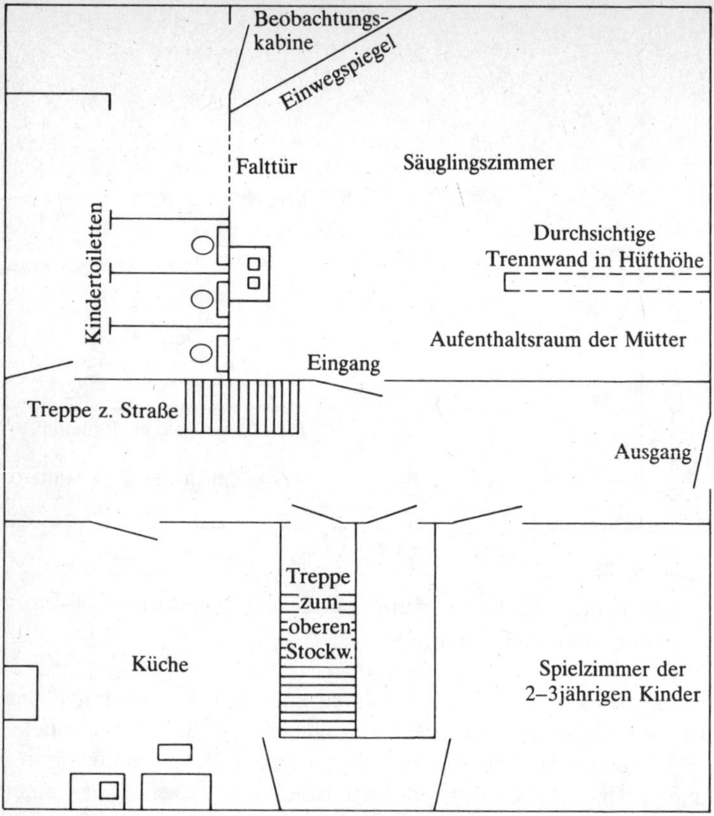

Abbildung 2
Grundriß. Ursprüngliche Anordnung

von denen sehr viele neu und frisch erschienen. Aber diese Produktivität war wahrscheinlich auch auf unseren (wie es jetzt scheint) weisen Entschluß zurückzuführen, uns von den Müttern und ihren Babys die Wege weisen zu lassen, denen unsere Forschungsbemühungen folgen sollten – in welcher Art und in welchem Maße jede Mutter das *Center* und die teilnehmenden Beobachter zu nutzen wünschte, das Tempo und Ausmaß, in dem sie bereit war, sich uns mitzuteilen, bis zu welchem Grade jede Mutter für die Versorgung ihres Kindes im *Center* verantwortlich sein wollte, usw. Dadurch wurden unsere Maßnahmen zwar weniger systematisch, harmo-

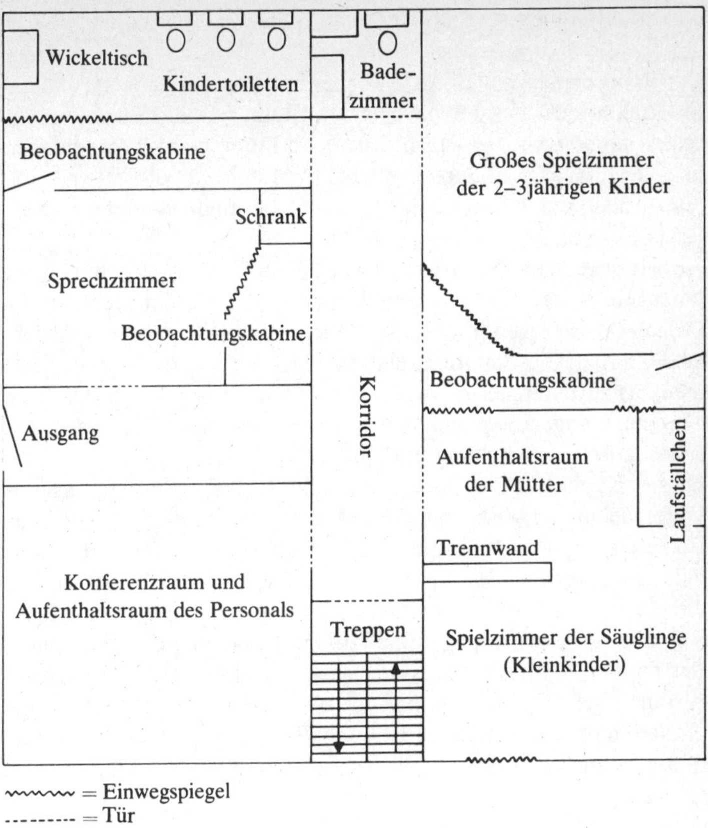

Abbildung 3
Grundriß der neuen Anordnung

nierten aber besser mit den Bedürfnissen unserer Untersuchungsobjekte. Auch Aspekte der äußeren Umgebung waren hilfreich. An unserem ersten Ort, zum Beispiel, befand sich das Badezimmer der Kinder nahe dem Aufenthaltsraum, ja, praktisch mitten im Kinderzimmer (s. Abb. 1 und 2) und war nur durch eine niedrige Falttür von der Babyecke getrennt. Als wir später im selben Gebäude nach oben zogen und größere, »bessere« Badezimmer für die Spielkinder am Ende eines langen Korridors hatten, stellten wir fest, daß wir nunmehr der so wichtigen Möglichkeit beraubt waren, das Reinlichkeitsverhalten der Kinder zwanglos zu beobachten,

d. h., die Neugier des Spielkindes und seine Faszination beim Spiel mit Wasser und anderen Inhalten der Klosettschüssel, seine Neugier in bezug auf den eigenen Körper und den der anderen und die Funktionen in diesem aufregenden Raum. Ebenso war es uns später unmöglich, das Verhalten der Mütter beim Trockenlegen und ihre Reaktion darauf zu beobachten, wie die Klein- und Spielkinder unter der Falttür hindurch ins Badezimmer krochen, usw.

Als wir etwa in der Mitte der Untersuchung in das obere Stockwerk umzogen, waren unsere Räumlichkeiten bei weitem nicht so eng (siehe Abb. 3). Aber davon abgesehen, brachte uns unser Versuch, eine Zeitlang bestimmte Ereignisse allzu unflexibel (wie wir jetzt meinen) zu untersuchen, aufs neue in eine Lage, wo wir den Weg zu einem angemessenen Gleichgewicht zwischen klinischer und systematischer Forschung finden mußten.

Dieses Kapitel schildert den äußeren Rahmen (Setting) unserer Untersuchungen, insbesondere in bezug auf die Möglichkeiten zur Beobachtung von Phänomenen, die für den Loslösungs- und Individuationsprozeß relevant sind, aber auch unter Berücksichtigung einiger historischer Perspektiven der Entwicklung verschiedener Aspekte der Anordnung. Eine Zusammenfassung der vielfältigen uns zur Verfügung stehenden Daten mit einer Diskussion damit verbundener Themen findet sich in Anhang A. Die Anhänge enthalten ferner: 1) eine Erörterung der »Methode der Methode«, d. h. des logischen Grundprinzips unserer Ansätze zu Datenanalysen; 2) einen Blick auf einige unserer Versuche auf halbem Wege, zu formaler Datensammlung und quantitativer Analyse zu gelangen, die zwar zur Entwicklung einer präziseren Sprache für uns beitrugen, aber dennoch mühsames Herumirren verursachten, weil sie entweder zu sehr fokussiert waren, mit den Wachstumsprozessen der Kinder nicht Schritt halten konnten, allzu frühe Kodifizierungen mit sich brachten oder alles auf einmal zur Folge hatten; und 3) einen Rückblick auf jeden unserer späteren Ansätze in bezug auf Daten (Orientierungsfragen, Umweltbeobachtungen mittels unseres psychoanalytisch orientierten Bezugsrahmens und Formulierungen über frühe Charakterbildung als Ergebnis des Loslösungs- und Individuationsprozesses).

Mit der Schilderung des äußeren Rahmens unserer Arbeit und ihrer Geschichte hoffen wir zu erreichen, daß unsere späteren Methoden, mit den vorhandenen Daten umzugehen, als das erscheinen, was sie sind: Versuche, die Aufgabe zu lösen, ungeheure Mengen von Daten in den Griff zu bekommen, ohne sich in Details zu verlieren und gleichzeitig unser Ziel im Auge zu behalten – die Erforschung des Loslösungs- und Individuationsprozesses.

Das Setting und sein Grundprinzip

Die Verfahrensweise stützte sich größtenteils auf einen deskriptiven, klinischen Ansatz mit Beobachtungen von Mutter-Kind-Paaren, die in einem im wesentlichen natürlichen Setting stattfanden. Das ursprüngliche Setting (im unteren Stockwerk) wurde so gewählt, daß Verhaltensweisen eintreten und untersucht werden konnten, von denen wir annahmen, daß sie für das Verständnis des Loslösungs- und Individuationsprozesses von besonderer Relevanz seien.

Wir möchten hier auf eine allgemeine Beschreibung des ursprünglichen Settings im Mutter-Kind-Zimmer zurückgreifen, die wir vor einigen Jahren gegeben haben (siehe Pine und Furer, 1963), und sie durch weitere Einzelheiten vervollständigen. Die Arbeit mit den normalen Babys fand in einem Spielzimmer-Setting statt, wo eine Gruppe von Kindern spielte, sich in einem großen Laufstall beschäftigte oder aber auf einer Matratze oder auf dem Fußboden spielte. Sie schienen in dem Laufstall regelrecht zu experimentieren; mit zunehmender Integration ihres Körpers etwa setzten sie sich auf und purzelten um; sie reckten sich, um ein Spielzeug zu erreichen und damit umzugehen; sie strengten sich an, um sich zur Mutter umzudrehen, deren Stimme sie gehört hatten, die sich aber vielleicht außerhalb ihres Blickfelds befand. Aus dem Laufstall heraus forderten sie sie lächelnd und schmeichelnd auf, zu ihnen zu kommen und mit ihnen zu spielen. Sie beschäftigten sich mit Spielsachen, insbesondere solchen, die geeignet waren, »interessante Schauspiele zu verlängern« (Piaget, 1937). Die Mütter durften nach Belieben miteinander sprechen oder sich mit ihren Kindern abgeben.

Wir wollten eine Situation schaffen – und anscheinend gelang es uns auch –, in der die spontane, alltägliche Beziehung von Mutter und Kind in einem natürlichen Rahmen beobachtet werden konnte. Im Spielzimmer war eine kleine Ecke als Aufenthaltsraum für die Mütter abgetrennt, wo sie plaudern, Kaffee trinken oder lesen konnten – und von wo sie volle Sicht und freien Zugang zu den Kindern hatten. Auf einer sehr viel größeren Fläche gab es viele reizvolle, bunte Spielsachen, und die Kinder versuchten, sobald sie dazu in der Lage waren, sich frei zwischen dem Raum mit dem Spielzeug und der Ecke, wo die Mütter im allgemeinen saßen, sowie im Raum insgesamt hin- und herzubewegen. Die Unterteilung des Raumes war keineswegs so beschaffen, daß Mutter und Kind vollständig getrennt waren; sie unterschied sich völlig von Tagesstätten oder einer Schulsituation, wo die Mutter beispielsweise die Betreuung ihres Kindes zeitweise einer Kindergärtnerin oder Lehrerin überläßt. Es war eher so wie auf einem Spielplatz im Freien, wo Kinder spielen, wo es ihnen gefällt, und die Mütter auf Bänken sitzen und sich unterhalten. Dabei haben sie aber ihre Kinder im Blick und können jegliche Mutterpflichten erfüllen, die von ihnen verlangt werden. Abb. 1 zeigt das Mutter-Kind-Zimmer in seiner ursprünglichen Gestalt.[1]

Möglichkeiten zur Beobachtung der Loslösung

Es war von Anfang an klar, daß der zentrale Beobachtungsgegenstand, der intrapsychische Loslösungs- und Individuationsprozeß, direkter Beobachtung nicht zugänglich war, doch konnten sich Hinweise aus der Beobachtung der Mutter-Kind-Interaktion ergeben und so auf den intrapsychischen Prozeß aus tatsächlich beobachteten Verhaltensweisen geschlossen werden. Zu Beginn unserer Untersuchung, als wir uns vornehmlich auf Kinder im 2. Lebensjahr konzentrierten, glaubten wir, daß sich die meisten Hinweise auf den intrapsychischen Prozeß aus der Beobachtung jener gewöhnlichen aktiven und passiven Trennungserlebnisse ergeben würden, die sich täglich – durch das Kind, die Mutter oder den Beobachter in Gang gebracht – abspielen. Von Anfang an konnten wir – wir beschäftigten uns damals nur mit Kindern, die mindestens 9 bis 10 Monate alt waren – gewisse Loslösungsformen beobachten. Das waren jene, die sich in Gegenwart der Mutter zeigten: ein durch das Zimmer krabbelndes oder laufendes Kind kann das Gesicht der Mutter unter den vielen Anwesenden nicht sofort entdecken; die Mutter ist unaufmerksam, spricht vielleicht gerade mit jemandem, usw. Schon sehr früh kommt es auch zu Trennun-

[1] Dieses Setting war, wie sich zeigte, ursprünglich viel geschickter arrangiert als später, da es (wegen der Lage der Eingangstür und der allgemeinen architektonischen Gestaltung des Raumes) viel Verwirrung infolge des Durcheinanders von Müttern, Babys und gelegentlich sogar Spielkindern gab.

gen passiver Art – man wird verlassen, statt selbst zu verlassen. Die Mutter verließ den Raum für ein paar Augenblicke oder sie entfernte sich für eine halbe Stunde oder länger zu einem Interview mit einem Mitglied des Forschungsstabes (zu dem sie gelegentlich und wenn es erforderlich war das Kind begleitete). Wenn das Kind etwas älter und schon eine Zeitlang im *Center* war, konnte die Mutter auch einen ganzen Vormittag abwesend sein. Nach einiger Zeit richteten wir ein »Zimmer für Spielkinder« ein, in das die Kinder überwechselten, sobald sie in der Lage waren, längere Zeit von der Mutter getrennt zusammen mit einer »Lehrerin« in einer Art Vorschulsituation zu verweilen. Es bestand also eine Situation, die viele Möglichkeiten der Beobachtung von Trennungen und Wiedervereinigungen von Mutter und Kind bot.
Im späteren Forschungsabschnitt (nach dem März 1962), als wir erkannt hatten, daß die intrapsychischen Trennungserlebnisse viel früher beginnen, dehnten wir unsere Beobachtungen auch auf Babys aus, wobei wir mit etwa 4 Monate alten Kindern den Anfang machten. Wir beobachteten das Trageverhalten von Müttern gegenüber ihren Kindern sowie die Anhänglichkeit der Kinder an ihre Mütter. Wir sahen Kinder, die sich abwechselnd eng an die Mutter schmiegten, sich versteiften und gegen den Körper der Mutter stemmten. Diese und andere Beobachtungen vermittelten uns Erkenntnisse über früheste Abgrenzungen des Schoßkindes innerhalb der Symbiose, lange bevor die frühesten Annäherungs- und Distanzierungsweisen räumlich in Erscheinung treten. Daraufhin beobachteten wir äußerst sorgfältig die frühesten Anzeichen der Differenzierung (siehe Teil II, 4. Kapitel). Das Kind versteift sich in den Armen der Mutter und wehrt sie ab (vgl. Mahler, 1963). Es kann noch nicht kriechen, aber dennoch wechselt es zwischen Distanzierung vom mütterlichen Körper und der Verschmelzung mit ihm, d. h., es scheint im Körper der Mutter aufzugehen – dann macht sich die Außenwelt bemerkbar und konkurriert um das bis dahin ausschließlich der Mutter geltende Interesse (die libidinöse Besetzung wird dem symbiotischen Umkreis entnommen) (siehe Spock, 1963). Sobald die Reifung des Kindes genügend fortgeschritten ist, gleitet es vielleicht vom Schoß der Mutter herunter; es krabbelt und watschelt von der Mutter weg, später läuft es ihr davon.
Um ein umfassenderes Bild einiger Details der Loslösung zu geben, die wir beiden Settings entnehmen konnten, möchten wir einige

Fragen erwähnen, die unsere Beobachtungen zu verschiedenen Zeitpunkten der Untersuchung angeregt haben bzw. von ihnen angeregt wurden. Wie trägt eine Mutter ihr Kind, wenn sie ankommt? Wie einen Teil ihrer selbst? Wie ein menschliches Wesen? Wie ein unbelebtes Objekt? Wie reagiert der junge Säugling darauf, daß die Mutter ihn aus seinen Hüllen befreit? Trennt sich die Mutter physisch und/oder affektiv von ihrem Kind, sobald sie den Raum betreten hat, oder besteht ein »unsichtbares Band« zwischen Baby und Mutter selbst über eine gewisse körperliche Entfernung hinweg? Weiß die Mutter, was mit ihrem Kind geschieht, auch wenn es etwas entfernt von ihr ist? Wie schnell, wie bereitwillig und wie geschickt reagiert sie auf seine Bedürfnisse? Hält die Mutter ihr Kind häufig im Arm? Schafft sie einen allmählichen Übergang, indem sie es beispielsweise langsam zum Laufstall führt, bei ihm bleibt, bis es sich wohl fühlt, und reicht sie ihm vielleicht ein Spielzeug? Oder kann sie es nicht erwarten, das Kind loszuwerden, indem sie es sofort nach der Ankunft in den Laufstall setzt und ihre Aufmerksamkeit anderen Dingen zuwendet, zum Beispiel der Zeitung oder einer Unterhaltung? Wendet sie sich ihrem Kind in übermäßig stimulierender Weise nur dann zu, wenn es ihren eigenen Bedürfnissen entspricht? Kurz gesagt, wir fanden, daß uns die Beobachtungen im Kinderzimmer sowohl die individuellen Eigenschaften als auch die Entwicklung der Mutter zur Mütterlichkeit erkennen ließen. Wir konnten die Merkmale des Austauschs beobachten zwischen der Mutter und dem Kind auf ihrem Arm – des Austauschs der Mutter mit ihrem rasch krabbelnden oder watschelnden älteren Kind, mit dem Kind, das beginnt, sich auch »für andere als die Mutter« zu interessieren, mit dem energisch forschenden Spielkind und mit dem Kind, das zu sprechen anfängt und seine Bedürfnisse auf neue Art kundtun kann. Wir waren in der Lage, die Art und Weise zu studieren, wie die Mutter sich vom jungen Säugling löst, und ihre Reaktionen auf die später vom Kind in Gang gesetzte Loslösung.

Auf der anderen Seite der Dyade sahen wir auch, zu welcher Zeit im Leben des Kindes dieses die Mutter wahrnahm, oder wir versuchten vielmehr, die vielen, sehr allmählichen zu- und abnehmenden Entwicklungsschritte zu beobachten und zu formulieren, die zum Erkennen der Mutter als einem getrennten Wesen führten. Wir beobachteten, wie das Kind auf das Trageverhalten eben seiner Mutter reagiert, wie es sich später etwas zurücklehnt, als ob es sie genauer betrachten und die Mutter (und »den Anderen«) erforschen wolle. Etwa vom 5. Monat an bekamen wir Hinweise, die auf Abgrenzung und von da an auf aktive Loslösung von der Mutter schließen ließen. Versucht das Kind aus einer gewissen Entfernung, die Lücke durch Blicke oder Sprechen zu überbrücken oder etwas später, wenn es sich selbständig fortbewegen kann, indem es zur Mutter läuft und ihre Aufmerksamkeit durch die differenzierteren Mittel zu erregen versucht, die ihm nunmehr zu Gebote stehen? Darüber hinaus beobachteten wir noch im Kinderzimmer die Reaktion des Kindes auf seine gleichaltrigen Gefährten, auf andere Erwachsene als die Mutter (die ihm mehr oder weniger vertraut waren) und auf die Bedingungen, unter denen es Muttersatz-Personen akzeptierte oder sie mehr oder weniger energisch ablehnte. Die tatsächliche Abwesenheit der Mutter vom Mutter-Kind-Zimmer – insbesondere die in Verbindung mit den wöchentlichen Interviews geplante – lieferte ein quasi experimentelles Trennungserlebnis. Wir untersuchten die Reaktion des Kindes auf den Weggang der Mutter, sein Verhalten, während sie nicht im Zimmer war, seine Reaktion auf ihre Rückkehr – die Wiedervereinigungsphänomene –, und zwar jeweils im Hinblick auf die Fortschritte und Rückschritte während des Loslösungs- und Individuationsprozesses.

Das Grundprinzip der Einrichtung des Spielkinder-Zimmers

Schon als wir uns noch im unteren Stockwerk befanden, hatten wir ein kleines Büro in ein Spielzimmer für ältere Spielkinder umgewandelt, teils weil deren expansive, kraftvolle Aktivitäten die Sicherheit der Kleinkinder auf dem Fußboden gefährdeten, und teils, weil sie uns zu erkennen gaben, daß sie einen eigenen Raum brauchten, um altersgemäße Spiele mit der Kindergärtnerin und in zunehmendem Maße miteinander spielen zu können. Wir nahmen einen kleinen angrenzenden Raum – der einzige, der zur Verfügung stand –, in den eine der teilnehmenden Beobachterinnen (*qua* Kindergärtnerin) mit den älteren Kindern von etwa 2 Jahren und darüber umzog. Das gestattete uns zu verfolgen, wie der Abschied des Kindes von der Mutter und der Mutter vom Kind allmählich besser bewältigt wurde; insbesondere lernten wir viel von Kindern, die hervorragend gesprächig waren. Die Trennungen verliefen in dieser Phase unserer Untersuchung andersartig, weil die Mütter wegen der Enge des Kinderzimmers und der Intimität zwischen

Kindergärtnerin, Müttern und Kindern das Gebäude öfter verließen, um einkaufen, in die Wäscherei oder nach Hause zu gehen.
Wir stellten vor allem fest, daß einige der Kinder – vielleicht wegen der Kleinheit des Zimmers im Untergeschoß – sehr besitzergreifend in bezug auf dieses Zimmer (d. h. den Raum) wurden und jeden Eindringling grob hinausdrängten, etwa eine Mutter, deren Kind nicht anwesend war, wie auch andere teilnehmende Beobachter, einschließlich des Forschungsleiters. Dies erinnerte in gewisser Weise an die Gebietsansprüche oder die Besitzgier in der Tierwelt.
Beim Obergeschoß-Setting planten wir die Einrichtungen für die Spielkinder von Anfang an sehr sorgfältig. Es war ein großes Zimmer mit unantastbarer Existenzberechtigung, das auf derselben Seite des Korridors lag wie das Zimmer der Kleinkinder und mit diesem durch den Korridor verbunden war. Die teilnehmende Beobachterin, die sich in beiden Settings im Spielkinderzimmer befand, war eine erfahrene Vorschullehrerin. Es gehörte zu ihren Aufgaben, in gesteigertem Maße die mittlerweile verbalen und andere Verhaltenssequenzen beim Spiel zu beobachten, sowie die Interaktion der Spielkinder mit ihr und untereinander.
Die teilnehmende Beobachterin verhielt sich so passiv, wie die Situation es gestattete, war aber den Spielkindern bei ihren Spielen behilflich, kümmerte sich um ihre Bedürfnisse und fungierte als Mittlerin zwischen dem Kind und seiner Mutter. (Abb. 2 und 3 veranschaulichen, wie die Räume der Klein- und der Spielkinder im anfänglichen und im späteren Setting zueinanderlagen.)
Während wir wichtige Abschieds- und Wiedervereinigungsreaktionen schon in unserem primitiven, improvisierten Untergeschoß-Setting kennenlernten, wurde das endgültige Setting des Spielkinderzimmers von Anfang an genau geplant, und die neue Anordnung vermittelte uns hinsichtlich dieser Aspekte reichhaltigere Erkenntnisse. Wie bereits erwähnt und auf Abb. 3 erkennbar, war dieses endgültige Setting ebenso groß oder größer als das Zimmer für Kleinkinder und ihre Mütter und bot dem Kind die Möglichkeit, in der frühen Übungs- und Krabbelphase die neue Welt und ihre Atmosphäre zu entdecken und uns seine Reaktionen auf diese Entdeckungen zu zeigen.
Das Spielkinderzimmer wurde von den meisten Kleinkindern bereits in ihrer frühen expansiven Übungs-Subphase, der Krabbelphase, entdeckt. Die meisten krabbelnden oder watschelnden Kleinkinder verspüren ohnehin den Drang, Schwellen zu über-

schreiten, auch in ihrer heimischen Umgebung das Kinderzimmer zu verlassen. In unserem Obergeschoß-Setting lernten sie, in den Korridor hinauszukrabbeln, der die beiden Kinderzimmer miteinander verband; sie watschelten in das Ankleidezimmer auf der anderen Seite des Ganges, und durch Zufall krabbelten sie dann weiter zur häufig offenen Tür (auf derselben Seite, auf der ihr Zimmer lag) und lugten in den Raum der Spielkinder. Anfangs hielten sie an der Schwelle an und krabbelten zuerst schnellstens zu ihrer »Ausgangsbasis« zurück, wo die Mutter sich aufhielt. Manchmal guckten sie in das Spielkinderzimmer hinein und waren sehr daran interessiert, ihren Horizont zu erweitern. Mitunter befanden sich ältere Geschwister in jenem Raum. Aber erst einige Monate später, wenn der »Krabbelanfänger« sich zum erstenmal sicher auf den Füßen fühlte, trippelte er gelegentlich oder scheinbar unversehens über die Schwelle dieses anderen interessanten Spielzimmers. Einige Wochen später suchte er diesen Raum dann bewußt auf, der soviel mehr Zerstreuung bot: Dort fanden aufregende Aktionen der älteren Krabbelkinder mit ihrer Lehrerin statt; man konnte mit Wasser spielen oder mit den Fingern malen; es gab große Spielsachen, die lebhafte Betätigung ermöglichten, etwa eine Wippe, ein Dreirad, ein Schaukelpferd sowie eine Puppenecke, eine große Eisenbahn, viele Bilderbücher und Puzzlespiele, oder die Lehrerin erzählte Geschichten.

Anfangs folgten die Mütter ihren Kindern in diesen Raum, doch eines Tages entschied Mahler nach reiflicher Überlegung, daß diese Situation zu ungleich war, zuviel Durcheinander und Abwandlungen seitens der Mütter und Kinder mit sich brachte, um Loslösung und Individuation in optimaler Weise studieren zu können. Am 4. Oktober 1960 bat sie die Mütter, in ihrem Abteil des Kinderzimmers zu bleiben. Danach lieferten uns das Hin und Her einzelner Kinder zwischen zwei Räumen, die Tatsache, daß sie sich bewußt wurden, getrennt zu sein (unversehens oder durch ihr eigenes Zutun), und ihre Reaktionen darauf unschätzbare Ergebnisse. Die Art, wie sie (durch Handlungen oder Worte oder Gefühlsäußerungen) den Aufenthalt ihrer Mütter festzustellen versuchten, gab uns wichtige Hinweise auf viele Facetten der kindlichen Persönlichkeit zu diesem Zeitpunkt hinsichtlich der Entwicklung von Objektkonstanz, Gewahrwerden des eigenen Selbst, der Allgemeinverfassung und des Temperaments, Frustrationstoleranz und vieler anderer Merkmale. Nach einiger Zeit vermochten wir die wachsende Fähigkeit des älteren Spielkindes zu erkennen, längere Trennungen von der Mutter zu ertragen, in vielen Fällen getrennt von der Mutter besser zu funktionieren, was unseres Erachtens – wir werden darauf in Teil II, Kapitel 5–7 im einzelnen zurückkommen – darauf zurückzuführen war, daß der Konflikt wegfiel, der Mutter nahe zu sein und sich von ihr entfernen zu müssen. In idealen Fällen wurde die Lehrerin in adäquater Weise als Ersatz akzeptiert und die Wiedervereinigung mit der Mutter nach kurzer Trennung ohne Schwierigkeit vollzogen. Vor allem stellten wir selbst bei normalen Spielkindern von Woche zu Woche ein ganz unerwartet rasch wechselndes Verhalten fest, häufig sogar von einem Tag zum anderen, das (unter dem Gesichtspunkt des Loslösungs- und Individuationsprozesses) zwischen progressiven und regressiven Tendenzen schwankte.

Weitere Beobachtungsmöglichkeiten
Die Bedingungen eines Kindergartens dieser Art verschafften uns Möglichkeiten der Beobachtung, die nicht nur die Loslösung als solche betrafen. So waren die Mütter anwesend, um sich um ihre Kinder zu kümmern, die zweitweise nicht älter als 2 bis 3 Monate waren, während wir Gelegenheit hatten, affektive Aspekte der Interaktion der Mutter-Kind-Paare aus nächster Nähe zu studieren. Unser Hauptinteresse galt unter anderem der Art der *emotionalen Verfügbarkeit* der Mutter für das Kind sowie der Fähigkeit des Kindes, sich die Mutter im Laufe des Loslösungs- und Individuationsprozesses nutzbar zu machen und von ihr die notwendige »Kontaktversorgung« (Mahler, 1963) zu beziehen. Die Unterhaltung der Mütter miteinander, während sich ihre Kinder in den Spielzimmern aufhielten, lieferte zusätzliche Erkenntnisse in bezug auf die Bedeutung des mütterlichen Verhaltens; nach einer Weile konnten sie behaglich und freimütig miteinander reden, da ihnen das *Center* zum Heim wurde. (Das war in dem ursprünglichen, beengten natürlichen Rahmen in stärkerem Maße der Fall als in dem geräumigeren, sorgfältig geplanten Rahmen im Obergeschoß.)
Der Gebrauch, den die Kinder von der Ausstattung des Raumes machten, bot weitere Beobachtungsmöglichkeiten. So erwiesen sich beispielsweise große Spielsachen, die Aktionen zuließen, etwa Dreiräder, nicht nur im Hinblick auf die motorische Entwicklung als interessant, sondern weil sie Gelegenheit zu überschwenglichen

Ausdrucksformen boten, die weit über die Übungssubphase hinausgingen, eine Überschwenglichkeit, die mitunter an Allmachtsphantasien denken ließ (einer der Gründe, weshalb wir die Schoß- und Krabbelkinder in ihrer Überschwenglichkeit bremsen mußten). Andererseits gaben uns kindliche Reaktionen auf diese Spielsachen mitunter Hinweise auf Schwankungs- und symbiotische Tendenzen auf seiten einer Mutter und ihres Kindes. Das Schaukelpferd und der große Teddybär wiederum ließen uns manchmal eindeutige Anzeichen von autoerotischer oder Kontaktstimulierung erkennen. Wir stellten fest, daß aufziehbare, mechanische Spielsachen und Sprechpuppen gelegentlich Angst erregten, während Spielsachen, bei denen das Kind die Bewegung lenkte, mit Vergnügen benutzt werden konnten. Im Spielkinder- und im Krabbelkinderzimmer befand sich ein Spiegel, der bis zum Fußboden reichte und sich sehr gut zur Beobachtung von Spiegelreaktionen der Kinder von einem sehr frühen Alter an eignete. Wir glaubten, daß Spiegelreaktionen uns den Weg ebnen könnten, um zu erforschen, wie das Kind in zunehmendem Maße seinen Körper als von der Umwelt unterschieden wahrnahm. (Während der letzten beiden Jahre der Datensammlung entwickelte Dr. John McDevitt ein zusätzliches Forschungsprogramm, das sich speziell mit Spiegelreaktionen beschäftigte.)

Manche Einrichtungsgegenstände und anderes Zubehör des Kinderzimmers boten auch Gelegenheit, Phänomene zu beobachten, die nicht so deutlich mit dem Loslösungs- und Individuationsprozeß zusammenhingen. Wir konnten Mütter beobachten, die die Windeln wechselten, wenn es erforderlich war, oder auch nicht, die die Kinder zu gegebener Zeit mit Keksen fütterten oder nicht, oder aber es beiläufig taten. Es gab einen Laufstall, der sowohl für Nickerchen als zum Spielen benutzt wurde. Wir stellten uns Schlaf immer zum Teil als Trennung von der Mutter vor, womit häufig Schlafstörungen in der frühen Kindheit zusammenhängen; aber natürlich hatten wir keine Gelegenheit, nächtliche Schlafstörungen direkt zu beobachten, die im 2. Lebensjahr so charakteristisch sind. Wir hatten kein allzu klares Bild von der Beziehung des Ankleidens, des Essens und anderer kindlicher Verhaltensaspekte zum Loslösungs- und Individuationsprozeß. Die Einrichtungen unseres Settings, die Müttern und Kindern Gelegenheit gaben, einen Teil ihres Lebens zusammen mit uns in ganz natürlicher Interaktion zu verbringen, ermöglichten uns Beobachtungen in großem Umfang, aber es gab natürlich viele Dinge, die wir nicht zu sehen bekamen: das Einschlafen des Kindes in seinem eigenen Bettchen, seine Reaktion auf die Heimkehr des Vaters von der Arbeit. Insbesondere entbehrten wir im Obergeschoß-Setting in hohem Maße die unten vorhandenen Möglichkeiten, das tägliche anale, Urinier- und phallische Verhalten der Kinder im Badezimmer und die Reaktion der Mütter auf dieses zu beobachten. Wir versuchten, dies in gewissem Umfang durch Hausbesuche auszugleichen.

Die Geschichte der Entwicklung des Settings

Die Gruppe und das Setting traten in unserer Planung nicht sofort fix und fertig ins Leben. Zu Beginn des Projekts waren wir vornehmlich an zwei praktischen Punkten interessiert, und zwar mit Müttern und Kindern am Ende des 1. Lebensjahres und im 2. Lebensjahr Kontakt aufzunehmen (weil wir damals den Beginn der Loslösungs- und Individuationsphase im 2. Lebensjahr vermuteten) und ihr Interesse an der Teilnahme zu wecken und zu bewahren.
Die ersten Mütter, mit denen wir in Verbindung traten, hatten ältere Kinder in der normalen Kindergartengruppe des *Masters Children's Center.* Als Anreiz zur Teilnahme wurde ihnen die Gebühr für das ältere Kind ermäßigt und eine ähnliche Ermäßigung für das jüngere Kind in Aussicht gestellt, sobald es das entsprechende Alter erreicht haben würde. Nach diesem Muster verfuhren wir bei den ersten drei Müttern, die an dem Projekt teilnahmen. Alle späteren hingegen kamen durch Mundpropaganda, d. h., sie setzten sich tatsächlich selbst mit uns in Verbindung; unsere ursprüngliche Vermutung, daß wir einen besonderen Plan benötigen würden, um zur Teilnahme anzureizen, erwies sich damit als gegenstandslos. Alle Frauen, die in den folgenden Jahren an dem Projekt teilnahmen, hatten davon von einer bereits teilnehmenden Mutter erfahren, entwickelten Interesse und traten der Gruppe bei, nachdem sie einer Eingangsbefragung unterzogen worden waren. Bis zu einem gewissen Grade hatten sich also diese Mütter selbst ausgewählt; wir stellten kein repräsentatives Sample einer bestimmten Gruppe zusammen. Allerdings nahmen wir eine flüchtige Vorauswahl vor, um mehr oder weniger normale Mütter zur Mitarbeit zu gewinnen. Mütter, die bei der Kontaktaufnahme eine schwere Pathologie vermuten ließen, sonderten wir aus; wir

wählten nur intakte Familien aus (die Vater, Mutter und Kinder umfaßten), und wir versuchten, die Aufnahme von Müttern zu vermeiden, wenn wir den Eindruck hatten, daß mit ihrer Anwesenheit nicht zuverlässig zu rechnen war (etwa, weil sie zu weit entfernt wohnten, um das *Center* zu Fuß erreichen zu können).
Da wir anfangs ziemlich besorgt waren, ob es uns gelingen würde, Mütter für das Projekt zu gewinnen, ist die Tatsache, daß dies kein besonderes Problem darstellte, von Interesse. Wie kam es dazu? Zunächst war das *Center* in der Nachbarschaft gut bekannt (als Vorschule bereits, bevor wir dort die Arbeit aufnahmen). Ferner wohnten viele junge, sozial bewegliche und recht gebildete junge Ehepaare in dem Bezirk, und aus dieser Gruppe kamen unsere Familien. Die Mütter waren nicht berufstätig, weil es aus finanziellen Gründen nicht unbedingt nötig war und weil sie im großen ganzen genügend Interesse besaßen und sich der Befriedigung sowie der Probleme, die mit der Aufzucht von Kindern verbunden sind, so weit bewußt waren, daß sie bei ihnen bleiben wollten. Sie hatten also Zeit teilzunehmen, denn wir verlangten natürlich, daß die Mütter anwesend und verfügbar waren. Es ist möglich, daß wir mit weniger aufgeklärten und gebildeten Müttern größere Probleme gehabt hätten. Diese Frauen hingegen verstanden sämtlich das Forschungskonzept und betrachteten es als wertvoll, insbesondere weil Forschung, die Kindern und Müttern galt, zentrale Belange ihres augenblicklichen Lebens berührte. Viele Mütter brachten ein lebhaftes intellektuelles Interesse an der kindlichen Entwicklung zum Ausdruck, bei anderen standen persönliche Motive im Vordergrund – sie hofften, mehr über ihre eigenen Kinder zu erfahren. Dem allem liegt die Tatsache zugrunde, daß das Dasein der Mutter eines sehr kleinen Kindes zeitweise sehr einsam sein kann. Gesellschaftliche Kontakte sind zwangsläufig begrenzt, insbesondere tagsüber und während der langen Wintermonate. Von Anbeginn stellten wir einen behaglichen Platz zur Verfügung – hübsch eingerichtet, sauber und sicher –, damit die Mütter ihre Kinder, die noch nicht im Kindergartenalter waren, selbständig spielen lassen konnten. Wir boten Müttern einen Spielplatz im Hause an, die sonst mit ihren kleinen Kindern in kleine Wohnungen eingezwängt waren. (Man mußte sich mit kleinen Wohnungen begnügen, weil die Mieten in diesem Bezirk sehr hoch waren.) Das *Center* und insbesondere die von den Mitarbeitern geschaffene Atmosphäre boten den Frauen auch die Chance, mit Gleichaltrigen, die ihre Interes-

sen teilten, zusammenzukommen. Die Mütter konnten auch das Gefühl haben, Menschen um sich zu haben, die in der Kinderaufzucht kompetent waren, ohne daß sie autoritäre Anweisungen zu akzeptieren brauchten, geschweige denn, daß Forderungen an sie gestellt wurden. Die Mitarbeiter betrachteten die versammelten Mütter gewissermaßen als »Mütterclub«.
Wir hatten also, entgegen unseren ursprünglichen Befürchtungen, wenig Probleme, eine Anfangsmotivation zur Teilnahme am Projekt zu schaffen. Nachdem wir die Müttergruppe für die Teilnahme gewonnen hatten, mußte die Frage geklärt werden, wie das Funktionieren der Gruppe gewährleistet werden konnte. Dazu gehörten zwei Überlegungen: 1) das Interesse der Mütter wachzuhalten, so daß ihre regelmäßige Teilnahme gesichert war, und 2) die Erfordernisse der Forschung. Wie bei jedem neuen Unternehmen, besaßen auch wir nur ein begrenztes Wissen, auf das wir zurückgreifen konnten. Unser allgemeines Ziel war die Schaffung einer Situation, in der die Mutter-Kind-Interaktion in einem einigermaßen *natürlichen Setting* beobachtet werden konnte. Es ergaben sich aber viele Fragen, etwa ob man die Mütter einzeln, in Zweier-, Dreier- oder größeren Gruppen befragen sollte; welche Probleme sich bei der Handhabung der Übertragungsbeziehungen zu den teilnehmenden Beobachtern ergeben würden und wie viele Beobachter sich mit dem Kind oder der Mutter-Kind-Interaktion befassen sollten.
Da es wesentlich schien, daß sich die Mütter in der Situation wohl fühlten, gingen wir zunächst sehr langsam vor, bestellten sie einzeln und sprachen mit ihnen. Aus diesen ersten Kontakten, die nur einige Wochen dauerten, ging hervor, daß einige der Frauen eine zu eingehende und konzentrierte Untersuchung ihrer selbst und ihrer Kinder fürchteten. Wir beschlossen daher sehr bald, daß die Mütter und Kinder nicht allein, sondern gruppenweise erscheinen sollten – zumindest so lange, bis wir sie besser kannten. Diese Entscheidung führte zur Bildung des Gruppen-Settings, das in mehr oder weniger konstanter Form Jahre hindurch fortgesetzt wurde. Einige Mütter äußerten auch Bedenken hinsichtlich der Zeit, die sie im *Center* zuzubringen hätten. Wir nannten ihnen daher zu Beginn vier Vormittage in der Woche, von denen sie mindestens zwei für Besuche im *Center* auszuwählen hatten. Auf diese Weise überließen wir es den Müttern, uns indirekt zu zeigen, welche Situation und Beziehung zu uns ihnen am angenehmsten war; sie konnten uns deutlich machen, welche Entfernung oder

Nähe zu uns und unserem Setting für sie die optimale war. Ein Jahr lang stellten wir sogar einige Mütter zufrieden, die ältere Kinder zu versorgen hatten, indem wir sie nachmittags kommen ließen, um die Kontinuität unserer Arbeit zu sichern. Indem wir soviel Spielraum zugestanden, versuchten wir eine ungezwungene Atmosphäre aufrechtzuerhalten, in der die Mütter frei entscheiden konnten, ob sie sich das *Center* nutzbar machen wollten; auf diese Weise vermieden wir es, eine schärfer strukturierte Situation zu schaffen, in der wir gewisse Anforderungen an sie hätten stellen müssen. Dieser Ansatz erschien insbesondere deshalb notwendig, weil es sich um normale, gesunde Familien handelte, die vermutlich nicht motiviert waren, aus vorwiegend therapeutischen Gründen bei uns zu bleiben.

Sobald sich eine Gruppe regelmäßig traf, ergaben sich spezifischere Fragen. Besonders zwei waren von einschlägiger Bedeutung. Zuerst erhob sich die Frage, wie aktiv die einzelnen teilnehmenden Beobachter (ursprünglich waren es nur zwei) sich den Kindern gegenüber verhalten sollten. D. h., wie oft sollten sie einem Kind behilflich sein, einen Streit schlichten, ein Spielzeug anbieten? Da das Haupterfordernis unserer Forschung darin bestand, daß wir Mütter und Kinder in einem Setting beobachten konnten, das so natürlich wie möglich war, entschlossen wir uns zunächst, keinerlei Einmischung zu üben. Alle Aspekte der Kindesbetreuung waren den Müttern zu überlassen. Wir hatten den Müttern von Anfang an gesagt, daß *sie* und nicht die teilnehmenden Beobachter für die Kinder zuständig seien; die Beobachter waren nicht als Kindergärtner anzusehen. Trotzdem waren die Mütter innerlich unsicher bezüglich dessen, was von ihnen erwartet wurde. Das Problem wurde durch die Tatsache verschärft, daß das Mütterzimmer ursprünglich vom Spielzimmer durch eine bis zur Decke reichende Scheidewand getrennt war; dazwischen befand sich lediglich eine ziemlich große Eingangstür. Das bedeutete, daß die Frauen ihre Kinder oft nicht sehen konnten, und war ein Kind einmal außer Sicht, bestand die Neigung, seine Versorgung der teilnehmenden Beobachterin zu überlassen. Mahler entschied nach einigen Monaten, daß diese Scheidewand beseitigt und durch eine halbhohe ersetzt werden sollte. Die neue Trennwand war nicht massiv, sondern bestand aus Messingstäben mit Zwischenräumen. Selbst ein krabbelndes Kind konnte so von seiner Mutter gesehen werden und umgekehrt. Es gab eine ganze Anzahl von Müttern, die aus persönlichen Gründen protestierten, indem sie sinngemäß sagten: »Welche Verschwendung! Stellen Sie doch die alte Wand wieder auf!« Nach der Aufstellung der neuen, halbhohen Trennwand wurde den Müttern der Grund mitgeteilt und unser Wunsch, daß sie ihre Kinder selbst versorgen sollten, nochmals klar hervorgehoben. Sie akzeptierten das bereitwillig und verstärkten ihr Pflegeverhalten. (Einige taten es natürlich nicht; wir konnten aber erkennen, daß die Verweigerung der Betreuung ein relevantes Merkmal einer bestimmten Mutter war, das selbst einen Aspekt ihres einzigartigen mütterlichen Verhaltens darstellte.) Nachdem das Muster der Versorgung durch die Mutter einmal geschaffen war, konnten die Mitarbeiter die »Nichteinmischung« etwas mildern, um mit den Kindern zu spielen und so ein klareres Bild von ihrer Ansprechbarkeit, der Toleranz gegen Außenstehende, Interessenumfang usw. zu erhalten.

Die zweite Frage betraf ebenfalls, wenn auch in anderer Form, das Maß, in dem die teilnehmenden Beobachter in die Mutter-Kind-Interaktion verwickelt werden würden. Sehr bald nach der Bildung der Gruppe fingen mehrere Mütter an, Fragen zu stellen und Ratschläge zu erbitten, wie Kinder aufzuziehen seien. Wieder entschieden wir uns für geringere Einmischung. Jede Frage sollte so allgemein und unpersönlich wie möglich behandelt werden, ohne die Mütter zu verärgern oder sie zum Ausscheiden zu veranlassen. In einigen Fällen wurde gemeinsam beschlossen, daß das aufgeworfene besondere Problem wichtig genug sei (zum Beispiel, wie man sich bei der Geburt eines Geschwisters verhalten solle), um größeres Interesse zu beanspruchen. In diesen Fällen schlug ein Mitarbeiter der Mutter vor, das Problem mit einem der Forschungsleiter oder ihrem Interviewer zu besprechen, und häufig machten die Mütter sich dies zunutze. Hier lag in der Tat einer der Gründe für unsere Entscheidung, eine systematischere Zuteilung eines jeden Mutter-Kind-Paares an einen Forschungsleiter oder erfahrenen Mitarbeiter vorzunehmen.

Unsere Entscheidung, Einmischungen einzuschränken, hatte mehrere Ursachen, abgesehen von unserem Wunsch, die Mutter-Kind-Interaktion in einem Setting zu beobachten, das so natürlich wie möglich sein sollte. Unsere Anfangserfahrungen mit der Gruppe erbrachten deutliche Hinweise, daß diese Mütter sich in einer permissiven, unautoritären Atmosphäre am wohlsten fühlen würden. Ferner glaubten wir, daß die Entwicklung starker Übertragungsgefühle zu einem der Mitarbeiter sich auf das natürliche Funktionieren von Mutter und Kind und vielleicht auch auf die Gruppe als ganze störend auswirken würde. Manches davon änderte sich mit der Zeit. Wir lernten verstehen, daß eine Übertragung von seiten der Mutter auf den Interviewer – und auf das *Center* als Symbol – unvermeidlich war, vielleicht teilweise wegen unserer Bemühungen, relativ neutral zu bleiben. Bei vernünftiger Handhabung und Respektierung konnte dies die Motivierung der Mutter zur Teilnahme zusätzlich verstärken und auch die Grundlage dafür bilden, der Mutter, wenn nötig, mit hilfreichen Kommentaren zur Seite zu stehen.

Wir sagten oben, daß die Mütter uns Signale zukommen ließen, wie nahe sie uns zu treten wünschten. Im großen ganzen baten die Mütter nicht direkt um Rat, und dies entsprach den Wünschen der Mitarbeiter. Sie akzeptierten die Atmosphäre des *Centers* freudig und dankbar, aber sie zogen einen Trennungsstrich in Richtung »Therapie« und schoben direkte Ratschläge, Überheblichkeit oder selbst professionelles Wissen beiseite, wenn sie beim Mitarbeiterstab in Erscheinung traten. Im allgemeinen hielten sie es so, daß ihre Beziehungen zu den Mitarbeitern nicht über das *Center* und seine Aktivitäten hinausreichten.

Ein letztes, sehr wichtiges historisches Moment sollte hier festgehalten werden. Vom dritten Forschungsjahr an wählten wir nur noch Kleinkinder für die Untersuchung aus. In die Pilot-Untersuchung nahmen wir eine Gruppe von Krabbelkindern im Alter von 9 bis 20 Monaten auf. Im Laufe der Untersuchung wurde unsere Überzeugung immer stärker, daß diese Kinder im letzten Quartal des 1. Lebensjahres bzw. im 2. Lebensjahr unter dem Gesichtspunkt von Loslösung und Individuation *ein fortgeschrittenes Stadium dieses Prozesses* erreicht hatten, das bereits von der angenommenen vorangehenden Entwicklungsphase, d. h. der normalen symbiotischen Phase (Mahler und Furer, 1963b), weit entfernt war. Das bedeutete, daß wir die Anfänge des Loslösungs- und Individuationsprozesses nicht unmittelbar beobachten konnten, während das Kind die vorangehende symbiotische Phase verließ. Wir hatten unser Postulat hinsichtlich der Zeitspanne, in der der normale Loslösungs- und Individuationsprozeß abläuft, revidiert und waren nun der Ansicht, daß er etwa im 5. Lebensmonat beginnt und sich bis ins 2. bzw. 3. Lebensjahr erstreckt. Diese Revision unserer Theorie erfolgte im dritten Jahr unserer Forschungen; vom Mai

1962 an wählten wir nur noch Säuglinge aus, die erheblich jünger waren als die Kinder während unserer ersten beiden Forschungsjahre. (Siehe Tab. 1, S. 289 ff.)

Einige Anmerkungen zur »klinischen« Standardisierung und Verläßlichkeit von Beobachtungen

Die langsame Entwicklung einer Arbeitsweise, die sowohl den Erfordernissen der Forschung als auch den Bedürfnissen der Mutter-Kind-Paare Rechnung trug, veranlaßte uns, der Arbeit ein generelles Schema zugrunde zu legen. Rückblickend glauben wir, daß das festgelegte Vorgehen und die durch das *Center* gebotenen einheitlichen räumlichen und physischen Anordnungen uns eine Beobachtungssituation schufen, die weit besser standardisiert war, als wir zu Anfang zu hoffen wagten.

Unsere Arbeitsmethode verschaffte uns eine Fülle von Beobachtungsmaterial von beträchtlicher Kontinuität über unsere Versuchspaare. Vom 5. Monat bis zur Vollendung des 3. Lebensjahres führten wir ungefähr zwei wöchentliche Beobachtungen, ein wöchentliches Interview und jeden zweiten Monat einen Hausbesuch durch. Infolgedessen übersteigen unsere Ergebnisse in bezug auf Reichhaltigkeit, Häufigkeit und Kontinuität der Beobachtungen bei weitem die meisten mitgeteilten Untersuchungen über ähnliche Themen. Wir glauben im nachhinein, daß es uns gelungen ist, viele der Probleme zu vermeiden, die sich aus unregelmäßigen, hochselektiven Beurteilungen und Beschreibungen von Mutter-Kind-Paaren in bestimmten, spezifischen, ausgewählten Situationen ergeben, wo situationsbedingte Variablen die gewonnenen Resultate relativ stark beeinflussen. Wir gingen auch solchen Problemen aus dem Wege, die dadurch entstehen, daß zwar reichhaltige, aber schwer vergleichbare und schwer standardisierbare Beobachtungen vorliegen, indem wir uns ganz auf reale Beobachtungen verließen (z. B. auf Hausbesuche, Beobachtungen auf dem Spielplatz u. ä.). Wir gingen zwar nicht so weit, ein Haus zu bauen, in das Familien einziehen konnten, aber wir haben unser *Center* dennoch fast zu einer Erweiterung der Häuslichkeit unserer Versuchspersonen gemacht. Wir waren beeindruckt von der Selbstverständlichkeit und Leichtigkeit, mit der unsere Versuchspersonen unsere Einrichtungen benutzten und sich darin bewegten, insbesondere wenn wir das Verhalten unserer Mutter-Kind-Paare mit dem Verhalten von

Müttern in anderen, einmaligen Situationen verglichen, die der experimentellen Beobachtung dienen sollten.

Uns entging auch nicht der Vorteil einer in vieler Hinsicht standardisierten Situation: die Einrichtungen waren für alle Mutter-Kind-Paare gleich, einschließlich der Anordnungen, der Ausstattung und, in gewissem Umfang, der beobachtenden Teilnehmer. Da wir also keine rigide strukturierte Testsituation hatten, brauchten wir uns auch nicht mit weitreichenden Unterschieden von Einrichtungsplänen, Zeiteinteilungen u. ä. herumzuschlagen. Was wir boten, war, innerhalb gewisser Grenzen, für jede Mutter und ihr Kind das gleiche, und sie machten davon nach Belieben Gebrauch. Es ist sicher richtig, daß die Aufmerksamkeit, die die Mutter dem Kind widmete, variierte, je nachdem ob bestimmte Beobachter, ob viele oder wenige andere Mütter anwesend waren, doch in den meisten Fällen waren diese Veränderungen relativ leicht zu erkennen und wurden selbst zum Untersuchungsgegenstand. Manche Mütter verringerten die Aufmerksamkeit für ihre Kinder, weil sie etwa meinten, daß nun andere da waren, die ihnen bei der Beaufsichtigung ihres Nachwuchses halfen (obwohl die Mütter dahingehend instruiert wurden, daß sie für die Betreuung ihrer Kinder im *Center* verantwortlich seien), oder weil sie in dieser beschützenden Umgebung einfach entspannter und weniger ängstlich waren. Manche Mütter hingegen, darauf bedacht, sich selbst oder ihr Kind in Positur zu setzen, und darin unterstützt, weil sie während ihres Aufenthalts im *Center* von anderen Verpflichtungen befreit waren, schenkten ihren Kindern mehr Aufmerksamkeit und Anregung als sonst, oder sie vermittelten solche Anregungen in höherem Maße dann, wenn ihnen jemand besonderes Interesse zuwandte. Gelegentlich agierte eine Mutter für die Kamera, oder aber sie verhinderte Aktionen, eben weil eine Kamera vorhanden war. Wir konnten aber die Momente mit vielen ungefilmten vergleichen und feststellen, daß das Verhalten der Mütter insgesamt recht konsistent war.

Eine weitere beachtenswerte Tatsache ist die, daß sogar ohne unsere Absicht oder explizite Handlung (ganz im Gegenteil: wir vermieden den Anschein von Führung oder Einfluß) die bloße Anwesenheit anderer Einstellungen und Gefühle der Mütter beeinflußte. Wahrscheinlich wurden sie eben dadurch erheblich bestärkt, daß sie Teil eines Forschungsvorhabens waren, was in den Augen mancher mit erheblichem Prestige verbunden war, sowie durch das Interesse, das ihnen und ihren Kindern von den Mitarbeitern entgegengebracht wurde. Diese aktive Anteilnahme könnte ihnen geholfen haben, einige Haupthindernisse junger Mutterschaft zu umgehen oder zu verringern, etwa Gefühle der Hilflosigkeit, der gesellschaftlichen Isolierung oder der Überwältigung durch die Tatsache, daß nunmehr ein winziges Menschenkind von einem abhängt und man für es verantwortlich ist. (Im Gegensatz dazu trat in seltenen Fällen das Umgekehrte ein: eine Mutter rivalisierte darum, besser zu sein als andere Mütter, oder brüstete sich damit, wie gut ihr Sprößling zurechtkam, trotz – oder sogar wegen – ihrer fordernden, unnachgiebigen, übermäßig ehrgeizigen und auf Konkurrenz eingestellten Haltung.) Wir würden jedoch ohne Zögern sagen, daß der Aufenthalt im *Center* diese und andere Spannungsmomente zwar verringern, steigern oder maskieren mochte, sie aber nicht auslöschte oder grundlegend veränderte. Wir stellten fest, daß unsere Mütter unterschiedlich, in individuell charakteristischer Weise, auf all diese Belastungen reagierten, denen alle Mütter während der Loslösungs- und Individuationsphase unterworfen sind.

Zusammenfassend kann man also sagen, daß unsere Situation zwar deutlich freier und weniger strukturiert war als viele andere, aber dennoch eine sehr entschiedene methodologische Konsistenz aufwies. Da unsere Mütter kommen konnten, wann sie wollten, variierte ihre Anwesenheit jedesmal in bezug auf Häufigkeit und Dauer. Sie war jedoch insofern einheitlich, als die Besuche, gleichgültig, wie oft sie stattfanden und wie lange sie dauerten, davon bestimmt waren, ob die Mutter teilnehmen wollte und ob sie sich in der Situation wohl fühlte. Obwohl jede Mutter die Anwesenheit der Mitarbeiter entsprechend ihren eigenen Bedürfnissen erlebte und darauf reagierte – für manche mochte dies bedeuten, daß sie ihr Kind stärker bemuttern mußten (oder *selbst stärker bemuttert werden wollten*), anderen schien es weniger Bemutterung zu erlauben –, schienen sich die grundlegenden Merkmale mütterlicher Verhaltensweisen in keinem Fall zu verändern. Zwar besteht kein Zweifel, daß das Verhalten dieser Mütter, die sich bewußt waren, Teil eines Forschungsprojekts zu sein, in gewissem Umfang von diesem Bewußtsein beeinflußt werden mußte, doch waren wir stets beeindruckt von der großen Vielfalt anscheinend ganz natürlicher, individuell charakteristischer Verhaltensweisen, die wir beobachten konnten. Bei Müttern und Kindern, die man über Jahre hinweg zwei bis vier Vormittage in der Woche sieht, oft auch noch die zweiten (oder gar dritten) Kinder, wäre es in der Tat schwer zu behaupten, daß sie nur posierten und das Verhalten ihren Kindern gegenüber in der Zeit, als wir sie beobachteten, nicht repräsentativ sei.

Teil II
Über menschliche Symbiose und die Subphasen des Loslösungs- und Individuationsprozesses

Einleitung

In diesem Teil wollen wir eine Beschreibung des Loslösungs- und Individuationsprozesses und seiner Vorläufer, der normalen autistischen und der normalen symbiotischen Phase, in logischer Folge darbieten.

Das 3. Kapitel ist den ersten beiden Phasen der geistigen Entwicklung gewidmet. Wir sind uns bewußt, daß es in bezug auf die Schilderung von Verhaltensmerkmalen nicht annähernd soviel bietet wie die folgenden Kapitel. Während wir die frühe Ausformung der symbiotischen Phase untersuchten, konzentrierten wir unsere Bemühungen auf die Mutter-Kind-Interaktion sowie auf die Entwicklung des 4 bis 5 Monate alten Kindes. Bereits 1954/1955 (in Zusammenarbeit mit Dr. Bertram Gosliner und auf Vorschlag von Dr. Annemarie Weil[1]) bezeichnete ich diese Periode als *Loslösungs- und Individuationsphase.* Der Hauptzweck dieses Buches ist mitzuteilen, was wir über Loslösung und Individuation gelernt haben. Wir überließen es anderen Autoren, das Neugeborene, die normale autistische Phase und die ersten Lebensmonate in der Symbiose eingehend und tiefschürfend zu untersuchen; sie haben dies mit großer Sorgfalt und Klugheit in technisch und methodologisch eindrucksvoller Weise getan.

In der Tat sind gerade die Konzepte der ersten beiden Phasen auf einem höheren metapsychologischen Abstraktionsniveau angesiedelt als die der folgenden Subphasen. Sie wurden zuerst durch psychoanalytische Rekonstruktion aus unseren Forschungen über psychotische und Borderline-Kinder und -Erwachsene sowie aus der beobachtenden Forschung anderer psychoanalytischer Autoren abgeleitet.

Im Gegensatz dazu bieten das 4., 5. und 6. Kapitel Kondensierung und Diskussion einer ungeheuren Fülle originärer Verhaltensdaten. Im Verlauf unserer ziemlich unsystematischen naturalistischen Pilot-Untersuchung (in den späten fünfziger Jahren) konnten wir nicht umhin, gewisse Bündelungen von Variablen an bestimmten

[1] Persönliche Mitteilung.

Scheidewegen des Individuationsprozesses wahrzunehmen. Dadurch wurde uns klar, daß es vorteilhaft wäre, die Daten, die wir über den intrapsychischen Loslösungs- und Individuationsprozeß sammelten, in Übereinstimmung mit den wiederholt zu beobachtenden Verhaltenshinweisen zu unterteilen. Wir teilten den Prozeß in *vier Subphasen:* Differenzierung, Übungsphase, Wiederannäherung und »Auf dem Weg zur libidinösen Objektkonstanz«. Von den Kapiteln 4 bis 7 behandelt jedes eine dieser Subphasen. Allerdings hebt sich das 7. Kapitel, das sich mit der 4. Subphase beschäftigt, von den drei ersten etwas ab. Es ist gewiß kein Zufall, daß wir nicht imstande waren, dieser Subphase einen einfachen, aus einem Wort bestehenden Namen zu geben. Zweifellos ist die Erlangung von Individualität und Objektkonstanz das zentrale Anliegen in dieser Subphase des Loslösungs- und Individuationsprozesses, doch es liegt in ihrer Natur, daß man nicht eindeutig sagen kann, wann sie beginnen, und noch weniger, wann sie erreicht sind. Sie sind Teil eines laufenden Entwicklungsprozesses. Daher ziehen wir es vor, vom »Beginn der Konsolidierung« der Individualität (Selbst-Identität oder Selbst-Konstanz; vgl. G. und R. Blanck, 1974) zu sprechen sowie vom Erwerb einer gewissen Objektkonstanz (d. h. »auf dem Weg zur Objektkonstanz sein«). Ferner sind von dieser Subphase an die Anfänge und Errungenschaften intrapsychischer Repräsentanzen weit schwieriger auszumachen, und sie variieren sehr stark von einem Kind zum anderen. Intrapsychische Prozesse werden nun durch verbale oder andere symbolische Ausdrucksformen vermittelt und müssen aus ihnen abgeleitet werden – ganz ähnlich dem Vorgehen in der klinischen Kinderpsychoanalyse. Wir versuchten zwar, diesen Prozessen durch »Spielsitzungen« auf die Spur zu kommen, doch war dies nicht das Hauptziel unserer Forschungsbemühungen. Aus all diesen Gründen sollte Kapitel 7 in höherem Maße als die Kapitel 4, 5 und 6 als vorläufig und spekulativ angesehen werden.

3. Kapitel
Die Vorläufer des Loslösungs- und Individuationsprozesses

Die normale autistische Phase

In den Wochen, die der Entwicklung zur Symbiose vorausgehen, überwiegen die schlafähnlichen Zustände des Neugeborenen und des sehr jungen Säuglings bei weitem die Wachzustände. Sie erinnern an jenen Urzustand der Libidoverteilung während des intrauterinen Lebens, der in seiner selbstgenügsamen, halluzinatorischen Wunscherfüllung dem Bild eines geschlossenen monadischen Systems ähnelt.

Es kommt einem in den Sinn, daß Freud (1911b) das Vogelei als Modell eines geschlossenen psychischen Systems verwendet hat. Er sagte: »Ein schönes Beispiel eines von den Reizen der Außenwelt abgeschlossenen psychischen Systems, welches selbst seine Ernährungsbedürfnisse *autistisch* . . . befriedigen kann, gibt das mit seinem Nahrungsvorrat in der Eischale eingeschlossene Vogelei, für das sich die Mutterpflege auf die Wärmezufuhr einschränkt« (S. 232, Anm.; Hervorhebung von mir).

In der normalen autistischen Phase werden äußere Reize (insbesondere der Entfernungswahrnehmung) relativ schwach besetzt. Es ist dies die Periode, in der die Reizschranke (Freud, 1895, 1920) – die dem Säugling angeborene Gleichgültigkeit gegenüber Außenreizen – am klarsten in Erscheinung tritt. Der Säugling verbringt den Tag vorwiegend in einem halb wachen, halb schlafenden Zustand: er erwacht vor allem, wenn Hunger oder andere Bedürfnisspannungen (vielleicht das, was David M. Levy [1937] mit dem Konzept Affekthunger meint) ihn veranlassen zu schreien, und er sinkt in den Schlaf zurück, sobald er befriedigt, d. h. von übermäßiger Spannung befreit ist. Es stehen eher physiologische als psychologische Prozesse im Vordergrund, und die Funktion dieser Periode wird daher auch am besten in physiologischen Termini dargestellt. Der Säugling ist in einer Situation, die dem pränatalen Zustand ähnelt, vor extremen Stimulierungen geschützt, um das physiologische Wachstum zu erleichtern.

Bei der metaphorischen Konzeptualisierung des Zustandes des Sensoriums haben wir für die ersten Lebenswochen die Bezeichnung *normaler Autismus* verwendet. Denn in diesem Stadium scheint sich der Säugling in einem Zustand halluzinatorischer Desorientiertheit zu befinden, in dem die Bedürfnisbefriedigung seinem eigenen allmächtigen, *autistischen* Umkreis angehört (vgl. Ferenczi, 1913).

Wie Ribble (1943) feststellte, wird das kleine Kind auf dem Wege über die mütterliche Fürsorge allmählich von der angeborenen Neigung zu vegetativer, splanchnischer Regression weg- und zu gesteigerter sensorischer Bewußtheit und zum Kontakt mit der Umwelt hingeleitet. Im Hinblick auf Energie oder libidinöse Besetzung bedeutet dies, daß eine progressive Verschiebung von Libido stattfinden muß, und zwar vom Körperinneren (insbesondere von den viszeralen Organen) zur Körperperipherie (Greenacre, 1945; Mahler, 1952).

In diesem Sinne würden wir vorschlagen, innerhalb des primärem Narzißmus (einem Freudschen Konzept, an dem festzuhalten uns äußerst nützlich erscheint) zwei Phasen zu unterscheiden. Bei den ersten Wochen extrauterinen Lebens handelt es sich um ein Stadium von absolutem primärem Narzißmus, das durch die Unfähigkeit des Kindes gekennzeichnet ist, die Mutter als Vermittlerin wahrzunehmen. Dieses Stadium haben wir als *normalen Autismus* bezeichnet. Darauf folgt ein Stadium, in dem verschwommen wahrgenommen wird, daß man Bedürfnisbefriedigung nicht selbst herbeiführen kann, sondern daß sie von irgendwo außerhalb des Selbst kommt (primärer Narzißmus in der beginnenden symbiotischen Phase) – Ferenczis Stadium absoluter oder halluzinatorischer Omnipotenz (1913). Ferenczi umschreibend, könnten wir dieses Stadium des primären Narzißmus als *bedingte* halluzinatorische Omnipotenz bezeichnen.

Das normale Neugeborene ist mit den Reflexen des Saugens, Wühlens, Greifens und Anklammerns (siehe Hermann, 1936) ausgestattet, das wahrscheinlich mit dem Moro-Reflex[1] zusammenhängt und ihn ergänzt. Jedoch die Reaktion, die Freud (1895) als die bemerkenswerteste herausstellte: daß das Baby den Kopf der Brust zuwendet, um die ersehnte Befriedigung zu erlangen, die ihm bei früheren Begegnungen mit der Brust zuteil geworden war (ein

[1] Ausdruck einer Bewegungsreaktion auf die Glieder. Bei Rückenlage kommt es durch Erschütterung beim Kind zu Abduktion und Extension der Extremitäten sowie zum Spreizen der Finger und Zehen. – Anm. d. Übers.

Abkömmling des Wühlreflexes) – diese Reaktion ist anderer Art. Es ist ein quasi koenästhetisch erworbenes Rezeptionsmuster im Dienste einer wichtigen »Lustmotivation«. Nach Freud (1895) konnte Wahrnehmung (bei Spitz: Rezeption) zum Zweck, das Lustverlangen zu motivieren, demnach eine »perzeptuelle Identität« eines äußeren Reizes mit einer entsprechenden lustvollen Erinnerung[2] herstellen. Das Wenden des Kopfes zur Brust (oder Brustwarze) gehört zur gleichen Art primitiver koenästhetischer Interaktion mit der »Bemutternden« wie das Verfolgen mit den Augen. Beides zeigt einen Entwicklungsfortschritt an, während primordiales Saugen, Wühlen, Greifen und Moro-Reflexe stetig abnehmen und schließlich aufhören. Die Aufgabe der autistischen Phase ist die Erlangung des homöostatischen Gleichgewichts des Organismus in der neuen, nicht mehr begrenzten Umgebung mittels vorwiegend somatopsychischer (Spitz) physiologischer Mechanismen.

Das Neugeborene bringt die Ausstattung für primäre Autonomie (Hartmann, 1939) in die Außenwelt mit. In der normalen autistischen Phase gehorchen diese Apparate der primären Autonomie den Regeln der koenästhetischen Organisation des zentralen Nervensystems: die Reaktion auf jeden Reiz, der die Rezeptionsschwelle in den Wochen des normalen Autismus überschreitet, ist global, diffus, synkretistisch und erinnert an das fötale Leben. (D. h., daß es nur einen minimalen Grad von Differenzierung gibt und verschiedene organismische Funktionen austauschbar sind.)

Obgleich die autistische Phase dadurch gekennzeichnet ist, daß äußere Reize relativ schwach besetzt sind, bedeutet dies nicht, daß auf sie überhaupt nicht reagiert werden könnte. Neben anderen haben Wolff (1959) und Fantz (1961) eine entsprechende Reaktionsfähigkeit des Neugeborenen eindeutig nachgewiesen, und Wolff beschreibt zusätzlich die flüchtigen Zustände »wachsamer Untätigkeit«, in denen das Auftreten solcher Reaktionen am wahrscheinlichsten ist. Es ist diese flüchtige Reaktionsbereitschaft, die die Kontinuität zwischen der normalen autistischen Phase und späteren Phasen sicherstellt.

[2] Erst viel später, in seiner Arbeit »Die Verneinung« (1925), erklärte Freud eingehender den Entwicklungsschritt der Realitätsprüfung, zu dem es kommt, wenn das Bild des verlorenen Objekts durch »Wahrnehmung« wiedergefunden *oder nicht* wiedergefunden werden kann.

Der Beginn der symbiotischen Phase

Im Wachzustand stehen für das Neugeborene seine ständigen Bemühungen, zur Homöostase zu gelangen, im Mittelpunkt. Die Wirkung der Pflegeleistungen seiner Mutter bei der Verminderung der von Bedürfnis = Hunger erzeugten Qualen kann nicht isoliert werden, und ebensowenig kann sie der Säugling von seinen eigenen spannungsverringernden Bemühungen unterscheiden, etwa dem Urinieren, Defäzieren, Husten, Niesen, Spucken, Aufstoßen, Erbrechen – allen Möglichkeiten also, durch die sich der Säugling von unlustvollen Spannungen zu befreien versucht. Die Wirkung dieser expulsiven Vorgänge wie auch die durch Pflegeleistungen der Mutter erlangte Befriedigung helfen dem Kind, mit der Zeit zwischen »lustvollen« und »guten« sowie »unlustvollen« und »schlechten« Erfahrungen zu unterscheiden (Mahler und Gosliner, 1955). (Dies scheint die erste quasi ontogenetische Grundlage des späteren Spaltungsmechanismus zu sein.)

Durch die angeborene autonome Wahrnehmungsfähigkeit des primitiven Ichs entstehen Erinnerungsspuren der beiden Ureigenschaften von Reizen innerhalb der frühesten, undifferenzierten Matrix, die Jacobson als frühestes, psychophysiologisches Selbst bezeichnet (von Fenichel sowie von Hartmann, Kris und Loewenstein im selben Sinne gebraucht). Wir können ferner die Hypothese aufstellen, daß diese Erinnerungsspuren mit ursprünglicher undifferenzierter Triebenergie besetzt werden (Mahler und Gosliner, 1955).

Vom 2. Monat an beginnt mit dem verschwommenen Gewahrwerden des bedürfnisbefriedigenden Objekts die Phase der normalen Symbiose, in der der Säugling sich so verhält und seine Funktion ausübt, als ob er und seine Mutter ein allmächtiges System darstellten – eine Zweieinheit innerhalb einer gemeinsamen Grenze. Das meinten Freud und Romain Rolland vielleicht, als sie über die Grenzenlosigkeit des ozeanischen Gefühls diskutierten (Freud, 1930).

Zu dieser Zeit beginnt die scheinbar solide Reizschranke (negativ, da unbesetzt) – die autistische Schale, die äußere Reize fernhielt – zu bersten[3].

[3] Benjamin und seine Mitarbeiter (1961) stellten fest, daß es um die 3. oder 4. Lebenswoche zu einer interessanten physiologischen Krise kommt, wobei es sich um eine Reifungskrise handelt. Dies wird durch elektroenzephalographische Untersuchungen sowie durch

Durch die bereits erwähnte Besetzungsverschiebung in Richtung auf die sensoriperzeptive Peripherie beginnt sich nun ein positiv besetzter Reizschild zu bilden, der schützend, aber auch rezeptiv und selektiv wirkt und den symbiotischen Umkreis der Mutter-Kind-Zweieinheit umgibt (Mahler, 1967a, 1968b).
Es liegt auf der Hand, daß zwar der Säugling in der symbiotischen Phase vom symbiotischen Partner *völlig* abhängig ist, die Symbiose aber für den erwachsenen Partner der Zweieinheit eine gänzlich andere Bedeutung hat. Das Bedürfnis des Kindes nach der Mutter ist absolut, das der Mutter nach dem Kind relativ.
Die Bezeichnung »Symbiose« stellt in diesem Zusammenhang eine Metapher dar. Anders als beim biologischen Symbiosekonzept beschreibt sie nicht, was tatsächlich zwischen zwei *getrennten* Individuen verschiedener Spezies zu beiderseitigem Nutzen vor sich geht. Sie beschreibt jenen Zustand der Undifferenziertheit, der Fusion mit der Mutter, in dem das »Ich« noch nicht vom »Nicht-Ich« unterschieden ist und Innen und Außen erst allmählich als verschieden empfunden werden. Jede unlustvolle Wahrnehmung, ob äußerer oder innerer Art, wird über die gemeinsame Grenze des symbiotischen *milieu intérieur* (vgl. Freuds Vorstellung vom »purifizierten Lust-Ich«) hinausprojiziert, das die »Gestalt« des mütterlichen Partners während seiner Pflegeleistungen einschließt. Nur vorübergehend – in jenem Zustand des Sensoriums, der als wachsame Untätigkeit bezeichnet wird (vgl. Wolff, 1959) – scheint der Säugling Reize aufzunehmen, die ihren Ursprung außerhalb des symbiotischen Milieus haben. Das ursprüngliche Energiereservoir, das dem undifferenzierten »Ich-Es« zufließt, scheint eine undifferenzierte Mischung von Libido und Aggression zu enthalten. Die libidinöse Besetzung des symbiotischen Umkreises tritt an die Stelle der angeborenen, instinktiven Reizschranke und schützt das rudimentäre Ich vor vorzeitiger, phasenunspezifischer Beanspruchung, vor Streßtraumata (vgl. Kris, 1955; Khan, 1963, 1964).
Das wesentliche Merkmal der Symbiose ist die halluzinatorisch-illusorische somatopsychisch *omnipotente* Fusion mit der Mutter und insbesondere die illusorische Vorstellung einer gemeinsamen

die Beobachtung bestätigt, daß die Sensibilität gegenüber äußeren Reizen insgesamt deutlich ansteigt. »Ohne das Eingreifen einer Mutterfigur, die Spannung reduzieren hilft, neigt des Kind in dieser Zeit dazu, sich von Reizen überwältigen zu lassen, was sich in vermehrtem Schreien und anderen motorischen Manifestationen eines undifferenzierten negativen Affekts ausdrückt.«

Grenze der beiden in Wirklichkeit physisch getrennten Individuen. Dies ist der Mechanismus, zu dem das Ich in den Fällen schwerster Störung der Individuation und psychotischer Desorganisation regrediert, die Mahler (1952; Mahler und Gosliner, 1955) als »symbiotische kindliche Psychose« bezeichnet hat. Bei der menschlichen Spezies ist die Funktion der Selbsterhaltung und die Ausrüstung dafür verkümmert. Das rudimentäre (noch nicht funktionale) Ich des neugeborenen Kindes und des Säuglings muß durch die emotionale Verbindung, die durch Pflege und Fürsorge der Mutter hergestellt wird, d. h. durch eine Art sozialer Symbiose, ergänzt werden. Innerhalb dieser Matrix physiologischer und soziobiologischer Abhängigkeit von der Mutter vollzieht sich jene strukturelle Differenzierung, die zur Anpassungsorganisation des Individuums – dem funktionierenden Ich – führt.

Wir verdanken der scharfsinnigen Luzidität von René Spitz viel von unserem Wissen darüber, wie während des 2. und 3. Lebensmonats die sensorische Wahrnehmung kontakt-perzeptueller Art dem Säugling den Eintritt in die eigentliche symbiotische Phase ermöglicht. Wir möchten der eindringlichen Darstellung von Spitz lediglich hinzufügen, daß wir glauben, daß das kontakt-perzeptuelle Erleben *des ganzen Körpers,* insbesondere die Tiefensensibilität der gesamten Körperoberfläche (der Druck, den die das Kind haltende Mutter ausübt) zusammen mit der Bewegungsempfindung ebenfalls eine wichtige Rolle bei der Symbiose spielt. Wir dürfen nicht vergessen, wie groß das Verlangen ist, das viele einigermaßen normale Erwachsene haben, zu umarmen und umarmt zu werden (Hollander, 1970). Neben Spitz' »Urhöhlen«-Erlebnis (1955) spielen jene letztgenannten Modalitäten eine entscheidende Rolle im Prozeß des Vertrautwerdens des sehr jungen Säuglings mit seinem symbiotischen Partner, den formenden Verhaltensweisen und ihren Variationen. All das bewegt sich noch im Rahmen globaler koenästhetischer Erfahrungen.

Spitz (1965) beschreibt, wie das »einheitliche Situationserlebnis« von Mund-Hand-Innenohr-Haut mit dem ersten visuell wahrgenommenen Bild: dem Gesicht der Mutter verschmilzt. Wir fanden, daß die Symbiose dann optimal war, wenn – vorausgesetzt, alle übrigen Bedingungen waren gleich – die Mutter dem Säugling unbekümmert erlaubte, sie anzusehen, d. h. Augenkontakt gestattete und förderte, insbesondere während sie dem Kind die Brust (oder die Flasche) gab, mit ihm sprach oder ihm vorsang.

Das erinnert uns, daß Freud (1895) glaubte, »bewegte Massen« seien der erste Wahrnehmungsgegenstand; wir wissen heute, daß *das menschliche Antlitz in Bewegung* der erste Wahrnehmungsgegenstand von Bedeutung und das Gedächtnisengramm ist, das das unspezifische, sogenannte soziale Lächeln hervorruft. Wir brauchen Freuds »bewegte Massen« nur durch das sich vertikal bewegende menschliche Gesicht oder ein Symbol von ihm zu ersetzen, selbst wenn es eine Maske trägt (Spitz, 1946), und wir haben unser allermodernstes Konzept vom Beginn perzeptueller, emotionaler, »sozialer« Aktivität des Menschen.

Begegnet ein Augenpaar einem Gesicht, selbst einem maskierten, das sich in vertikaler Richtung bewegt, dann ist diese Begegnung der Organisator oder vielleicht der »Auslöser« der unspezifischen, sogenannten sozialen Lächelreaktion. Diese bezeichnet den Eintritt in das Stadium der bedürfnisbefriedigenden Objektbeziehung. Es kommt zur vorübergehenden Besetzung der Mutter und ihrer Pflegeleistungen durch den Druck des »Bedürfnisses«. Dies entspricht zugleich dem Eintritt in jene Periode, die wir als *symbiotische Phase* bezeichnet haben. Wenngleich der primäre Narzißmus noch vorherrscht, ist er in der symbiotischen Phase nicht mehr so absolut wie in der autistischen (d. h. den ersten Lebenswochen); das Kind beginnt verschwommen wahrzunehmen, daß seine Bedürfnisse von einem Teilobjekt befriedigt werden – *aber noch immer innerhalb des Umkreises der allmächtigen symbiotischen Zweieinheit* –, und es wendet sich dieser mütterlichen Quelle oder Instanz libidinös zu (Spitz, 1955; Mahler, 1969). Das Bedürfnis wird allmählich zum Wunsch (vgl. Schur, 1966) und später zur spezifischen, »objektgebundenen« Sehnsucht (Mahler, 1961, 1963, 1971).

Pari passu und in Übereinstimmung mit den Lust-Unlust-Sequenzen kommt es zur Abgrenzung der Repräsentanzen des Körper-Ichs innerhalb der symbiotischen Matrix. Diese Repräsentanzen finden als »Körperschema« (Schilder, 1923; Mahler und Furer, 1966) ihren Niederschlag. Von nun an vermitteln Repräsentanzen des Körpers, die im rudimentären Ich enthalten sind, zwischen inneren und äußeren Wahrnehmungen. Das entspricht Freuds Konzept (1923), daß das Ich einerseits durch die Einwirkung der Realität und andererseits durch die Triebe geformt wird. Das Körper-Ich umfaßt zwei Arten von Selbstrepräsentanzen: einen inneren Kern des Körperbildes, dessen Grenze dem Körperinnern zugekehrt ist und es vom Ich trennt, und eine äußere Schicht sensoriperzeptiver Engramme, die zur Abgrenzung des »Körper-Selbst« beiträgt (vgl. Bergmanns [1963] Erörterung der Vorstellungen Federns).

Vom Blickpunkt des Körperschemas bedeutet *die Verschiebung vorwiegend propriozeptiv-enterozeptiver Besetzungen auf die sensoriperzeptive Besetzung der Peripherie des Körpers* einen wichtigen Entwicklungsschritt.[4] Die Bedeutung dieser Verschiebung erkannten wir erst, nachdem frühkindliche Psychosen psychoanalytisch untersucht worden waren. Wir wissen nunmehr, daß diese wichtige Besetzungsverschiebung eine wesentliche Vorbedingung für die Bildung des Körper-Ichs darstellt. Ein weiterer, parallel laufender Schritt ist die Ablenkung – etwa durch Abwehrbildungen projektiver Art – destruktiver, nicht-neutralisierter aggressiver Energie über die Grenzen des Körper-Selbst hinaus (vgl. Hoffer, 1950b).

Die inneren Empfindungen des Säuglings bilden den *Kern* des Selbst. Sie scheinen der zentrale Kristallisationspunkt des »Selbstgefühls« zu bleiben, um das herum das »Identitätsgefühl« sich formt (Greenacre, 1958; Mahler, 1958b; Rose, 1964, 1966). Das sensoriperzeptive Organ – die »periphere Rinde des Ichs«, wie Freud es genannt hat – dient in erster Linie der Abgrenzung des Selbst von der Objektwelt. Diese beiden intrapsychischen Strukturen bilden gemeinsam den Rahmen der Selbstorientierung (Spiegel, 1959).

Innerhalb des gemeinsamen symbiotischen Umkreises können die beiden Partner oder Pole der Dyade als diejenigen angesehen werden, die die organisatorischen und strukturierenden Prozesse polarisieren. Die Strukturen, die aus diesem doppelten Bezugsrahmen hervorgehen, stellen ein Gerüst dar, zu dem alle Erfahrungen in Beziehung gesetzt werden müssen, bevor es zu klaren und vollständigen Repräsentanzen im Ich des Selbst und der Objektwelt kommen kann (Jacobson, 1964). Spitz (1965) nennt die Mutter das Hilfs-Ich des Kindes. In ähnlicher Weise glauben wir, daß das »Pflegeverhalten« des mütterlichen Partners, das »primäre mütterliche Interesse« im Sinne Winnicotts (1958) der symbiotische Organisator ist: die Hebamme der Individuation, der psychischen Geburt.

[4] Die wohlbekannte periphere Schmerzunempfindlichkeit sowie die Panik, die die Überempfindlichkeit gegenüber enterozeptiven (»Eingeweide«-)Empfindungen auslöst und vom Psychotiker mit bösen Introjekten gleichgesetzt wird, legen davon Zeugnis ab.

Wir gehen generell davon aus, daß gegen Ende der symbiotischen Phase der primäre Narzißmus abnimmt und allmählich dem sekundären Narzißmus Platz macht. Das Kind betrachtet den eigenen Körper ebenso wie die Mutter als Objekt seines sekundären Narzißmus. Das Narzißmuskonzept bleibt jedoch für die psychoanalytische Theorie und Praxis reichlich unklar, solange wir die Schicksale des Aggressionstriebes nicht genügend hervorheben.
Im Laufe der normalen Entwicklung bewahren Schutzmechanismen den Säugling vor dem oral-sadistischen Druck, der vom 4. Monat an eine potentielle Bedrohung seiner körperlichen Integrität darstellt (Hoffer, 1950a). Die Schmerzschranke ist ein solcher Mechanismus. Hoffer (1950a) unterstrich außerdem besonders, daß innerhalb der Mutter-Kind-Beziehung eine adäquate libidinöse Besetzung des Körpers für die Entwicklung des Körperschemas von Bedeutung ist.
Nur wenn der Körper auf dem Wege über die liebevolle Fürsorge der Mutter für das Kind zum Objekt seines sekundären Narzißmus wird, kann die Identifizierung mit dem äußeren Objekt erstrebt werden. Nach Hoffer (1950a, S. 159) ist der primäre Narzißmus bereits vom 3. oder 4. Lebensmonat an modifiziert worden, ohne daß die Welt der Objekte schon eine bestimmte Form angenommen haben muß.
Normaler Autismus und normale Symbiose sind Vorbedingungen für den Beginn des normalen Loslösungs- und Individuationsprozesses (Mahler, 1967a; Mahler und Furer, 1963a). Weder die normale autistische, die normale symbiotische noch irgendeine andere Subphase von Loslösung und Individuation kann durch die nachfolgende Phase völlig ersetzt werden. Unter deskriptiven Gesichtspunkten ist es möglich, Ähnlichkeiten bei ihnen zu entdekken: geht man von Bündelungen (»clusters«) von Verhaltensphänomenen aus, können sie begrifflich unterschieden werden, doch überschneiden sie sich beträchtlich. Unter Entwicklungsgesichtspunkten hingegen sehen wir jede Phase als einen Zeitabschnitt an, in dem ein qualitativ verschiedener Beitrag zum individuellen psychischen Wachstum geleistet wird. Die normale autistische Phase dient der nachgeburtlichen Konsolidierung des extrauterinen physiologischen Wachstums. Sie fördert die postfötale Homöostase. Die normale symbiotische Phase ist durch die überragende phylogenetische Fähigkeit des Menschen gekennzeichnet, die Mutter innerhalb einer vagen Zweieinheit libidinös zu besetzen, die den

Urgrund darstellt, auf dem sich alle späteren menschlichen Beziehungen heranbilden. Für die Loslösungs- und Individuationsphase ist bezeichnend, daß das Gewahrwerden der Trennung von Selbst und »Anderem« ständig zunimmt, was mit den Ursprüngen eines Selbstgefühls, echter Objektbeziehungen und dem Erkennen der Realität einer Außenwelt zusammenfällt.
Normaler Autismus und normale Symbiose sind die beiden frühesten Stadien der Undifferenziertheit: die erste ist objektlos, die zweite präobjektal (Spitz, 1965). Beide Stadien werden durchlaufen, bevor es zur Differenzierung der undifferenzierten (Hartmann, Kris und Loewenstein, 1949) oder nicht-differenzierten Matrix (Spitz, 1965) kommt, d. h., bevor Loslösung und Individuation stattgefunden haben und bevor *das rudimentäre Ich als funktionelle Struktur* (Mahler und Furer, 1963; vgl. auch Glover, 1965) in Erscheinung getreten ist.
Was Spitz als »präobjektales Stadium« bezeichnet hat, nennen wir die *symbiotische Phase,* weil darin das einzigartig Menschliche unserer Existenz mitklingt. Spuren dieser Phase begleiten unseren gesamten Lebenszyklus.

Die normale symbiotische Phase

Die normale symbiotische Phase ist dadurch gekennzeichnet, daß das Kind Reize, die *wir* (die erwachsenen Beobachter) als aus der Außenwelt kommend erkennen, in zunehmendem Maße perzeptuell und affektiv besetzt, deren Ursprung in der Außenwelt es jedoch nicht klar erkennt (wie wir postulieren). Hier beginnt die Entstehung von »Erinnerungsinseln« (Mahler und Gosliner, 1955), jedoch noch keine Unterscheidung von Innen und Außen, Selbst und Anderem. Die Welt wird zunehmend libidinös besetzt, vornehmlich in der Person der Mutter, doch als eine Zweieinheit mit dem noch nicht klar umrissenen, abgegrenzten und erlebten Selbst. Die Besetzung der Mutter ist die grundlegende psychische Errungenschaft dieser Phase. Aber hier beginnt auch die Kontinuität mit dem, was später kommen wird. Wir wissen, daß das Kind bereits unterschiedlich auf Innen- und Außenreize reagieren kann. (Ein Lichtschein, beispielsweise, wird anders erlebt als ein Hungergefühl.) Doch wenn wir nicht angeborene Ideen postulieren wollen, scheint es am vernünftigsten, davon auszugehen, daß das Kind keinen Begriff, kein Schema von sich selbst und anderen besitzt,

dem es diese verschiedenen Reize zuschreiben und assimilieren kann. Wir behaupten, daß das Erleben von Innen und Außen noch unbestimmt ist; das am stärksten besetzte Objekt, die Mutter, ist noch immer ein »Teilobjekt«.
Mahler (Mahler und Gosliner, 1955) nimmt an, daß Imagines des Liebesobjektes ebenso wie Imagines des Körper- und später des psychischen Selbst den ständig zunehmenden Erinnerungsspuren lustvoller (»guter«) und unlustvoller (»böser«) Trieb- und Gefühlserlebnisse entstammen sowie den Wahrnehmungen, mit denen sie assoziiert werden.
Doch selbst die primitivste Differenzierung ist nur möglich, wenn ein psychophysiologisches Gleichgewicht erreicht werden kann (Sander, 1962a, 1962b). Dies hängt zunächst von einer gewissen Übereinstimmung der Entladungsmuster bei Mutter und Säugling ab und später von ihren Interaktionsmustern, die im Verhalten an beiderseitigem Signalisieren erkennbar werden, sowie von den frühesten Anpassungsmustern des Kindes und seinen rezeptiven Fähigkeiten im Hinblick auf die »ausreichende« emotionale Bereitschaft seiner symbiotischen Mutter (Winnicott, 1956).

Muster »emotionaler Bereitschaft« bei Müttern
Die Beschreibung verschiedener Arten emotionaler Bereitschaft wird erklären, weshalb wir sie als symbiotische Organisatoren der psychischen Geburt bezeichnen. Wir beobachteten viele verschiedene Arten emotionaler Bereitschaft während der symbiotischen Periode. Das Stillen, wenngleich wichtig, führte nicht unbedingt zu optimal engen Beziehungen von Mutter und Kind. Eine Mutter stillte zum Beispiel stolz ihre Kinder, aber nur weil es bequem war (sie brauchte keine Flaschen zu sterilisieren); sie kam sich erfolgreich und tüchtig vor. Beim Stillen unterstützte sie ihr Töchterchen, indem sie sich über das Kind neigte und ihm die Brustwarze in den Mund schob. Sie half dem Kind nicht, indem sie es in den Armen wiegte, weil sie diese für anderes freihaben wollte, ohne sich um das Tun des Säuglings kümmern zu müssen. Es dauerte lange, bis dieses Kind lächelte. Als es endlich soweit war, war es eine unspezifische, allzu bereite Lächelreaktion, die weit in die Differenzierungsphase hineinreichte und in Situationen zu beobachten war, in denen andere Kinder unter ähnlichen Umständen Ängstlichkeit oder zumindest verständliche Neugier gezeigt hätten. Eine andere Mutter stillte ihr Töchterchen, doch hinderte sie ihre puritanische

Erziehung, sich dabei wohl zu fühlen, und sie ließ sich nicht gern beim Stillen beobachten.

Andererseits kannten wir eine Mutter, die an ihren Säuglingen ihre helle Freude hatte, sie aber nicht stillte. Beim Füttern hielt sie sie eng an sich geschmiegt und half ihnen geschickt. Sie lächelte ihnen zu und sprach mit ihnen, und selbst wenn ein Kind auf dem Wickeltisch lag, legte sie ihm die Arme unter und wiegte es. Diese Mutter ging mit ihren Kindern besonders liebevoll um, solange sie Schoßkinder waren. Ihr Söhnchen war nicht nur sehr glücklich und zufrieden, es zeigte auch sehr früh zunächst eine unspezifische und dann eine spezifische Lächelreaktion.

Eine andere Mutter hegte ungewöhnlich hohe Ambitionen in bezug auf alle Funktionsebenen ihres Kindes. Ihr Lieblingswort war »Erfolg«. Ihr kräftiges Baby Junie mußte mit den Anforderungen fertig werden, die sich aus der narzißtisch getönten symbiotischen Beziehung der Mutter zu ihr ergaben.

Die charakteristische Interaktion mit dem Kleinkind schien vom Stolz der Mutter auf die frühen Anzeichen von Junies muskulär-skelettaler Reife motiviert. Junie konnte auf Mutters Schoß aufrecht stehen, und die Mutter klatschte in Junies Hände, als wäre sie schon im »Backe-backe-Kuchen«-Alter. Da sie den kleinen Körper aufrecht auf dem Schoß hielt, hatte Junie nicht die Hände frei, um ihre Mutter zu streicheln oder sie zu untersuchen; sie hätte das unzweifelhaft getan, hätte sie ihre eigenen Absichten verfolgen können. Dieses Aufrechtstehen Junies[5], auf das ihre Mutter übermäßig stolz war, wurde natürlich von dem Säugling hochbesetzt und bevorzugt. Das Aufrechtstehen auf Mutters Schoß und anderen Unterlagen trat in Junies ersten Bewegungsmustern stark hervor. Später – zu Beginn der Übungsperiode – schien der Impuls aufzustehen das hervorstechendste Muster in Junies Fortbewegungsrepertoire zu sein, das relativ lange dem wünschenswerten reiferen Bewegungsmuster, *sich auf ein Ziel zuzubewegen* (das das nachfolgende motorische Verhalten der meisten Kinder beherrscht), *im Wege stand* (das heißt, mit ihm konkurrierte). Junies Neigung zum Aufrechtstehen behinderte ihre Fähigkeit, Arme und Beine vorwärtszubewegen, sie zusammenwirken zu lassen, um sich

[5] Dies ist auch ein leuchtendes Beispiel für das, was Phyllis Greenacre (1959) hervorhebt, daß nämlich der Körper des Kindes im Unbewußten der Mutter einen Penis repräsentiert. Wir glauben, das bei unseren Müttern immer wieder beobachtet zu haben, verzichteten aber darauf, in jedem einzelnen Fall darauf hinzuweisen.

der Mutter zu nähern, vorwärtszukrabbeln. Das Krabbeln war eine der Bewegungsleistungen, die Junies Mutter ungeduldig zu fördern versuchte und von ihrem Kind erwartete.

Bei der Beobachtung, daß bevorzugte mütterliche Verhaltensmuster vom Kind übernommen wurden (siehe Tolpin, 1972), stellten wir fest, daß dies insbesondere dann zutraf, wenn das Muster eine bestimmte Frustration oder aber eine besondere Befriedigung bedeutete. Nach einer glücklichen Stillzeit zog sich Carls Mutter beispielsweise zurück und versuchte, das Verlangen des Säuglings nach der Brust – er klammerte sich an ihre Bluse und riß daran, um an die Brust zu gelangen – zurückzuweisen. Sie tröstete ihn, indem sie ihn auf ihrem Schoß auf- und abspringen ließ.

Der kleine Junge übernahm dieses Auf-und-Ab-Muster später aktiv und verwandelte es schließlich in ein Versteckspiel (siehe Kleeman, 1967). In diesem Fall verwandte der Junge das Aufundabspringen in einem Spiel, das mit seiner Mutter zusammenhing, und später suchte er mit seinen Eltern und Besuchern menschlichen Kontakt durch seine eigene Darbietung des reizenden Versteckspiels, das zum Kennzeichen seines geselligen Wiederannäherungsverhaltens wurde. In Carls Fall diente das Muster also einem konstruktiven Anpassungs- und Entwicklungsziel.[6]

Ein kleines Mädchen übernahm das Schaukelmuster ihrer Mutter. Die Mutter war eine unreife, äußerst narzißtische Frau, deren Pflegeverhalten mechanisch wirkte. Sie schaukelte das Baby in ihrem Schoß in einer starren, beziehungslosen Weise. Als das Kind dieses Verhalten übernahm, wurde es nicht Bestandteil der Mutter-Kind-Beziehung. Das Schaukeln diente in diesem Fall der Selbsttröstung und autoerotischen Stimulation, als ob das Kind sich selbst bemutterte. In der Subphase der Differenzierung versuchte das kleine Mädchen, das Schaukelvergnügen zu steigern, indem es vor einem Spiegel schaukelte, wodurch es der Bewegungslust ein visuelles Feedback hinzufügte. Im Gegensatz zu Carls Fall diente das von dem kleinen Mädchen übernommene Verhaltensmuster keinem Anpassungs- und Entwicklungsziel, es steigerte lediglich seinen Narzißmus.

[6] Wenn sein Vater heimkam und Gäste sich einfanden, versteckte sich Carl schon mit 16 Monaten hinter einem Stuhl oder Treppengeländer, wobei er den Kopf einzog oder sich duckte. Plötzlich hob er den Kopf und stand auf, wobei er durch Laute und Geräusche zu verstehen gab, daß die Erwachsenen ausrufen sollten: »Da ist er ja!«

4. Kapitel
Die erste Subphase: Differenzierung und die Entwicklung des Körperschemas

Mit etwa 4 bis 5 Monaten, auf dem Höhepunkt der Symbiose, scheinen Verhaltensphänomene auf den Beginn der ersten Subphase von Loslösung und Individuation hinzudeuten: die *Differenzierung.* Während der symbiotischen Monate ist der Säugling durch jene Aktivität des Vor-Ichs, die Spitz als *koenästhetische Empfänglichkeit* bezeichnet hat, mit der mütterlichen Hälfte seines symbiotischen Selbst vertraut geworden, was sich in seinem unspezifischen, sozialen Lächeln ausdrückt. Dieses Lächeln wird langsam zur spezifischen (bevorzugenden) Lächelreaktion der Mutter gegenüber, und dies ist *das entscheidende Zeichen, daß ein spezifisches Band* zwischen Säugling und Mutter entstanden ist (Bowlby, 1958).

Freud betonte, daß innere Wahrnehmungen fundamentaler und elementarer sind als äußere. (Der junge Säugling reagiert vorwiegend auf innere Wahrnehmungen, wie auch Spock in seinem Buch festgestellt hat.) Dabei handelt es sich um Reaktionen des Körpers auf sich selbst und auf seine inneren Organe. Greenacre (1960) geht davon aus, daß die wechselnden Zustände von Spannung und Entspannung »eine Art zentralen Kerns von unbestimmtem Körperbewußtsein zu bilden scheinen« (S. 207). Sie schreibt:

»Ich stellte mir vor, daß der Geburtsvorgang als solcher die erste wichtige Instanz für die Vorbereitung auf das Gewahrwerden der Loslösung ist; daß dies durch die beträchtliche Druckeinwirkung auf die Körperoberfläche des Kindes und ihre Stimulierung während der Geburt zustande kommt und vor allem durch die ausgeprägten Veränderungen von Druck- und Wärmeverhältnissen, die das Kind bei seinem Wechsel von intramuralem zu extramuralem Leben umgeben.«

Bei unserer auf Beobachtung beruhenden Forschung konnten wir die Interaktionsmuster von Mutter und Kind klar erkennen, doch hinsichtlich der inneren Verhaltensmuster, die zur »Kernhaftigkeit« des primitiven Körperschemas in seinen Anfängen beitrugen, waren wir bisher auf Vermutungen und Extrapolationen angewiesen (vgl. auch Kafka, 1971).

Greenacres Schema der »Kernhaftigkeit« ist der beobachtenden Forschung nicht zugänglich, hingegen solche Verhaltensweisen, die mit Hilfe des wechselseitigen Spiegelmechanismus der Abgrenzung des Selbst vom »Anderen« dienen. Jacobson stellt fest, daß die Fähigkeit zur Unterscheidung von Objekten sich rascher entwickelt als die Fähigkeit, das »Selbst« von Objekten zu unterscheiden. Wir können beobachten, wie sich der Säugling mit seinem Rumpf an den Körper der Mutter schmiegt und sich wieder davon entfernt; wir können beobachten, daß er seinen eigenen Körper und den der Mutter fühlt; wir können beobachten, wie er mit Übergangsobjekten umgeht. Hoffer betonte die Bedeutung der Berührung (1949, 1950a, 1950b) für den Prozeß der Abgrenzung sowie die Bedeutung der libidinösen Besetzung des kindlichen Körpers durch die Mutter. Greenacre hebt das »einem Einssein annähernd gleichende Gefühl« hervor, das »durch die Körperwärme der Mutter oder Pflegerin entsteht, die einen relativ geringfügigen Unterschied in bezug auf Temperatur, Gewebsstruktur, Geruch, Elastizität«, d. h. Turgor, aufweist (vgl. auch Bak, 1941). Wahrscheinlich lassen sich diese relativ geringen Unterschiede durch die vorausbestimmten sensomotorischen Schemata (im Sinne Piagets) des Kindes leicht ausgleichen.

Man würde erwarten, daß wenn inneres Wohlbehagen infolge sicherer Verankerung im symbiotischen Umkreis (die vorwiegend enterozeptiv-propriozeptiver und kontaktperzeptueller Art ist) fortbesteht und die Lust an der reifungsbedingten zunehmenden äußeren sensorischen Wahrnehmung (Sehkraft oder Schauen und möglicherweise Gehör und Lauschen auf Äußeres) die außengelenkte Aufmerksamkeitsbesetzung stimuliert, beide Formen von Aufmerksamkeitsbesetzung sich frei hin- und herbewegen können (Spiegel, 1959; Rose, 1964). Daraus müßte ein optimaler symbiotischer Zustand resultieren, von dem aus eine reibungslose Differenzierung – *und Ausdehnung über den symbiotischen Umkreis hinaus* – erfolgen kann.

Brutzeit

Die »Brutzeit« ist, wie wir meinen, ein allmählicher ontogenetischer Entwicklungsprozeß, d. h. des bewußt wahrnehmenden Systems, der das Sensorium zu *länger anhaltender Wachheit* befähigt, solange das Kind nicht schläft (vgl. auch Wolff, 1959). Mit anderen Worten, die Aufmerksamkeit des Kindes, die während der ersten Monate der Symbiose großenteils *nach innen* gerichtet war oder sich in koenästhetisch unbestimmter Weise *innerhalb des symbiotischen Umkreises* konzentrierte, wird durch das Entstehen nach außen gerichteter Wahrnehmungstätigkeit während der zunehmenden Wachzustände des Kindes allmählich stärker. Dieser Wandel ist eher quantitativ als qualitativ, denn während des symbiotischen Stadiums galt die Aufmerksamkeit des Kindes sicherlich in hohem Maß der Mutterfigur. Aber allmählich verbindet sich diese Aufmerksamkeit mit einem wachsenden Vorrat von Erinnerungen an das Kommen und Gehen der Mutter, an »gute« und »schlechte« Erfahrungen, wobei die letzteren vom Selbst auf keine Weise zu lindern waren, aber »vertrauensvoll erwartet« werden konnte, daß dies durch die Pflegeleistungen der Mutter geschähe.
Bei der Beobachtung der Kinder in unserem Setting bemerkten wir an einem bestimmten Punkt während der Subphase der Differenzierung einen gewissen neuen Blick, der Wachheit, Ausdauer und Zielgerichtetheit erkennen ließ. Wir haben diesen Blick als Verhaltensmerkmal des »Ausschlüpfens« betrachtet und pflegten leichthin zu bemerken, daß ein Kind mit diesem Blick »ausgeschlüpft« sei. Diese neue »Gestalt« war für unsere Mitarbeiter unverkennbar, doch es ist schwierig, spezifische Kriterien ihrer Definition anzuführen; sie läßt sich vermutlich am besten durch eine Zustandsbeschreibung erklären (vgl. Wolff, 1959). Das Kind scheint nun nicht abwechselnd mehr oder weniger munter zu sein, sondern sein Sensorium befindet sich in einem länger anhaltenden Zustand der Munterkeit, sobald das Kind aufwacht.
Mit etwa 6 Monaten beginnt das Kind, Loslösung und Individuation versuchsweise zu erproben. Das kann man etwa an folgenden Verhaltensweisen beobachten: Das Kind zieht die Mutter an den Haaren, den Ohren oder der Nase, es steckt ihr Nahrung in den Mund, und es stemmt seinen Körper von der Mutter weg, um sie besser sehen zu können, sie und die Umgebung »abzutasten« (»scan«). Dies steht im Gegensatz zum einfachen Anschmiegen an

die Mutter, wenn sie das Kind hält (vgl. Spock, 1963). Es gibt sichere Anzeichen, daß das Kind den eigenen Körper von dem der Mutter zu unterscheiden beginnt. Sechs bis sieben Monate dauert im Höchstfall die manuelle, taktile und visuelle Erforschung des Gesichts der Mutter sowie bedeckter (bekleideter) und unbekleideter Teile ihres Körpers; in diesen Wochen entdeckt das Kind fasziniert eine Brosche, eine Brille oder ähnliches, das die Mutter trägt. Bei etwaigen Versteckspielen verhält sich das Kind noch passiv (Kleeman, 1967). Dieses Forschungsverhalten wandelt sich später zur kognitiven Funktion, das Unbekannte mit dem bereits Bekannten zu vergleichen.

Übergangsobjekte und Übergangssituationen

Greenacre stellte 1960 fest:

»Das Übergangsobjekt selbst, wie es Winnicott (1953) beschrieben hat, dokumentiert das Bedürfnis nach diesem Kontakt mit dem Körper der Mutter, das sich in so rührender Weise in der ausdauernden Vorliebe des Kindes für ein Objekt ausdrückt, das beständig, weich, biegsam ist, sich warm anfühlt, insbesondere aber von Körpergeruch durchtränkt sein muß[1] ... Die Tatsache, daß das Objekt gewöhnlich nahe der Nase ans Gesicht gedrückt wird, deutet darauf hin, wie gut es die Brust oder den weichen Hals der Mutter ersetzt« (S. 208).

Wir beobachteten, daß das von der Mutter bevorzugte Besänftigungs- oder Stimulierungsmuster vom Kind auf seine Weise übernommen, d. h. assimiliert und so zum Übergangsmuster wird; Beispiele dafür sind das Streicheln des Gesichts oder gewisse wiederholte Bewegungen, wie sie im vorangegangenen Kapitel beschrieben werden.

Greenacre (1960) glaubt, daß »das Sehen nicht nur ein Hilfsmittel, sondern unerläßlich ist, um die Körperoberfläche als ein Ganzes erscheinen zu lassen und das Gewahrwerden der Abgrenzung des Selbst vom Nicht-Selbst voranzutreiben. Das ›Berühren‹ und Aufnehmen der verschiedenen Körperteile mit den Augen (Sehen) unterstützt das Zusammenfügen des Körpers zu einem Bild von zentraler Bedeutung, das über das Niveau bloßer unmittelbarer

[1] Dr. Greenacre hat kürzlich ihre zuvor vertretene Auffassung korrigiert, daß der letztgenannte Faktor für die Bildung des Übergangsobjekts von Bedeutung sei.

sensorischer Wahrnehmung hinausgeht« (S. 208). Die beobachtende Forschung nach unserer Methodologie konzentrierte sich sozusagen nicht genügend auf die Einzelheiten der Strukturierung des Übergangsobjekts, sie lieferte uns aber vom Eindruck her reiches Material, von dem künftige Untersuchungen profitieren könnten, beispielsweise unsere katamnestischen Studien.

Einer der Hauptunterschiede zwischen dem sich normal entwikkelnden Kind und der extremen Störung in der Psychose sowie möglicherweise auch einer späteren Borderline-Pathologie ergab sich unseres Erachtens aus den gleichen Umständen, an denen Winnicott (1953) Normalität und Pathologie des Übergangsobjekts maß (vgl. auch Furer, 1964; Kestenberg, 1968; Roiphe und Galenson, 1973; Bak, 1974).

Wie dem auch sei, alle normalen Kinder machen in der ersten Subphase von Loslösung und Individuation ihre ersten tastenden Schritte, um in physischem Sinne aus ihrer bis dahin völlig passiven Schoßkindrolle auszubrechen: dem Stadium der Zweieinheit mit der Mutter. Man kann dabei individuell verschiedene Neigungen und Verhaltensmuster ebenso beobachten wie allgemeine Merkmale des Differenzierungsstadiums selbst. Alle Kinder möchten sich aus den umfangenden Armen der Mutter hinauswagen und ein klein wenig von ihnen entfernt bleiben. Sobald sie motorisch dazu in der Lage sind, gleiten sie gern vom Schoß der Mutter, doch sie bleiben lieber so nahe wie möglich zu Mutters Füßen sitzen, spielen dort oder krabbeln dorthin zurück.

Das Muster des »Nachprüfens« (»checking back«)

Etwa vom 7. bis 8. Monat an stellten wir fest, daß – zumindest in unserem Setting – das wichtigste, einigermaßen regelmäßige Anzeichen beginnender somatopsychischer Differenzierung das visuelle Muster des »Nachprüfens bei der Mutter« war. In der Tat scheint es das bedeutungsvollste normale Muster kognitiver und emotionaler Entwicklung.

Das Baby beginnt mit dem vergleichenden »Abtasten« (»scanning«) (siehe Pacella, 1972). Es fängt an, sich für die »Mutter« zu interessieren, und scheint sie mit »anderen« zu vergleichen, das Unbekannte mit dem Bekannten, Zug um Zug. Es scheint sich gewissermaßen gründlicher mit dem vertraut zu machen, was die Mutter *ist,* was sich wie die Mutter anfühlt, riecht, aussieht, ihren »Ton« hat. Während es nach und nach die »Mutter *qua* Mutter«

begreift, erkennt es auch, was zum Körper der Mutter gehört und was nicht: eine Brosche, die Brille usw. Es beginnt zwischen der Mutter und sich oder *dem* zu unterscheiden, was anders oder ähnlich wie die Mutter aussieht, sich anfühlt, bewegt.

Reaktionen auf Fremde und Fremdenangst

Wir meinen, daß in der psychoanalytischen Literatur zur Kindesentwicklung die Gruppe von Verhaltensphänomenen, die das Erfassen »anderer als der Mutter« durch das Kind anzeigen, ziemlich einseitig und unvollständig als »Fremdenangst« beschrieben wird. Doch bereits in dem klassischen Film von Spitz und Wolf über Fremdenangst beobachteten wir als eines der hervorstechenden Merkmale die Neugier der Kinder: eifrig versuchten sie, etwas über »den Fremden« herauszufinden, sobald dieser den Blick gewendet hatte.

Aus intimer Kenntnis, die auf detaillierten, mannigfaltigen Beobachtungen über eine lange Zeitspanne hinweg beruht, wissen wir, daß es individuelle Unterschiede, enorme Variationen in bezug auf Zeitpunkt, Menge und Art dessen gibt, was als »Achtmonatsangst« im allgemeinen und »Fremdenangst« im besonderen (der verstorbene John Benjamin begann sie in seinen sorgfältigen Untersuchungen zu erforschen) zusammengeworfen wird.

Um dies zu veranschaulichen, wollen wir zwei Kinder derselben Mutter vergleichen, als sie – im Querschnitt gesehen – annähernd im gleichen Alter waren: Linda und ihren 16 Monate älteren Bruder Peter.

Wir sahen Linda vernünftig, nachdenklich und ohne Furcht die Gesichter teilnehmender Beobachter, die ihr ziemlich unbekannt waren, mit den Augen und durch Berührung erforschen. Ihre gewöhnlich zufriedene Stimmung hielt einige Sekunden an, nachdem ein Fremder sie aus ihrer Krippe genommen hatte. Sie erkannte dann die »Nicht-Mutter« und begann mit dem, was Sylvia Brody (Brody und Axelrad, 1970) »Zollinspektion« nennt – eine Bezeichnung für die gründliche visuelle und taktile Forschertätigkeit des differenzierenden Kindes (siehe Mahler und McDevitt, 1968).

Wenn Lindas Mutter sie bei solchen Gelegenheiten in die Arme nahm, stellten wir fest, daß Linda das vertraute Gesicht der Mutter nicht mehr zu inspizieren brauchte; statt dessen zerrte sie in ihrer Aufregung ungestüm am Hals ihrer Mutter.

Lindas zufriedene und vertrauensvolle Stimmung entsprang in erster Linie der engen und vorwiegend lustvollen Interaktion mit ihrer Mutter.
Im Gegensatz zu Lindas »Urvertrauen« und dem Fehlen jeglicher *ausgeprägten* Fremdenangst auf irgendeiner Altersstufe beobachteten wir eine solche ausgeprägte Fremdenangst bei ihrem Bruder Peter im 7. und 8. Monat. Nach einer Wartezeit von etwa ein bis zwei Minuten, während der er auf die behutsamen, sanften Annäherungsversuche des »Fremden« reagierte, wobei seine *Verwunderung* und *Neugier* auch ganz deutlich festzustellen waren, schien die Angst vor dem Fremden Peter zu überwältigen. Obwohl er zusammen mit seiner Mutter auf einem Korbstuhl saß und sich an sie hätte anlehnen können, wenn er gewollt hätte, brach er beim Anblick des Fremden genau in dem Augenblick in Tränen aus, wenn seine Mutter ihm den Kopf zu streicheln begann.[2]
Diese Beobachtungen zeigten die wichtigen Unterschiede des spezifischen Resultats der gespannten, unvorhersehbaren Interaktion zwischen Peter und seiner Mutter im Vergleich zum vorwiegend lustvollen, harmonischen Klima, das während Lindas symbiotischer Phase wie nach dem »Ausschlüpfen« herrschte.
Wir versuchten, diese Variationen zu verstehen, indem wir die verschiedenartige Konstitution der Geschwister und das vorherrschende Gefühlsklima der individuellen Mutter-Kind-Beziehung in Betracht zogen, wie sie in ihrer Interaktion (und in unseren Gesprächen mit der Mutter) zum Ausdruck kamen.
Diese und viele ähnliche Beobachtungen haben uns veranlaßt, die Entwicklung der Reaktionen auf Fremde im folgenden umfassenderen Zusammenhang zu sehen: Sobald die Individuation des Kindes genügend fortgeschritten ist, um das Gesicht der Mutter zu erkennen – visuell, taktil und vielleicht auf andere Weise –, und sobald ihm vertraut ist, in welcher allgemeinen Stimmung der Partner der symbiotischen Dyade sich befindet und wie er sich »anfühlt«, wendet es sich mehr oder weniger verwundert und ängstlich einer weitergehenden visuellen und taktilen Erforschung und Untersuchung der Gesichter und der »Gestalt« anderer zu. Es untersucht sie von weitem oder aus nächster Nähe. Es scheint die Züge des fremden Antlitzes mit dem Gesicht der Mutter sowie mit dem inneren Bild, das es von der Mutter haben mag (und das nicht

[2] Wir hatten die Möglichkeit, dieses Verhalten zu filmen.

unbedingt und nicht einmal vorwiegend visueller Art sein muß), zu vergleichen und sie zu prüfen. Das Kind scheint auch die »Gestalt« der Mutter, insbesondere ihr Gesicht, anhand anderer interessanter neuer Erlebnisse zu überprüfen.

Bei Kindern, deren symbiotische Phase optimal verlief und bei denen »vertrauensvolle Erwartung« (Benedek, 1938) vorherrschte, sind Neugier und Verwunderung, die in unserem Setting in Form des »Nachprüfmusters« (»checking back«) in Erscheinung treten, die hervorstechendsten Elemente bei der Erforschung Fremder. Im Gegensatz dazu kann bei Kindern, die kein optimales Urvertrauen erwerben konnten, ein abrupter Wechsel zu akuter Fremdenangst auftreten oder aber eine längere Periode abgemilderter Reaktionen auf Fremde, die lustvolles Forschungsverhalten vorübergehend beeinträchtigen können. Dieses Phänomen und die seinen Abwandlungen zugrunde liegenden Faktoren stellen, wie wir meinen, einen wichtigen Aspekt unserer Beurteilung des libidinösen Objekts, der Sozialisation und des ersten Schritts zu emotionaler Objektkonstanz dar. Diese umgekehrte Relation zwischen Urvertrauen und Fremdenangst muß hervorgehoben und weiter verifiziert werden (siehe Mahler und McDevitt, 1968).

Verzögertes und vorzeitiges Ausschlüpfen

In Fällen, in denen der symbiotische Prozeß, die Schaffung der gemeinsamen »abschirmenden« Membran der Zweieinheit, verzögert oder gestört wurde, scheint auch der Differenzierungsprozeß verlangsamt oder verfrüht. Im vorigen Kapitel haben wir über das kleine Mädchen berichtet, das von seiner Mutter mechanisch, doch offensichtlich ohne Wärme oder Anteilnahme hin- und hergewiegt wurde. In der symbiotischen Phase wirkte dieses Mädchen stumpf; es schien sich nicht an der Mutter zu formen und quasi ein Teil von ihr zu werden. Es lächelte unterschiedslos jeden an und reagierte auf die Mutter nicht als auf ein einzigartiges Wesen. In einem Alter, in dem andere Kinder anfingen, sich in aktiverer Weise der Mutter zu nähern oder sich von ihr zu entfernen, wandte sich dieses Mädchen wieder autoerotisch zum Zwecke lustvoller Stimulierung dem eigenen Körper zu; es schaukelte lange hin und her, statt sich aktiv in Annäherung und Entfernung zu üben.

In einem anderen Fall war die symbiotische Beziehung aus anderen Gründen unbefriedigend verlaufen. Die Mutter dieses kleinen Buben war während seiner frühen Kindheit depressiv. Es war ihr drittes Kind, und sie war sehr überbelastet; die Familie lebte in bescheidenen Verhältnissen in einer zu kleinen Wohnung. Bald nach der Geburt dieses Kindes starb der Vater der Mutter, zu dem sie ein sehr enges Verhältnis gehabt hatte. Außerdem erlitt ein älteres Kind einen schweren Unfall, als das dritte gerade ein paar Monate alt war. Das Zusammentreffen aller dieser Umstände führte dazu, daß die Mutter ihr jüngstes Kind unabsichtlich vernachlässigte. Es bekam die Flasche oft in der Weise, daß sein Rücken der Mutter zugekehrt war. Ganz allgemein vermied sie den Blickkontakt mit ihm. Dennoch liebte ihn die Mutter genauso sehr wie ihre anderen Kinder. Ebenso wie das obenerwähnte kleine Mädchen erkannte dieser Bub seine Mutter als besonderes Wesen erst spät. Die spezifische Lächelreaktion trat verzögert ein. Auch gelang es ihm erst spät, die visuelle Modalität zu nutzen, die als erstes Instrument die aktive Distanzierung erlaubt, indem sie das Kind gleichzeitig befähigt, die räumliche Kluft zu überbrücken, d. h., bei Wahrnehmung der Entfernung Kontakt zu halten. Obwohl er sich in dieser Hinsicht spät entwickelte, zeigte er nie den stumpfen, mechanischen Ausdruck, der symbiotisches und Differenzierungsverhalten des kleinen Mädchens kennzeichnete.

Wir beobachteten auch Kinder, deren symbiotische Beziehung deshalb recht unbefriedigend war, weil ihre Mutter in bezug auf ihr Kind und auf die Mutterrolle stark ambivalent war. Bei diesen Kindern war die Symbiose nicht durch Gleichgültigkeit oder Depression auf seiten der Mutter gestört, sondern durch ihre Unberechenbarkeit. Als eine Art Ausgleich erkannten diese Kinder ihre Mütter ziemlich früh; ihre Beziehung besserte sich, sobald größere Entfernung sie angenehmer gestaltete und sich den Kindern neue Möglichkeiten boten, sich ihrer wachsenden Autonomie und der Außenwelt zu erfreuen. Es hat also den Anschein, als ließe sich auf seiten des Kindes eine sehr früh entwickelte Anpassungsfähigkeit feststellen.

Wir glauben, daß das kleine Mädchen, dessen Mutter narzißtisch und wenig liebevoll war, erst spät zu differenzieren vermochte, weil sie sich auf die Mutter als symbiotischen Partner nicht verlassen konnte und die »Arbeit« weitgehend selbst leisten mußte, d. h., sie mußte sich selbst bemuttern. Als sie dann differenzierte, zeigte sie vielleicht einige Anzeichen der Entwicklung eines »falschen Selbst« (vgl. James, 1960). Auf diese Weise schien sie ihre eigenen Hilfsmittel am ausgiebigsten nutzen zu können. Später erfuhren wir, daß die wahrhaft mütterliche Einstellung ihres Vaters sehr früh dazu beitrug, daß sie sich nicht von der menschlichen Objektwelt abwandte. Der kleine Bub, der aus ganz anderen Gründen ungenügend symbiotisch versorgt wurde, verlängerte offenbar die symbiotische Periode, als ob er sich selbst und seiner Mutter mehr Zeit zum Aufholen lassen wollte. Er verließ den symbiotischen Umkreis, als es – für ihn und vielleicht auch für seine Mutter – an der Zeit war.

Das Baby Peter gehörte zu den Kindern, deren symbiotische Beziehung intensiv, aber unbehaglich ist. *Er begann früh »auszuschlüpfen«.* Rasch strebte er der Phase der Differenzierung zu, wodurch er sich aus der unbequemen Symbiose befreite. *Er zeigte heftige Reaktionen und Angst Fremden gegenüber.* Dies schien eins seiner frühen Abwehrmuster zu sein. Lange nachdem die ursprünglichen Reaktionen auf Fremde überwunden waren, kehrten sie, wenn auch beträchtlich abgemildert, immer dann wieder, wenn Peter irgendeine Krise durchmachte. Anscheinend hatte die unbefriedigende symbiotische Phase Peter gehindert, ein ausreichendes Reservoir jenes Urvertrauens, d. h. jenes normalen Narzißmus, zu bilden, der die solide Grundlage dafür schafft, vertrauensvoll in die Welt hinauszutreten, die nicht die »Mutterwelt« ist. Weil er außerdem sehr früh zu differenzieren – d. h. sich abzulösen – begann, wurde Peter leicht von Angst und Kummer überwältigt, da die selbständige Entwicklung seiner Ich-Fähigkeiten vorzeitig erfolgte und sie daher verwundbar waren. Wir stellten wiederholt fest, daß Kinder, denen die Loslösung von der Mutter ungewöhnlich schwerfiel, ihre Mutter auch ungewöhnlich früh von anderen Erwachsenen, die sie betreuten, unterschieden.

Diese frühesten Differenzierungsschemata scheinen nicht nur viel Rationalität zu enthalten, und zwar sowohl hinsichtlich der Mutter-Kind-Beziehung als auch der speziellen Veranlagung jedes Kindes, sie setzen offenbar auch Muster der Persönlichkeitsbildung in Gang, die bei der weiteren Entwicklung des Loslösungs- und Individuationsprozesses und möglicherweise darüber hinaus konsistent bleiben. Zur Geburt des Kindes als Individuum kommt es, wenn es auf die selektive Reaktion der Mutter auf seine Signale seinerseits reagiert und sein Verhalten allmählich ändert. »Es ist das spezifische unbewußte Bedürfnis der Mutter, das von den zahllosen Möglichkeiten des Kindes eben jene aktiviert, die für jede Mutter ›das Kind‹ schaffen, das ihre eigenen *einzigartigen* und individuellen Bedürfnisse widerspiegelt. Dieser Prozeß findet natürlich in dem Umfang statt, der der angeborenen Begabung des Kindes entspricht« (Mahler, 1963; siehe auch Lichtenstein, 1964).

Wir stellten fest, daß jene Kinder, deren Mütter die symbiotische Phase ohne große Konflikte genossen, Kinder, die während dieser Phase des wichtigen Einsseins mit der Mutter gesättigt, aber nicht übersättigt waren, zu angemessener Zeit anfingen, Zeichen aktiver Differenzierung zu zeigen, indem sie sich vom Körper der Mutter geringfügig entfernten. In solchen Fällen hingegen, wo auf seiten der Mutter Ambivalenz oder Parasitentum in Erscheinung trat, wo sie das Kind bedrängte oder »erstickte«, war die Differenzierung in verschiedenen Maßen und Formen gestört. In einigen Fällen, in denen die Mutter ihr eigenes symbiotisch-parasitäres Bedürfnis agierte, statt aus Rücksicht auf ihr Kind zu handeln, setzte die Differenzierung nahezu vehement ein. Bei einem kleinen Jungen, der erst 4 oder 5 Monate alt war, geschah dies, weil seine Mutter ihn allzu symbiotisch umschlang. Eine ganze Zeitlang zog dieses Kind es tatsächlich vor, daß andere Erwachsene als seine Mutter es in den Arm nahmen, die ihm mehr Gelegenheit zu visueller Erforschung der Umgebung gaben, während sie ihn hielten. Er schien sich von seiner Mutter viel abwehrender physisch abzustoßen, indem er Füße und Arme energisch gegen den Körper der Mutter stemmte (und sich sogar in leicht opisthotonischer Weise zurückbog). Dies schien in seinem Fall einen doppelten Zweck zu erfüllen: Erstens diente es ebenso wie bei »durchschnittlicheren« symbiotischen Kindern dazu, ihn in eine Position zu bringen, in der er die nicht-mütterliche Umwelt besser erforschen, die Mutter aus einer günstigeren Stellung in neuer Perspektive betrachten und aus größerer Entfernung einen Blickkontakt zu ihr herstellen konnte; zweitens wurde dadurch der Kontakt mit der Körperoberfläche der Mutter verringert. Am meisten überraschte uns, daß bei diesen (symbiotisch) engumschlungenen Kindern der Prozeß der aktiven Distanzierung früher begann, als wir erwartet hatten. Ein anderes Kind einer ähnlichen Mutter mied engen physischen Kontakt.

Das Bemühen um Distanz während der Subphase der Differenzierung schien von einem stärkeren Gewahrwerden der Mutter als einer besonderen Person begleitet, selbst wenn dieses Gewahrwerden, wie im obigen Fall, negativer Art war (vgl. auch die charakteristischen Abtast- und »Nachprüf«-Muster).

Wir wollen nun einige Phänomene der ersten Subphase (Differenzierung) an ausgewählten Kindern darstellen, die sämtlich (wie alle »normalen« Kinder) die allgemeinen, phasenbezogenen Entwicklungen zeigen sowie höchst individuelle Variationen, die sich aus der Beziehung zur Mutter, den angeborenen Gaben und der spezifischen Lebensgeschichte ergeben (Weil, 1970).
Bernie hatte eine sehr innige Beziehung zu seiner Mutter, die eine große Erfüllung darin zu finden schien, daß sie ihn stillen konnte. Wegen der Schuldgefühle ihrem älteren Sohn gegenüber und auch weil er sie in die Brustwarze biß (vgl. Spock, 1965), stellte sie Bernie abrupt und impulsiv auf Flaschennahrung um. Die Entwöhnung führte dazu, daß die Atmosphäre der symbiotischen Beziehung sich deutlich wandelte. Zunächst suchte das Kind beständig und ärgerlich nach der verlorenen Brust, während die Mutter die offensichtliche Reaktion auf das Entwöhnungstrauma verzweifelt verleugnete. Die strahlende Zufriedenheit, die die Mutter beim Stillen gezeigt hatte, wich der Lustlosigkeit und Apathie, während das Kind seinerseits ärgerlich und ebenfalls lustlos und apathisch wurde. Statt des glücklichen, anschmiegsamen Brustkindes hielt man vorübergehend ein passives, widerwilliges Baby in den Armen, das wie ein Sack war.[3] Für kurze Zeit schien dann die generell schwierige Interaktion zwischen Bernie und seiner Mutter durch jeden Reifungsschritt des Kindes günstig beeinflußt zu werden. Bernie zeigte großes Interesse für die Fortbewegung: er übte das Krabbeln und Hochziehen mit viel Vergnügen und Ausdauer. Als er soweit war, Blickkontakt zu anderen herzustellen, und Anzeichen vorhanden waren, daß er seine Mutter erkannte, und als ihm seine sich entwickelnden partiellen motorischen Funktionen Befriedigung bereiteten, dehnte sich sein Forschungsdrang auf das ganze Spielzimmer (und zu Hause auf die ganze Wohnung) aus. Die Mutter schien erleichtert, weil die symbiotischen Bedürfnisse und die totale Abhängigkeit des Sohnes sich verringerten, und Bernie seinerseits vermochte jede kleinste Ermutigung und Hilfestellung während der Übungsperiode zu nutzen.
Wir erwähnten bereits, daß wir einen verblüffend andersartigen

[3] In den Jahren 1960–62 experimentierten wir kurze Zeit mit dem Anschmiegemuster (vgl. Mahler und La Perriere, 1965). Wir beobachteten nicht nur den Umriß des kindlichen Körpers in seiner Beziehung zur Mutter, sondern stellten selbst fest, wie das kleine Kind sich in unsere Arme schmiegte. Wir beschrieben diese koenästhetische Sensation als »schmiegsam«, »schmelzend«, »steif wie ein Brett«, »wie ein Kartoffelsack« usw.

Übergang von der symbiotischen zur Loslösungs- und Individuationsphase bei einem anderen kleinen Jungen beobachteten, dessen symbiotische Beziehung zur Mutter eng war und länger als üblich andauerte. Beide Eltern dieses Kindes hatten symbiotisch-parasitäre Bedürfnisse, überschätzten ihr Kind als vegetatives Wesen und hielten es in einem Zustand fortgesetzter symbiotischer Abhängigkeit (vgl. Parens und Saul, 1971). Dadurch wurde die libidinöse Besetzung seiner motorischen Funktionen deutlich verlangsamt (siehe unten), die vielleicht auch schon von seiner Konstitution her schwach entwickelt waren. Während Bernie in die Loslösungs- und Individuationsphase mit einer bevorzugten Modalität motorischer Realitätserforschung eintrat, schloß die bevorzugte Modalität dieses kleinen Jungen für längere Zeit das Tasten, Greifen und Schauen ein. Dies schien von verschiedenen Faktoren herzurühren. Beide Eltern beharrten darauf, daß Spannungen sofort zu erleichtern seien, wenn sie sich zeigten; er brauchte sich also nicht im geringsten anzustrengen, um zu bekommen, was er wollte. Die Mutter offenbarte uns ihren Wunsch – und in nicht-verbaler Weise vermittelte sie ihn dem Kind –, daß es sitzenbleiben und sich dann im Liegen versorgen lassen solle, obwohl es dagegen besonders opponierte.

Derselbe kleine Junge war ein Kind, dessen motorische Funktionen langsam reiften. Seine Muskulatur war schlaffer, seine großen Körperbewegungen vorsichtiger und weniger kraftvoll als die anderer Kinder des gleichen Alters. (Eine bemerkenswerte Ausnahme bildeten seine kräftigen Fußtritte, wenn er aufgeregt war.) Da er wegen seiner schwach entwickelten Fortbewegungsfähigkeit auf ein kleines Gebiet beschränkt war, machte er den ausgiebigsten Gebrauch von seinen sichtlich zunehmenden perzeptiv-kognitiven und Greiftalenten, um sich zu beschäftigen und sich lange Zeit damit zu amüsieren, daß er »interessanten Schauspielen Dauer verlieh« (Piaget, 1936). Gleichzeitig beobachtete er mit äußerster Wachsamkeit die Geschehnisse um ihn herum; bereitwillig nahm er die Dienste anderer an und ließ sich von ihnen trösten.

Diese beiden Kinder veranschaulichen zwei verschiedene Arten des Eintritts in die erste Subphase von Loslösung und Individuation: die Differenzierung. Es verdient erwähnt zu werden, daß sie bei Entwicklungstests insgesamt gleich gut abschnitten.

Wir hatten den Eindruck, daß die Mutter des letzteren, die die symbiotische Beziehung zu ihrem Brustkind innig genossen hatte, zu jener Gruppe von Müttern gehörte, die das allmähliche Abwenden des Kindes zu Beginn der Loslösungs- und Individuationsphase nicht ertragen können. Sie binden, »appersonieren« (vgl. Sperling, 1944) das Kind und entmutigen sein Verlangen nach selbständigem Funktionieren, anstatt die allmähliche Loslösung zu erlauben und zu fördern. Andererseits gibt es, wie wir an anderer Stelle beschrieben haben (Mahler, 1967a), eine ziemlich beträchtliche Zahl von Müttern, die im Gegensatz zu den übermäßig symbiotischen Müttern sich zuerst an ihr Kind klammern und es dann überstürzt in die »Autonomie« stoßen (vgl. Greenson, 1968; Mahler, 1968b, 1971).

So wichtig innere Variablen für eine schließliche harmonische Persönlichkeitsentwicklung sind, beeinflußt auch eine günstige Mutter-Kind-Interaktion eine adäquate Entwicklung in der jeweiligen Subphase. Coleman, Kris und Provence (1953) machten vor vielen Jahren auf die Wandlungen der mütterlichen Einstellung in den ersten Lebensjahren des Kindes aufmerksam. Die Mutter muß ihre Einstellung auch dem gesamten Verlauf des Loslösungs- und Individuationsprozesses anpassen – vor allem aber an bestimmten entscheidenden Wendepunkten dieses Prozesses![4]

Die beiden Entwicklungsgleise von Loslösung und Individuation

Phänomene normaler Entwicklung kann man am besten verstehen, wenn einzelne Elemente des Prozesses etwas in Unordnung geraten. Am Ende des 1. und zu Anfang des 2. Lebensjahres kann man mit besonderer Deutlichkeit erkennen, daß der intrapsychische Loslösungs- und Individuationsprozeß auf zwei miteinander verschlungenen, aber nicht immer gleichmäßig oder proportional fortschreitenden Entwicklungsgleisen läuft. Das eine ist das Gleis der Individuation, der Entfaltung von intrapsychischer Autonomie, Wahrnehmung, Gedächtnis, Erkennungsvermögen, Realitätsprüfung; das andere ist das Gleis der Loslösung, auf dem sich Differenzierung, Distanzierung, Abgrenzung und Abwendung von der Mutter fortbewegen. Alle diese Strukturierungsvorgänge werden

[4] Wir sind zwar davon überzeugt, daß der Löwenanteil der Anpassung von dem geschmeidigen, ungeformten Kind zu leisten ist, doch bedeutet dies nicht, daß die mütterliche Fürsorge nicht den wechselnden Anforderungen des Loslösungs- und Individuationsprozesses zu folgen hätte; ein gewisses Maß an Anpassung muß auch von der Mutter erbracht werden.

schließlich in verinnerlichten Selbstrepräsentanzen gipfeln, die sich von inneren Objektrepräsentanzen unterscheiden. Die verhaltensmäßigen Oberflächenphänomene des Loslösungs- und Individuationsprozesses lassen sich in zahllosen subtilen Variationen als Begleiter der *intrapsychischen* Aufwärtsentwicklung beobachten. Optimale Situationen scheinen jene zu sein, in denen das Gewahrwerden der körperlichen Trennung im Sinne einer Differenzierung von der Mutter parallel läuft (d. h. weder weit zurückbleibt oder buchstäblich vorauseilt) mit der Entwicklung unabhängigen, selbständigen Funktionierens des Kleinkindes: Erkennungsvermögen, Wahrnehmung, Gedächtnis, Realitätsprüfung usw. – jenen Ich-Funktionen, die der Individuation dienen.

In unserer beobachtenden Forschung kann man die Fortschritte und Rückschritte sowie die allmähliche Integration der beiden Entwicklungsgleise – nämlich Loslösung und Individuation – anhand der Vorwärts- und Rückwärtsbewegungen zwischen Mutter und Kind untersuchen. Wir konnten diese Entwicklung anhand der Mutter-Kind-Interaktion verfolgen, insbesondere durch Beobachtung der lebhaften Affektmotilität, der Gesten und Lautbildung des Kindes selbst.

Wir finden es lehrreich, Kinder, bei denen die Entwicklung der Fortbewegung langsam erfolgte, mit solchen zu vergleichen, die vorzeitig laufen lernten. So befanden sich beispielsweise zwei unserer kleinen Buben an den entgegengesetzten Enden des Spektrums der beiden Gleise des Loslösungs- und Individuationsprozesses: Reifung *vs.* Entwicklung, Loslösung *vs.* Individuation. Der eine konnte bereits laufen, als er mit 9 Monaten zu uns kam; der andere machte seine ersten Schritte ohne fremde Hilfe erst 2 Tage bevor er 17 Monate alt wurde – sie waren also volle 8 Monate auseinander!

Der Einfluß dieser Diskrepanz auf den Loslösungs- und Individuationsprozeß soll in den nächsten Kapiteln erklärt und illustriert werden.

5. Kapitel
Die zweite Subphase: Das Üben

Die frühe Übungsphase

Die Subphase der Differenzierung überschneidet sich mit der Übungsphase. Bei der Auswertung unseres Materials erwies es sich als nützlich, sich die Übungsphase zweiteilig vorzustellen: erstens die frühe Übungsphase, die dadurch eingeleitet wird, daß das Kind anfängt, zu krabbeln, zu watscheln, zu klettern, sich aufzurichten und sich damit physisch von der Mutter zu entfernen, aber dennoch in ihrer Nähe bleibt; und zweitens die eigentliche Übungsphase, die phänomenologisch durch die freie, aufrechte Fortbewegung gekennzeichnet ist.
Mindestens drei miteinander verknüpfte, doch unterscheidbare Entwicklungen tragen dazu bei, daß das Kind die ersten Schritte zum Gewahrwerden seines Getrenntseins und zur Individuation tut. Diese Schritte sind die schnelle Differenzierung vom Körper der Mutter, die Schaffung einer *spezifischen Bindung* an sie sowie *Wachstum und Funktionieren der autonomen Ich-Apparate in enger Verbundenheit mit der Mutter.*
Diese Entwicklungen scheinen dem Kind den Weg zu ebnen, daß es sein Interesse an der Mutter (sehr viel bestimmter als bisher) auch auf unbelebte Objekte übertragen kann, die zunächst von ihr zur Verfügung gestellt werden: eine Decke, eine Windel, ein von ihr angebotenes Spielzeug oder die Flasche, die sie ihm abends als letztes reicht. Das Kind erforscht diese Objekte mit den Augen, es prüft Geschmack, Gewebe und Geruch mit seinen kontaktwahrnehmenden Organen, insbesondere Mund und Händen. Das eine oder andere dieser Objekte kann zum Übergangsobjekt werden.
Ferner ist es für das frühe Übungsstadium bezeichnend, daß unabhängig vom Entwicklungsverlauf dieser Funktionen in der Subphase der Differenzierung und obwohl sich das Kind in seine Aktivitäten mit Interesse versenkt, das Interesse an der Mutter definitiv Vorrang zu haben scheint.
Die Reifung von Fortbewegungs- und anderen Funktionen in der frühen Übungsphase hat einen sehr heilsamen Einfluß auf jene Kinder, bei denen die symbiotische Beziehung intensiv, aber unbe-

haglich verlief. Es scheint möglich, daß dies zumindest teilweise damit zusammenhing, daß sich gleichzeitig die Mütter in zufriedenstellender Weise distanzierten. Die Mütter, die am ängstlichsten gewesen waren, weil sie das Unbehagen ihrer Kinder während der symbiotischen und Differenzierungsphase nicht lindern konnten, waren nun sehr erleichtert, als ihre Kinder weniger zerbrechlich und verletzlich und dafür etwas unabhängiger wurden. Diese Mütter und ihre Kinder hatten den engen körperlichen Kontakt nicht mit ungetrübter Freude genießen können, aber sie konnten sich nun aus etwas größerer Distanz aneinander freuen. Die Kinder entspannten sich, und es gelang ihnen besser, bei der Mutter Wohlbehagen und Sicherheit zu finden.
Im Gegensatz dazu konnte man ein anderes Schema der Mutter-Kind-Interaktion in der frühen Übungsperiode bei jenen Kindern beobachten, die sehr aktiv die enge körperliche Nähe der Mutter suchten, Kindern, deren Mütter größte Schwierigkeiten hatten, während des aktiven Distanzierungsprozesses eine Beziehung zu ihnen herzustellen. Diese Mütter fühlten sich in der engen Verbundenheit der symbiotischen Phase wohl, doch wenn diese Phase vorüber war, sollten ihre Kinder möglichst gleich »erwachsen« sein. Interessanterweise fiel das Heranwachsen gerade diesen Kindern relativ schwer; sie hatten keine Freude an der beginnenden Distanzierungsfähigkeit und verlangten sehr energisch nach körperlicher Nähe.
Die wachsende Fortbewegungsfähigkeit in der frühen Übungsphase erweitert die Welt des Kindes; es kann nun Entfernung oder Nähe zur Mutter nicht nur aktiver bestimmen, auch die Modalitäten, die bisher zur Erforschung der relativ vertrauten Umwelt benutzt wurden, konfrontieren es plötzlich mit einem größeren Segment der Realität – es gibt mehr zu sehen, zu hören, zu berühren. Wie diese neue Welt erlebt wird, scheint in subtiler Weise mit der Mutter zusammenzuhängen, die noch immer den Mittelpunkt des kindlichen Universums bildet, von dem aus es sich nur nach und nach in immer weitere Kreise hinauswagt.
Kürzlich hatte Anni Bergman Gelegenheit, ein 7 Monate altes Kind in dieser Periode beginnender aktiver Fortbewegung, die mit einer zweiwöchigen Trennung von seinen Eltern zusammenfiel, und die folgende Wiedervereinigung genau zu beobachten. Das Kind war als besonders ausgeglichen und entspannt beschrieben worden. Es reagierte auf jeden neuen Menschen mit Neugier und

Entzücken und erforschte ihn gründlich durch Blicke und Berührung. In der Abwesenheit seiner Eltern blieb der Junge bei seinen Großeltern, die er gut kannte. Dies fiel zeitlich mit seiner raschen Wandlung von einem ahnungslosen Baby zu einem Kind, das sich loszulösen begann, zusammen. Der Junge fing an zu krabbeln und versuchte zu stehen. Diese neuerworbene Geschicklichkeit verursachte ihm jedoch mehr Schmerz als Vergnügen. Er fiel häufig hin, und nach jedem Fall schrie er entsetzlich. Dennoch ließ er nicht davon ab, die schmerzliche Erfahrung zu wiederholen, und dieses sehr ruhige, ausgeglichene Kind wirkte plötzlich wie gehetzt. Wir erkennen hier deutlich die mächtige Antriebskraft der angeborenen Gegebenheit, den Drang nach Individuation. Der Junge bewahrte seine positive Beziehung zu den ihn umgebenden Menschen und hatte es gern, wenn sie ihn herumtrugen, ihm etwas vorsangen, ihn besänftigten. Als die Mutter zurückkam, geriet er zunächst in eine ziemlich schwere Wiedervereinigungskrise; er weinte und war lange Zeit untröstlich, und er ließ sich von ihr weder füttern noch zu Bett bringen. Aber am nächsten Tag war er wieder wie vorher, lächelnd und friedlich. Diese Reaktion auf kurze Trennungen, die insbesondere für Wiedervereinigungen von Mutter und Kind in der zweiten Hälfte des 1. Lebensjahres eigentümlich spezifisch ist, könnten metapsychologisch im Sinne der noch bestehenden Spaltung der inneren Teilbilder der Mutter verstanden werden. Diese Spaltung wird durch solche kurzen Abwesenheiten leicht aktiviert. Die Mutter, die sich getrennt hatte, mußte als die »nur gute« Mutter wieder integriert werden, um das gute Objekt nicht zu verletzen oder zu zerstören. Der kleine Bub fuhr zwar fort, seine neuen Fähigkeiten zu üben, aber die Gehetztheit und das Hinfallen nahmen rapide ab. Mit der Mutter als Anker und Mittelpunkt seiner Welt konnte er mit dem frustrierenden Anteil seiner neuen Erfahrungen und Untersuchungen wieder umgehen, und der lustvolle Anteil beherrschte das Bild. Diese kleine persönliche Beobachtung paßt gut zu den Beobachtungen im Rahmen unserer Untersuchung, daß nämlich solche frühen Erkundungen einmal dem Zweck dienen, mit einem größeren Segment der Welt vertraut zu werden, und zweitens, die Mutter aus größerer Entfernung wahrzunehmen, zu erkennen und sich an ihr zu freuen. Wir stellten fest, daß die Kinder, die den besten »Entfernungskontakt« mit ihrer Mutter hatten, diejenigen waren, die sich am weitesten von ihr fortwagten. Wenn zu starke Konflikte mit dem Trennungspro-

zeß oder zu großer Widerwillen gegen die Aufgabe der körperlichen Nähe bestanden, zeigten die Kinder während dieser Periode weniger Vergnügen. Doch auch auf diese Prozesse lassen sich keine einfachen Regeln anwenden.
Der kleine Junge zum Beispiel, der von seiner Mutter tatsächlich nur als symbiotischer Teil ihrer selbst akzeptiert werden konnte, während sie seine Versuche sich wegzubewegen einschränkte, schien jeden Kontakt zu ihr zu verlieren, sobald er etwas entfernt von ihr war. Ein anderes Kind wiederum, dessen Mutter körperliche Nähe sehr liebte, konnte den Kontakt zur Mutter auch in einiger Entfernung aufrechterhalten; tatsächlich war das kleine Mädchen in dieser Periode besonders gut imstande, sich die Mutter nutzbar zu machen, und es war beruhigt, wenn es sie nur ansehen oder ihre Stimme hören konnte. Gleichzeitig ließ das Mädchen sehr früh einen allgemeinen Stimmungsabfall erkennen, wenn die Mutter nicht im Zimmer war, d. h., wenn sie von der Quelle ihrer Sicherheit, an der sie sich aus der Entfernung orientieren konnte, abgeschnitten war.
Wir beobachteten auch in dieser frühen Übungsperiode, daß das Kind, das gern »flügge« werden möchte, sich seiner keimenden Beziehung zur nicht-mütterlichen Welt gern überläßt. Wir sahen zum Beispiel ein 11 Monate altes Kind, das in dieser Phase für eine Woche ins Krankenhaus mußte. Es war anscheinend am meisten dadurch frustriert, daß es nun an sein Bettchen gefesselt war, so daß ihm jeder willkommen war, der es herausnahm. Als der Junge aus dem Krankenhaus kam, war die Beziehung zur Mutter weniger ausschließlich geworden; er zeigte keine Anklammerungsreaktion oder Trennungsangst. Sein stärkstes Verlangen im *Center* und zu Hause war nun, daß jemand mit ihm lief und ihn dabei an der Hand hielt. Zwar zog er es weiterhin vor, daß die Mutter das mit ihm und für ihn tat, doch er akzeptierte auch bereitwillig Ersatzfiguren.
Margie und Matthew (im Alter genau eine Woche auseinander) hatten die symbiotische Phase ebenso wie die erste Subphase (Differenzierung) reibungslos durchlaufen. Beide Kinder konnten »vertrauensvoll erwarten«, daß die Mütter ihre Triebspannungen linderten und ihnen emotional zur Verfügung standen. Im Alter von 10 Monaten ließ sich bei beiden Kindern feststellen, daß sie in die Übungsperiode hineingingen, indem sie ihren motorischen Funktionen und anderen autonomen Ich-Funktionen große Aufmerksamkeit zuwandten. Lange Zeitspannen hindurch beschäftig-

ten sie sich fröhlich damit, ihre physische Umwelt selbständig zu erforschen, wobei sie erkennen ließen, was Charlotte Bühler Funktionslust genannt hat (vgl. auch Hendrick, 1951). Von Zeit zu Zeit kehrten sie zum Zwecke »emotionalen Auftankens« zu ihren Müttern zurück. Beide Mütter akzeptierten die allmähliche Distanzierung ihrer Krabbelkinder und förderten ihr Interesse am Üben. Sie waren emotional verfügbar, wann immer das Kind ihrer bedurfte, und boten jene mütterliche Unterstützung, die zur optimalen Entfaltung der autonomen Ich-Funktionen nötig ist.

Annas Mutter hingegen war außerstande, optimal verfügbar zu sein, so daß die Fähigkeit ihres Kindes zu vertrauensvoller Erwartung einer schweren Prüfung unterzogen wurde. Die Reifung der sich entwickelnden Ich-Funktionen Annas erfolgte zeitgerecht, aber es war, als ließe ihr der harte Kampf um die Aufmerksamkeit ihrer Mutter nur unzureichende libidinöse Energie übrig, um die nicht-mütterliche Welt sowie ihre autonomen Ich-Funktionen und vielleicht auch den eigenen Körper adäquat mit gesundem (sekundärem) Narzißmus zu besetzen. Sie war daher nicht in der Lage, sich der lustvollen Erforschung und Meisterung ihrer sich ausweitenden Realität zu widmen. Jedenfalls sah man das Kind in der ersten Subphase und während der frühen Übungsperiode zu Füßen seiner Mutter sitzen und sie mit den Augen anflehen und beschwören. Die Subphase der Differenzierung hielt bei Anna viel länger als bei ihren gleichaltrigen Gefährten Margie und Matthew, obwohl ihre Ich-Funktionen als solche reiften.

Annas Übungsperiode war durch kurze versuchsweise selbständige Vorstöße gekennzeichnet, bei denen sie sich nur für kurze Zeit von der Position zu Füßen der Mutter entfernte. Die Übungsperiode – in der Krabbelkinder soviel Libido in ihre autonomen Funktionen und ihre sich ausdehnende Realitätsprüfung investieren – war im Fall Annas vorübergehend und verkürzt und ließ eine emotionale Entwicklung von normalem Umfang vermissen. Ihr Fehlen beleuchtet das zentrale Merkmal dieser Subphase, wie wir sie sehen: die gesteigerte Besetzung der Übung autonomer Funktionen, insbesondere der Motilität, die zeitweilig ein sichtbares Interesse an der Mutter nahezu ausschließen kann. Dadurch und nicht durch die Entfaltung der motorischen Fähigkeiten an sich ist die normale Übungs-Subphase gekennzeichnet.

Wenn das Kind infolge der Reifung seines Fortbewegungsapparates sich von den Füßen der Mutter hinwegzuwagen beginnt, ist es oft von seinen eigenen Aktivitäten so in Anspruch genommen, daß es die Anwesenheit der Mutter für lange Zeitspannen zu vergessen scheint. Doch es kehrt periodisch zu ihr zurück, weil es ihre körperliche Nähe von Zeit zu Zeit braucht.

Die optimale Entfernung in der *frühen Übungs-Subphase* scheint die zu sein, die dem forschenden Kind (das sozusagen noch ein Vierfüßler ist) Freiheit und Gelegenheit gibt, diese Forschungen in einer bestimmten körperlichen Distanz von der Mutter zu betreiben. Es sollte jedoch beachtet werden, daß während der gesamten Übungs-Subphase die Mutter weiterhin als Fixpunkt, als »Heimatbasis«, benötigt wird, um das Bedürfnis nach Auftanken durch physischen Kontakt zu befriedigen. Wir sahen 7 bis 10 Monate alte Kinder, die rasch zur Mutter krabbelten oder watschelten, sich an ihrem Bein hochrichteten, sie auf andere Weise berührten oder sich einfach an sie lehnten. Dieses Phänomen hat Furer als »emotionales Auftanken«[1] bezeichnet. Man kann mühelos erkennen, wie das schlappe, müde Kind sich nach einem solchen Kontakt in kürzester Zeit »aufrafft«. Danach setzt es seine Erkundungen schnellstens fort und läßt sich wieder von seiner Funktionslust gefangennehmen.

Das Phänomen des Auftankens schien verschiedene Stadien zu durchlaufen und äußerte sich bei jedem Kind in anderen Formen, die unseres Erachtens eng mit der von der Mutter bevorzugten Modalität zusammenhingen. Eine Mutter beispielsweise, die großen Wert auf selbständiges Funktionieren legte, konnte den Kontakt mit ihrem Kind besonders gut durch Auftanken aus einer gewissen Entfernung aufrechterhalten. Wenn die Kinder zu ihr kamen, dann gewöhnlich für kurze Perioden körperlichen Kontakts. Diese Mutter erhob sich selten von ihrem Stuhl, wenn sie mit Ausbesserungsarbeiten für die Familie beschäftigt war und dabei gemütlich mit den anderen Müttern plauderte. Es schien, als sei sie ständig auf die Bedürfnisse ihrer kleinen Kinder eingestellt, selbst auf Entfernung.

Bei Jay, einem Kind, dessen Fortbewegungsfähigkeit sich sehr früh entwickelte, so daß die Auftanktfähigkeit seiner Mutter von besonderer Bedeutung gewesen wäre, beobachteten wir folgendes: Jays Mutter glaubte, daß jede Einschränkung, die man Jay auferlegte, seine keimende Persönlichkeit und Unabhängigkeit beeinträchti-

[1] Persönliche Mitteilung.

gen würde. Erschreckt sah sie zu, wenn Jay sich in gefährliche Situationen brachte. Sie konnte keinen Kontakt zu ihm halten, indem sie mit ihm sprach, weil sie seine »Unabhängigkeit« nicht beeinträchtigen wollte. Obgleich die Mutter ihn aus der Entfernung beobachtete, fühlte sich Jay – und in gewisser Weise *war* er es auch – von ihr verlassen, sogar in ihrer Gegenwart. Immer wieder brachte er sich in gefährliche Situationen, die er weder beurteilen noch meistern konnte. Selbst wenn er ganz gewöhnliche Dinge tat, neigte er in auffallender Weise dazu, sich zu verletzen. Nachdem er einmal hingefallen war und schrie, fühlte sich seine Mutter endlich befugt, ihm zu helfen.
Mark gehörte zu den Kindern, die große Schwierigkeiten haben, eine brauchbare Distanz zwischen sich und ihre Mutter zu legen. Seine Mutter nahm ihm gegenüber eine ambivalente Haltung ein, sobald Mark aufhörte, ein Teil ihrer selbst, ihr symbiotisches Kind zu sein. Zeitweise schien sie einen engen körperlichen Kontakt zu meiden, ein andermal unterbrach sie Mark bei seinen eigenständigen Aktivitäten, um ihn hochzuheben, ihn an sich zu pressen und herumzutragen. Sie tat das, wenn *sie* das Bedürfnis danach hatte und nicht *er*. Diese mangelnde Einfühlung der Mutter führte vielleicht dazu, daß es Mark schwerfiel zu funktionieren, wenn sie sich in einer gewissen Entfernung befand.
In der frühen Übungs-Subphase schienen die meisten Kinder nach den anfänglichen Versuchen, von der Mutter weg in die Umwelt vorzustoßen, eine kurze Spanne gesteigerter Trennungsangst durchzumachen. Die Tatsache, daß sie sich selbständig fortbewegen und doch mit der Mutter in Verbindung bleiben konnten – nicht physisch zwar, doch mit Hilfe des Gesichts- und Gehörssinns –, ließ den sinnvollen Gebrauch dieser Entfernungsmodalitäten für eine Weile außerordentlich wichtig erscheinen. Die Kinder verloren ihre Mutter nicht gern aus den Augen; sie starrten zum Beispiel traurig auf ihren leeren Stuhl oder auf die Tür, durch die sie hinausgegangen war.

Die eigentliche Übungs-Subphase

Mit der Zunahme autonomer Funktionen, etwa dem Erkenntnisvermögen, doch insbesondere der aufrechten Fortbewegung, beginnt das »Liebesverhältnis mit der Welt« (Greenacre, 1957). Das Kleinkind tut nun den größten Schritt in der menschlichen Individuation. Es läuft frei in aufrechter Haltung. Damit verändert sich seine Gesichtsebene; aus einem völlig neuen Blickwinkel entdeckt es unerwartete und ständig wechselnde Perspektiven, Freuden und Frustrationen. Das ist die neue Gesichtsebene des aufrecht gehenden Zweifüßlers.

Während dieser kostbaren 6 bis 8 Monate (vom 10. oder 12. bis zum 16. oder 18. Lebensmonat) gehört dem Kleinkind die Welt. Die libidinöse Besetzung verschiebt sich im wesentlichen zugunsten des rasch wachsenden autonomen Ichs und seiner Funktionen, und das Kind scheint von seinen eigenen Fähigkeiten und der Größe seiner Welt wie berauscht. Der Narzißmus ist auf dem Höhepunkt! Die ersten selbständigen Schritte des Kindes bezeichnen den Beginn der Übungsperiode *par excellence* mit der substantiellen Erweiterung seiner Welt und der Realitätsprüfung. Nun beginnt eine ständig zunehmende libidinöse Besetzung der Übung motorischer Fähigkeiten und des Erforschens der sich erweiternden menschlichen wie der unbelebten Umwelt. Das hervorstechende Merkmal dieser Übungsperiode ist die starke narzißtische Besetzung, die das Kind seinen Funktionen, seinem Körper sowie den Objekten und Zielen seiner expandierenden »Realität« zukommen läßt. Gleichzeitig beobachten wir eine relative Unempfindlichkeit gegenüber Püffen, Hinfallen oder anderen Frustrationen, etwa wenn ein anderes Kind ein Spielzeug wegschnappt. Bekannte erwachsene Ersatzfiguren aus unserem Setting werden ohne weiteres akzeptiert (im Gegensatz zu dem, was während der nächsten Subphase von Loslösung und Individuation geschieht).

Das Trennung und Individuation reibungslos vollziehende Kleinkind findet narzißtischen Trost für die minimalen drohenden Objektverluste – die wahrscheinlich jeder Entwicklungsfortschritt enthält – in seinen sich rasch entwickelnden Ich-Funktionen. Das Kind konzentriert sich darauf, seine Geschicklichkeit und seine autonomen (von der Mutter oder anderen unabhängigen) Fähigkeiten zu üben und zu meistern. Es freut sich über seine Fähigkeiten, ist ständig entzückt über die Entdeckungen, die es in seiner sich erweiternden Welt macht, und gewissermaßen verliebt in die Welt und in seine eigene Größe und Allmacht. Wir könnten die Möglichkeit in Betracht ziehen, daß die gehobene Stimmung dieser Subphase nicht nur mit der Erprobung der Ich-Apparate zusammenhängt, sondern auch mit der übermütigen Flucht aus der Verschmelzung mit der Mutter, der Verschlingung durch sie. Unter diesem Gesichtspunkt würden wir meinen, daß ebenso wie die Versteckspiele des Säuglings sich vom Passiven zum Aktiven zu wenden scheinen, vom Verlust zum Wiedergewinn des bedürfnisbefriedigenden Objekts und später des Liebesobjekts, auch das ständige Fortlaufen des Kleinkindes, bis es von seiner Mutter aufgefangen wird, die Furcht vor der Wiederverschlingung durch die Mutter vom Passiven zum Aktiven wendet. Dieses Verhalten gibt dem Kind auch die Gewißheit, daß die Mutter es fangen und in den Arm nehmen *möchte.* Wir brauchen nicht anzunehmen, daß dieses Verhalten solchen Funktionen dienen soll, wenn es erstmals in Erscheinung tritt, sondern nur, daß es solche Wirkungen hat und dann absichtlich wiederholt werden kann.

Die Bedeutung freier aufrechter Fortbewegung: Das Laufen

Die Bedeutung des Laufens für die emotionale Entwicklung des Kindes kann nicht überschätzt werden. Das Laufen steigert die Befähigung des Kleinkindes zur Realitätserkundung und -prüfung nach eigenem Belieben und mit magischer Meisterschaft ganz enorm. Wie Greenacre feststellt, ist es »auch mit einem Aufwallen allgemeinen körperlichen Hochgefühls und sensorischer Empfänglichkeit verbunden, die den Erwerb aufrechten Stehens und Gehens begleitet« (1968, S. 51).

Hier soll nur kurz erwähnt werden, daß der Knabe seinen Penis entdeckt; eine eingehendere Erörterung soll im Zusammenhang mit der Geschlechtsidentität (siehe S. 135) erfolgen. Der Penis wird gewöhnlich einige Wochen früher entdeckt: ein exquisit sinnliches lustspendendes Organ, dessen Bewegung jedoch nicht vom Ich beherrscht wird. Nachdem er die aufrechte Position erlangt hat, kann der Knabe den Penis »aus anderen Blickwinkeln und Positionen betrachten als zuvor, und das gesteigerte Interesse am Urinieren gibt diesem Körperteil zusätzlichen Reiz und Bedeutung« (Greenacre, 1968, S. 51).

Wir fanden, daß Buben und Mädchen in dem Monat, der unmittelbar auf den Erwerb der aktiven, freien Fortbewegung folgt, gleich große Fortschritte hinsichtlich der Sicherung ihrer Individualität machten. Dies scheint der erste wichtige Schritt zur Identitätsbildung zu sein.

Der Verzicht der Mutter auf den Besitz des Körpers von Knabe oder Mädchen zu dieser Zeit erfolgt meist quasi automatisch, selbst wenn dies mitunter freimütig als traurige Notwendigkeit bezeichnet

wird. Barneys Mutter sagte: »Wenn er mir im Park fortläuft und ich muß diesen schweren kleinen Körper heimtragen, sage ich mir: ›Genieße das lieber – es wird nicht lange dauern, du wirst ihn nicht mehr lange in deinen Armen tragen‹.«
Es war E. J. Anthony (1971), der erkannte, wie treffend und schön Kierkegaard sein Verständnis für das Bedürfnis des Menschenkindes, von der Mutter gefühlsmäßig unterstützt zu werden, wenn es frei zu laufen beginnt, formuliert hat. Er zitiert folgende Abschnitte, um zu veranschaulichen, daß »der Einfluß einer gestörten und störenden Mutter auf die Individuation ihres Kindes in scharfem Gegensatz zu dem der gewöhnlichen ›hinreichend guten‹ Mutter steht« (S. 262):

»Die liebende Mutter lehrt ihr Kind, allein zu laufen. Sie ist weit genug von ihm entfernt, um ihm keine wirkliche Unterstützung bieten zu können, doch sie streckt ihm ihre Arme entgegen. Sie ahmt seine Bewegungen nach, und wenn es schwankt, beugt sie sich rasch nieder, als wolle sie es festhalten, so daß das Kind glauben könnte, es liefe nicht allein . . . Und dennoch tut sie mehr. Ihr Blick, mit dem sie das Kind heranwinkt, ist wie eine Belohnung, eine Ermutigung. So läuft das Kind allein, während seine Augen auf das Gesicht der Mutter gerichtet sind und nicht auf die Schwierigkeiten, die auf seinem Wege liegen. Es hilft sich selbst durch die Arme, die es nicht halten – es strebt beständig der Zuflucht in den Armen der Mutter zu. Dabei ahnt es kaum, *daß es in eben dem Augenblick, in dem es sein Bedürfnis nach ihr zeigt, beweist, daß es ohne sie auskommen kann,* weil es allein läuft« (Kierkegaard, 1846).

Bei der anderen Mutter sieht es ganz anders aus:

»Da gibt es keine lächelnde Ermutigung, kein Lob, wenn der Lauf beendet ist. Der Wunsch, das Kind laufen zu lehren, besteht auch hier, doch nicht so, wie ihn die liebende Mutter verwirklicht. Denn nun herrscht Angst, die das Kind umfangen hält. Sie lastet auf ihm, so daß es sich nicht vorwärts bewegen kann. Auch der Wunsch, es zum Ziel zu führen, ist der gleiche, *doch das Ziel ruft plötzlich Schrecken hervor*« (Kierkegaard, 1846).

Anthony fährt in seinen eigenen Worten fort:

»Ängstlichkeit, Ambivalenz, unbewußte Feindseligkeit, das Bedürfnis, sich abzukapseln, hindern das Kind, selbständig loszugehen. Mit großem Feingefühl kristallisiert Kierkegaard jene Momente in der Entwicklung heraus, in denen das Kleinkind den Drang zur Loslösung von der Mutter empfindet und gleichzeitig seine Individuation sicherstellt. Es ist eine zwiespältige Erfahrung von enormer Tragweite für die Entwicklung, wenn das Kind beweist, daß es ohne die Mutter und doch nicht ohne sie zurechtkommt, und die Mutter beweist, daß sie es allein laufen lassen kann und doch nicht kann« (Anthony, 1971, S. 263).

Nach der Erörterung von *folie-à-deux*-Situationen schreibt Anthony weiter: »Die psychotische Mutter erfüllt diese Augenblicke mit Furcht, so daß das Kind nicht nur keinen Platz hat, den es aufsuchen kann, sondern Angst hat, *irgendwohin* zu gehen.«

Ziemlich spät im Laufe unserer Untersuchung erkannten wir, daß es eher die Regel als die Ausnahme ist, daß die ersten Schritte des Kindes ohne fremde Hilfe von der Mutter weg oder in ihrer Abwesenheit getan werden; dies steht in Widerspruch zum volkstümlichen Glauben (den Kierkegaard und andere Dichter zum Ausdruck bringen), daß die ersten Schritte zur Mutter *hin*führen. Die Bedeutung dieses Phänomens muß weiter untersucht werden.

Viele Mütter schienen auf die Tatsache, daß ihre Kinder sich wegbewegten, damit zu reagieren, daß sie ihnen dabei halfen, indem sie ihnen einen sanften oder vielleicht weniger sanften Schubs gaben, wie die Vogelmutter ihr soeben flügge gewordenes Junges ermutigt. Gewöhnlich beobachteten die Mütter das Funktionieren ihres Kindes zu diesem Zeitpunkt mit großem Interesse, manchmal aber auch kritisch. Sie fingen an, die Leistungen der Kinder zu vergleichen, und waren besorgt, wenn ihr Kind zurückzubleiben schien. Manchmal verbargen sie diese Sorge, indem sie sich betont unbesorgt gaben. Viele Mütter waren eifrig darauf bedacht, daß ihre Kinder laufen lernten. Sobald das Kind imstande war, eine gewisse Entfernung zu meistern, hatte es den Anschein, als machte sich die Mutter plötzlich Gedanken, ob ihr Kind es auch draußen in der Welt »schaffen« würde, wo es allein für sich einstehen mußte. Die aufrechte, freie Fortbewegung scheint für viele Mütter den entscheidenden Beweis darzustellen, daß ihr Kind es »geschafft« hat.

Während der eigentlichen Übungsperiode waren wir von der ungeheuer belebenden, wahrhaft dramatischen Wirkung beeindruckt, die die *aufrechte Fortbewegung* auf die allgemeine Verfassung des bisher auch schon sehr aktiven kleinen Vierfüßlers hatte. Wir wurden uns ihrer Bedeutung für die Erreichung des »psychischen Geburtserlebnisses«, das »Ausschlüpfen«, durch unerwartete, regelmäßige Beobachtungen von Verhaltenssequenzen bewußt sowie durch den Vergleich mit der Arbeit von Phyllis Greenacre (1957) über die Kindheit des Künstlers. Es schien uns, daß auch die meisten übenden Kleinkinder »ein Liebesverhältnis mit der Welt« hatten!

In den Fällen, wo die Fähigkeit des Kindes zu freier Fortbewegung sich verspätet einstellte, trat auch die obligate Belebung später als gewöhnlich ein. Demnach schien dieses Phänomen definitiv mit der Funktion der freien Fortbewegung und ihrer Relation zum Entwicklungsstadium anderer autonomer Teilfunktionen des Ichs verbunden und von ihr abhängig zu sein.

Zusammenfassend kann man sagen, daß das Laufen eine große symbolische Bedeutung sowohl für die Mutter als auch für das Kind hat: es ist, als ob das laufende Kleinkind durch den Erwerb der Fähigkeit zu selbständiger aufrechter Fortbewegung bewiesen hätte, daß es bereits in die Welt unabhängiger menschlicher Wesen entlassen sei. Hoffnung und Vertrauen, die von der Mutter ausgehen, wenn sie glaubt, daß ihr Kind nun imstande sei, es dort draußen zu »schaffen«, scheinen wichtige Auslöser für das Sicherheitsgefühl des Kindes selbst zu sein, und sie ermutigen es vielleicht zum erstenmal, etwas von seiner magischen Allmacht für die Freude an seiner Eigenständigkeit und seinem sich entwickelnden Selbstwertgefühl einzutauschen.

Stimmungsabfall

Die meisten Kinder in der eigentlichen Übungsphase schienen längere Perioden der Belebung oder zumindest relativer Gehobenheit zu durchlaufen. Sie waren unempfindlich gegen Knüffe und Hinfallen und zeigten das, was wir *Stimmungsabfall* nennen, nur dann, wenn ihnen bewußt wurde, daß die Mutter nicht im Zimmer war. Bei solchen Gelegenheiten verlangsamte sich ihre gestische und Leistungsmotilität, ihr Interesse an der Umgebung verringerte sich, sie schienen von inneren Vorgängen in Anspruch genommen, sie beschäftigten sich mit »Einbildungen« (»imaging«), wie Rubinfine (1961) es nannte.

Unsere Vermutungen über den »Stimmungsabfall« ergeben sich aus zwei wiederkehrenden Phänomenen: 1) Wenn ein anderer Mensch als die Mutter das Kind zu trösten versuchte, verlor es sein emotionales Gleichgewicht und brach in Tränen aus; und 2) der »herabgestimmte« Zustand endete sichtbar bei der Wiedervereinigung mit der Mutter, die kurze Zeit abwesend war, wenngleich mitunter erst ein kurzer Schreianfall die aufgestaute Spannung löste. Beide Phänomene machten uns deutlicher bewußt, daß bis zu diesem Zeitpunkt das Kind sich in einem besonderen »Selbst-Zustand« *befunden hatte:* der Stimmungsabfall und die damit verbundene »Einbildung« der Mutter erinnert an eine anaklitische Depression[2] in Miniaturformat. Wir glauben sie in dem Bemühen des Kindes zu erkennen, einen Gemütszustand zu bewahren, den Joffe und Sandler (1965) den »idealen Zustand des Selbst« genannt haben und der demjenigen sehr ähnlich ist, den Kaufman und Rosenblum (1968) bei Affen als »Rückzug zum Zweck der Erhaltung« (»conservation withdrawal«) bezeichnen.
Einige Kinder schienen vorübergehend ganz von der Angst vor Objektverlust überwältigt, so daß die »ich-gefilterte Sehnsucht« sich sehr abrupt in verzweifeltem Weinen zu entladen drohte. Das war bei Barney während der kurzen Zeitspanne der Fall, in der seine »Individuation« noch nicht mit der der Loslösung dienenden Reifungsanstrengung der Fortbewegung Schritt halten konnte. Eine Zeitlang war er unfähig, mit dem Erlebnis der von ihm selbst herbeigeführten räumlichen Trennungen gefühlsmäßig fertig zu werden. Er war sichtlich verwirrt, wenn er sich verletzte und bemerkte, daß seine Mutter nicht automatisch in der Nähe war.
Unser Material mit seinen vielfältigen Details hat unmißverständlich regelmäßig auftretende Faktorenkombinationen zutage gefördert, aus denen wir schließen, daß die symbiotische mütterliche Hälfte des Selbst vermißt und dies allmählich auch bewußt wahrgenommen wurde. Der daraus resultierende Stimmungsabfall äußerte sich bei den einzelnen Kindern auf verschiedene Weise, wenn man sie mit anderen bzw. mit sich selbst in gewissen Zeitabständen verglich.
Wir stellten fest, daß das Verlangen nach Wohlbefinden und Ein-

[2] Obgleich in der Form verschieden, erinnert dieses Wiedererlangen der abwesenden Mutter in einem herabgestimmten, von »Einbildungen« erfüllten Wachzustand an Lewins (1946) und Isakowers (1938) Beschreibungen vom Heraufbeschwören alter »verlorener Welten« in Träumen und vor dem Einschlafen.

heit mit der Mutter oder nach einer engen Verbindung mit ihr in eigentümlicher Weise bei jenen Kindern fehlte, bei denen die symbiotische Beziehung allzu lange gedauert hatte oder gestört war: zum Beispiel bei dem Kind, das in einer übermäßig engen, parasitären Symbiose mit der Mutter lebte, oder bei dem kleinen Mädchen, dessen Mutter-Kind-Beziehung dem entsprach, was Robert Fliess (1961) *asymbiotisch* genannt hat. Reduziert und unregelmäßig schien dieses Verlangen bei Kindern, deren symbiotische Beziehung durch die Unberechenbarkeit und Impulsivität einer teils verschlingenden, teils abweisenden Mutter getrübt war.

6. Kapitel
Die dritte Subphase: Wiederannäherung (»Rapprochement«)

Allgemeine Überlegungen

Mit dem Erwerb der aufrechten, freien Fortbewegung und dem unmittelbar darauf folgenden Erreichen jenes Stadiums der kognitiven Entwicklung, das Piaget (1936) als den Beginn der begrifflichen Intelligenz betrachtet (die schließlich in symbolischem Spiel und Sprache kulminiert), tritt der Mensch als losgelöstes, autonomes Wesen in Erscheinung. Diese beiden mächtigen »Organisatoren« (Spitz, 1965) sind die Hebammen der psychischen Geburt. In diesem Endstadium des »Ausschlüpfungs«prozesses erreicht das Kleinkind die erste Identitätsstufe: eine getrennte, individuelle Einheit zu sein (Mahler, 1958b).

Um die Mitte des zweiten Lebensjahres hat das Kind laufen gelernt. Es wird sich nun seiner physischen Getrenntheit immer bewußter und macht immer stärkeren Gebrauch davon. Doch mit den wachsenden Erkenntnisfähigkeiten und der zunehmenden Differenzierung seines Gefühlslebens geht auch ein merkliches Nachlassen seiner Frustrationstoleranz sowie der relativen Nichtbeachtung der anwesenden Mutter einher. Man beobachtet gesteigerte Trennungsangst, die zunächst hauptsächlich aus Furcht vor Objektverlust besteht, was sich aus vielen Verhaltensweisen des Kindes ableiten läßt. An die Stelle der relativen Nichtbeachtung der Mutter, die für die Übungs-Subphase bezeichnend war, tritt nun ein anscheinend konstantes Interesse für den Aufenthaltsort der Mutter sowie ein Verhalten aktiver Annäherung. Mit dem wachsenden *Bewußtwerden* seiner Getrenntheit – das durch seine reifungsmäßig erworbene Fähigkeit, sich physisch von der Mutter zu entfernen, sowie durch die zunehmenden kognitiven Fähigkeiten stimuliert wird – scheint das Kind nun in gesteigertem Maße zu wünschen, daß die Mutter an jeder neuerworbenen Geschicklichkeit und Erfahrung *Anteil* nehme; auch nach der Liebe des Objekts besteht ein starkes Bedürfnis.

Im vorigen Kapitel haben wir beschrieben, daß während der gesamten Übungsperiode das Bedürfnis nach mütterlicher Nähe sozusagen in der Schwebe gehalten wurde. Aus diesem

Grunde haben wir die jetzige Phase die der *Wiederannäherung* genannt.
Man kann die Bedeutung einer optimalen emotionalen Verfügbarkeit der Mutter während dieser Subphase nicht genug hervorheben. »Die *Liebe* seiner Mutter und ihr Akzeptieren seiner Ambivalenz befähigen das Kleinkind, seine Selbstrepräsentanz mit neutralisierter Energie zu besetzen« (Mahler, 1968b). Die spezifische zusätzliche Bedeutung des Vaters in dieser Periode wurde auch von Loewald (1951), Greenacre (1966) und Abelin (1971) unterstrichen.
Das »Auftank«-Modell körperlicher Annäherung, das das übende Kleinkind charakterisierte, wird in der Zeit vom 15. bis 24. Lebensmonat und darüber hinaus durch das bewußte Suchen von engem Körperkontakt oder dessen Vermeidung ersetzt. Dies vollzieht sich nun durch die Interaktion von Kind und Mutter auf einer weit höheren Ebene: Symbolsprache, gesprochene oder andere Weisen der Interkommunikation und Spiel treten stärker in den Vordergrund (Galenson, 1971).
Während der Subphase der Wiederannäherung beobachteten wir bei allen Kindern Trennungsreaktionen. Wir wagten die Hypothese, daß eine günstige spätere Entwicklung bei jenen Kindern wahrscheinlicher sei, deren Trennungsreaktionen durch gemäßigte, ich-gefilterte Affekte gekennzeichnet waren, bei denen die libidinöse Valenz (Liebe statt Aggression) vorherrschte.

Beschattungs- und Weglaufmuster
Zwei charakteristische Verhaltensmuster des Kleinkindes – das »Beschatten«[1] der Mutter und das Weglaufen von ihr in der Erwartung, gejagt und dann in die Arme genommen zu werden – lassen sowohl den Wunsch nach Wiedervereinigung mit dem Liebesobjekt als auch die Angst, von ihm erneut verschlungen zu werden, erkennen. Man kann beim Kleinkind ständig ein »Abwehr«-Muster beobachten, das gegen die Beeinträchtigung seiner kürzlich erworbenen Autonomie gerichtet ist. Einerseits stellt seine beginnende Angst vor Liebesverlust ein Element des Konflikts auf dem Wege zur Verinnerlichung dar. Manche Kleinkinder im Wiederannäherungsalter scheinen auf Tadel bereits sehr empfindlich

[1] Mit »beschatten« meinen wir, daß das Kind die Mutter unablässig beobachtet und jeder ihrer Bewegungen folgt.

zu reagieren; dennoch wird die Selbständigkeit sowohl durch das »Nein« verteidigt als auch durch gesteigerte Aggression und Negativismus in der analen Phase. (Man erinnert sich hier Anna Freuds klassischer Arbeit über Negativismus und Hörigkeit, 1951a.) Mit anderen Worten, wenn das 12 bis 15 Monate alte Kleinkind schließlich etwa 2 Jahre alt geworden ist, hat es einen wichtigen emotionalen Wendepunkt erreicht. Es erlebt nun nach und nach und mehr oder weniger heftig die Hindernisse, die auf dem Wege zu dem liegen, was es in der Hochstimmung der Übungsphase offensichtlich als seine »Eroberung der Welt« antizipierte. Mit dem Erwerb primitiver Fertigkeiten und perzeptueller kognitiver Fähigkeiten ging eine zunehmend klarere Differenzierung einher, eine Trennung zwischen der intrapsychischen Repräsentanz des Objekts und des Selbst. Auf dem Höhepunkt seiner Meisterschaft gegen Ende der Übungsperiode begann dem Kleinkind bereits zu dämmern, daß die Welt ihm *nicht* gehört, daß es mit ihr mehr oder weniger »aus eigener Kraft« fertig werden muß, sehr oft als ein relativ hilfloses, kleines, getrenntes Individuum, das Erleichterung oder Hilfe nicht einfach dadurch herbeirufen kann, indem es das Bedürfnis danach fühlt, ja, nicht einmal indem es dieses Bedürfnis lautstark äußert (Mahler, 1966b).

Art und Umfang des werbenden Verhaltens des Kleinkindes gegenüber seiner Mutter in dieser Subphase liefern wichtige Hinweise in bezug auf den normalen Verlauf des Individuationsprozesses. Furcht vor dem Verlust der Liebe des Objekts (statt Furcht vor Objektverlust) wird zunehmend deutlicher.

Unvereinbarkeiten und Mißverständnisse zwischen Mutter und Kind lassen sich selbst dann beobachten, wenn es sich um eine normale Mutter und ein normales Kind handelt; sie wurzeln zum großen Teil in gewissen Widersprüchen dieser Subphase. Das Verlangen des Kindes, daß die Mutter sich unausgesetzt mit ihm beschäftige, erscheint der Mutter widersprüchlich: während das Kind nun nicht mehr so abhängig und hilflos ist wie noch vor einem halben Jahr und eifrig bemüht scheint, es immer weniger zu werden, beharrt es dennoch sogar stärker darauf, daß die Mutter an jedem Aspekt seines Daseins Anteil nehme. In dieser Subphase können manche Mütter die Anspruchshaltung des Kindes nicht akzeptieren, während andere im Gegensatz dazu unfähig sind, die allmähliche Loslösung des Kindes hinzunehmen: die Tatsache, daß das Kind immer unabhängiger von der Mutter wird, sich von ihr

löst und nicht länger als Teil von ihr angesehen werden kann (vgl. Masterson, 1973; Stoller, 1973).
In dieser dritten Subphase, der Wiederannäherung, schreitet die Individuation zwar sehr schnell fort, und das Kind übt sie soweit irgend möglich, doch es wird sich auch seiner Getrenntheit immer stärker bewußt und benutzt alle erdenklichen Mechanismen, um sich gegen sein faktisches Getrenntsein von der Mutter zu wehren und es ungeschehen zu machen. Doch die Tatsache bleibt bestehen, daß das Kind noch so beharrlich versuchen kann, Druck auf die Mutter auszuüben, beide aber trotzdem nicht länger wirksam als Zweieinheit funktionieren können – d. h., das Kind kann seine Illusion von der elterlichen Omnipotenz nicht länger aufrechterhalten, von der es zeitweise immer noch hofft, daß durch sie der symbiotische *Status quo* wiederhergestellt werden könne.
Die verbale Kommunikation wird nun immer notwendiger; durch Gesten und Gebärden geübter Zwang des Kleinkindes oder aber beiderseitige präverbale Empathie zwischen Mutter und Kind genügen nun nicht mehr, um die angestrebte Befriedigung zu erreichen: das Wohlbefinden im Sinne von Joffe und Sandler (1965). Das Kleinkind erkennt allmählich, daß seine Liebesobjekte (die Eltern) getrennte Individuen mit eigenen Interessen sind. Allmählich und unter Schmerzen muß es die wahnhafte Vorstellung von seiner eigenen Größe aufgeben, oft indem es die Mutter in dramatische Kämpfe verwickelt – weniger, wie uns schien, den Vater. Diesen Wendepunkt bezeichnen wir als »Wiederannäherungskrise«.

Die Einstellung der Mutter in der Wiederannäherungsphase des Kleinkindes

Je nach ihrer eigenen Gemütslage kann die Mutter auf die Forderungen des Kindes in dieser Periode entweder mit kontinuierlicher emotionaler Verfügbarkeit und spielerischer Anteilnahme reagieren oder aber mit einer Vielzahl weniger wünschenswerter Einstellungen. Nach unseren Feststellungen ist aber eben die kontinuierliche emotionale Verfügbarkeit der Mutter die wesentliche Voraussetzung dafür, daß das autonome Ich des Kindes seine optimale Funktionsfähigkeit erlangt, während sein Vertrauen auf magische Omnipotenz abnimmt. Wenn die Mutter als Lieferantin von Objektlibido jederzeit in selbstverständlicher Weise zur Verfügung steht, wenn sie an den Eroberungen des kleinen Abenteurers

Anteil nimmt, wenn sie seine nützlichen Imitations- und *Identifikations*versuche spielerisch erwidert und damit erleichtert, kann die Verinnerlichung der Mutter-Kind-Beziehung zu dem Punkt fortschreiten, wo zu gegebener Zeit die verbale Kommunikation einsetzt, wenngleich eine lebhafte Gestik – d. h. Affektmotilität – noch vorherrscht (Homburger, 1923; Mahler, 1944, 1949a). Erwartbares emotionales Engagement der Mutter scheint zu ermöglichen, daß sich die Denkprozesse des Kleinkindes, Realitätsprüfung und das Sich-Messen an anderen sich gegen Ende des 2. oder zu Beginn des 3. Lebensjahres reich entfalten. Andererseits haben wir erst ziemlich spät im Laufe unserer Untersuchung erkannt, daß das emotionale Hineinwachsen der Mutter in ihre Elternschaft, ihre gefühlsmäßige Bereitschaft, das Kleinkind loszulassen – ihm, wie die Vogelmutter es tut, einen sanften Schubs zu geben, es zur Unabhängigkeit zu ermutigen –, außerordentlich hilfreich ist; es könnte sogar eine *Conditio sine qua non* normaler (gesunder) Individuation sein.

Gefahrensignale in der Subphase der Wiederannäherung: Gesteigerte Trennungsangst

Das sogenannte »Beschatten« der Mutter durch das Kleinkind (oder das entgegengesetzte Phänomen des »Weglaufens«, dem man zu Beginn dieser Subphase häufig begegnet) scheint bis zu einem gewissen Grade obligatorisch zu sein. (Manche Mütter werden durch ihre über die normale Zeitspanne ausgedehnte Vernarrtheit und Zudringlichkeit, die in ihren eigenen Ängsten und häufig in ihren eigenen symbiotisch-parasitären Bedürfnissen wurzeln, selbst zu »Beschattern« des Kindes.) Im Normalfall führt das Beschatten durch das Kind in der zweiten Hälfte des 3. Lebensjahres zu einem gewissen Maß an Objektkonstanz. Doch je weniger emotional verfügbar die Mutter zur Zeit der Wiederannäherung ist, desto beharrlicher, ja, verzweifelt, versucht das Kind, um sie zu werben. In manchen Fällen zieht dieser Prozeß so viel von der dem Kind zur Verfügung stehenden Entwicklungsenergie ab, daß als Folge davon nicht genug Energie, nicht genug Libido und nicht genug konstruktive (neutralisierte) Aggression für die Entfaltung der vielen höheren Ich-Funktionen übrigbleiben.

Die folgenden Skizzen veranschaulichen nicht nur dieser Subphase eigentümliche Verhaltensmuster, sondern auch solche, die wir als Gefahrensignale der Wiederannäherungsperiode erkennen lernten.

Barneys Wiederannäherungsbedürfnisse zeigten sich bedeutend früher als üblich und manifestierten sich mit besonderer Schärfe. Dies konnte darauf zurückgeführt werden, daß die Entwicklung der Fortbewegung in der vorangegangenen Subphase vorzeitig eingesetzt hatte. Es ist jener kleine Junge, der ein typisches, wenngleich sehr frühes »Liebesverhältnis mit der Welt« hatte. Im Laufe seiner »Übungsphase« zwischen dem 9. und dem 11. Lebensmonat fiel er oft hin und tat sich weh, reagierte aber immer mit erheblicher Unempfindlichkeit. Doch allmählich, gegen Ende des 11. und während des 12. Monats, wurde er sichtlich verwirrt, wenn er feststellte, daß seine Mutter nicht in der Nähe war, um ihn aus gefährlichen Situationen zu retten. Vom 11. Monat an fing er jedesmal an zu weinen, wenn er hinfiel. In dem Maße, wie er sich kognitiv seines Getrenntseins von der Mutter bewußt wurde, begann seine ruhige Hinnahme von Knüffen und Hinfallen zu schwinden.

Während des chronologischen Alters der Wiederannäherung zeigte er in übersteigertem Maße das Gegenteil von »Beschattung«. Er provozierte die Mutter, indem er ihr weglief und dabei vertrauensvoll (und korrekterweise) erwartete, daß sie ihm nachlaufen, ihn in die Arme schließen und so zeitweise die physische Trennung ungeschehen machen würde. Die Mutter reagierte auf sein gefährliches Weglauf-Verhalten mit zunehmender Heftigkeit und war eine Zeitlang ganz verzweifelt, weil sie unfähig zu sein glaubte, mit Barneys »Unbesonnenheit« fertig zu werden. Abwechselnd erlegte sie ihm dann Einschränkungen auf und verzichtete aus purer Erschöpfung darauf, seinen Bedürfnissen mit der üblichen Wachsamkeit nachzukommen und sich auf seine »Signale« einzustellen.

Sie stürzte entweder in jeder beliebigen Situation zu ihm hin, gleichgültig, ob es sich um ein echtes Bedürfnis Barneys handelte oder nicht, oder aber sie blieb ihm fern, wenn er sie wirklich brauchte. Mit anderen Worten, ihre sofortige Verfügbarkeit wurde zeitweise unberechenbar. Die Störung der Beziehung in dieser Periode war jedoch nicht total; sie führte bei Barney weder zu Feindseligkeit noch zur Spaltung der Objektwelt, nicht einmal zu erhöhter Ambivalenz. Die Subphase der Wiederannäherung zeigte bei ihm viele positive Aspekte. Häufig brachte er seiner Mutter alles, was sich in seiner Reichweite befand, und legte es ihr in den Schoß; er stand ruhig neben ihr und legte mit ihrer Hilfe Puzzlespiele oder sah sich mit ihr zusammen Bilderbücher an. Die Beziehung zwischen Barney und seiner Mutter wurde mit dem Beginn der 4. Subphase (Konsolidierung von Individuation und Objektkonstanz) insgesamt befriedigender, als er sich zu einem geduldigen, gut funktionierenden und – innerhalb normaler Grenzen – ruhigeren Kind entwickelte.

Wir betrachteten Barneys übertriebenes »Weglauf«-Verhalten in der Subphase der Wiederannäherung als Ergebnis vorzeitiger Reifung der Fortbewegungsfunktionen des Kindes während der Übungsphase. Damals war er mit der Tatsache des physischen Getrenntseins von der Mutter konfrontiert worden, bevor seine Gefühls- und intellektuellen Funktionen ihn darauf vorbereitet hatten. Das Entwicklungsgleis der Individuation war noch nicht so weit gelangt wie das der Loslösung. Infolgedessen vermochte er die potentiellen Gefahren seiner Fortbewegungstaten nicht richtig einzuschätzen (siehe Frankl, 1963). Eine Reihe überdeterminierender Faktoren führte später dazu, daß seine Unfallneigung sich als bleibendes Persönlichkeitsmerkmal konsolidierte. Der Ursprung dieses Merkmals lag nachweisbar in einem entwicklungsmäßigen Ungleichgewicht in der 2. und 3. Subphase. (Übungs- und Wiederannäherungssubphase waren in Barneys Fall stark miteinander vermischt.) Als wichtiger zusätzlicher Faktor trug Barneys frühzeitige Identifizierung mit seinem wahrhaft vergötterten Vater und dessen Widerspiegelung zu seinem »Weglauf«-Verhalten bei. Der Vater erlaubte z. B. seinen Kindern, seine sehr riskanten sportlichen Heldentaten zu beobachten, zu bewundern und gelegentlich daran teilzunehmen.

Ein anderes Erscheinungsbild der Subphase der Wiederannäherung ließ sich bei Kindern beobachten, deren Mütter unfähig waren, sich der fortschreitenden Abwendung oder den zunehmenden Ansprüchen des heranwachsenden Kindes anzupassen. Die Nichtverfügbarkeit der Mutter ließ die Übungs- und Erkundungsperiode dieser Kinder ziemlich kurz und nebensächlich ausfallen.

Der Verfügbarkeit der Mutter nie sicher und deshalb ständig damit beschäftigt, fiel es ihnen schwer, die Umwelt und ihre eigenen Funktionen libidinös zu besetzen. Nach einem kurzen Übungsanlauf kehrten sie zur Mutter zurück, um mit immer stärkerer Intensität und allen erdenklichen Mitteln zu versuchen, ihr Interesse zu wecken. Nachdem sie ihr Bedürfnis nach der Mutter auf relativ direkte Weise zum Ausdruck gebracht hatten, indem sie ihr z. B. ein Buch zum Vorlesen brachten oder auf Bücher oder Handarbeiten einschlugen, mit denen die Mütter sich gewohnheitsmäßig beschäftigten, griffen sie zu verzweifelteren Mitteln: sie ließen sich fallen, warfen Kekse auf den Boden und zertraten sie in Wutanfällen – wobei sie stets im Auge hatten, die Aufmerksamkeit, wenn nicht die Anteilnahme der Mutter zu erlangen.

Eine ausgeprägte Begabung kam einem dieser Mädchen in bezug auf die Schnelligkeit seiner Sprachentwicklung zu Hilfe; die übliche Periode der Babysprache wurde fast völlig übersprungen. Die früh erworbene Möglichkeit zu verbaler Verständigung war vielleicht gerade darauf zurückzuführen, daß sich die Mutter verbal besser verständigen konnte als auf irgendeine andere Art; sie sprach ihre Tochter an und »konsultierte« sie sogar, als wäre das Kind ihre Altersgenossin.

Dieses Kind zeigte dann ein Verhalten, das wir als Gefahrensignal in der dritten Subphase kennengelernt haben. Es war ständig überängstlich darum besorgt, wo die Mutter sich aufhielt, und pflegte sie zu »beschatten«, wann immer sie herumlief oder aus dem Zimmer ging. Das Mädchen zeigte deutliche Trennungsangst und war nicht leicht zu trösten, wenn die Mutter abwesend war. Die Beziehung war in diesem frühen Stadium von vielen Vorläufern ernster Entwicklungskonflikte gekennzeichnet, wodurch eine ausgeprägte Ambivalenz und die Spaltung von »guten« und »bösen« Objekten und wahrscheinlich auch von Selbst-Repräsentanzen hervorgerufen wurde. Kurz gesagt, das kleine Mädchen wies charakteristische Wiederannäherungsstörungen oder -krisen in äußerst übersteigerter Form auf.

Es mag von Interesse sein, wenn wir einige Einzelheiten der Entwicklungsgeschichte dieses Kindes im Verlauf der schicksalhaften zweiten 18 Monate seines Lebens mitteilen.

Wir hatten bereits beobachtet, daß das Spiel dieses kleinen Mädchens den Charakter einer frühen Reaktionsbildung hatte. Die Mutter berichtete, daß ihre Tochter Abscheu zeigte, als sie ihr ein Stück Ton des älteren Bruders zum Spielen gab – damals war sie erst 18 oder 19 Monate alt. Die Reinlichkeitsgewöhnung begann etwa mit 20 Monaten, anscheinend ohne daß Druck ausgeübt wurde. In diesem Alter sagte sie bereits »A-A«, und die Mutter war zunächst auf die Signale der Tochter in bezug auf ihre Reinlichkeitsbedürfnisse gut eingestellt. Sie lobte sie stets, sobald sie

Urin oder Fäzes produzierte. Vom 20. Monat an hörte man sie oft sagen: »Auf Wiedersehen, Pipi«, wenn sie die Wasserspülung betätigte. Doch bald bemerkten viele Beobachter, daß sie immer dann ins Badezimmer geführt werden wollte, wenn sie die Aufmerksamkeit ihrer Mutter erregen oder die Mutter hindern wollte, das Zimmer zu einem Interview zu verlassen – jedenfalls häufiger, als Verdauungsvorgänge es tatsächlich hätten erfordern können.
Mit 22 Monaten war die Reinlichkeitsgewöhnung abgeschlossen, und in diesem Alter konnten Tage vergehen, ohne daß das Kind sich naß machte. Zu Beginn der Reinlichkeitsgewöhnung (insbesondere der Darmentleerung) sahen wir, daß es bereit und fähig war, den Wünschen der Mutter zu entsprechen, so daß diese Vorgänge für Mutter und Tochter eine durchaus positive Bedeutung hatten. Doch innerhalb von 2 Monaten waren sie in die Konfliktsphäre dieser Mutter-Kind-Interaktion geraten. Mit 23 Monaten ließ das Kind im ganzen Raum Urin und benutzte dies als Waffe. Die Mutter war damals schwanger, und im Laufe der Zeit führte die Schwangerschaft natürlich dazu, daß sie sich auf narzißtische Weise mit sich selbst beschäftigte. Sie reagierte immer weniger positiv auf die Forderungen der Tochter, sie zu Hause in das im oberen Stock gelegene Badezimmer zu begleiten. Ja, sie berichtete uns, daß sie ihren damals 4jährigen Sohn bat, statt ihrer die Schwester zur Toilette zu führen. Wie wir später erfuhren, ließ sich der Junge nicht die Gelegenheit entgehen, seinen männlichen Stolz, den Penis, der kleinen Schwester vorzuführen. So wurde ihr Penisneid ebenso angeregt wie der Trotz der Mutter gegenüber.
Um die Reinlichkeitsgewöhnung entbrannte nun eine Schlacht zwischen Mutter und Tochter. Mit etwa 2 Jahren begann das Kind die Sphinkterkontrolle als Herausforderung gegenüber der Mutter zu benutzen; schwere Verstopfung war die Folge davon, daß sie die Fäzes absichtlich zurückhielt.
Wir sahen dieses Mädchen etwa drei Monate lang nicht (vom 25. bis 28. Lebensmonat); in dieser Zeit wurde eine Schwester geboren.
Mit 29 Monaten kam sie zurück; sie lief dicht hinter ihrer Mutter her, die das Baby trug. Die Mutter wirkte abgehetzt und müde, als sie ins Zimmer trat. Sie klagte, daß ihre Tochter sie zum Wahnsinn treibe. Das Kind war wirklich sehr schwierig gewesen, jammerte und war anspruchsvoll und hatte außerdem in den letzten zwei oder

drei Tagen die Fäzes zurückgehalten und keinerlei Verdauung gehabt. Nach Aussage der Mutter hatte das Kind meistens Schmerzen und fühlte sich wirklich sehr unwohl. Der Kinderarzt hatte ihr versichert, so berichtete sie, daß dies nach der Geburt eines Geschwisters ganz normal sei, daß sie sich nicht aufregen und sich um die Verdauungsangelegenheiten in dieser Zeit nicht kümmern solle. Mit einer hoffnungslosen Geste sagte sie: »Aber das bringe ich einfach nicht fertig.«

Wir beobachteten, wie das kleine Mädchen im Kinderzimmer mit Wasser spielte. Es war jedoch kein Spiel jener Art, wie es Kindern ihres Alters normalerweise Spaß macht, und es wirkte auf uns ziemlich »zwanghaft«. Sie begann eine Schüssel auszuscheuern, in der sich Mehl befunden hatte, und war entschlossen, sie gründlich zu säubern. Als ihr das nicht gelang, wurde sie ärgerlich. Sie blickte zum Beobachter auf und sagte: »Schüssel nicht sauber.« Bei all dem wirkte sie sehr unglücklich. Sie hatte offensichtlich das Bedürfnis zu defäzieren und stand unter ständigem Darmdruck. Schweißperlen standen auf ihrer Stirn, und sie wurde abwechselnd rot und blaß. Zweimal lief sie zur Toilette; sie setzte sich darauf und urinierte. Dann stand sie auf und beschäftigte sich mit der Wasserspülung. Sie ging ins Kinderzimmer zurück und spielte lustlos mit Teig. Doch wiederum – und während des ganzen Spiels – fühlte sie sich unbehaglich, zappelte und sprang umher, wobei sie wiederholt blaß wurde. Schließlich sprang sie auf, rannte zur Toilette, setzte sich drauf und sagte zum Beobachter: »Hol mir ein Buch.« Da saß sie nun und drückte, sah den Beobachter mit einem ziemlich gequälten Gesichtsausdruck an und sagte: »Laß Mami nicht rein.« Die Beobachterin ermunterte sie, etwas mehr zu erzählen, worauf sie erwiderte: »Mami hat mir weh getan.«[2] Dann schaute sie ins Buch und betrachtete die Bilder junger Katzen und Pferde. Während ihr die Beobachterin die Bilder der kleinen Tiere auf dem Bauernhof zeigte, sah das Kind immer unglücklicher aus. Es blickte auf seine Höschen, die beschmutzt waren, und verlangte saubere. In äußerster Bedrängnis schien das Kind schließlich die Fäzes nicht länger zurückhalten zu können und schrie: »Hol mir

[2] Hier erkennen wir die völlige Verwirrung des Kindes hinsichtlich der Unterscheidung zwischen äußerlich zugefügtem Schmerz und Schmerzen, die somatisch (im Körperinnern) entstehen. Dem 29 Monate alten Kind scheint es, daß der Schmerz vom »bösen« Introjekt herkommt; die innerlichen Schmerzempfindungen werden dann externalisiert und der »bösen« Mutter zugeschrieben.

meine Mami, hol mir meine Mami!« Die Mutter kam sofort, setzte sich neben sie, und die Tochter bat sie, ihr etwas vorzulesen.[3] Die teilnehmende Beobachterin schaute aus der Kabine zu und bemerkte, daß die Mutter aus demselben Tierbuch vorlas wie die erste Beobachterin. Indem es auf die Tiere deutete, sagte das Mädchen: »Mein Papi hat ein Schweinchen in seinem Bäuchlein.« Die Mutter war verblüfft und fragte: »Was?« Das Kind wiederholte den Satz. Die Mutter schien höchst beunruhigt, weil ihre Tochter Unsinn redete. Sie fühlte ihr die Stirn, um zu sehen, ob sie Fieber hätte. Aber das Kind lächelte, deutete wieder auf das Buch und sagte: »Nein, es ist ein Pferdchen.« In diesem Augenblick defäzierte es mit glücklichem Gesicht. Danach stand es auf; es schien entspannt und fing an Versteck zu spielen, indem es die Beobachterin bat, sich hinter eine Drehtür zu stellen.

Diese Episode ermöglichte es uns, aus der Abfolge von Verhaltensweisen und verbalen Äußerungen Schlüsse zu ziehen, gewissermaßen die Vorläufer der Entwicklung der infantilen Neurose *in statu nascendi* zu rekonstruieren. Da die emotionale Zuwendung der Mutter unzureichend war, hatten weder die libidinöse Besetzung ihrer Selbst-Repräsentanz noch die ausgezeichnet entwickelte Selbständigkeit ausgereicht, um die obligate frühkindliche symbiotische Omnipotenz allmählich zu ersetzen. Das Kind konnte sich nicht Schritt für Schritt mit der »guten« Mutterimago identifizieren; es konnte sich nicht mittels Assimilation (Verinnerlichung) eine besänftigende, tröstende mütterliche Funktion zu eigen machen. Trotz seiner ausgezeichneten Begabung war das Mädchen außerstande, den Angriff der Trennungsangst und des Zusammenbruchs seines Selbstwertgefühls abzuwehren. Ihr Ärger über die Mutter, weil sie ihr keinen Penis gegeben hatte, trat im verbalen Material unmißverständlich zutage. Sie begehrte jene Gaben, die die Mutter vom Vater erhielt. In ihrer Enttäuschung wandte sie sich dem Vater zu, und als die Mutter schwanger wurde, setzte sie offensichtlich in ihrer Verwirrung Gaben mit dem Baby, mit Fäzes und mit einem Penis gleich. Sie zeigte große Verwirrung über den Körperinhalt; es war unübersehbar, daß sie Schwangerschaftsphantasien hatte, aber ihr war nicht klar, wer was in seinem oder ihrem Leib trug. Sie schien ein Baby im Bauch des Vaters ebenso zu erwarten wie eins im Bauch der Mutter.

[3] Wenn die Schmerzen unerträglich werden, wird einzig die symbiotische Mutter um Hilfe bei der schmerzhaften Stuhlentleerung angefleht.

Die Mutter-Kind-Beziehung war so beschaffen, daß das Kind die gute Mutter vor der eigenen zerstörerischen Wut schützen mußte. Das tat es, indem es die Objektwelt in »gut« und »böse« spaltete, um gut und böse auseinanderzuhalten. Das Gute war stets das abwesende Teil-Objekt, nie das anwesende Objekt. Um dies klarzustellen, wollen wir eine weitere Folge von Ereignissen und verbalen Äußerungen aus dem 3. Lebensjahr dieses Kindes mitteilen. Immer wenn die Mutter das Mädchen verließ, bekam es Wutanfälle und klammerte sich an seine geliebte, vertraute Kindergärtnerin, jedoch nicht ohne sie zu beschimpfen, während es die Ärmchen um ihren Hals legte. Wenn sie zusammen ein Buch lasen, hatte das Kind an jedem Bild und jedem Satz der Kindergärtnerin etwas auszusetzen; es zankte sie aus, alles war genau umgekehrt wie die Kindergärtnerin sagte, und sie war: »Bös, bös, bös.«
Mahler sah diesem Verhalten aus der Beobachtungskabine zu und schlenderte dann ruhig in das Spielzimmer, wo sie sich in der Ecke niederließ, die am weitesten von dem kleinen Mädchen und ihrer gleichzeitig geliebten und gehaßten Lehrerin entfernt war. Das Kind nahm den »Eindringling« sofort wahr und befahl ihr hinauszugehen. Mahler erklärte dem Kind ruhig, daß sie es verstehe: das Kind wollte wirklich, daß niemand anders als seine Mami wieder durch diese Tür käme, und deshalb war es sehr ärgerlich. Es war auch sehr ärgerlich, weil nicht die Mami, sondern die Beobachterin ihr vorlas. Mahler sagte dann, sie wisse, daß die Mami sehr bald zurückkommen würde. Mit dieser Art Erklärung schienen einige libidinöse Kanäle angezapft worden zu sein; das Kind lehnte sein Köpfchen an die Schulter der Beobachterin und begann leise zu weinen. Bald kam die Mutter zurück. Aber es war sehr eindrucksvoll zu sehen, daß die Tochter bei dieser Wiedervereinigung nicht einen Schimmer von Freude oder Glück erkennen ließ. Ihre ersten Worte waren: »Was hast du mir mitgebracht?«, und Jammern und Unzufriedenheit fingen von vorne an.
Eine geraume Zeitlang gelang es diesem kleinen Mädchen nicht, eine einheitliche Objektrepräsentanz zu erlangen oder die guten und schlechten Eigenschaften des Liebesobjekts in Einklang zu bringen. Gleichzeitig litt darunter die Integration seiner Selbst-Repräsentanz und seines Selbstwertgefühls.
Im Gegensatz dazu handelte es sich bei Barney lediglich um eine vorübergehend abweichende Entwicklung in Form einer Wiederannäherungskrise. Im oben ausführlich geschilderten Fall beobach-

teten wir eine Symptombildung, eine Konstipation bis weit ins 6. Lebensjahr hinein, die sich auf der Basis einer recht unbefriedigenden Mutter-Kind-Beziehung entwickelte, jedoch durch aufgestauten Streß und wahrscheinlich auch Schocktraumata aktiviert und in hohem Maße verursacht wurde.
Weit über die 4. Subphase hinaus blieb die Beziehung des Mädchens zu seiner Mutter äußerst ambivalent. Seine Schulleistungen waren jedoch ausgezeichnet, und auch die soziale Entwicklung verlief gut. Eine katamnestische Untersuchung wird uns über das Schicksal seiner infantilen Neurose aufklären.[4]

Eine offenbar sehr harmonische Beziehung schien die Mutter-Kind-Interaktion zwischen Matthew und seiner Mutter wärend der ganzen Übungsphase zu charakterisieren. Die Mutter war darauf bedacht, Unabhängigkeit und Selbständigkeit ihrer Kinder zu fördern, während sie ihnen gleichzeitig gefühlsmäßig voll und ganz zur Verfügung stand; d. h., sie stimmte ihre Reaktionen auf Matthew mit großem intuitivem Verständnis für seine wechselnden Bedürfnisse ab. Diese Fähigkeit seiner Mutter, so glaubten wir zu jener Zeit, würde sicherstellen, daß er den Eintritt in die Wiederannäherungsphase reibungslos bewältigen würde. Trotz der Schwangerschaft seiner Mutter und der Ankunft eines Geschwisters, als er 19 Monate alt war – ein Zeitpunkt, wenn das erneute Bedürfnis des Kleinkindes nach der Mutter an Intensität zunimmt –, schien Matthew selbstgenügsam zu bleiben. Er konnte andere Erwachsene als Muttersatz benutzen und schien eine gewisse Identifizierung mit seiner Mutter erreicht zu haben, was sich an seinem Interesse für andere Babys und seinen kleinen Bruder zeigte – ein Interesse, dessen aggressives Element zunächst erstaunlich gut kontrolliert schien. Wir beobachteten, daß Matthew auch zu seinem Vater eine gute Beziehung hatte. Insgesamt schien er imstande, ein ausdauerndes Interesse an der Welt zu nehmen, sogar bis hinein in die Wiederannäherungsphase, während er gleichzeitig alles mit seiner Mutter teilte, was sie mit ihm teilen wollte. Nur gegen Ende der Wiederannäherungsphase, wenn wir gewöhnlich erwarten, daß das Wiederannäherungsverhalten libidinöser Ob-

[4] Die katamnestische Untersuchung wird von John B. McDevitt, M. D., zusammen mit Anni Bergman, Emmagene Kamaiko und Laura Salchow durchgeführt; Mahler wird als Beraterin mitwirken. Sie wird vom *Board of the Masters Children's Center* und in begrenztem Umfang vom *M. S. Mahler Research Fund of the Menil Foundation* finanziert.

jektkonstanz weicht, erkannten wir, daß Matthew mit der Aufgabe, so früh und abrupt selbständig zu werden, offensichtlich überfordert war.

In der beginnenden Wiederannäherungsphase mußte sich Matthew einer dringenden Bruchoperation unterziehen. (Dies geschah während der Sommerferien.) Seine Mutter erzählte uns, daß sie ihn im Krankenhaus lassen mußte, wo er sehr unglücklich war. Er soll sich jedoch sehr rasch erholt haben, nachdem er wieder zu Hause war. Als er mit 18 Monaten zu uns zurückkehrte, zeigte er keine Anzeichen unangemessener Belastung, obwohl wir feststellten, daß er sich angewöhnt hatte, sich in gefährliche Lagen zu manövrieren. Die Interaktion zwischen Matthew und seiner Mutter blieb weiterhin angenehm, obwohl die Mutter ihn nun allein im *Center* lassen mußte, weil sein älterer Bruder in den Kindergarten kam. Sie mußte sich dort mit anderen Müttern abwechseln, um die Kindergärtnerin zu unterstützen.

Jetzt begann Matthew einige Anzeichen von Überforderung zu zeigen. In Abwesenheit der Mutter mußte ihn eine Beobachterin auf den Schoß nehmen. Er ermüdete rascher, und wenn der Vormittag zu Ende ging, regredierte er manchmal zum Kriechen, statt zu laufen. Nur wenige Monate nach der Geburt seines Bruders zeigte Matthew auffällige Zeichen einer Störung, indem er sich fast gewohnheitsmäßig verletzte und erheblich mehr zum Weinen neigte. Oft kletterte er auf den Schoß seiner Mutter, was sie auch erlaubte, wenn das Baby nicht da war. War die Mutter aber mit dem Baby beschäftigt, dann wandte sich Matthew anderen Erwachsenen zu. Das Baby beachtete er sehr wenig. Zwar schien er weiterhin fröhlich zu sein, doch gab es subtile Anzeichen, daß nicht alles zum besten stand. Nach und nach wurde er unruhig und hyperaktiv und fiel sogar noch öfter hin als früher. Großes Interesse hatte er für sein Spiegelbild, und er schnitt sich selbst Grimassen. (Die Bedeutung des letztgenannten Verhaltens ist schwer zu erklären.)[5]

Matthews Mutter mußte glauben, daß er reifer wurde, und steigerte daher ihre Erwartungen, daß er auch unabhängiger würde! In Wahrheit kann Matthews scheinbar größere Reife – seine Spiegelidentifizierung mit den älteren Geschwistern, insbesondere denen im Schulalter – eine Art trauriger Resignation, verbunden mit

[5] Vgl. McDevitts Untersuchungen über das Spiegelbild (unveröffentlicht).

Depression, gewesen sein; das zu erkennen wäre für die Mutter zu schmerzlich gewesen. Eine andere Form versuchter Anpassung war die Identifizierung mit dem Baby-Rivalen. Matthew ließ erkennen, daß er selbst ein Baby sein wollte; wie sein kleiner Bruder, wollte er z. B. in das Laufställchen klettern. Das konnte die Mutter jedoch nicht zulassen. Matthew reagierte darauf, indem er auf verbale Instruktionen der Mutter weniger hörte und eine gewisse diffuse aggressive Aktivität entwickelte: er warf mit Gegenständen oder rannte ziellos herum. Früher war Matthew als strahlendes, glückliches Kind bezeichnet worden. Nun lächelte er zwar noch immer, aber es war der übereinstimmende Eindruck der Beobachter, daß dieses Lächeln nicht mehr so strahlend war wie früher. Es wirkte aufgesetzt, mehr als Grimasse denn als Lächeln, so als wolle er die Erwartungen der Mutter erfüllen, aber auch an die ganze Welt appellieren. Er reagierte auch nicht besonders (oder erlaubte sich solche Reaktionen vielleicht nicht), wenn die Mutter den Raum verließ.

Als er 2 Jahre alt war, schickte ihn die Mutter allein ins Zimmer der Kleinkinder. Tatsächlich waren die Anforderungen der übrigen Familienmitglieder so groß, daß sie das Baby, das als viertes Kind der Familie bei uns beobachtet worden wäre, nicht regelmäßig zu uns bringen konnte.

Die Lehrerin im Kleinkinderzimmer beobachtete Matthew, wie er in autoaggressiver Weise masturbierte, sehr oft, indem er seinen Penis packte und die Beine hochzog – das heißt, indem er zu autoerotischer Aktivität regredierte.[6] Die Beobachterin im Spielzimmer bemerkte, daß Matthews Gesichtsausdruck nicht entsprechend seiner veränderten Situation wechselte und daß er dazu neigte, unbesonnen und hyperaktiv zu werden. Es scheint demnach, daß die Häufung von Traumata (Schock- und Streßtraumata im Sinne von Kris; vgl. auch Khan, 1963) zuviel für ihn war.[7] Er ging aus der Wiederannäherungsphase mit der Neigung hervor, Befriedigung in autoerotischen und autoaggressiven Handlungen und in Hyperaktivitäten zu suchen, sowie mit einer gewissen Stumpfheit seines Gefühlslebens. All das stimmt bei oberflächlicher Betrachtung mit dem Wunsch seiner Mutter überein, daß er unabhängig sei und ihr glücklicher kleiner »großer« Bub bleibe.

[6] Nicht in der ruhigen, heiteren Weise, die wir bei anderen Buben beobachteten.

[7] Es muß unvermeidlich erscheinen, daß es in der engen Wohnung der Familie M. zur Urszenen-Beobachtung kam!

In Henrys Fall fielen die zweite Schwangerschaft seiner Mutter und seine Entwöhnung mit dem Gipfelpunkt jenes Stadiums zusammen, in dem sich die frühe Übungs-Subphase und die Subphase der Differenzierung überschneiden. (Seine Mutter schloß sich unserem Projekt an, als Henry etwas über 9 Monate alt war.) Zu dieser Zeit krabbelte er oft zu ihr hin und bestand darauf, auf den Schoß genommen zu werden: er brauchte den Kontakt mit ihr sowie ständiges »emotionales Auftanken«. Das spielte sich ab, als er vorsichtig zu versuchen begann, sich auf die aufrechte Fortbewegung vorzubereiten, bis er beinahe laufen konnte. Sein werbendes Annäherungsverhalten zeigte sich also vorzeitig, d. h. vor Beginn der Übungsperiode für die aufrechte Fortbewegung. Es hing eng mit der auffallenden emotionalen Unnahbarkeit der Mutter während der Schwangerschaft zusammen; in dieser Hinsicht erinnert Henrys Fall an den des vorgenannten kleinen Mädchens. Mit 11 bis 13 Monaten vollbrachte Henry motorische Leistungen, die die der anderen Kinder seiner Altersgruppe übertrafen und von jedermann bewundert, von seiner Mutter aber als selbstverständlich betrachtet wurden. Nachdem er sich schließlich im Alter von 14 Monaten selbständig aufrecht fortbewegen konnte, hörte seine Mutter ganz auf, auf sein erneutes aktives Werben zu reagieren. Daraufhin ging Henry dazu über, immer übertriebenere stumme Mittel einzusetzen, um an sie zu appellieren. Während der heißen Sommermonate trug er schwitzend schwere Spielsachen mit beiden Armen zu ihr hin, sozusagen als Geschenk, aber es war zwecklos. Das Übertriebene seiner über Wochen ständig wiederholten Annäherungsversuche war offensichtlich symptomatisch und überdeterminiert. Es waren darin Elemente der von der Mutter von Anfang an geübten Praxis enthalten, ihm anstelle ihres Selbst Spielsachen zu geben. Auch waren somatopsychische Elemente der Identifizierung mit der weit fortgeschrittenen Schwangerschaft zu erkennen sowie Elemente der Übereinstimmung mit dem bewußten und unbewußten Wunsch der Mutter, ihr Sohn möge groß und stark sein (er war eher klein). Schließlich enthielt es Elemente primitiver Abwehrvorkehrungen, etwa Identifizierung (Spiegelung) und Projektion. Nachdem alle diese Bemühungen erfolglos blieben, erkannten wir sehr bald, daß das Kind nach einer Periode schwerer Depressionen (Mahler, 1961) allmählich zum Mechanismus masochistischer Unterwerfung seine Zuflucht nahm.

Wir haben das Phänomen des »Beschattens« bereits erwähnt.

Wenn es übermäßig häufig auftrifft, stellt es unseres Erachtens eines der Gefahrensignale dieser Subphase dar, ein Zeichen, daß das Bewußtwerden der Getrenntheit dem Kind große Anstrengungen abverlangt: das Kind versucht sich an der Mutter festzuhalten, indem es auf jede ihrer Bewegungen und Stimmungen reagiert und andererseits ständig Anforderungen an sie stellt. Bei Tommy war das hervorstechende Merkmal seines Individuationsprozesses dieses Phänomen des »Beschattens« – seine Weigerung, die Mutter aus dem Auge zu lassen. Er verfolgte jede ihrer Bewegungen aus dem Augenwinkel; er sauste buchstäblich zu ihr hin, sobald sie zur Tür ging oder irgendeine Bewegung machte. Seine vielfältigen vokalen Kommunikationsweisen galten ausschließlich der Mutter und entwickelten sich allmählich zu vorwiegend mürrisch und schlecht artikulierten verbalen Mitteilungen an sie. Er gehörte (wie Barney) zu jenen Kleinkindern, die durch die Fortbewegung schon das Selbst als von der Mutter getrennt wahrgenommen hatten, bevor sie emotional reif waren, mit dieser Wahrnehmung fertig zu werden. Dies veranlaßte Tommy zu Wutausbrüchen, die nicht nur ein paar Minuten dauerten, wie sonst üblich.
Im allgemeinen umfassen die potentiellen Gefahrensignale dieser Phase eine überdurchschnittliche Trennungsangst, ein überdurchschnittliches »Beschatten« der Mutter oder fortgesetztes triebhaftes »Weglaufen« in der Absicht, von ihr gejagt zu werden, und schließlich erhebliche Schlafstörungen. (Vorübergehende Schlafstörungen sind ein ganz normales Merkmal des 2. Lebensjahres.)

Bei der Auswahl unserer Daten und ihrer Bearbeitung stellten wir fest, daß man die Wiederannäherung in drei Perioden unterteilen kann: 1) die beginnende Wiederannäherung, 2) die Wiederannäherungskrise und 3) individuelle Lösungen dieser Krise, die zu Konstellationen und *Persönlichkeitsmerkmalen* führen, mit denen das Kind in die 4. Subphase von Loslösung und Individuation eintritt: die Konsolidierung der Individuation.
Wir gelangten zu diesen Unterteilungen, indem wir Monat für Monat die neun am gründlichsten untersuchten Kinder – die letzte Gruppe in unserer Untersuchung – hinsichtlich der Entwicklung ihrer Objektbeziehungen, ihrer Stimmungen, ihrer psychosexuellen und aggressiven Neigungen sowie ihrer kognitiven Entwicklung verglichen. Bei der detaillierteren Beschreibung der Wiederannä-

herung werden wir Beispiele aus den eingehenden Untersuchungen dieser Kinder heranziehen.

Die beginnende Wiederannäherung

Etwa um den 15. Lebensmonat beobachteten wir eine wichtige Veränderung im Charakter der Beziehung des Kindes zu seiner Mutter. Während der Übungsperiode, wie wir sie beschrieben haben, war die Mutter die »Heimatbasis«, zu der das Kind oft zurückkehrte, wenn es Bedürfnisse hatte: nach Nahrung, nach Trost oder nach »Auftanken«, wenn es müde war oder sich langweilte. Doch schien die Mutter in dieser Periode nicht als ein getrenntes Wesen wahrgenommen zu werden. Irgendwann um den 15. Monat herum war die Mutter dann nicht mehr einfach die »Heimatbasis«; sie schien sich in eine Person zu verwandeln, mit der das Kleinkind seine ständig wachsenden Entdeckungen in der Welt teilen wollte. Das wichtigste Verhaltensmerkmal dieser neuen Beziehung bestand darin, daß das Kind ständig etwas brachte, ihren Schoß mit Gegenständen belud, die es in der sich ausdehnenden Welt gefunden hatte. Sie waren alle interessant, aber ihre wichtigste gefühlsmäßige Bedeutung lag im Bedürfnis des Kindes, sie mit der Mutter zu teilen (s. Barney, Henry u. a., S. 106 ff.). Gleichzeitig gab das Kleinkind der Mutter mit Worten, Lauten oder Gesten zu verstehen, daß sie sich für seine »Funde« interessieren und an seiner Freude darüber teilnehmen sollte.

Zugleich mit dem beginnenden Gewahrwerden der Getrenntheit erkennt das Kind, daß die Wünsche der Mutter keinesfalls immer mit seinen eigenen übereinstimmen – oder umgekehrt, daß seine eigenen Wünsche nicht immer mit denen der Mutter übereinstimmen. Diese Erkenntnis stellt das Gefühl der Größe und Omnipotenz während der Übungsperiode, wenn sich der kleine Bursche als »Weltbeherrscher« fühlt, sehr in Frage (Mahler, 1966b). Welch ein Schlag für bisher unangezweifelte Allmacht; welch eine Störung der seligen Zweieinheit!

Wir stellten fest, daß die gehobene Stimmung, in der das Kind sich mit der Fortbewegung und der Erkundung der Welt *per se* beschäftigte, zu schwinden begann, sobald es ahnte, daß die Mutter ein Wesen »draußen in der Welt« ist, mit dem es seine Freuden zu teilen wünschte. Waren bisher selbständige Fortbewegung und Erkundung der unbeseelten Welt die Quelle größten Vergnügens

für das Kind, so wurde dies jetzt die *soziale Interaktion*. Versteckspiele (Kleeman, 1967) und Nachahmungsspiele wurden nun zum bevorzugten Zeitvertreib. Die Wahrnehmung der Mutter als einer getrennten Person in der weiten Welt ging mit dem Gewahrwerden der getrennten Existenz anderer Kinder einher, die dem eigenen Selbst ähnlich und dennoch verschieden davon waren. Dies wurde anhand der Tatsache deutlich, daß die Kinder nun stärker den Wunsch hatten, zu *haben* oder zu *tun*, was ein anderes Kind hatte oder tat, d. h., bis zu einem gewissen Grade das andere Kind widerzuspiegeln, zu imitieren, sich mit ihm zu identifizieren. Sie wollten Spielsachen, den Becher mit Saft oder den Keks haben, die dem anderen Kind gereicht wurden. Im Zusammenhang mit dieser wichtigen Entwicklung trat nun spezifischer, zweckbestimmter Ärger bzw. Aggression in Erscheinung, wenn das begehrte Ziel definitiv unerreichbar blieb. Natürlich verlieren wir nicht die Tatsache aus den Augen, daß diese Entwicklungen mitten in der analen Phase mit ihren charakteristischen Merkmalen der analen Habsucht, der Eifersucht und des Neides stattfinden.
Die Entdeckung des anatomischen Geschlechtsunterschiedes in dieser Periode wird in einem späteren Abschnitt dieses Kapitels (siehe S. 135) besprochen; hier möge der Hinweis genügen, daß der Penis für die Mädchen zum Prototyp eines ersehnten, aber unerreichbaren »Besitzes« anderer Kinder zu werden scheint. Für Knaben wie Mädchen schärfte diese Entdeckung die Wahrnehmung des eigenen Körpers und seiner Beziehung zum Körper anderer Menschen. In zunehmendem Maße schien das Kleinkind seinen Körper *per se* als persönliches Eigentum zu erleben. Es wollte jetzt nicht mehr, daß damit »hantiert« würde. Am auffallendsten war, daß es sich dagegen wehrte, sich passiv verhalten zu müssen, wenn es angekleidet oder gewindelt wurde. Es schien ihm sogar unangenehm zu sein, geherzt und geküßt zu werden, wenn es nicht darauf eingestellt war. Wir meinten, daß dieser Anspruch auf körperliche Autonomie bei Jungen ausgeprägter war.

Soziale Expansion und die Bedeutung der Vaterbeziehung
Der Wunsch des Kindes nach erweiterter Selbständigkeit drückte sich nicht nur in Negativismus gegenüber der Mutter und anderen aus, sondern führte auch zur aktiven Erweiterung der Mutter-Kind-Welt – *in erster Linie zur Einbeziehung des Vaters*. Der Vater als Liebesobjekt gehört schon sehr früh einer vom Liebesobjekt

Mutter völlig verschiedenen Kategorie an. Obgleich er nicht gänzlich außerhalb der symbiotischen Verbindung steht, ist er doch niemals in vollem Umfang ein Bestandteil von ihr. Das Kind nimmt außerdem wahrscheinlich sehr früh eine besondere Beziehung des Vaters zur Mutter wahr; ihre Bedeutung für die Loslösungs- und Individuationsphase und die spätere präödipale Phase beginnen wir eben erst zu verstehen (Abelin, 1971; Greenacre, 1966; Mahler, 1967a).

Doch das Kind in der Wiederannäherungsphase nimmt außer zu Vater und Mutter auch Beziehungen zu anderen Personen der Umwelt auf. Bei den Kindern, die an unserem Projekt teilnahmen, konnten wir vom 16. bis 17. Monat an beobachten, daß es ihnen Spaß machte, immer längere Zeitspannen von ihren Müttern entfernt im Spielzimmer zuzubringen, und daß Knaben wie Mädchen sich Beobachter aussuchten – es waren öfter Männer als Frauen –, um sich eng an sie anzuschließen.[8]

Trennungsreaktionen in der frühen Wiederannäherungs-Subphase (mit klinischen Beispielen)

In der frühen Wiederannäherungs-Subphase bemerkten wir einen höchst interessanten Wandel in den Reaktionen der Kinder auf die Abwesenheit der Mutter. Sie waren sich dieser Abwesenheit nun stärker bewußt und wollten wissen, wo die Mutter war (wodurch sie die eigene räumliche Orientierung signifikant erhöhten!). Andererseits waren sie in zunehmendem Maße in der Lage, sich in ihre jeweilige Beschäftigung zu versenken, und oft wollten sie nicht unterbrochen werden. Sie wollten »nach der Mutter sehen«, doch nicht in der Absicht, bei ihr zu bleiben; vielmehr liefen sie an ihr vorbei, schlugen dann eine andere Richtung ein und kehrten danach zu ihren Beschäftigungen zurück. Diese Richtungsänderung schien bei den Buben ausgeprägter als bei den Mädchen. Wenn jedoch die Mutter zu lange Zeit zu weit entfernt war, stellten wir Reaktionen fest, die sich von denen in den früheren Subphasen unterschieden. Wir haben bereits als eine Reaktion auf die Abwesenheit der Mutter den »Stimmungsabfall« beschrieben, der für die Differenzierungs- und Übungs-Subphase bezeichnend ist. Wäh-

[8] Diese frühe Bevorzugung männlicher Beobachter schien, wo sie auftrat, geschlechtsspezifischen Charakter zu haben, den mit annähernder Gewißheit zu interpretieren oder selbst zu analysieren wir jedoch nicht in der Lage sind.

rend der frühen Wiederannäherung glaubten wir nun eine andere Verhaltensweise zu erkennen: die Abwesenheit der Mutter löste gesteigerte Aktivität und Unruhe aus. Es scheint, als sei das Äquivalent zum Stimmungsabfall, wenn sich das Kind seiner Getrenntheit bewußt wird, ein Gefühl der Traurigkeit (vgl. Mahler, 1961). Diese Traurigkeit scheint jedoch zu ihrer Bewältigung einen größeren Aufwand an Ich-Stärke zu erfordern (vgl. Zetzel, 1949, 1965), den das Kind in diesem Alter offenbar noch nicht aufbringen kann; Hyperaktivität oder Ruhelosigkeit könnten daher hier als frühe Abwehr gegen das Gewahrwerden des schmerzlichen Empfindens der Traurigkeit angesehen werden.
Mit dem Fortschreiten der Wiederannäherungs-Subphase entdeckten die Kinder aktivere Formen, mit der Abwesenheit der Mutter fertig zu werden: sie schlossen sich erwachsenen Ersatzfiguren an und beschäftigten sich mit symbolischen Spielen (siehe Galenson, 1971). Oft erfanden sie Spielarten, die ihnen halfen, die Tatsache des Verschwindens und Wiedererscheinens von Dingen zu begreifen, oder aber ihre Spiele dienten der sozialen Interaktion. Viele Spielformen ließen frühe Identifikationen mit Vater oder Mutter erkennen, z. B. in der Art, wie sie mit Puppen oder Teddybären umgingen. Es schien, als nehme die Verinnerlichung der Objektrepräsentanz ihren Anfang. So eigneten sich offenbar Ballspiele besonders sowohl für soziale Interaktion als auch für Gefühle und Phantasien über die Trennung von einem Objekt und sein Wiederfinden (siehe Freud, 1920). Donna warf den Ball fort, und es bereitete ihr besonderes Vergnügen, ihn dann wiederzufinden; ein anderes kleines Mädchen verlor den Ball und brauchte die Beobachter, um ihn wieder herbeizuschaffen; Wendy, die sich gern ausschließlich einem Erwachsenen anschloß, benutzte den Ball, um diesen in das Spiel hineinzuziehen.
Für die meisten Kinder erreichte die frühe Wiederannäherung im Alter von 17 bis 18 Monaten mit einer vorübergehenden Konsolidierung und Akzeptierung des Getrenntseins ihren Höhepunkt. Zu gleicher Zeit bereitete es ihnen viel Freude, ihre Besitztümer und Aktivitäten mit Mutter oder Vater zu teilen sowie in steigendem Maße mit der sich nun erweiternden sozialen Umwelt, die nicht nur Erwachsene, sondern auch andere Kinder einschloß: gleichaltrige, ältere und Babys. In der Übungsperiode waren die Worte »Auf Wiedersehen« von großer Bedeutung gewesen; das wichtigste Wort in der Periode der frühen Wiederannäherung war »He!«

In der Altersstufe der 17 bis 18 Monate alten Kinder, die der Konsolidierung dient, sahen wir aber auch wichtige Vorboten des bevorstehenden Kampfes mit dem Liebesobjekt, der sich in vielen Verhaltensweisen andeutete, am auffallendsten durch das Auftreten von Wutanfällen[9] bei praktisch sämtlichen Kindern. Wir bemerkten viele Anzeichen größerer Verletzlichkeit, ohnmächtiger Wut und Hilflosigkeit. Bei vielen Kindern kam es erneut zu auffallenden Reaktionen auf Fremde. Wie bei früheren derartigen Reaktionen (mit 7 bis 9 Monaten; siehe S. 77 ff.), konnten wir eine Mischung von Angst, Interesse und Neugier beobachten. Nun wandten sich die Kinder häufig verlegen vom Fremden ab, als ob er zu diesem Zeitpunkt eine Bedrohung der bereits wankenden Täuschung oder Illusion der ausschließlichen Einheit mit der Mutter darstellte. Es schien eine Bedrohung in der bloßen Tatsache zu liegen, daß bestimmte andere Menschen außer der Mutter eine echte Bedeutung für das Leben des Kindes bekamen (Loyalitätskonflikt), als wäre dies mit der bisherigen, ausschließlichen, sehr speziellen Beziehung zur Mutter unvereinbar (Ursache und Folge schienen wirr, projektive oder Externalisierungsmechanismen standen offenbar im Vordergrund).
In unserer Stichprobe der am systematischsten beobachteten Kinder gab es mehrere, bei denen die Periode der ersten Konsolidierung des Getrenntseins entweder nicht in der üblichen Weise oder in abgekürzter Form stattgefunden hatte. In jedem Fall schien dies mit Schwierigkeiten in den früheren Subphasen der Mutter-Kind-Beziehung in Zusammenhang zu stehen. Wir wollen unsere Beobachtungen am Beispiel zweier dieser Kinder verdeutlichen.

Im 17. bis 18. Lebensmonat blieb Mark anfangs weiterhin an einer wachsenden Zahl von Menschen und Aktivitäten interessiert. Das Kinderspielzimmer reizte ihn; er war imstande, seine Mutter, zu der er insgesamt eine harmonische Beziehung hatte, zu verlassen und zu ihr zurückzukehren. Etwa um die Mitte dieser Periode begann er jedoch sehr anspruchsvoll zu werden. Er forderte die ständige Anteilnahme der Mutter, schien aber überhaupt nicht zu wissen, was er eigentlich von ihr wollte. Er begann ein Verhaltensmuster zu entwickeln, bei dem er rasch zwischen extremer Annähe-

[9] Eine gewisse Erklärung der Psychodynamik von Wutanfällen bot Mahler in ihren Untersuchungen über den »Tic« (Mahler und Luke, 1946; Mahler, 1949a).

rung und heftiger Aggression oder aber Abwendung von der Mutter wechselte. Diese »Ambitendenz« übertrug sich aber auch auf andere Personen oder Gegenstände. So war es zum Beispiel typisch, daß Mark darauf bestand, daß die Mutter ihn hochhob, doch sobald sie ihn in die Arme nahm, verlangte er ärgerlich, losgelassen zu werden. Er klammerte sich ängstlich an die Mutter, als ob er fürchtete, daß sie ihn verlassen oder ihm ihre Liebe für immer entziehen würde. All das war unseres Erachtens auf eine ungewöhnliche Verwirrung bei Mutter und Kind zurückzuführen, wenn es darum ging, die beiderseitigen »Signale« aufzunehmen. (Wir erinnern uns hier der Verwirrung der Mutter in bezug auf die Signale ihres anderen Kindes, wie sie bei Mahler und Furer, 1963a, S. 4–5, beschrieben ist; vgl. auch Spitz, 1964, *»Der Dialog entgleist«*.)

Harriet zeigte ebenfalls während dieser Periode ein etwas abweichendes Verhalten: sie klammerte sich nicht an die Mutter, sondern ignorierte sie, ja, sie schenkte ihr im 18. Lebensmonat weitaus weniger Aufmerksamkeit als im vorangegangenen Monat. Sie nahm wenig Notiz davon, ob ihre Mutter fortging oder wiederkam; bei ihr war nicht die große Freude über den sozialen Austausch wahrzunehmen, die andere Kinder zeigten. Sie schien sich in diesem Monat in sich selbst zurückgezogen zu haben; sie wurde als selbstgenügsam und im allgemeinen an anderen nicht interessiert bezeichnet. Meist beschäftigte sie sich mit Spielsachen, Puppen, Teddybären und sprach mit sich selbst, wobei wir das Gefühl hatten, daß sie in ihre eigene Welt versunken war, ein eigenes Phantasieleben führte. Sie schien ihr Bedürfnis nach körperlicher Nähe durch ein ihr eigentümliches Verhalten zu befriedigen, und zwar indem sie unbelebte Objekte benutzte. Wenn sie Kummer hatte, legte sie sich flach auf den Fußboden oder auf eine Matratze oder quetschte sich in eine enge Ecke; es war, als ob sie auf diese Weise umschlossen (zusammengehalten) werden wollte, wodurch ihr ein Gefühl der Kohärenz und Sicherheit zuteil wurde, das sie in der Beziehung zu ihrer Mutter vermißte.

Die Strukturierung des Ichs und die Errichtung eines geschlossenen Selbst

Wir sollten betonen, daß die erste Wahrnehmung seiner Getrenntheit dem Kind lustvolle Entdeckungen im Zusammenhang mit seiner beginnenden Selbständigkeit und der sozialen Interaktion ermöglicht, was sich in einer Anzahl wichtiger Wörter und gestischer Kommunikationsweisen jener Periode ausdrückt. Eine dieser Entdeckungen war, daß man darum *bitten* konnte, einen Wunsch erfüllt zu bekommen, indem man durch Worte oder Gesten Forderung oder Bedürfnis zum Ausdruck brachte. So war z. B. »Keks« ein wichtiges frühes Wort für alle Kinder. Die Entdeckung, daß man die Mutter rufen und ihre Aufmerksamkeit erregen konnte, führte dazu, daß auch die Worte: »Schau, Mami« sehr oft benutzt wurden. Ferner entdeckte man, daß man die Mutter und andere finden und seine Freude darüber äußern konnte; dafür war das nun viel gebrauchte Wort »Hallo« typisch. Zu diesem Zeitpunkt war auch die Erkenntnis wichtig, daß man gelobt und bewundert wurde, wenn man motorische und andere Geschicklichkeiten zeigte. Für das Kind in der Wiederannäherungsperiode schien es bedeutungsvoll zu sein, daß es seiner Mutter Freude bereiten konnte. Das kam von Anfang an darin zum Ausdruck, daß es ihr Spielzeug zutrug.

Die schmerzlicheren Aspekte des Getrenntseins begannen dem Spielkind während dieser Monate kaum zu dämmern, außer den Kindern, bei denen verschiedene Umstände – teils innerlicher Art, teils auf Erfahrung beruhend – vorzeitige Trennungskrisen heraufbeschworen.

Die Wiederannäherungskrise in der Zeit vom 18. bis 24. Monat und darüber hinaus

Größengefühle und Angst vor Liebesverlust

Um den 18. Lebensmonat herum waren unsere Spielkinder eifrig darauf bedacht, ihre rasch wachsende Selbständigkeit gründlich zu üben. In steigendem Maße zogen sie es vor, nicht daran erinnert zu werden, daß sie gelegentlich noch nicht allein zurechtkamen. Konflikte entstanden, die mit dem Wunsch zusammenzuhängen schienen, einerseits getrennt, groß und allmächtig zu sein, während andererseits die Mutter Wünsche magisch erfüllte, ohne daß die Kinder zur Kenntnis nehmen mußten, daß die Hilfe von außen kam. In der überwiegenden Zahl der Fälle wechselte die vorherrschende Stimmung zu Unzufriedenheit, Unersättlichkeit und der Neigung zu raschen Stimmungsschwankungen und Wutausbrüchen. Diese Periode war also dadurch gekennzeichnet, daß man die Mutter in schneller Folge abwechselnd wegstieß und sich an sie klammerte: ein Verhaltensablauf, den das Wort »Ambitendenz« am genauesten beschreibt. Doch bereits in diesem Alter trat ein gleichzeitiges Verlangen nach beiden Richtungen auf, d. h. die charakteristische *Ambivalenz* der Kinder in der Mitte der Wiederannäherungsphase.

Es war bezeichnend für Kinder dieses Alters, die Mutter als *Erweiterung des Selbst* zu benutzen: ein Vorgang, durch den das schmerzliche Gewahrwerden des Getrenntseins in gewisser Weise verleugnet wurde. Eine typische Verhaltensweise war es z. B. an Mutters Hand zu zerren und sie als Instrument zu benutzen, um einen begehrten Gegenstand zu erlangen, oder zu erwarten, daß die Mutter allein durch eine magische Geste, weniger durch Worte, veranlaßt würde, den augenblicklichen Wunsch des Kindes zu erraten und zu erfüllen. Ein unerwartetes, sonderbares Phänomen zeigte sich, anscheinend ein Vorläufer der Projektion eigener negativer Empfindungen: die plötzliche Angst des Kindes, die Mutter sei fortgegangen, während sie nicht einmal vom Stuhl aufgestanden war! Es gab auch mehr oder weniger häufig Momente eines seltsamen scheinbaren »Nichterkennens« der Mutter, wenn sie sich kurzfristig entfernt hatte.

Wie sollten wir diese Neigung verstehen, plötzlich das Gefühl für die Anwesenheit der Mutter zu »verlieren« – zu einer Zeit, als sie, mit zunehmender Getrenntheit, zu einer Person der Außenwelt geworden war? War es eine Regression angesichts allzu starker Belastung, die durch die notwendige Erkenntnis verursacht wurde, daß man nun allein zu funktionieren hatte? Oder wurde diese Neigung dadurch heraufbeschworen, daß man einerseits wünschte, mit allem allein fertig zu werden, andererseits aber an der Allmacht der Mutter teilhaben wollte? Das Verlangen, selbständig zu funktionieren, kann für das Kind an eben jenem Entwicklungspunkt besonders bedrohlich sein, wenn die eigenen Gefühle und Wünsche nur schwach von denen der Mutter differenziert sind. Der Wunsch, autonom und von der Mutter getrennt zu sein, sie zu verlassen, könnte auf der Gefühlsebene auch bedeuten, daß die Mutter das Kind zu verlassen wünscht (die introjektiv-projektive Periode Ferenczis, 1913). Die Begriffsbestimmung dieser Wiederannäherungsphänomene wurde noch komplizierter und verwirrender durch die Tatsache, daß die verschwommene Identität der Mutter in der Außenwelt sehr oft mit der Neigung der Mutter zusammenfiel, auf ihr sich loslösendes, die Individuation anstrebendes Kind unfreundlich zu ragieren. Häufig wurde sie ungeduldig, wenn das Kind darauf bestand, selbständig zu sein, wenn es seine Schnürsenkel ohne fremde Hilfe binden wollte usw. »Du meinst, du kannst alles allein machen? Na gut, dann überlass' ich dich dir selbst. Sieh zu, wie du fertig wirst!« Oder: »Vor einer Minute wolltest du nicht bei mir sein. Gut, jetzt will ich nicht bei dir sein!« (siehe Mahler, Pine, und Bergman, 1970, S. 157–274).

Wie bereits erwähnt, stellten wir bei vielen Kindern fest, *daß sie erneut sehr stark auf Fremde reagierten.* Dies wurde von den Beobachtern immer wieder als »Scheu« bezeichnet. Die neuerliche Fremdheitsreaktion trat insbesondere gegenüber Menschen aus der Außenwelt auf, die zu einem früheren Zeitpunkt im Leben des Kindes als besonders gute Freunde betrachtet worden waren. Wir zitieren nur eine der typischen Verhaltensweisen aus unseren Aufzeichnungen.

Frankies Beziehung zu anderen Erwachsenen als der Mutter drückte sich in folgenden Verhaltensweisen aus. Manchmal näherte er sich ihnen aus einer gewissen Entfernung, jedoch sobald *sie* sich *ihm* näherten, floh er zu seiner Mutter. Einmal rollte er einen Ball einer Beobachterin zu, die seine beste Freundin war; als sie ihn aber zu ihm zurückrollen ließ, rannte er zu seiner Mutter.

Unentschlossenheit ist ebenfalls ein typisches Verhaltensmerkmal dieser Periode. Manche Kinder standen minutenlang an der Schwelle zum Spielzimmer, ohne sich entschließen zu können, am Spiel der anderen teilzunehmen. Das Stehenbleiben an der Schwelle scheint widerstreitende Gefühle in vollkommener Weise zu versinnbildlichen – den Wunsch, ohne die Mutter in die Welt der Spielkinder einzutreten, und das Verlangen, mit der Mutter im Raum der Krabbelkinder zu verweilen. (Dieses Verhalten erinnert in gewisser Weise an die Zweifel und die Unentschlossenheit bei der Zwangsneurose.)

Einige Kinder vermochten ihre wachsende Autonomie und den Wunsch nach Unabhängigkeit anscheinend relativ konfliktlos auszuleben. Auch dafür ein Beispiel aus unseren Unterlagen:

Linda hatte eine ungewöhnlich vertrauensvolle Beziehung zu ihrer Mutter, und die Mutter hatte an Linda stets ihre Freude gehabt. Aber nun protestierte Linda dagegen, von der Mutter nach oben getragen zu werden, was ihr bisher großen Spaß gemacht hatte. Sie brauchte jetzt offenbar weniger körperlichen Kontakt mit der Mutter, wollte die »Welt« fern von der Mutter erforschen und suchte in zunehmendem Maße soziale Interaktion mit anderen. Wenn die Mutter nicht im Zimmer war, konnte sich Linda lange Zeit allein beschäftigen. Selbst wenn sie ihre Mutter zu vermissen schien, konnte sie sich so in ihre Aktivitäten vertiefen, daß sie sich nur einen Augenblick nach ihr umschaute und dann in ihrem Tun fortfuhr.

Andererseits gab es Fälle, in denen die Mutter mit ihrem Kind entweder unzufrieden war, sich schrecklich um es sorgte oder sich distanzierte, normale Verhaltensmuster der Wiederannäherungsphase stark übertrieben wurden. In den beiden kontrastierenden Verhaltensweisen von Annäherung und Distanzierung war dieser Ambivalenzkonflikt entweder durch ständiges »Beschatten« der Mutter oder das Weglaufen von ihr agiert worden (in der späten Übungs- bzw. der frühen Wiederannäherungs-Subphase), oder aber es hatte zu übermäßigem Werben um die Mutter geführt, das mit äußerstem Negativismus abwechselte.

Erweiterung des emotionalen Bereichs und Beginn der Empathie

In dieser Periode schien sich der Gefühlsbereich des Kindes zu erweitern und recht differenziert zu werden. Bei der Schilderung der vorangegangenen Zeitspanne sprachen wir über Hyperaktivität und Unruhe, die offenbar dazu dienten, die Trauer über den Verlust der früheren symbiotischen Einheit abzuwehren. Nunmehr konnte die Notwendigkeit, sich mit Empfindungen wie Traurigkeit und Ärger, Enttäuschung über die Mutter auseinanderzusetzen oder die eigenen begrenzten Möglichkeiten und relative Hilflosigkeit zur Kenntnis zu nehmen, an vielerlei verschiedenen Verhaltensweisen gezeigt werden. Während dieser Periode wurde beispielsweise bei vielen Kindern zum erstenmal die Beobachtung gemacht, daß sie gegen ihre Tränen kämpften oder das Verlangen zu weinen unterdrückten.

Es war zum Beispiel interessant, die Reaktionen Teddys auf das Weinen eines anderen Kindes zu beobachten. Er konnte es einfach nicht ertragen, ein anderes Kind weinen zu hören – es schien eine aggressive Abwehrhaltung zu stimulieren. Ohne provoziert worden zu sein, griff er andere Kinder an![10] Doch sein unbestreitbares Bewußtsein von Getrenntheit und Verletzbarkeit schien eine neue Fähigkeit zur Empathie geweckt zu haben, die sich auch auf positive Weise äußerte. Teddy, der häufig so aggressiv reagierte, wenn er ein Kind weinen hörte, reagierte bei anderen Gelegenheiten sehr mitfühlend auf die Stimmungen der anderen. So brachte er beispielsweise Mark seine eigene Flasche, wenn dieser weinte, oder er wandte sich Harriet mit viel Sympathie und Anteilnahme zu, wenn sie einmal offensichtlich gedrückter Stimmung war.

Wir sahen in diesem Alter viele Anzeichen der Identifizierung mit Einstellungen anderer, insbesondere deren von Vater und Mutter. Dies geschah nun auf einem höheren Niveau echter Ich-Identifizierung; es handelte sich nicht um Introjektion oder Spiegelung, wie sie für frühere Phasen – etwa die Differenzierungsphase – charakteristisch waren. Damals sahen wir die Kinder bei ihren ersten Schritten in Richtung auf Individuation und Getrenntheit sich so verhalten wie die Mutter, wenn sie sie versorgte (Teil II, 2. Kapitel, S. 70 f.). Frankie legte z. B. im Wiederannäherungsalter ein lautes, forderndes Betragen an den Tag, das sehr an die Haltung seiner Mutter erinnerte. Ein anderer kleiner Bub war nicht nur fordernd, sondern auch nicht bereit zu teilen. Er legte es darauf an, seine Mutter zu zwingen, ihm seine Wünsche zu erfüllen. Er war besonders unwillig, die Omnipotenz der symbiotischen Zweieinheit aufzugeben; dies erinnerte an den Hang seiner Mutter zu einer symbiotisch-appersonierenden Beziehung (Sperling, 1944), dem sie weit über das symbiotische Stadium hinaus mit ihrer bedeutend älteren Tochter gefrönt hatte.

Eine andere Form der Identifizierung zu Abwehrzwecken zeigten Kinder, die sich in der frühen Wiederannäherungsphase mit der Geburt eines Geschwisters auseinanderzusetzen hatten und sich nun damit identifizierten, daß die Mutter das neue Baby versorgte und umhegte.

Partielle Verinnerlichung schien eine Möglichkeit zu sein, wie das Spielkind mit der zunehmenden Verletzbarkeit, die es empfand, sobald es sich des Getrenntseins in steigendem Maße bewußt wurde, fertig werden bzw. sich dagegen wehren konnte. Es wurde ihm nicht nur schmerzlich klar, daß es zeitweise allein und hilflos

[10] Ob diese affektive Reaktion in einem so frühen Alter als Identifizierung mit dem Aggressor betrachtet werden kann oder als projektive Identifikation, wissen wir nicht.

war, sondern auch, daß nicht einmal die Mutter jederzeit in der Lage war, sein Wohlbefinden wiederherzustellen, ja, daß ihre Interessen nicht mit den seinen übereinstimmten. Alle diese Empfindungen steigerten sich natürlich, wenn durch die Geburt eines Geschwisters die bisher exklusive Beziehung zur Mutter beeinträchtigt wurde.

Trennungsreaktionen während der Wiederannäherungskrise (18. bis 21. Monat)

Sobald die Wiederannäherungskrisen ihren Höhepunkt erreichten, waren sich alle Kinder bewußt und reagierten zeitweilig überaus empfindlich darauf, daß sich die Mutter nicht im Zimmer befand. Unter kognitiven Gesichtspunkten war die Fähigkeit zu erkennen, daß sich die Mutter anderswo aufhalten und gefunden werden konnte (vgl. Piagets »Objektpermanenz«), mittlerweile gut ausgebildet. Dieses Wissen genügte zeitweilig, um das Kind zu beruhigen, wenn es die Mutter vermißte. Im allgemeinen aber behagte es dem Kind dieser Altersstufe nicht, einfach »zurückgelassen« zu werden. Es kam zu *Schwierigkeiten, wenn es ums Abschiednehmen ging,* was sich im Anklammern an die Mutter ausdrückte. Gewöhnlich gingen diese Reaktionen mit depressiven Verstimmungen und einer anfänglichen kürzeren oder längeren Unfähigkeit zu spielen einher.

Während dieser Zeitspannen heftiger Gemütsbewegungen schloß sich das Kind oft eng an eine der Beobachterinnen an; es wollte auf ihrem Schoß sitzen und gelegentlich sogar in schläfrige Benommenheit regredieren. Bei solchen Gelegenheiten war klar, daß die Beobachterin nicht nur ein beliebiges Liebesobjekt oder einfach irgendein Mensch aus der nicht der Mutter zugehörigen Welt war, sondern eine Art symbiotischen Muttterersatzes, eine Erweiterung des Selbst. Doch die Aufspaltung der Objektwelt hatte nun auch begonnen (siehe Kernberg, 1967). Die »Beobachterinnen« widmeten sich besonders intensiv den Abwehrbemühungen des Kindes, indem sie zur Zielscheibe seiner Temperamentsausbrüche wurden, um die gute Mutterimago vor seiner destruktiven Wut zu schützen. Dies war insbesondere bei jenen Kindern zu beobachten, deren Beziehung zur Mutter während der früheren Subphasen nicht optimal war.

Spaltungsmechanismen (siehe S. 107f., 151f.) konnten zu dieser Zeit verschiedene Formen annehmen. Wenn die Beobachterin in Abwe-

senheit der Mutter zur »bösen Mutter« wurde, konnte sie nichts recht machen, und es herrschte allgemein eine merkwürdige Stimmung. Die »gute Mutter« wurde ersehnt, doch schien sie nur in der Phantasie zu existieren. Wenn die wirkliche Mutter zurückkehrte, konnte es vorkommen, daß sie gefragt wurde: »Was hast du mir mitgebracht?«, aber auch, daß sie ärgerliche, enttäuschte und andere negative Reaktionen auslöste. Oder aber die Beobachterin als Ersatzmutter wurde zeitweilig zur »guten symbiotischen Mutter«, und das Spielkind saß auf ihrem Schoß und aß Kekse wie ein Kleinkind. Doch wenn die wirkliche Mutter zurückkommt, kann es sein, daß das Kind einen heftigen Drang verspürt, so schnell wie möglich zu ihr zu laufen, und gleichzeitig einen ebenso heftigen Drang, sie zu übersehen, so als wollte es weitere Enttäuschungen vermeiden. Das Kleinkind mag die Mutter bei ihrer Rückkehr ignorieren oder Anstalten machen, zu ihr hinzugehen, dann aber eine andere Richtung einschlagen und die Annäherungsversuche der Mutter zurückweisen. Im zweiten Fall hat es den Anschein, als sei die abwesende zur »bösen« Mutter geworden und müsse deshalb ignoriert werden. Es konnte aber auch vorkommen, daß der Muttterersatz in ambivalenter Weise gleichzeitig als »gute« und »böse« Mutter behandelt wurde, ebenso wie die ambivalent geliebte Mutter selbst, wenn sie anwesend war.
Wir beobachteten Kämpfe dieser Art in vielen verschiedenen Variationen und Graden. Mit besonderer Deutlichkeit konnte man während dieser Periode die Wurzeln vieler nur dem Menschen eigenen Probleme und Dilemmata wahrnehmen: Probleme, die mitunter während des ganzen Lebenszyklus niemals vollständig gelöst werden.

Übergangsphänomene

Wir sahen aber auch andere Mechanismen, die dazu dienen sollten, mit der Loslösung während der Wiederannäherungskrise fertig zu werden. Ein kleines Mädchen, das diesen Abschnitt der Wiederannäherungsphase später als die anderen erreicht hatte – wahrscheinlich, weil die Mutter seine Bedürfnisse so lange befriedigte und »allmächtig« blieb, statt dem Kind jenen sanften Schubs zu geben, dessen es zum Flüggewerden bedarf –, übertrug das Verlangen nach ausschließlichem Besitz der Mutter auf deren Stuhl. Wenn das Kind vom Stuhl aufstand, erlaubte es keinem anderen, darauf zu sitzen. Das Wort »mein« wurde zu dieser Zeit wichtig für die

Kleine; sie wollte die Mutter mit niemandem teilen und konnte die Abwesenheit der Mutter nur dann ertragen, wenn sie im ausschließlichen Besitz von Mutters Stuhl blieb. Der Stuhl wurde für sie zu einer Art Organ-Objekt, den sie als eine Brücke zur Mutter im Sinne Kestenbergs (1971) benutzte.

Andere Kinder zeigten eine Vielzahl von Übergangsphänomenen, die keinen so deutlichen Bezug zur Mutter verrieten. Sie verspeisten beispielsweise große Mengen von Brezeln und Keksen oder bestanden darauf, ihre Flaschen herumzutragen. Einige Kinder brachten es nicht fertig, ohne ihre Mütter im Spielzimmer zu verweilen, sondern trippelten in den Raum, in dem Mütter und Kinder ihre Mäntel aufhängten, wenn sie ins *Center* kamen. Wir gewöhnten uns daran, die Garderobe als »Übergangszimmer« anzusehen, weil sie zwischen dem Kinderzimmer – der Welt von Mutter und Kind – und dem Spielzimmer lag – der Welt der kleinkindlichen Autonomie. Der Ankleideraum hatte zudem ein Fenster zur Außenwelt, das vom Fußboden bis zur Decke reichte, und als der Ort, wo die Mäntel hingen, repräsentierte er zugleich einen Raum des Übergangs zwischen Zuhause und *Center.*

Eine weitere Übergangsaktivität von besonderer Bedeutung war das Vorlesen aus Büchern: viele Kinder ließen sich gern vorlesen, während die Mutter nicht im Zimmer war. Bücher schienen Übergangscharakter zu haben, da sie das Bedürfnis nach Distanzierung und nach Erkundung eines größeren Umkreises (mittels Symbolisierung und Phantasie) befriedigten, während die Situation andererseits dem Verlangen nach Nähe – dem Wunsch, der lesenden Person nahe zu sein – entgegenkam.

Zwar mußten die Kleinkinder in dieser Periode wissen, wo die Mutter war, und sie mochten es im allgemeinen nicht, untätig zurückgelassen zu werden (wie aus ihrer Reaktion auf das Abschiednehmen der Mutter hervorging), doch gelang es ihnen in steigendem Maße, *die Mutter ihrerseits zu verlassen.* Das Spielzimmer selbst gewann größere Bedeutung: es schien für viele Kinder zu einer Zufluchtsstätte vor der konfliktbeladenen Beziehung zur Mutter zu werden. Die Kinder waren hier gewöhnlich zufrieden; sie beschäftigten sich intensiv mit Spielsachen und Materialien und miteinander. Sie fingen an, eine Beziehung zu ihrer Kindergärtnerin herzustellen, die ihnen allen in »optimaler Weise zur Verfügung stand«. Diese Beziehung galt nicht einem Mutterersatz, sondern einem anderen Erwachsenen, der bei der Förderung des kindlichen

Interesses an der Außenwelt von Nutzen sein konnte. Ferner konnte dieser neue Erwachsene zusätzliche Befriedigungsmöglichkeiten bieten, Unbehagen auffangen und beginnende Sublimierungen fördern.

Individuelle Wiederannäherungsmuster: Die optimale Entfernung

Im Alter von etwa 21 Monaten ließen die Wiederannäherungskämpfe im allgemeinen nach. Das lautstarke Verlangen nach allmächtiger Lenkung, die extremen Phasen von Trennungsangst, das Schwanken zwischen dem Wunsch nach Nähe und nach Selbständigkeit – all dies flaute nun ab, zumindest für eine Weile, da jedes Kind noch einmal die optimale Distanz zur Mutter zu finden schien, in der es am besten zu funktionieren vermochte. In unserem Setting war diese optimale Entfernung gewöhnlich die zum nahegelegenen, doch getrennten Spielzimmer, wo Anregung, Gelegenheit zum Üben der Selbständigkeit geboten wurde und wachsendes Vergnügen an sozialer Interaktion sich entfalten konnte.
Die sich entfaltenden Individuationsmerkmale, die es zu ermöglichen scheinen, in größerer Entfernung und ohne körperliche Anwesenheit der Mutter zu funktionieren, sind folgende: 1) Sprachentwicklung im Sinne der Benennung von Objekten und des Äußerns von Wünschen mit bestimmten Wörtern. Die Fähigkeit, Objekte zu benennen (Katan, 1961), scheint das Kleinkind in dem Gefühl bestärkt zu haben, daß es seine Umgebung kontrollieren könne. Der Gebrauch des Personalpronomens »ich« setzt ebenfalls oft um diese Zeit ein sowie die Fähigkeit, bekannte Personen und sich selbst auf Photographien zu erkennen und zu benennen;[11] 2) der Verinnerlichungsprozeß, der sich sowohl aus Identifizierungsakten mit der »guten«, fürsorglichen Mutter und dem Vater als auch aus der Verinnerlichung von Regeln und Vorschriften (Über-ich-Anfänge) ableiten ließ; und 3) die gesteigerte Fähigkeit, Wünsche und Phantasien durch symbolisches Spiel sowie die Nutzung des Spiels, um Meisterschaft zu erlangen.
Etwa um den 21. Lebensmonat machten wir bei unseren Monatsvergleichen die wichtige Beobachtung, daß es nicht mehr möglich

[11] Als das Buch geschrieben wurde, waren wir nicht in der Lage, unsere Daten ausreichend zu analysieren, um den Zeitpunkt und die damit zusammenhängenden Faktoren des Auftretens des nicht-synkretischen »Ichs« eindeutig zu bestimmen.

war, die Kleinkinder entsprechend den bisher angewandten Kriterien einzugruppieren. Die Umstände des jeweiligen Individuationsprozesses änderten sich so rasch, daß sie nicht mehr vorwiegend *phasenspezifisch* waren, *sondern individuell äußerst verschieden.* In Frage stand nicht so sehr die Erkenntnis des Getrenntseins, sondern vielmehr, inwiefern diese Erkenntnis durch die Beziehung des Kindes zur Mutter und zum Vater (letztere unterschied sich nun deutlich von der ersteren) beeinflußt wurde und ihrerseits diese Beziehungen beeinflußte, wie auch die Integration der Gesamtpersönlichkeit des einzelnen Kindes. Wir beobachteten ferner, daß zu dieser Zeit ein recht bedeutsamer Unterschied in der Entwicklung von Buben und Mädchen auftrat. In unserer vergleichsweise kleinen Fallsammlung zeigten die Buben, vorausgesetzt, es bot sich ihnen eine vernünftige Möglichkeit, die Neigung, sich von der Mutter zu lösen und ihr Funktionieren in einem größeren Umkreis zu genießen (siehe Greenson, 1968). Die Mädchen hingegen schienen sich enger an die Mutter anzuschließen, wenn sie anwesend war; sie verlangten größere Zuwendung und standen länger unter dem Einfluß der ambivalenten Aspekte der Beziehung. Dies schien mit der Erkenntnis des Geschlechtsunterschiedes zusammenzuhängen. Es ist sehr bedeutungsvoll, daß die narzißtische Kränkung, die die Mädchen empfinden, weil sie keinen Penis haben, ausnahmslos der Mutter angelastet wird (siehe S. 138).
So glaubte beispielsweise die Mutter eines kleinen Mädchens, daß ihr Kind ständig anspruchsvoller und herrschsüchtiger würde. Die Kleine forderte alles, was ihr in den Sinn kam, und wurde wütend, wenn sie es nicht bekommen konnte. Im Park, so berichtete die Mutter, wollte sie ununterbrochen von der Mutter geschaukelt werden. So wie früher rannte sie zur Mutter, damit diese ihr in einer schwierigen Lage helfe, statt den Versuch zu machen, eine eigene Lösung zu finden. Nach einem Streit wegen der Abwesenheit der Mutter betrachtete sie ein Bilderbuch, in dem sie alle Arten von Bildern identifizierte, außer dem Bild der »Mutter« (Verleugnung).
Mit 22 Monaten wurde ein anderes kleines Mädchen viel bockiger und negativistischer. Die Kleine wehrte sich insbesondere dagegen, Kleider zu tragen, die die Mutter für sie ausgesucht hatte, und bekam Wutanfälle, wenn sie gekämmt werden sollte. Gleichzeitig klammerte sie sich stärker an die Mutter. Im *Center,* wo sie frühzeitig dadurch aufgefallen war, daß sie die anderen Kinder

nicht mochte, wurde sie noch abweisender und brachte heftigen Widerwillen zum Ausdruck, wenn irgend jemand die Aufmerksamkeit ihrer Mutter »usurpieren« wollte. Es fiel ihr immer schwerer, in das Spielzimmer zu gehen; wenn die Mutter sie schließlich dorthin brachte, kehrte sie ohne die Mutter ins Kinderzimmer zurück. Spielsachen interessierten sie nicht sonderlich, außer als Objekte sozialer Interaktion mit der Mutter oder anderen Erwachsenen. Sie lief oft zu ihrer Mutter, weil sie engen Kontakt mit ihr suchte. Wir begriffen dieses Verhalten als einen (auf Verschiebung beruhenden) Konkurrenzkampf mit den Geschwistern um die ausschließliche Aufmerksamkeit der Mutter, die sie als die kleine Tochter für sich beanspruchte. Gewöhnlich hatte sie nichts dagegen, daß die Mutter das Zimmer verließ, rannte aber zu ihr, sobald sie zurückkehrte. Einmal lief sie mit einer Puppe zu ihr und zeigte ihr aufgeregt, wie die Puppe gerade »Pipi« gemacht hatte.
Ein drittes kleines Mädchen von 22 Monaten bekundete den Wunsch, der Mutter nahe zu sein, sowie das Bedürfnis nach körperlicher Stimulierung durch sie. Die Mutter reagierte darauf oft, indem sie die Kleine auf den Schoß nahm und sie in ziemlich sinnlicher Weise streichelte und stimulierte. Wenn die Mutter nicht da war, stimulierte sich das Kind selbst, indem es masturbierte. Es machte ihm auch weiterhin Freude, sich im Spielzimmer aufzuhalten, doch öfter ging es ins Kinderzimmer, weil es offenbar ein stärkeres Bedürfnis hatte, in der Nähe der Mutter zu sein. Oft lief es zur Mutter, um mit ihr Versteck zu spielen, oder aber es brachte die Mutter irgendwie dazu, daß sie ihm nachlief. Die Kleine reagierte offen mit Eifersucht auf ihre kleine Schwester und versuchte sogar, ihr das Fläschchen wegzunehmen. Im 22. Lebensmonat benutzte sie erstmals das Wort »Mami«. Sie erwachte auch in der Nacht und rief nach der Mutter. Sie suchte die Mutter und fragte, wo sie sei, wenn diese ein Interview hatte. War die Mutter abwesend, spielte die Kleine abwechselnd, daß sie ein Baby oder die Mutter von Babys sei. Diese Situation war natürlich in besonderer Weise von vielen Faktoren determiniert, und wir verstanden sie nur aufgrund unserer intimen Kenntnis der vorangegangenen entwicklungsgeschichtlichen Subphase sowie unserer Bekanntschaft mit der Mutter.
Die Buben andererseits schienen sich mit dem Anblick der Penislosigkeit der Mädchen in weitaus weniger offener Weise auseinanderzusetzen; ihre Apperzeption vermischte sich mit analen Be-

fürchtungen und später mit phallischen Kastrationsängsten, die in der Symbolik ihrer Spiele zum Ausdruck kam.
Um den 23. Monat schien es, daß die Fähigkeit der Kinder, sich mit dem Getrenntsein und der tatsächlichen physischen Loslösung auseinanderzusetzen, in jedem Fall davon abhing, wie sich die Mutter-Kind-Beziehung gestaltet hatte und wie ihr gegenwärtiger Status war; sie war sicherlich weit weniger phasenspezifisch. Es fiel uns schwer genau festzustellen, was im Einzelfall dazu führte, daß manche mehr Angst empfanden, während andere sich auseinanderzusetzen vermochten. Jedes Kind hatte zu dieser Zeit seine eigenen charakteristischen Auseinandersetzungsmethoden gefunden. Wenn eine Krise auftrat, war nicht immer leicht zu erkennen, womit sie zusammenhing. Mitunter schien sie mit der Angst des Kindes vor der raschen Individuation zusammenzuhängen (was meist zu erhöhter Ambivalenz und Aggression führte) oder mit körperlichem Unbehagen, das nicht ohne Beziehung zur gleichzeitigen Enttäuschung über die Mutter war; zu bestimmten Zeiten hing die Krise definitiv mit körperlichem Druck im Sinne Greenacres (1945) zusammen (oraler, analer und phallischer, d. h. zonaler Art). Manchmal wiederum hatte sie mit Grad und Art der mütterlichen Verfügbarkeit zu tun, manchmal mit den Angstgefühlen der Mutter selbst, sobald das Kind anfing selbständiger zu werden.
Kurz gesagt, in dieser sehr wichtigen »Endphase« der Wiederannäherung als intrapsychischer Entwicklung schienen sich die Lösungen der vielen reifungsbedingten Entwicklungsaufgaben zu summieren, zu denen jedes Kind im Laufe seiner speziellen Subphasenentwicklung bis zum Beginn der vierten Subphase gelangt war.

Beginn der Geschlechtsidentität

Die Mütter machten oft Bemerkungen darüber, daß sich die Körper ihrer kleinen Mädchen anders anfühlten als die der Buben – daß die Mädchen weicher und kuscheliger seien. Wir wollen nicht darüber streiten, ob dieses Gefühl der Mütter kulturell bestimmt war oder ob es tatsächlich darauf zurückzuführen ist, daß kleine Mädchen wirklich schmiegsamer sind als Buben – wahrscheinlich beides.
Es könnte jedenfalls durchaus sein, daß der Eindruck der Mutter vom Körper ihres Kindes einen formenden Einfluß ausübt. Insgesamt sahen wir, daß Buben stärkere motorische Neigungen hatten

als Mädchen, daß sie sich nach und selbst während der Differenzierungsphase gegen das Drücken und Küssen sträubten, und wir stellten ferner fest, daß sich die Jungen früher für bewegliche Objekte interessierten, etwa Autos und Eisenbahnen.
Welche Geschlechtsunterschiede zuvor auf dem Gebiet der angeborenen Ich-Apparate und frühen Ich-Formen geherrscht haben mögen, sie wurden gewiß dadurch erheblich kompliziert und durcheinandergemischt, *daß das Kind den anatomischen Geschlechtsunterschied entdeckte.* Dies geschah mitunter im 16. bis 17. Monat oder sogar noch früher, häufiger jedoch im 20. und 21. Monat.
Die Entdeckung seines eigenen Penis durch den Jungen erfolgte gewöhnlich weit eher. Die sensorisch-taktile Komponente dieser Entdeckung kann sogar ins 1. Lebensjahr zurückreichen (siehe Roiphe und Galenson, 1972, 1973), doch herrscht Ungewißheit bezüglich ihrer emotionalen Wirkung. Um den 12. bis 14. Monat stellten wir jedoch fest, daß die aufrechte Haltung die visuelle und sensomotorische Erforschung des Penis fördert (S. 95). Durch das Zusammentreffen mit einem Reifungsfortschritt in bezug auf die zonale Libidinisierung führte dies möglicherweise zu einer stärkeren Besetzung des außerordentlich sinnenhaften, lustspendenden Organs.
Nebenbei bemerkt: In der psychoanalytischen Entwicklungspsychologie wird kaum beachtet, daß die Entdeckung des Penis und insbesondere die wichtige Erfahrung der unwillkürlichen Erektion und des Abschwellens mit dem Erwerb der willkürlichen freien Fortbewegung des Körpers parallel laufen. Außer bei Löfgren (1968) fanden wir keinen Hinweis darauf, daß der kleine Junge bemerkt, daß das hochbesetzte Organ, der Penis, sich eigenmächtig bewegt (d. h. erigiert). Dieses passive Erleben ist wahrscheinlich sehr bedeutsam. Es scheint, daß der kleine Junge sich der unwillkürlichen Bewegung seines Penis zur gleichen Zeit bewußt wird, wie er die Bewegungen seines Körpers in der aufrechten Position meistern lernt (siehe Mahler, 1968a).
Auf jeden Fall schien die Erforschung seines Penis durch den kleinen Jungen während der Übungssubphase zunächst ein Erlebnis ungetrübter Lust zu sein; mehrere Mütter berichteten, daß ihre kleinen Jungen zu Hause oft friedlich masturbierten. Das stand im Gegensatz zu unserer späteren Beobachtung in der Loslösungs- und Individuationsphase (gegen Ende des 2. und zu Beginn des 3.

Lebensjahres), daß die Jungen ihren Penis festhielten, um sich seiner zu versichern.
Die Entdeckung des Penis durch die Mädchen konfrontierte sie mit etwas, das ihnen fehlte. Dies führte zu einer Anzahl von Verhaltensweisen, die deutlich Angst, Ärger und Trotz der Mädchen verrieten. Sie wollten den Geschlechtsunterschied zunichte machen. Daher schien es uns, daß die Masturbation bei den Mädchen öfter als bei den Jungen und in einem früheren Alter einen verzweifelten, aggressionsgetränkten Charakter hatte. Wir erwähnten bereits, daß diese Entdeckung mit dem Auftreten von Neid zusammenfällt (S. 119); bei manchen unserer kleinen Mädchen könnte der frühe Penisneid erklären, weshalb der Neid ihre vorherrschende Eigenschaft blieb.
Die Entdeckung des anatomischen Geschlechtsunterschiedes erfolgte bei verschiedenen Kindern in verschiedener Weise. Ein kleiner Bub (der früh sprach) entdeckte den Nabel seiner Mutter und nannte ihn ihr »Pipi«. Weitere Beispiele finden sich an vielen Stellen in diesem Buch.
Die dramatischste (und gleichzeitig typischste) Reaktion auf die ziemlich plötzliche Entdeckung des anatomischen Geschlechtsunterschiedes wurde von Cathy im zarten Alter von 14 Monaten agiert und in Worte gefaßt. Wir fanden dies wegen der Lebensumstände des kleinen Mädchens zu dieser Zeit besonders eindrucksvoll. Cathy war damals besonders empfindlich, weil ihr Vater zeitweise abwesend war. Sie war ungewöhnlich intelligent, charmant, äußerst beredt und frühreif – jedermanns Liebling und ein großer Trost für ihre Mutter. Diese war außergewöhnlich stolz auf die weiblichen Reize ihres Töchterchens, das sie stets besonders hübsch anzog. Die Kleine war gewissermaßen ihr schöneres und weiblicheres *alter ego*. Während der Abwesenheit des Vaters nahm die Mutter eine Teilzeitbeschäftigung an, und währenddessen wurde Cathy von der Mutter eines kleinen Jungen aus unserer Untersuchungsgruppe betreut. Cathy, in jeder Hinsicht frühreif, war bereits teilweise sauber. Eines Tages bemerkten wir, daß sie nicht auf der Toilette sitzen wollte. Statt dessen fing sie an zu wimmern und bedeckte ihre Schamgegend mit den Händen. Die Mutter hatte uns vorher erzählt, daß Cathy gelegentlich zusammen mit ihrem kleinen Freund gebadet worden war. Als wir die Mutter fragten, ob Cathy den Penis des Freundes gesehen hatte, berichtete sie, Cathy habe gemeint, er habe *zwei* Bauchknöpfchen. Es folgte

eine Periode äußerster Quengeligkeit, und dieses bis dahin reizende kleine Mädchen war durch nichts zufriedenzustellen. Etwas später begann Cathy nicht nur zu quengeln, sondern sich anderen Kindern gegenüber aggressiv zu verhalten. Ihre besondere Art von Aggression (von der sie nichts abhalten konnte) bestand darin, daß sie Buben und Mädchen an den Haaren riß. Schließlich erzählte uns die Mutter, daß sie Cathy, die es haßte, sich das Haar waschen zu lassen, zum Haarewaschen mit unter die Dusche genommen hatte. Dabei hatte Cathy in das Schamhaar der Mutter gegriffen und offensichtlich nach einem »versteckten Penis« gesucht. Da Cathy sehr früh sprechen konnte, hatten wir Gelegenheit, das Auf und Ab ihrer Versuche zu verfolgen, mit der narzißtischen Kränkung, keinen Penis zu haben, fertig zu werden. Das könnte sie so schwer getroffen haben, weil der Vater nicht anwesend war, und vielleicht auch, weil sie bis dahin ein so vollkommenes, verhätscheltes Liebesobjekt ihrer Mutter, ihrer selbst und aller anderen gewesen war. Sie hatte ein strahlendes, optimales, ja, geradezu maximales Selbstwertgefühl besessen. Es gab noch ein weiteres kleines Mädchen, das durch die Entdeckung des Geschlechtsunterschiedes ähnlich hart getroffen wurde. Auch dieses Kind war in den Augen seiner Mutter deutlich ein vollkommenes Wesen, das zu ihrer eigenen Vollkommenheit beitrug (siehe Stoller, 1973; Galenson und Roiphe, 1971).

Kurzum, wir stellten fest, daß die Aufgabe, ein getrenntes Individuum zu werden, zu diesem Zeitpunkt für die Mädchen im allgemeinen schwieriger war als für die Jungen; die Mädchen pflegten sich nach der Entdeckung des Geschlechtsunterschiedes wieder der Mutter zuzuwenden, um sie zu tadeln, Ansprüche an sie zu stellen, von ihr enttäuscht und dennoch in ambivalenter Weise an sie gebunden zu sein. Sie forderten gewissermaßen von der Mutter, eine Schuld zu begleichen. Sobald sich das Mädchen seiner Unvollkommenheit bewußt wird, kann es sein, daß es auch im Unbewußten der Mutter unvollkommen wird. Die Jungen andererseits scheinen erst später mit der Kastrationsangst konfrontiert zu werden; im 2. und 3. Lebensjahr schienen sie es zweckentsprechender zu finden als die Mädchen, selbständig zu funktionieren; sie waren besser imstande, sich der Außenwelt oder ihrem eigenen Körper zuzuwenden, um Lust und Befriedigung zu erreichen. Ebenso wandten sie sich dem Vater als einem Wesen zu, mit dem man sich identifizierte. Sie schienen mit ihrer Kastrationsangst irgendwie fertig zu werden, indem sie ein quasi präödipales Dreiecksverhältnis schufen (Abelin, 1972); in unserem Setting konnte dies nicht ohne weiteres verfolgt werden.

Die 3. Subphase

Unsere auf Beobachtung beruhende Untersuchung zeigte uns, weshalb die Wiederannäherungskrise auftritt, und auch, weshalb sie in manchen Fällen ein ungelöster psychischer Konflikt werden – und bleiben – kann. Sie kann einen ungünstigen Fixierungspunkt setzen und so die spätere ödipale Entwicklung beeinflussen; bestenfalls kann sie die Auflösung des Ödipuskomplexes erschweren und ihm eine besondere Färbung verleihen.

Die Entwicklungsaufgabe auf dem Höhepunkt des Kampfes um Loslösung und Individuation während der Subphase der Wiederannäherung ist ungeheuer groß. Orale, anale und frühe genitale Zwänge und Konflikte treffen zusammen und häufen sich an diesem wichtigen Scheideweg der Persönlichkeitsentwicklung. Es erweist sich als notwendig, auf symbiotische Allmacht zu verzichten, das Körperschema und körperliches Unbehagen werden verstärkt wahrgenommen, insbesondere an den Punkten zonaler Libidinisierung. Der Glaube an die Allmacht der Mutter scheint erschüttert.

Während die Furcht vor Objektverlust und Verlassenwerden in diesem Entwicklungsstadium teilweise gemildert ist, wird sie gleichzeitig durch die Internalisierung elterlicher Anforderungen verstärkt. Dies zeigt nicht nur die beginnende Überich-Entwicklung an, sondern drückt sich auch in der Angst aus, *die Liebe des Objekts zu verlieren!* Folglich beobachten wir eine gesteigerte Verletzlichkeit des Kleinkindes im Wiederannäherungsalter. Furcht vor dem *Verlust der Liebe des Objekts* läuft mit hochempfindlichen Reaktionen auf Anerkennung und Ablehnung durch Vater oder Mutter parallel. Körperliche Empfindungen und Beeinträchtigungen im Sinne Greenacres werden bewußter wahrgenommen und durch Empfindungen bei der Darm- und Harnentleerung während der Reinlichkeitsgewöhnung noch verstärkt, selbst bei ganz normaler Entwicklung. Die Kinder zeigen oft – mitunter in höchst dramatischer Weise – Reaktionen auf die Entdeckung des anatomischen Geschlechtsunterschiedes.

Dauer und Ausmaß der Wiederannäherungskrise verweisen auf

eine vorzeitige Verinnerlichung von Konflikten, auf Entwicklungsstörungen, die Vorläufer kindlicher Neurosen waren, aber der Ausbildung einer kindlichen Neurose im klassischen Sinn entschieden im Wege stehen können! Wie bereits erwähnt, werden Konflikte zunächst agiert, d. h., sie treten in Erscheinung, indem die Mutter bedrängt wird und gezwungen werden soll, als allmächtige Erweiterung des Kindes zu dienen; solche Verhaltensweisen wechseln mit verzweifeltem Anklammern ab. Mit anderen Worten, bei Kindern, deren Entwicklung nicht optimal verlief, zeigt sich der Ambivalenzkonflikt in der Subphase der Wiederannäherung in rasch wechselndem Anklammern und negativistischem Verhalten. Diese alternierenden Verhaltensweisen sind Bestandteil jener Phänomene, die wir als »Ambitendenz« bezeichnen – d. h., solange die widerstreitenden Tendenzen noch nicht gänzlich verinnerlicht sind. Dieses Phänomen kann in manchen Fällen die Tatsache widerspiegeln, daß das Kind die Objektwelt für eine längere Zeitspanne in »gut« und »böse« gespalten hat, als es bei optimalem Verlauf angezeigt wäre. Mittels dieser Spaltung wird das »gute« Objekt gegen die Abkömmlinge des Aggressionstriebes verteidigt.

Diese beiden Mechanismen – Ausübung von Zwang gegenüber der Mutter und Spaltung der Objektwelt – sind, wenn sie in übersteigertem Maße auftreten, auch charakteristisch für die meisten Fälle von Borderline-Übertragung bei Erwachsenen (Mahler, 1971; siehe auch Frijling-Schreuder, 1969). Wir konnten ihre etwaigen Vorläufer am verbalen, primärprozeßhaften Material einiger Kinder gegen Ende des 2. und während des 3. Lebensjahres untersuchen.

Diese Mechanismen können zusammen mit dem Problem, das Maurice Bouvet (1958) als das Finden der »optimalen Entfernung« bezeichnet hat, bereits in der 4. Subphase von Loslösung und Individuation vorherrschen, zu einer Zeit also, wenn damit begonnen werden sollte, »libidinöse Objektkonstanz« zu erreichen und Trennungsreaktionen sich verringern müßten.

Störungen in der Subphase der Wiederannäherung können in weitaus bestimmteren und individuell verschiedenen Formen im Endstadium jenes Prozesses auftreten, in dem sich eine einheitliche Selbst-Repräsentanz von einer gemischten, integrierten Objektrepräsentanz abgrenzen lassen sollte.

Das klinische Ergebnis dieser Wiederannäherungskrisen wird bestimmt durch: 1) die Entwicklung zur libidinösen Objektkonstanz,

2) Menge und Art späterer Enttäuschungen (Streßtraumata), 3) mögliche Schocktraumata, 4) das Ausmaß der Kastrationsangst, 5) das Schicksal des Ödipuskomplexes und 6) die Entwicklungskrisen der Adoleszenz – die sämtlich im Zusammenhang mit der konstitutionellen Veranlagung des Individuums in Funktion treten.

7. Kapitel
Die vierte Subphase: Konsolidierung der Individualität und die Anfänge der emotionalen Objektkonstanz

Unter dem Gesichtspunkt des Loslösungs- und Individuationsprozesses ist die Hauptaufgabe der vierten Subphase eine zweifache: 1) die Erringung einer bestimmten – in mancher Beziehung lebenslang gleichbleibenden – Individualität und 2) die Erlangung eines gewissen Maßes von Objektkonstanz.

Soweit es sich um das Selbst handelt, kommt es zu einer weitreichenden Strukturierung des *Ichs,* und es gibt sichere Anzeichen für die Verinnerlichung elterlicher Gebote, die auf die Bildung von Überich-Vorläufern hinweisen.

Die Errichtung der affektiven (emotionalen) Objektkonstanz (Hartmann, 1952) hängt von der allmählichen Verinnerlichung einer beständigen, positiv besetzten innerlichen Mutterimago ab. Dies erlaubt es dem Kind (in vertrauter Umgebung, z. B. unserem Spielzimmer), getrennt zu funktionieren, obwohl es eine gewisse Spannung (Sehnsucht) und Unbehagen empfindet. Emotionale Objektkonstanz wird sich natürlich in erster Linie auf die kognitive Aneignung des beständigen Objekts gründen, doch haben auch alle anderen Aspekte der Persönlichkeitsentwicklung des Kindes daran ihren Anteil (siehe McDevitt, 1972)[1]. Die letzte Subphase (grob gesprochen, das 3. Lebensjahr) ist eine außerordentlich wichtige intrapsychische Entwicklungsphase, in deren Verlauf ein stabiles Gefühl der Einheitlichkeit (Selbstgrenzen) erworben wird. Auch eine primitive Konsolidierung der Geschlechtsidentität scheint in dieser Subphase stattzufinden.

Doch die Objektkonstanz beinhaltet mehr als die Bewahrung der Repräsentanz des abwesenden Liebesobjekts (vgl. Mahler, 1965a; Mahler und Furer, 1966); sie beinhaltet zugleich die Vereinigung von »gutem« und »bösem« Objekt zu einer Gesamtrepräsentanz.

Dadurch wird die Mischung aggressiver und libidinöser Triebe gefördert und der Haß auf das Objekt gemildert, sobald heftige

[1] J. B. McDevitt hat in seinen bisher unveröffentlichten Arbeiten und Diskussionen die Kriterien für libidinöse Objektkonstanz im hier verwandten Sinn ausführlich dargestellt.

Aggressionsgefühle auftauchen. Unsere Vorstellung von libidinöser Objektkonstanz ähnelt am meisten der Hoffers; wir halten sie sogar für identisch, wenn sie auch anders formuliert ist. Hoffer (1955) stellte fest, daß die Objektkonstanz als letztes Stadium der Entwicklung einer reifen Objektbeziehung anzusehen ist. Sie hat besondere Bedeutung für das Schicksal der aggressiven, feindseligen Triebe. Im Stadium der Objektkonstanz wird das Liebesobjekt nicht zurückgewiesen oder gegen ein anderes ausgetauscht, wenn es keine Befriedigung mehr gewähren kann, und in diesem Stadium wird das Objekt auch noch ersehnt und nicht einfach als unbefriedigend abgelehnt (gehaßt), weil es abwesend ist.

Die allmähliche Heranbildung emotionaler Objektkonstanz ist ein komplexer, von vielen Faktoren bestimmter Prozeß, der alle Aspekte der psychischen Entwicklung einbezieht. Wesentliche erste Determinanten sind 1) Vertrauen, das durch die regelmäßig wiederkehrende Erleichterung von Spannungszuständen durch die bedürfnisbefriedigende Instanz bereits in der symbiotischen Phase entsteht. Im Verlauf der Subphasen des Loslösungs- und Individuationsprozesses wird diese Erleichterung der Bedürfnisspannung nach und nach dem ganzen bedürfnisbefriedigenden Objekt (der Mutter) zugeschrieben und dann mittels Verinnerlichung auf die intrapsychische Repräsentanz der Mutter übertragen; 2) die kognitive Zuordnung der symbolischen inneren Repräsentanz des permanenten Objekts (im Sinne Piagets), in unserem Fall zum einzigen Liebesobjekt: der Mutter. Zahlreiche andere Faktoren sind außerdem im Spiel, etwa angeborene Triebausstattung und -reifung, Neutralisierung von Triebenergie, Realitätsprüfung, Frustrations- und Angsttoleranz usw.

Erst wenn die Objektkonstanz einigermaßen fortgeschritten ist – was nach unserer Vorstellung nicht vor dem 3. Lebensjahr der Fall ist (siehe Mahler, 1965b) –, kann die Mutter, zumindest teilweise, während ihrer physischen Abwesenheit durch ein verläßliches inneres Bild ersetzt werden, das unabhängig von Triebbedürfnissen oder innerem Mißbefinden relativ stabil bleibt. Auf der Grundlage dieser Errungenschaft können vorübergehende Trennungen verlängert und besser ertragen werden. Die Errichtung von Objektpermanenz und eines »geistigen Bildes« des Objekts im Sinne Piagets ist eine notwendige, allein jedoch nicht ausreichende Vorbedingung für die Errichtung der libidinösen Objektkonstanz.

Andere Aspekte der Reifung und Entwicklung der Triebe und des Ichs sind am langsamen Übergang von der primitiveren ambivalenten Liebesbeziehung, die nur bestehen bleibt, solange sie Bedürfnisse befriedigt, zur reiferen (im idealen, selten erreichten Fall postambivalenten) *Beziehung gegenseitigen Gebens und Nehmens der Liebesobjekte* zwischen Schulkind und Erwachsenem beteiligt.

Bevor wir fortfahren, ist ein Wort über Piagets Arbeit über »Objektpermanenz« (Piaget, 1937; siehe auch Gouin-Decarie, 1965) und unseren Begriff der *Objektkonstanz* angebracht. Piagets Werk hat ergeben, daß die Entwicklung der Objektpermanenz im Alter von etwa 18 bis 20 Monaten erfolgt und zu dieser Zeit einigermaßen gefestigt ist. Seine Untersuchungen beziehen sich jedoch auf unbelebte, vorübergehend besetzte physische Objekte. Findet diese Entwicklung im gleichen Tempo in bezug auf das libidinöse Objekt – die Mutter – statt? Nach unseren Befunden müssen wir diese Frage entschieden negativ beantworten. Es gibt zumindest zwei grundlegende Unterschiede zwischen dem libidinösen Objekt und den von Piaget untersuchten Objekten: 1) das Kind befindet sich in ständigem Kontakt mit dem libidinösen Objekt, d. h. der Mutter, und 2) kommt es zu diesen Kontakten häufig unter Bedingungen starker Triebspannung: Verlangen, Frustration, Befriedigung, Erregung. Die Mutter als »Objekt« im psychoanalytischen Sinn, d. h. als jemand, durch den Triebbefriedigung erlangt wird, ist weit mehr als ein »Objekt« in rein physikalisch-deskriptivem Verständnis. Wir gehen davon aus, daß wiederholter Kontakt und hohe Triebspannung für den unterschiedlichen Erwerb einer Permanenzvorstellung verantwortlich sind (siehe Bell, 1970; Fraiberg, 1969; McDevitt, 1971, 1972; Pine, 1974).

Die Auswirkung der libidinösen Verfassung des Objekts auf das Tempo, in dem eine Vorstellung von seiner Permanenz erworben wird, ist jedoch keineswegs einheitlich. Einer unserer Mitarbeiter führte aus, daß »gesteigertes Aufnehmen und Bewahren von Erinnerungen, wozu es bei optimaler Anregung (d. h. in einem Triebstatus, der keine traumatischen Dimensionen erreicht) und wiederholten Begegnungen kommen kann, Aspekte der inneren Repräsentanz des libidinösen Objekts selbst vor dem 18. bis 20. Lebensmonat zu konsolidieren vermögen« (Pine, 1974). McDevitt (1972, unveröff.) wiederum meint, wenn er vom 18. bis 20. Lebensmonat spricht, daß »die seelische Repräsentanz der Mutter durch heftige

Wutgefühle so erschüttert werden kann, daß die Stabilität dieses Bildes – zumindest wenn man die libidinöse der kognitiven Seite gegenüberstellt – angeschlagen wird« (siehe auch Kapitel 5 und 6). Es ist interessant, daß Bell (1970) experimentell nachgewiesen hat, daß Kinder, deren Beziehung zur Mutter harmonisch ist, eine »Personpermanenz« vor der »Objektpermanenz« entwikkeln, während bei disharmonischem Verhältnis das Gegenteil der Fall ist. (Unsere Untersuchungen haben dies in hohem Maße bestätigt.) Demnach »kann das Vorhandensein starker libidinöser und aggressiver Bindungen an das Objekt . . . zum *schnelleren und weniger fixierten* Erwerb der permanenten Repräsentanz eines permanenten Objekts« führen (Pine, 1974; siehe auch L. Kaplan, 1972).

Aus alldem geht hervor, daß die Entwicklung der libidinösen Objektkonstanz ein komplexer Prozeß ist. Im allgemeinen jedoch ist die libidinöse Objektkonstanz des 3jährigen Kindes beständig genug, was soziokulturell darin zum Ausdruck kommt, daß das Alter von 3 Jahren übereinstimmend als Eintrittsalter für den Kindergarten angesehen wird (vgl. A. Freud, 1963).

Diese vierte Subphase des Loslösungs- und Individuationsprozesses ist keine Subphase im Sinne der ersten drei, da ihr Ausgang offen ist.

Wir beobachten eine auffallende, obgleich noch immer lediglich relative Verschiebung von Phänomenen der Wiederannäherungsphase mit mehr oder weniger großen Schwierigkeiten beim Abschiednehmen von der Mutter und einer ausgeprägteren Fähigkeit, getrennt von ihr zu spielen, sowie Anzeichen, daß das Kind ihr Bild in steigendem Maße in ihrer Abwesenheit automatisch festzuhalten vermag (»die gute Mutter«). Doch diese Veränderungen führen nicht zu einem einzigen, bestimmten Endpunkt.[2]

Wir haben festgestellt, daß mit dem Fortschreiten dieser Subphase das Kind im allgemeinen imstande ist, Trennung von der Mutter nach und nach erneut zu akzeptieren (wie es bereits einmal in der Übungsperiode der Fall war). Tatsächlich scheint sich das Kind sogar, wenn es in sein Spiel vertieft ist, lieber ohne die Mutter im Spielzimmer zu beschäftigen, als mit ihr zusammen das Spielzim-

[2] Unter den psychoanalytischen Autoren gehört Jacobson (1964) zu denen, die deutlich machen, wie Probleme, die sich aus der Verschmelzung von Selbst- und Objektbildern ergeben, weit ins 3. Lebensjahr hineinreichen.

mer zu verlassen. Wir betrachten dies als Anzeichen beginnender emotionaler Objektkonstanz. Dennoch scheinen sich viele komplexe konflikthafte und konfliktfreie Vorgänge im Laufe des 3. Jahres im Kind abzuspielen, wodurch die Objektkonstanz noch immer als eher fließende, reversible Errungenschaft in Erscheinung tritt. Sie ist noch immer, wie sich Hartmann gegenüber Mahler äußerte, eine Sache des Grades. Sie ist von vielen anderen Entwicklungsfaktoren abhängig, vom vorherrschenden Ich-Zustand und der augenblicklichen affektiven Reaktion der Umgebung. Wir wollen dies im folgenden veranschaulichen, indem wir das Verhalten von drei Kindern an dem Tage beschreiben, als ihre Mütter mit einer entsprechenden Erklärung gebeten wurden, sich in ihre Ecke des Säuglingszimmers zurückzuziehen und ihre Spielkinder gezielter der Obhut der Betreuer im Spielzimmer zu überlassen. Wie in früheren Beispielen charakterisieren auch hier phasenbezogenes Verhalten und ausgeprägte individuelle Variationen jeden Fall.

Drei ältere Spielkinder (26–28 Monate alt) waren ins Spielzimmer aufgenommen worden, in dem sie sich nun schon recht heimisch fühlten. Seit vielen Monaten hatte sie dieser Raum schon angelockt, doch sie befanden sich in einem Konflikt, weil sie die Mutter im Säuglingszimmer zurücklassen mußten und gleichzeitig ihre Anwesenheit im Spielzimmer wünschten. Nachdem sich die Mütter auf unsere Bitte in das angrenzende, leicht zugängliche Säuglingszimmer zurückgezogen hatten, konnten wir einerseits die Reaktionen der Spielkinder auf diese milde Trennung beobachten und andererseits die Bereitschaft sowie die Art und Weise der Mütter, sich von ihren nunmehr unabhängiger funktionierenden Kinder zu trennen (2. Kapitel).

Das erste kleine Mädchen, dessen Mutter während der früheren Subphasen emotional in optimaler (nachträglich würden wir eher sagen: maximaler) Weise verfügbar gewesen war, *schien* hinsichtlich der Objektkonstanz weiter fortgeschritten als die anderen Kinder. Wir glaubten, daß das innere Bild der Mutter positiv und nicht ambivalent besetzt sei; tatsächlich *wußte* dieses Kind, *wo* die Mutter war und kam während ihrer kurzen Abwesenheit (ob sie sich in einem anderen Raum oder außerhalb des *Centers* befand) vom 25. bis 26. Monat an ganz gut zurecht. An dem Tag, als die Mütter im Säuglingszimmer bleiben sollten, beschrieb die Betreuerin, die im Spielzimmer die Oberaufsicht führte, die Reaktion des ersten kleinen Mädchens wie folgt. Sie blieb in der Nähe ihrer

Mutter, solange diese im Spielzimmer war. Als die Mutter ging, ließ sie sich mehr und mehr durch das von der Betreuerin angeregte Spiel fesseln, und für kurze Zeit kümmerte sie sich nicht einmal darum, wo die Mutter war. Ja, als die Mutter das Zimmer verließ, schien sie ihren Weggang nicht sofort zu bemerken. Sie wurde seiner erst gewahr, nachdem sie einige Zeichnungen gemacht hatte, auf die sie sehr stolz war. Nun fragte sie mehrmals: »Wo ist Mami?« Wir glauben, daß sie in diesem Augenblick die Freude über die Zeichnungen mit ihrer Mutter teilen wollte (Wiederannäherung), doch als ihr niemand antwortete, war sie imstande, weiterzuzeichnen und sich sogar stärker in diese Beschäftigung zu vertiefen. (Bei unserer Schilderung des 3. Lebensjahres werden wir jedoch genauer erkennen, wie delikat, komplex und offen die Schicksale der emotionalen Objektkonstanz in dieser Zeitspanne noch sind.)

Im Gegensatz zu dem ersten kleinen Mädchen, das offensichtlich zu diesem Zeitpunkt ein hohes Maß an libidinöser Objektkonstanz erreicht hatte, war ein kleiner Junge früh von seiner Mutter enttäuscht worden. Er benahm sich an diesem Tage wie an vielen anderen Tagen so, als besäße er ein konflikthaftes, zwiespältiges inneres Bild der Mutter, aufgrund dessen er ihr sogar ständig aus dem Weg zu gehen versuchte. An diesem Tage war er vom Zeitpunkt seiner Ankunft im *Center* an sehr still und bedrückt. Wie üblich, beschäftigte er sich eifrig mit allerlei Dingen, doch nachdem die Mutter das Spielzimmer verlassen hatte, fiel seine Stimmung immer mehr ab, ja, er wurde vielleicht sogar etwas depressiv. Er brachte sein Unglücklichsein dadurch zum Ausdruck, daß er stumm und lustlos am Ausguß stand, ohne Interesse an den Wasserspielereien zu zeigen, die sonst zu seinem bevorzugten Zeitvertreib gehörten. Er fragte zwar nicht nach seiner Mutter und schien ihre Abwesenheit nicht zu bemerken, doch sein Blick war geistesabwesend.

Das zweite kleine Mädchen zeigte wieder ein anderes Verhalten. Im allgemeinen ertrug sie es nur sehr schwer, wenn die Mutter sie allein ließ, selbst wenn es nur eine sehr kurze Trennung war. Auf das Fortgehen der Mutter reagierte sie unmittelbar und intensiv. Wenn sie bemerkte, daß die Mutter im Begriff war zu gehen, lief sie zu ihr hin, klammerte sich an sie, wimmerte oder schrie. Die Betreuerin schlug vor, daß sie sich eine Babypuppe nehme, mit der sie in der vorigen Woche mit größtem Vergnügen gespielt hatte.

Einen Augenblick lang hörte sie auf zu weinen, drückte die Puppe fest an ihren Körper und schien bereit, mit ihr zu spielen. Als sie aber erkannte, daß die Mutter *wirklich* nicht blieb, war sie unfähig, mit der Puppe zu spielen. Statt dessen preßte sie sie an sich und weinte, während sie der Mutter nachlief. Schließlich bemerkte sie eine vertraute Gestalt aus unserem Mitarbeiterstab, deren Anwesenheit sie etwas zu trösten schien. Sie blieb jedoch bedrückt, solange ihre Mutter abwesend war. Mit anderen Worten, sie konnte ihr emotionales Gleichgewicht in Abwesenheit der Mutter kurze Zeit aufrechterhalten, indem sie eine Zweierbeziehung von Kind und Erwachsenem als Ersatz benutzte. Es sollte unterstrichen werden, daß die Wiederannäherungskrise noch ihre Schatten wirft, wenn die Entwicklung in Richtung auf die emotionale Objektkonstanz fortschreitet – ein Fortschritt, der immer wieder durch Regression gestört wird, und Ambivalenz am sichtbarsten beim Abschiednehmen in Erscheinung tritt, wenn die »leibhaftige Mutter« noch anwesend ist.
Es ist typisch, daß bei starker Ambivalenz der Beziehung das Fortgehen der Mutter beträchtliche direkte oder indirekte Wut und Sehnsucht auslöst; unter solchen Bedingungen kann das positive Bild der Mutter nicht bewahrt werden. Die Reaktionen der Kinder auf die Wiedervereinigung mit ihren Müttern enthüllten ebenfalls auffallend unterschiedliche Entwicklungsmuster der Objektkonstanz. Das erste kleine Mädchen, das das positive Bild der Mutter in deren Abwesenheit offenbar aufrechterhalten konnte und fähig gewesen war, Spiel und Interesse für vertraute Personen zu nutzen, um seinen Kummer zu lindern, begrüßte die Mutter lächelnd, winkte ihr mit Spielsachen, die sie ihr zutrug, und freute sich wirklich, sie wiederzusehen. Der kleine Junge ließ keinen angemessenen Affekt erkennen; er zeigte keine Freude über die Rückkehr der Mutter. Die Mutter meinte, daß ihr Sohn sie nicht vermisse, sich »nichts daraus mache«. Als das zweite kleine Mädchen die Mutter zurückkommen sah, reagierte es sichtlich ambivalent. Es verzog das Gesicht, versuchte dann zu lächeln, sah die Mutter aber verletzt und ärgerlich an.
Die Verhaltensmerkmale – Indikatoren dieser Variationen in der Entwicklung emotionaler Objektkonstanz – werden durch die Untersuchung der Beziehung des Klein- und Spielkindes zu seiner Mutter in der vorangegangenen Subphase von Loslösung und Individuation verständlich.

Das erste kleine Mädchen hatte das Glück, eine optimale, d. h. flexible und progressive, mütterliche Zuwendung zu erfahren, die den wechselnden Bedürfnissen in den vorangegangenen Subphasen entsprach. Ihre Mutter war in den ersten *beiden* Subphasen geduldig, verständnisvoll und ständig emotional verfügbar, und sie ermutigte im richtigen Augenblick – so glaubten wir damals – ihre Tochter zu Unabhängigkeit und selbständigem Funktionieren. Teilweise durch Begabung und teilweise als Folge der optimalen Mutter-Kind-Interaktion in der symbiotischen Phase und in den ersten beiden Subphasen des Loslösungs- und Individuationsprozesses hatte dieses kleine Mädchen im 2. Lebensjahr folgende Eigenschaften entwickelt: Urvertrauen, Vertrauen zur Mutter und anderen sowie einen gesunden sekundären Narzißmus und angemessenes Selbstwertgefühl. Seine sekundären autonomen Ich-Funktionen waren entschieden stärker entwickelt als bei sämtlichen Altersgenossen.
Im 25. und 26. Lebensmonat bewältigte also dieses Kind die Abwesenheit der Mutter außerordentlich gut. Wenn es nach dem Aufenthaltsort der Mutter fragte, genügte eine einfache Erklärung, die es ohne weiteres verstand und mit der es zufrieden war. Es hatte den Anschein, daß es ein realistisches, befriedigendes inneres Bild der Mutter besaß sowie eine positive, mit Vertrauen besetzte intrapsychische Repräsentanz. Diese ermöglicnte ausgezeichnete selbständige Ich-Funktionen trotz manchen kleinen Kummers und der »Sehnsucht«, die durch die Abwesenheit der Mutter verursacht wurde.
Wir werden jedoch sehen, daß selbst die sich gut entwickelnde Objektkonstanz dieses kleinen Mädchens sich angesichts schwerer, gehäufter Schocktraumata (S. 183 f.) nicht aufrechterhalten ließ.
Zu unserer Überraschung erkannten wir an jenem Tag, als die Mütter gebeten wurden, im Säuglingszimmer zu bleiben, wie widerstrebend die Mutter dieses kleinen Mädchens der wohlbegründeten Aufforderung Mahlers Folge leistete, sich in den angrenzenden, leicht zugänglichen Raum zu begeben und die Kinder nach Belieben kommen und gehen zu lassen. (Zum erstenmal wurde uns klar, daß die Mutter dieses kleinen Mädchens sich nicht optimal, sondern phasen-unspezifisch übersteigert »verfügbar« hielt.)
Im Gegensatz zu dieser Mutter, die nicht nur in der Wiederannäherungsphase, sondern weit darüber hinaus *allzu bereitwillig* zur Verfügung stand, war es der Mutter des kleinen Jungen unmöglich,

sich hinsichtlich ihrer Gefühlseinstellung und Zuneigung zu ihrem Sohn anders als unberechenbar zu verhalten. Als wir ihn beobachteten, nachdem seine Mutter das Spielzimmer verlassen hatte, schien er völlig in Phantasiespiele vertieft, wirkte abwechselnd gelassen und traurig; es fehlte ihm die Lebhaftigkeit, die dieses Alter kennzeichnet, und er kümmerte sich nicht um andere Menschen. Nichtsdestoweniger waren seine autonomen Ich-Funktionen ausgezeichnet entwickelt. Mit anderen Worten, er mußte sich allzu sehr und allzu früh auf seine Selbständigkeit verlassen und tat es auch, wobei er allem Anschein nach sein Bedürfnis nach Unterstützung durch die Mutter unterdrückte.
Das zweite kleine Mädchen reagierte weiterhin auf das Fortgehen seiner Mutter mit großer Angst; es wurde traurig, hilflos und zog sich zurück. Wenn es nicht allzu verwirrt war, wurde es teilweise mit der Situation fertig, indem es seine Babypuppe bemutterte, d. h., indem es sich mit der Mutter identifizierte. Andernfalls wurde es selbst zum hilflosen Baby, aß ständig, suchte seinen Lieblingsbeobachter und schmiegte sich an ihn als einen bedürfnisbefriedigenden Muttterersatz, oder es verschaffte sich autoerotische und narzißtische Befriedigungen, indem es sich heftig auf dem Schaukelpferd hin- und herwiegte oder sich häufig im Spiegel betrachtete. Trennungsangst und Wut gegenüber der Mutter führten zu ausgeprägter narzißtischer Regression.

Der Erwerb von Individualität

Da das Kind in dieser Periode lernt, sich sprachlich auszudrücken, können wir einige Schicksale der intrapsychischen Trennung von der Mutter und die damit verbundenen Konflikte mit Hilfe des verbalen Materials, das es uns bietet, sowie anhand der Phänomenologie seines Verhaltens verfolgen. Die verbale Kommunikation, die in der dritten Subphase begann, entwickelt sich während der vierten Subphase von Loslösung und Individuation rasch weiter und ersetzt allmählich andere Verständigungsweisen, obgleich die Gestik des ganzen Körpers und die Affektmotilität noch sehr deutlich wahrzunehmen sind. Nunmehr beginnen Phantasiespiele, Rollenspiele und Vorspiegelungen. Die Beobachtung der realen Welt wird detaillierter und deutlich ins Spiel eingefügt; das Interesse an Spielgefährten und anderen Erwachsenen als der Mutter nimmt zu. Ein Gefühl für Zeit (sowie für räumliche Verhältnisse) beginnt sich zu entwickeln, und damit die Fähigkeit, in steigendem Maße Befriedigungsaufschub und Trennungen zu ertragen. Begriffe wie »später« oder »morgen« werden vom Kind dieses Alters nicht nur verstanden, sondern auch angewendet: *man experimentiert damit, setzt sie zum Kommen und Gehen der Mutter in Verbindung.* Wir beobachten viel aktiven Widerstand gegen die Forderungen der Erwachsenen, ein starkes Bedürfnis und den Wunsch (oft noch unrealistisch) nach Selbständigkeit (Unabhängigkeit). Wiederkehrender leichter oder gemäßigter Negativismus, der für die Entwicklung des Identitätsgefühls wesentlich zu sein scheint, ist ebenfalls charakteristisch für diese Subphase. (Das Kind befindet sich noch vorwiegend in der analen bzw. der frühen phallischen Phase der zonalen Entwicklung.)

So ist die vierte Subphase durch die Entfaltung komplexer kognitiver Funktionen gekennzeichnet: verbale Kommunikation, Phantasie und Realitätsprüfung. Während dieser Periode rascher Ich-Differenzierung im 20. oder 22. bis zum 30. oder 36. Monat macht die Individuation so große Fortschritte, daß selbst eine oberflächliche Schilderung den Rahmen dieses Buches sprengen würde (Escalona, 1968). Der Hinweis möge genügen, daß die Entstehung seelischer Repräsentanzen des Selbst, die sich von Repräsentanzen des Objekts deutlich unterscheiden, der Bildung der Selbst-Identität *den Weg ebnet.*

In idealen Fällen besteht in der zweiten Hälfte des 3. Lebensjahres die libidinöse Besetzung fort, auch wenn keine sofortige Befriedigung erfolgt, und erhält das emotionale Gleichgewicht des Kindes während der zeitweiligen Abwesenheit des Objekts aufrecht.

In der Periode der normalen Symbiose wurde das narzißtisch verschmolzene Objekt als »gut« empfunden – d. h. als im Einklang mit dem symbiotischen Selbst –, so daß die primäre Identifikation im Zeichen der positiven Valenz, der Liebe, erfolgte. Je abrupter es zum intrapsychischen Gewahrwerden des Getrenntseins kommt oder je bedrängender und/oder unberechenbarer die Eltern sind, desto geringer bleibt der Einfluß der regulierenden, ausgleichenden Funktion des Ichs. D. h., je weniger verläßlich bzw. je bedrängender die emotionale Einstellung des Liebesobjekts in der Außenwelt war, in desto höherem Maße *bleibt* oder *wird* das Objekt zum unassimilierten Fremdkörper – zum »bösen« Introjekt im intrapsychischen Gefühlshaushalt (vgl. Heimann, 1966). Im Bemühen, dieses »böse Introjekt« abzustoßen, kommen Abkömmlinge

des Aggressionstriebes ins Spiel, und es scheint sich eine stärkere Neigung zu entwickeln, die Selbstrepräsentanz mit dem »bösen« Introjekt zu identifizieren oder zumindest beide zu verwechseln. Wenn diese Situation in der Wiederannäherungsphase eintritt, kann Aggression in der Weise entfesselt werden, daß sie das »gute Objekt« überflutet oder hinwegfegt, und mit ihm zusammen die gute Selbstrepräsentanz (Mahler, 1971, 1972a). Dies würde sich in frühen, schweren Wutanfällen äußern sowie in zunehmenden Versuchen, Mutter und Vater zu zwingen, als quasi äußerliche Ichs zu fungieren. Kurz gesagt, es kann zu starker Ambivalenz kommen, die eine reibungslose Entwicklung zur Objektkonstanz und zum gesunden sekundären Narzißmus laufend stört. Solche Konsequenzen ergeben sich für jene Kinder, bei denen die allzu plötzliche und allzu schmerzliche Wahrnehmung ihrer Hilflosigkeit zu allzu plötzlicher Entwertung ihres früheren Allmachtsgefühls (und des Gefühls, die Allmacht der Eltern in magischer Weise zu teilen) geführt hat, wie es von Edith Jacobson (1954) beschrieben wurde. Dies sind die Spielkinder, die, insbesondere im 3. Lebensjahr, dazu neigen, die Objektwelt in »gut« und »böse« zu spalten und die von der »leibhaftigen Mutter« (Bowlby, 158), von der »Mutter nach der Loslösung« (Mahler, 1971) stets enttäuscht sind, während ihr Selbstwertgefühl äußerst prekär ist.
Wir haben viele normale Kinder beobachtet, die vor der Mutter zurückwichen oder andere Anzeichen zeigten, die als eine Art erotisierter Furcht gedeutet werden mußten, sobald sie sich von der Mutter bedrängt fühlten, die in spielerischer Weise körperlichen Kontakt mit dem Kind suchte. Gleichzeitig wurden Balgereien mit dem Vater oft provoziert und genossen. In diesem Verhalten drückte sich unseres Erachtens Furcht vor Wiederverschlingung durch die narzißtisch besetzte, jedoch abgewehrte, gefährliche »Mutter nach der Loslösung« aus, an deren Allmacht einige dieser Kinder noch zu glauben schienen, wenngleich sie meinten, daß die Mütter sie nun nicht mehr an ihren magischen Kräften teilhaben ließen (Mahler, 1971).
Die wichtigste Voraussetzung seelischer Gesundheit, soweit es sich um präödipale Entwicklung handelt, ist die, daß das Kind die Fähigkeit erworben hat und bewahrt, sein Selbstwertgefühl im Kontext relativer libidinöser Objektkonstanz aufrechtzuerhalten oder wiederherzustellen. In der vierten, unbegrenzten Subphase sollten beide inneren Strukturen – libidinöse Objektkonstanz

ebenso wie ein einheitliches Selbstbild, das auf echten Ich-Identifikationen beruht – begründet werden. Wir glauben jedoch, daß diese Strukturen lediglich den Beginn des folgenden Entwicklungsprozesses darstellen.
Die »innerliche Mutter«, das innere Abbild bzw. die intrapsychische Repräsentanz der Mutter, sollte im 3. Lebensjahr mehr oder weniger verfügbar sein, um dem Kind im Falle der physischen Abwesenheit der Mutter Trost zu spenden. Die wichtigste Grundlage der Stabilität und Qualität dieser inneren Repräsentanz ist die tatsächliche Mutter-Kind-Beziehung, wie wir sie in der täglichen Interaktion von Mutter und Kind sich haben entfalten sehen. Sie schien aus den vorangegangenen drei Subphasen zu resultieren. Dies ist jedoch keineswegs ein Schlußpunkt. Wir werden in Teil III in detaillierteren Beschreibungen der Loslösungs- und Individuationsschicksale von fünf Kindern zeigen, wie dieses neue kleine Wesen in seinem 3. Lebensjahr – bereit, sein unabhängiges Funktionieren in einer relativ stark erweiterten Umwelt unter Beweis zu stellen – in Abwesenheit der Mutter den neuen Stürmen zu trotzen sucht, die gelegentlich jene delikate, neugebildete innere Struktur relativer emotionaler Objektkonstanz bedrohen oder gar hinwegfegen.
Die Bedrohungen der libidinösen Objektkonstanz und des getrennten Funktionierens entspringen verschiedenen Quellen. An erster Stelle steht hier der Druck der Triebreifung, der das Kind mit neuen Aufgaben konfrontiert, während es die anale Phase mit den Anforderungen der Reinlichkeitsgewöhnung durchläuft. Sobald es dann in die phallische Phase eintritt, wird sich das Kind in stärkerem Maße des Geschlechtsunterschiedes bewußt, und im Zusammenhang damit erlebt es Kastrationsängste von wechselnder Intensität.
Psychoanalytiker sind sich der Vielzahl von Verneinungen, Phantasien, Anschuldigungen und Ängsten wohl bewußt, mit deren Hilfe das Kind mit diesen Problemen fertig zu werden sucht. Für uns ist es hier wichtig zu erkennen, wie sie die keimende libidinöse Objektkonstanz und die libidinöse Besetzung des sich individuierenden Selbst beeinflussen.
Wir haben geschildert, wie die Kastrationsangst bereits von der zweiten Hälfte des 2. Lebensjahres an der Entwicklung und gesunden Integration von Selbstrepräsentanzen (vermutlich in erster Linie des Körperschemas) entgegenarbeiten kann, und möglicher-

weise auch den libidinös besetzten Identifizierungsprozessen. Kumulative (Entwicklungs-)Traumata (vgl. Khan, 1964) in der analen und insbesondere der phallischen Phase können ein Hindernis auf dem Weg zur Objektkonstanz ebenso wie auf dem Weg zu einer vorläufigen Konsolidierung der kindlichen Individualität bilden.
Diese vorangehenden und fortlaufenden Ereignisse bestimmen Stil und Integrationsgrad der Individualität des Dreijährigen in entscheidender Weise. Beide Errungenschaften – Konsolidierung von Individualität und emotionaler Objektkonstanz – werden durch den Kampf, der um die Reinlichkeitsgewöhnung entbrennt, leicht in Frage gestellt, ebenso wie durch die Wahrnehmung des anatomischen Geschlechtsunterschiedes, durch die der Narzißmus des kleinen Mädchens einen schweren Schlag erleidet, während sie für die körperliche Integrität des kleinen Jungen eine große Gefahr heraufbeschwört.
Um das 3. Lebensjahr gibt es im Leben jedes Kindes eine besondere Konstellation, die das Resultat der bis dahin empfundenen optimalen oder nicht ganz optimalen einfühlsamen Persönlichkeit der Mutter, ihrer mütterlichen Fähigkeiten, ist, auf die das Kind reagiert. Diese Reaktion dehnt sich nun auf den Vater und die gesamte psychosoziale Konstellation der Familie des Kindes aus. Seine Reaktionen werden durch zufällige, jedoch mitunter schicksalhafte Ereignisse wie Krankheiten, Operationen, Unfälle, Trennungen von Mutter oder Vater, d. h. durch Erfahrungsfaktoren, stark beeinflußt. Zufällige Ereignisse dieser Art sind in gewisser Weise das Geschick jedes Kindes und die Substanz, aus der die endlos variierten, doch auch endlos wiederkehrenden Themen und Aufgaben seines individuellen Lebens erwachsen.
Bei der Beschreibung der wechselnden Bewegungen in Richtung der emotionalen Objektkonstanz und von ihr weg bei fünf Kindern, deren Entwicklung wir von den Konflikten der Wiederannäherungsphase bis zum Ende des 3. Lebensjahres verfolgten, werden wir die Konflikte und Kämpfe jedes Kindes erkennen, die es im Zusammenhang mit dem Erwerb und der Bewahrung der libidinösen Objektkonstanz während der 4. Subphase auszufechten hatte. Wir werden zu bestimmen versuchen, inwieweit, wenn überhaupt, der charakteristische Kampf in der Wiederannäherungsphase zu Ende geht, und in welcher Weise die Bewältigung der Wiederannäherungskrisen das Fortschreiten zu gesunder Individualität (Selbstidentität) und zur Objektkonstanz fördert oder behindert. Wir

wollen ferner den für jedes Kind charakteristischen Beginn und die allmähliche Festigung der Abwehrstruktur zu zeigen versuchen, sowie den Anpassungsstil jedes Kindes, d. h. die Art, wie es sich mit seinen individuellen Problemen auseinandersetzt (siehe Mahler und McDevitt, 1968).

Teil III
Die Subphasen-Entwicklung von fünf Kindern

Einführung

Indem wir den Loslösungs- und Individuationsprozeß so vieler Kinder verfolgten, fanden wir zahllose Variationen der Subphasen-Entwicklung, je nach der angeborenen Ausstattung des Kindes, der Mutter-Kind-Beziehung und den experimentellen Bedingungen jeder Subphase. In diesem Teil wollen wir die Subphasen-Entwicklung von fünf Kindern epigenetisch verfolgen. Die nachstehenden Fallgeschichten veranschaulichen die außerordentlich komplexen und sich automatisch wiederholenden Konstellationen von Variablen, die kaleidoskopartig wechselnden Musterbildungen, das Alternieren progressiver und regressiver Schritte im Individuationsprozeß und das charakteristische Auf und Ab in den neuerworbenen Trieb- und Ich-Positionen des Kindes (in der Interaktion mit ihren Müttern und ihrer sich ausdehnenden Umwelt).

8. Kapitel
Bruce

Wir sahen in Bruce ein gutbegabtes Kind, das sich mit einer äußerst schwierigen Mutter-Kind-Beziehung auseinandersetzen mußte. Von Geburt an vermittelte die Mutter dem Säugling ihre Angst, daß er nicht gesund sein könnte. Der Fall Bruce liefert das Beispiel einer bemerkenswert gelungenen Individuation trotz beträchtlicher Widerstände. Alle Beobachter stellten im chronologischen Symbiosealter ungünstige Umstände fest. Die im 4. bis 5. Lebensmonat vorgenommene Untersuchung seines Entwicklungsstandes ergab, daß die Harmonie des Mutter-Kind-Paares – das wechselseitige Austauschen von Signalen – schwankend war. Mutter und Kind waren ängstlich, gespannt, unruhig und schienen sich miteinander nicht wohl zu fühlen.

Die Mutter von Bruce

Frau A.s Angst schien größer zu sein als die Befürchtungen, die Mütter im allgemeinen beim ersten Kind hegen. Da wir sie nicht analysiert haben und daher über ihre Konflikte im Zusammenhang mit der Mutterschaft nicht genug wissen, möchten wir hier auch nicht unsere Vermutungen über ihre Phantasien hinsichtlich des Kindes wiedergeben. Der Hinweis möge genügen, daß Frau A. unter dem angstvollen Zwang stand, sich überzeugen zu müssen, daß ihr Baby in einwandfreiem Zustand auf die Welt gekommen war. Die ersten Monate der Schwangerschaft waren von Mißgeschicken begleitet; daß es sich bei Bruce um eine Spontangeburt gehandelt hatte, daß er ein normales Geburtsgewicht hatte, sich in ausgezeichneter Verfassung befand und vom Augenblick der Entbindung an äußerst aktiv gewesen war, zerstreute die Ängste seiner Mutter keineswegs. Weder Mutter noch Kind genossen die kurze Stillperiode. In den ersten Monaten der symbiotischen Phase war Bruce offenbar leichter durch einen Schnuller zu beruhigen als durch das Stillen.

Die Subphasen-Entwicklung bei Bruce

Bruce war ein sehr nervöses, unruhiges Kind, das sich kaum anschmiegte. Er schrie sich in wahre »Wutanfälle« hinein, mit denen seine Mutter schwer fertig wurde. Diese Tatsache und seine ständigen Schlafstörungen bei Tag und Nacht machten seiner Mutter sehr zu schaffen. In horizontaler Lage konnte Bruce weder beruhigt noch gefüttert werden; erst vom 5. Monat an ließ er sich in den Armen wiegen.

Weil Bruce so ein unruhiger Schläfer war, machte sich Frau A. ständig Sorgen, daß er nicht genug Schlaf bekäme. Immer wieder interpretierte sie seine Quengeleien als Schläfrigkeit und brachte ihn ziemlich unbeholfen, aber entschlossen zu Bett, obgleich wir alle meinten, daß er seine Umgebung aufmerksam beobachtete. Die beachtliche Aufmerksamkeit und das Interesse, das Bruce an den Vorgängen im *Center* an den Tag legte, wurden durch die Sorge seiner Mutter, er könne nicht genügend Schlaf bekommen, beeinträchtigt.

Bruce zeigte früh ein »soziales Lächeln«, das um den 5. Lebensmonat herum zur spezifischen, bevorzugenden Lächelreaktion für seine Mutter wurde. Zu dieser Zeit war er ein recht robustes, rundliches Bübchen und bedeutend ruhiger als früher. Seine besonders kräftigen Schenkel- und Wadenmuskeln erlaubten es ihm, in der von ihm bevorzugten vertikalen Position zu verweilen; auf dem Schoß der Mutter spannte er gern seine Beinmuskeln an. Er wurde als sehr munter und an Spielsachen interessiert beschrieben, und auch seine Mutter wurde nun etwas entspannter und glücklicher.

Bruce war als ein sehr unruhiges Baby geschildert worden, das gierig an seinem Schnuller sog, aber mit 5 Monaten wurde seine motorische Aktivität allmählich zielgerichteter und diente weniger der Abfuhr inneren Unbehagens. Er konnte längere Zeit zufrieden allein spielen und hatte die Fähigkeit entwickelt, auf seine Mahlzeiten zu warten. Seinen Mund benutzte er nun zur Erforschung wie zum Saugen. Der Grad seines Toleranzmangels für Störungen von außen zeigte sich an Schreckreaktionen auf bestimmte Geräusche. Doch trotz dieser Überempfindlichkeit in bezug auf plötzliche laute Geräusche schien seine Toleranz gegenüber inneren Stimuli zugenommen zu haben. Während er vom 4. bis 5. Monat auf den Anblick seines Fläschchens mit freudiger Erregung reagiert hatte, ließ diese Erregung nun allmählich nach und zeigte sich vom 5. bis 6. Monat, sobald er Spielzeug betrachtete. Wir erfuhren, daß er mit Aufregung, Lächeln und Glucksen reagierte, sobald er seinen Vater heimkommen *hörte*. Mit 5 Monaten hing er auch sehr an seiner Wolldecke, die zum echten Übergangsobjekt geworden war. Immer wenn sie ihm gereicht wurde, gluckste und gurrte er selig. Seine Aufnahmefähigkeit war in auffallender Weise eine des Gehörs, d. h., er zog die akustische Modalität vor oder war besonders auf sie eingestellt. Bruce begann sich auch mehr anzuschmiegen, wenn seine Mutter ihn in ihren Armen wiegte. Obgleich er in den ersten Wochen bei uns relativ wenig gelächelt hatte, wurde er nun ein freundliches, lächelndes Baby.

Das vergleichende »Abtasten« (»scanning«) von Menschen und »Nachprüfen« (»cheking back«) bei der Mutter war bei Bruce zu Beginn des 6. Monats ebenso zu beobachten wie die Tatsache, daß er noch immer viel weinte und quengelte, bevor er ganz plötzlich einschlief.

Während der Differenzierungs- und der frühen Übungssubphase wandte sich Bruce energisch der Außenwelt zu. Seine zunehmenden motorischen Fähigkeiten schienen ihm viel Freude zu bereiten. Doch die Tatsache, daß er wie jedes normale Kind in der frühen Übungsperiode relativ selbständig wirkte, schien seine Mutter als Zurückweisung ihrer Person zu empfinden; folglich stand sie Bruce nicht zum »emotionalen Auftanken« zur Verfügung. Wiederum neigte sie dazu, sein Quengeln, wenn er müde war und *sie* brauchte, als *Schlaf*bedürfnis zu interpretieren. Ohne es zu wissen, pflegte sie so eine Distanz zwischen ihn und sich zu legen.

Etwa um den 6. bis 7. Monat entwickelte Bruce starke Fremdenreaktionen und konnte nur von seiner Mutter getröstet werden. Obgleich sich Frau A. darüber freute, war sie mitunter unfähig, ihn zu trösten, wenn er aufgeregt war. Die optimale Distanz für Bruce und seine Mutter während der Differenzierungs- und der frühen Übungsperiode war gegeben, wenn Bruce in seinem Ställchen spielte und Frau A. ihn aus der anderen Zimmerecke beobachtete. Bruce schaute oft zu seiner Mutter hin, und sie sagte, sie hätte nie geglaubt, daß »das Beobachten eines kleinen Jungen soviel Spaß machen könne«.

In der frühen Übungsperiode hatte Bruce sehr viel Freude an seinen Entdeckungen. Sein wachsendes Interesse an der Welt, die ihn umgab, schien ihm geholfen zu haben, die früheren Fremdenreaktionen zu bewältigen. Er war in gehobener Stimmung. Anfangs mußte er noch bei seiner Mutter auf dem Schoß sitzen, um sich an einen Fremden zu gewöhnen, doch sein Interesse an der Welt überwog mehr und mehr. Er brauchte wenig physischen Kontakt mit der Mutter; er war beruhigt, wenn er durch Blicke oder Laute aus der Entfernung mit ihr kommunizieren konnte.

Als Bruce 9 Monate alt war, wurde seine Mutter erneut schwanger. Gleichzeitig schien sie mit Bruce ungeduldig zu werden, besonders wenn er sich beim Wickeln hin- und herwarf. Die Mitteilung über die Schwangerschaft erfolgte kurz nachdem Frau A. den Wunsch geäußert hatte, wieder arbeiten zu gehen. Die neue, nicht geplante Schwangerschaft schien bei ihr neue Konflikte und Angst zu erregen, und dies spiegelte sich in ihrer Beziehung zum Sohn wider. Frau A. beklagte sich nun, daß sie nie wüßte, was Bruce wollte; oft gab sie ihm *Essen* statt ihrer Person. Um den 9. Monat herum entwickelte sich bei Bruce eine vorübergehende, aber ziemlich ernste Ernährungsstörung. Frau A. klagte über die Schwierigkeiten, die sie beim Baden, Wickeln und Anziehen mit ihm hatte. Er schien dagegen anzukämpfen, daß er sich hinlegen oder sich still, d. h. passiv, verhalten sollte. Frau A. schrie ihn an und hatte hinterher Schuldgefühle wegen ihrer Wut. Wir meinten, daß es sich bei Frau A.s Verhalten gegenüber Bruce um eine Verschiebung der Wut handelte, die sie wegen der neuen Schwangerschaft empfand, über die sie wiederholt klagte und deretwegen sie sich körperlich ziemlich elend fühlte und unter ständiger Übelkeit litt.

Als Bruce etwa 9 bis 10 Monate alt war, fühlte sie sich verpflichtet, ihm die Bedeutung des Wortes »Nein« beizubringen. Es schien, als bereite es ihr zu dieser Zeit, als sie sich selbst in einer Krise befand, Schwierigkeiten, Bruce als eigenständiges Individuum zu akzeptieren – sie wollte, daß er passiv, ein kontrollierbares Anhängsel seiner Eltern sei.

Bruce reagierte auf die Veränderung seiner Mutter, indem er die frühere Freude am Üben verlor. Statt umherzukrabbeln und sich mit Gegenständen zu beschäftigen, fing er an, sich hochzuziehen, so daß er stand (was an sein frühestes Schoßkindverhalten erinnerte). In diesem Alter trägt die aufrechte Haltung im allgemeinen dazu bei, daß das Kind stolz ist und sich wohl fühlt. Bei Bruce hingegen hatte es den Anschein, als ob die aufrechte Haltung sein Stimmungsbarometer sinken ließe. Wir können vermuten, daß die aufrechte Haltung – die er ohne fremde Hilfe nicht verändern konnte, um sich zu setzen oder zu krabbeln – ihn in bezug auf sein

Körperschema und seine körperlichen Empfindungen verletzlicher machte. Dies trug zweifellos dazu bei, daß Bruce sich gegen Fremde erneut ablehnend verhielt und weniger Freude an selbständigem Spielen hatte. Doch trotz dieser vorübergehenden Störung zeigte er zu Beginn der *eigentlichen Übungsperiode* sehr wohl deren allgemeine charakteristische Merkmale. Er hatte großes Vergnügen an seiner Umwelt, war selig über seine sich entwickelnden Fähigkeiten, und im Alter von 10 bis 14 Monaten konnte er auch kurze Trennungen von seiner Mutter ertragen.

Tatsächlich fiel der Höhepunkt der eigentlichen Übungsperiode mit unseren Sommerferien zusammen, und wir sahen Bruce daher nur bei einem Hausbesuch. Nach seiner Rückkehr aus den Ferien – er war jetzt 14 Monate alt – begann er das typische Verhalten der *frühen Wiederannäherungsperiode* zu zeigen, d. h. erheblich verfrüht. Er registrierte den jeweiligen Aufenthalt seiner Mutter sehr genau, und es machte ihm Spaß, seine Besitztümer mit ihr zu teilen, insbesondere sein Essen. Erneut traten Reaktionen auf Fremde und unvertraute Situationen auf, und er mußte eine Weile auf dem Schoß seiner Mutter sitzen, bevor er an den Aktivitäten der anderen Kinder im Raum teilnehmen konnte. Weil die Wiederannäherung so früh begann, erkannten wir in seinem Fall eine viel zu starke (nicht optimale) Überschneidung von Übungs- und Wiederannäherungsmerkmalen des Loslösungs- und Individuationsprozesses.

Inzwischen schien Frau A. ihre neue Schwangerschaft zu akzeptieren und konnte sich daher besser auf die Bedürfnisse ihres Sohnes einstellen. Gleichzeitig wurde sie aber ängstlich und hielt sich in seiner Nähe auf, sobald er beim Laufen und Klettern ein bißchen unternehmungslustiger wurde.

Mit dem Fortschreiten der Wiederannäherungsperiode wurde Bruce stärker bewußt, daß seine Mutter nicht im Zimmer war. Er spielte in der Nähe ihres leeren Stuhls, und manchmal weinte er, wenn die Tür aufging und jemand anders als seine Mutter den Raum betrat. Insgesamt war die Mutter-Kind-Beziehung in den ersten Monaten der Wiederannäherungsperiode recht positiv. Jedoch ebenso wie in der frühen Übungssubphase, als das erste Aufkeimen einer guten Beziehung zur Mutter durch die neue Schwangerschaft beeinträchtigt wurde, wurde Frau A. nun gegen Ende der Schwangerschaft in zunehmendem Maße müde, depressiv und reizbar. Wieder fühlte sie sich durch Bruce übermäßig belastet.

Sie fand, daß er von den anderen Kindern im *Center* unvorteilhaft abstach, und verringerte den Kontakt mit ihm. Zunächst schien Bruce darauf zu reagieren, indem er sich selbst zu helfen suchte; so fing er beispielsweise an, allein zu essen. Er appellierte indirekt, indem er sich in gefährliche Situationen begab und so die Mutter zwang, ihm zu Hilfe zu kommen. Doch schließlich trat in seinem Verhalten eine Art passiver Kapitulation zutage: er klammerte sich stärker an und wurde depressiv.

Bruce war 16 Monate alt, als seine kleine Schwester geboren wurde. Anfänglich versuchte er, mit diesem Ereignis fertig zu werden, indem er den Anblick der Mutter mit dem Baby mied, und zwar buchstäblich durch Wegschauen. Als aber die Schwester einen Monat alt war, funktionierte dieser Vermeidungsmechanismus nicht mehr; er wurde niedergeschlagener, konnte sich nicht mehr freuen, war still und stumpf. Ängstlich klammerte er sich an seine Mutter und ließ sie nicht aus den Augen, so als fürchtete er, sie könnte ihn verlassen. Zu diesem Zeitpunkt erkannte Frau A. seine Depression; sie machte sich Sorgen um ihn, war geduldiger und wandte sich ihm stärker zu.

Der Wechsel zwischen Fortschritt und Rückschritt in der Beziehung des Jungen zu seiner Mutter schien zum Stillstand zu kommen, als im 19. Lebensmonat ein Wendepunkt in seiner Entwicklung eintrat. Er überwand seine Depression und begann viel Freude am Spiel und an seinen Beziehungen zu anderen Menschen zu finden. *Bruce fing an zu sprechen.* Die Fähigkeit, sich der Worte zu bedienen, schien eine große Hilfe für ihn zu sein, da er nun seine lebhafte Neugier und sein Interesse an der Umwelt auszusprechen vermochte. Es ist im Falle dieses Kindes nicht ganz klar, ob sein früher Spracherwerb eine Reifungsleistung war, die dann die Hinwendung zur Außenwelt sehr erleichterte – ähnlich etwa dem Modell der vorzeitigen Reifung der Fortbewegung –, oder ob seine Hinwendung zur Außenwelt und zu anderen Menschen es ihm ermöglichte, sprechen zu lernen. Anscheinend war es ein zirkulärer Vorgang.

Im 19. bis 20. Monat überwand Bruce seine starken Trennungsreaktionen. Er wurde – vielleicht reaktiv – äußerst selbständig. Die Anwesenheit der kleinen Schwester schien ihn weniger zu stören, er fand einen Namen für sie, und es bereitete ihm einiges Vergnügen, bei ihrer Betreuung zu helfen – mit anderen Worten, er schien imstande, »sich mit der aktiven Mutter zu identifizieren«. Im

Center hielt er sich besonders gern im Raum der Krabbelkinder auf; er schloß sich vielen Leuten an, wobei er sowohl die Beziehungen zu Erwachsenen als auch zu anderen Kindern genoß, und er nahm eifrig an allen Aktivitäten teil.
Bruce bewältigte seine Wiederannäherungskrise plötzlich und für den Augenblick recht erfolgreich. Es schien, als sei das nicht so sehr deshalb gelungen, weil er mit seiner Mutter ins reine gekommen war (obwohl er sich mit der aktiven Mutter identifiziert hatte), sondern vielmehr weil er sich aus der Identifizierung mit ihr (vgl. Greenson, 1968) gelöst hatte, indem er sich dem Vater zuwandte. Wir konnten dies natürlich nicht unmittelbar in unserem Setting beobachten, vermochten es aber bald aus den symbolischen Spielen und den Verbalisierungen von Bruce zu rekonstruieren. (Er »kochte« für seinen Vater, führte imaginäre Telefongespräche mit ihm, usw.) Seine Beziehung zur Mutter war oft zu ambivalent, womit er fertig wurde, indem er sie immer wieder ignorierte und sich von ihr abwandte. So war er beispielsweise darauf bedacht, die angenehmen Seiten des Lebens mit anderen Leuten als der Mutter zu teilen. Wir meinten, daß dieses Abwenden von der Mutter letztlich nur eine vorübergehende Lösung darstellen konnte und daß sich der frühere Loslösungskampf sehr wohl zu einem späteren Zeitpunkt wiederholen könne.[1]
Rasche Auffassungsgabe und angeborene Begabung erleichterten es Bruce, mit den Schwierigkeiten der Mutter-Kind-Beziehung fertig zu werden. Seine Belastungen hingegen schienen zumindest teilweise den in dieser Beziehung enthaltenen Konflikten zu entstammen: dem Bedürfnis, sich so früh (mit 18 bis 19 Monaten) der engen Bindung an die Mutter zu entziehen, und seiner Neigung, sich am chronologischen Ende der Subphase der Wiederannäherung in so hohem Maße auf die eigenen Hilfsquellen zu verlassen.

Bruce im 3. Lebensjahr

Zu Beginn des 3. Lebensjahres war Bruce ein ernster kleiner Bub, der sich auf das, was er tat, konzentrierte. Auch wenn er mitunter bedrückt wirkte, war er doch stets aktiv und ständig eifrig beschäf-

[1] Wir haben zufällig erfahren, daß heftige Trennungsreaktionen in der Tat auftraten, und zwar nicht unmittelbar nach seiner Aufnahme in den Kindergarten, sondern einige Monate später (siehe Speers *et al.*, 1971; Speers, 1974).

tigt. Er liebte das Zimmer der Spielkinder und war dort gut angepaßt. Er war äußerst interessiert. Das Spiel war sehr wichtig für ihn, nicht nur als symbolische (Wieder-)Darstellung seiner eigenen Realität, sondern auch als ein Mittel, Beziehungen zu Menschen anzuknüpfen. Wenn er jemand mochte, genügte es ihm nicht, dieser Person nur nahe zu sein, er wollte auch mit ihr spielen. Was seine Mutter anging, so wollte er mit ihr spielen, oder aber sie sollte ihm vorlesen.

Seine Gemütsverfassung zu Beginn des 3. Lebensjahres schien relativ unabhängig davon, ob seine Mutter abwesend oder zugegen war. Wenn sie im Spielzimmer war, nahm er nicht viel Notiz von ihr. Wenn sie nicht anwesend war und es den Anschein hatte, als brauche er sie oder denke an sie, schien er diese Sehnsucht abzuwehren, indem er sich rasch mit etwas anderem beschäftigte.

Bruce hatte es besonders gern, wenn man ihm vorlas. Es schien, als könne er auf diese Weise jemandem besonders nahe sein (indem er sich zu der entsprechenden Person oder auf ihren – oder seinen – Schoß setzte) und gleichzeitig sein ständiges lebhaftes kognitives Interesse an der Welt üben. Seine kognitive Entwicklung war sehr vielversprechend; er war sehr interessiert am Ablauf von Dingen und Ereignissen. Er schien ein besonderes Empfinden für Zeitablauf und Rhythmus des Morgens im Spielzimmer zu haben, wo eine Tätigkeit der anderen folgte (Entwicklung des Zeitsinns). Er begann den Tag gewöhnlich still, doch je mehr er sich an den Aktivitäten beteiligte, desto angeregter wurde er. Gelegentlich war er sehr temperamentvoll, spielte lebhaft mit anderen Kindern, wobei er auch geräuschvolle Aktivitäten nachahmte. Er malte gern; oft klatschte er den Pinsel aufs Papier oder rührte energisch damit im Farbentopf herum und brachte so seinen aktiven Aggressionstrieb zum Ausdruck.

Bruce entdeckte seinen Penis, als er 10 Monate alt war, und es schien, daß er ihn konfliktlos berühren und handhaben konnte. Im 3. Lebensjahr gab es allerdings Anzeichen dafür, daß sich Kastrationsängste bei ihm einzustellen begannen, und sicherlich hatte er auch einige anale Probleme. Manchmal suchte er die Nähe der Mutter, wenn er Stuhlgang hatte, doch bei anderen Gelegenheiten lehnte er ihr Eingreifen ab, etwa daß sie seinen Stuhl wegtrug oder die Windeln wechselte. Er zeigte Interesse, wenn Dinge kaputtgingen oder Teile abbrachen, aber auch, wenn sie ganz gemacht wurden.

Das Spiel schien auf Bruce eine beruhigende Wirkung zu haben; es half ihm, mit Dingen fertig zu werden, die ihn irritierten. Er spielte gern mit Eisenbahnen; vor allem ließ er den Zug gern durch einen Tunnel fahren. Auf diese Weise war er offenbar in der Lage, sein Interesse und seine Besorgnis über Dinge, die kommen und gehen, Dinge und Menschen, die verschwinden und wieder erscheinen, zu bewältigen.

Das folgende Beispiel zeigt, wie behutsame, psychoanalytisch orientierte Beobachtung von Verhalten und Spielvorgängen uns Rückschlüsse auf innere Prozesse erlaubt, im vorliegenden Fall auf die Besorgnis wegen des Hergebens von Fäzes, wegen des Verlusts von Teilen eines Gesamtobjekts, wegen des Verlusts von Körperteilen und wahrscheinlich auch Besorgnis wegen des zeitweisen Verlusts und der Wiedererlangung des Liebesobjekts – all das wird symbolisch im Spiel agiert und auch mit Worten ausgedrückt.

Eines Morgens, nachdem eine Darmentleerung in die Windel stattgefunden hatte, suchte Bruce seine Mutter. Als er sie nicht finden konnte, holte er ein Buch über Eisenbahnen – sein Lieblingsbuch; er deutete auf ein Bild und erzählte etwas über einen Kohlenwaggon, obgleich dieser nicht abgebildet war. In ähnlicher Weise hatte er gerade seine Mutter gesucht, sie aber nicht finden können. Er hatte auch seinen Darm entleert, was er in seiner Windel spüren, aber nicht sehen konnte. Anschließend entdeckte er ein anderes Buch und betrachtete das Bild einer Familie. Er deutete auf Vater und Sohn und benannte sie; Tochter und Mutter, die ebenfalls abgebildet waren, benannte er dagegen nicht. Dann ging er zum Spielzeugbriefkasten, deutete auf die Klappe, die abgefallen war, und sagte deutlich »A-A«. Darauf spielte er mit hohlen Klötzern, indem er einen kleinen in einen größeren steckte (ihn quasi verbarg) und sie dann ordnete. Danach schaute er in den Hof, wo er oft Buben hatte spielen sehen, und sagte: »Junge«, obwohl in diesem Augenblick niemand auf dem Hof war. Er lenkte die Aufmerksamkeit der Beobachter auf alle diese Teile, die zu einem »synkretischen Ganzen« gehören, das jedoch im Augenblick fehlte oder unsichtbar war. Durch diese Abfolge von Worten und Taten nach dem Prinzip der freien Assoziation brachte er also seine Besorgnis über fehlende Teile oder ganze Objekte zum Ausdruck, insbesondere über das abwesende Liebesobjekt, die Mutter.

Es fiel Bruce nicht leicht, seine Bedürfnisse direkt zu äußern; er berührte seine Mutter, ohne sie anzusehen. Viele Anzeichen deute-

ten darauf hin, daß Mutter und Kind ihre Beziehung zu verbessern versuchten, doch waren diese Versuche zögernd und schwächlich.
Bruce zeigte sein Bedürfnis nach Betreuung und seine »Identifizierung mit der aktiven Mutter«, indem er mit Spielzeugtieren spielte; er fütterte sie mit Teig und ahmte auf diese Weise nach, wie die Mutter die kleine Schwester, ihn selbst und den Vater ernährte. Oft spielte er, daß er für den Vati koche oder mit ihm telefoniere; er konnte auch sein Verlangen nach der Mutter offener zeigen, indem er sie im Zimmer der Kleinkinder suchte.
Zu Beginn seines 3. Lebensjahres zeigte Bruce praktisch keinerlei Eifersucht gegenüber seiner Schwester, wenn er bei ihr war; er schien sich vielmehr zu freuen, sie zu sehen, wenn sie in das Spielzimmer kam. Er spielte auch gern mit ihr, wenn er sie im Zimmer der Kleinkinder »besuchte«, wo sie sich meist aufhielt (sie war noch nicht 12 Monate alt). Er schien fast begierig, seine Besitztümer mit ihr zu teilen. Statt direkt mit seinem Schwesterchen zu konkurrieren, rivalisierte Bruce mit seinen Spielgefährten. Im Spielkinderzimmer forderte er die ungeteilte Aufmerksamkeit der Lehrerin, insbesondere wenn sie mit einem anderen Kind beschäftigt war. Wenn sie ihm zum Beispiel aus einem Buch vorlas und vorübergehend zu einem anderen Kind gerufen wurde, verlangte Bruce indirekt, aber lautstark nach ihrer Rückkehr, indem er so tat, als läse er laut aus dem Buch vor, das bei ihm zurückgeblieben war. Obgleich er vorher seinen Spielkameraden gegenüber sehr großzügig gewesen war, wollte er nun nicht teilen. Seine Aggressionshemmung gegenüber der Schwester hatte sehr früh während der Wiederannäherungsphase eingesetzt, und zwar in Gestalt von Verdrängung als eines echten Abwehrmechanismus (siehe Mahler und McDevitt, 1968). Diese Aggressionshemmung dehnte sich schließlich auch auf die anderen Kinder aus; nachdem er sich eine Zeitlang in Kämpfen um Besitztümer hatte behaupten können, ließ er sich nun seine Sachen widerstandslos wegnehmen.
Die Mutter schien zu diesem Zeitpunkt im allgemeinen mit Bruce zufrieden. In manchen Interaktionsbereichen pflegte sie ihn jedoch immer noch eher wie ein passives Baby denn als größer werdenden kleinen Jungen zu behandeln. Wir stellten dies insbesondere dann fest, wenn sie ihn wickelte. Entgegen dem Verhalten anderer Mütter von Jungen seines Alters wickelte sie Bruce weiterhin in der

passiven horizontalen Lage, statt die Windel zu wechseln, wenn er stand oder beim Spiel war.

Wir glaubten, daß Bruces' gute autonome Ich-Funktionen, wie man sie an seiner Sprache, seiner Handhabung von Objekten und seinen konstruktiven, zielgerichteten Handlungen beobachten konnte, seiner sehr guten angeborenen Begabung entstammten, sowie der Beziehung zu seinem Vater und seiner Identifizierung mit ihm. Bruce freute sich auf die Heimkehr des Vaters am Abend, lange bevor er üblicherweise nach Hause kam. Wenn der Vater dann eintraf, verbrachten sie viel Zeit zusammen, und der Vater brachte Bruce vieles bei. Wie bereits erwähnt, schien die gute Beziehung zum Vater Bruce beim nachfolgenden Erwerb der zweiten Stufe der Identitätsbildung, der Geschlechtsidentität, geholfen zu haben (Mahler, 1958b; Stoller, 1973) (siehe auch 6. Kapitel). Frau A. fuhr fort, sich der Bindung an ihren Sohn zu entziehen. Nunmehr, in seinem 3. Lebensjahr, trennte sie offen zwischen Männlichkeit und Weiblichkeit: sie erklärte, Bruce und sein Vater seien zwanghaft und intellektuell, während sie und die Tochter Gefühlsmenschen seien.

Abschließend kann man sagen, daß Bruce den Höhepunkt der Wiederannäherungskrise im 2. Lebensjahr zur Zeit der Geburt seiner Schwester erreicht hatte. Er machte dann eine Periode heftigen Unbehagens und Anklammerns durch. In der Folgezeit schien er die Wiederannäherungskrise zu »lösen«, indem er seine feindseligen Gefühle gegenüber der kleinen Schwester unterdrückte (Verleugnung) und vom Kommen und Gehen der Mutter keine Notiz nahm (Mahler und McDevitt, 1968). Statt dessen wendete er sich anderen Menschen zu – vor allem seinem Vater, aber auch den Spielkameraden und Beobachtern im *Center* – sowie Ich-Aktivitäten, etwa in Form von konstruktivem, symbolischem Spiel. Das war das Bild, das wir zu Beginn seines 3. Lebensjahres von Bruce hatten.

Dieses etwas prekäre Gleichgewicht im Gefühlsleben von Bruce konnte unter der Einwirkung von Anforderungen und innerem Druck während des 3. Lebensjahres nicht durchgängig bestehen bleiben. Teilweise war dieser Druck psychosexueller Art und hing mit dem zunehmenden Gewahrwerden des anatomischen Geschlechtsunterschiedes und mit dem Kampf um die Reinlichkeitsgewöhnung zusammen. Druck kam aber auch aus einem anderen Bereich: den Schicksalen der Beziehung zwischen Bruce und seiner

Mutter. Frau A. begann wieder auf Teilzeitbasis als Lehrerin zu arbeiten, als Bruce 27 Monate alt war. Er bettelte, sie möge daheimbleiben, und weinte, als sie wegging. Der Babysitter berichtete, daß Bruce nach dem Weggang der Mutter zwar nicht mehr lange weinte, aber ein Nickerchen machen wollte (Regression), was er sonst selten tat. Dieses Verhalten erinnerte daran, daß Frau A. oft Bruces' Werben um Anteilnahme in der Subphase der Differenzierung (5. bis 10. Monat) als Anzeichen von Schlafbedürfnis gedeutet und ihn entschlossen schlafen gelegt hatte.

Einige Monate nachdem Frau A. ihre Berufstätigkeit wiederaufgenommen hatte, berichtete sie, daß Bruce zu Hause oft unleidlich, unglücklich und wütend war. Es gelang ihr nicht, ihn zufriedenzustellen. Sie führte dieses Verhalten darauf zurück, daß Bruce wegen der Reinlichkeitsgewöhnung mit sich selbst unzufrieden war.[2] Unter dem Gesichtspunkt von Loslösung und Individuation schien sein Verhalten der Subphase der Wiederannäherung zu entsprechen, in der das Kind sich gelegentlich danach sehnt, in die symbiotische Phase zurückzukehren. Das ist natürlich jenseits der chronologischen Grenze der Symbiose unmöglich. Das Kind bewegt sich mittlerweile auf einem höheren Ich-Niveau. Die bloße Tatsache, daß es sich nach dem »verlorenen Paradies« sehnen, einen Wunsch im Sinne Max Schurs (den ich-gefilterten Affekt der Sehnsucht [Mahler]) hegen kann, macht aus ihm für immer ein losgelöstes Wesen.

Ferner trug die Geschwisterrolle zu seinem Kummer in der 4. Subphase von Loslösung und Individuation bei. Zu Beginn des 3. Lebensjahres war sein Schwesterchen zum Spielkind herangewachsen und begann zu laufen; sie kam ins Spielzimmer, wie es Spielkinder eben tun, und forderte und bekam viel Aufmerksamkeit. Bruce war darüber nicht glücklich und versuchte sie zu ignorieren (Verleugnung), so wie er seine Mutter ignoriert hatte. Als seine Schwester die Mutter nicht länger als »Heimatbasis« betrachtete und das Spielzimmer vorzuziehen begann, konnte Bruce nicht rasch genug zur frei gewordenen »Heimatbasis« zurückkehren. Er lief ohne Umschweife zu seiner Mutter, und beide genossen einen zärtlichen Gefühlsaustausch.

[2] Frau A. neigte im allgemeinen zur Unterschätzung der Rolle, die sie für ihren Sohn spielte. Es war typisch, daß sie seine Schwierigkeiten der Reinlichkeitsgewöhnung zuschrieb, statt der Tatsache, daß es ihm schwerfiel, ihre Rückkehr zum Beruf zu akzeptieren.

Es war immer ganz klar gewesen, daß für Bruce die wichtigste Person im *Center* die Lehrerin im Spielzimmer war. Aber als seine Schwester ins Zimmer kam und unmittelbar zur Lehrerin lief, ihr auf den Schoß krabbelte in der sicheren Erwartung, akzeptiert zu werden, reagierte Bruce darauf, indem er zur Mutter zurückkehrte, statt mit der Schwester um die Gunst der Lehrerin zu konkurrieren. Daß er zum verlassenen Mutterschoß zurückkehren konnte, erleichterte es Bruce gleichzeitig, zu diesem Zeitpunkt ihre libidinöse Zuwendung zu erlangen, und das mag ein Faktor gewesen sein, der ihm half, seine heftigen Reaktionen auf ihre Rückkehr in den Beruf zu überwinden.

Zwischen dem 32. und 33. Lebensmonat hatte Bruce begonnen, sich mit der Anwesenheit seiner Schwester im Spielzimmer abzufinden. Sobald er nach seiner Ankunft im *Center* ins Spielzimmer trat, entwickelte er ein höchst interessantes, aufschlußreiches Ritual: es hing damit zusammen, daß er zeigte, wie stolz er auf alles war, was er anhatte, insbesondere seine Hosen. Er gab deutlich zu erkennen, daß die Lehrerin ihn bewundern sollte, bevor er über die Schwelle trat. Dieser Wunsch, bewundert zu werden, besonders wegen seiner Kleidung, seiner Hosen und weil er ein Bub war, schien damit im Einklang zu stehen, daß er sich und seine Besitztümer in einer aktiveren phallischen Weise verteidigte und andere Buben in seiner Gruppe schlug, wenn sie ihm aggressiv begegneten. Doch den schwersten Kampf hatte er wegen analer Konflikte zu bestehen. Durch die Reinlichkeitsgewöhnung und Kastrationsängste wurde die Wiederannäherungskrise neu belebt und gipfelte in vorübergehenden Störungen der Objektkonstanz, insbesondere in einer eigentümlichen Verwirrung im Hinblick auf den jeweiligen Aufenthalt seiner Mutter.

Bruce wußte, daß seine Mutter manchmal in den Keller ging, um mit den anderen Müttern Kaffee zu trinken. Während seiner zeitweiligen Verwirrtheit konnte es vorkommen, daß er sagte: »Ich möchte hinuntergehen zu Mami«, obwohl er wußte, daß seine Mutter sich oben aufhielt, wo er sie noch vor einer Minute gesehen hatte. Eines Tages wollte er zu seiner Mutter ins Babyzimmer gehen, die – wie ihm bekannt war – gar nicht im *Center* war.

Eine ähnliche Beobachtung machten wir einmal, als die Mutter Bruce aufforderte, mit ihr und dem Baby heimzugehen, das sie auf dem Arm hielt. Als er einige Minuten später so weit war, daß er gehen konnte, hielt Frau A. das Baby nicht mehr im Arm. Bruce war dadurch beunruhigt. Er begann sofort eine hektische Suche nach der Schwester, als fürchtete er, sie sei verschwunden. Seine Beunruhigung wegen ihres Aufenthaltes zeigte deutlich, daß seine aggressiven Gefühle und Phantasien an seiner zeitweiligen Desorientiertheit schuld waren. Es gelang Bruce im allgemeinen, seine Aggression zu verleugnen und unseres Erachtens sogar zu verdrängen.

Eine unregelmäßige Schwankungsperiode folgte: zeitweise ignorierte Bruce seine Mutter, während er zu anderen Zeiten überhaupt nicht bereit war, sich von ihr zu trennen. Er reagierte auch in unberechenbarer Weise auf die Beobachterin bei den Spielveranstaltungen. Manchmal schien er ihr sehr zugetan, sich in ihrer Gesellschaft wohl zu fühlen und sich darauf zu freuen, mit ihr spielen zu können, während er sich bei anderen Gelegenheiten so verhielt, als kenne er sie überhaupt nicht.

Mit etwa 33 Monaten entwickelte Bruce eine gewisse Neigung zur Habsucht. Die Art und Weise, wie er an bestimmten Besitztümern festhielt, die eine offensichtlich symbolische Bedeutung hatten, erlaubte uns die Schlußfolgerung, daß er seine Fäzes nicht hergeben wollte, was wiederum mit Kastrationsangst verbunden war. Bruce bohrte gern Löcher in den Knetteig, deckte sie dann zu und sagte sehr erleichtert: »Loch ist weg.« Er hing besonders an bestimmten Spielsachen oder Gegenständen, die zumindest während dieser Zeitspanne zu hochgeschätzten Besitztümern wurden. Er nahm sie überallhin mit und ließ sie sich von niemandem wegnehmen. Besonders interessierte er sich für das Öffnen und Schließen der Schränke im Puppenhaus; er legte Dinge hinein und holte sie dann wieder heraus. Sehr ungern ging er ins Badezimmer, d. h., er folgte seiner Gewohnheit, angsteinflößenden Situationen aus dem Wege zu gehen. Er schien hinsichtlich der Toilettenfrage einen teilweise verinnerlichten Kampf auszufechten. Erst nachdem er sich naß gemacht oder seine Windeln beschmutzt hatte, sagte er es seiner Mutter und bestand dann darauf, saubergemacht zu werden. Als Frau A. Bruce eines Morgens ins *Center* brachte, berichtete sie, daß er seit dem Vorabend weder uriniert noch defäziert hatte. Er wirkte angespannt, ängstlich und unzugänglich. Schließlich hatte er Stuhlgang, und nachdem seine Mutter die Windel gewechselt hatte, lächelte er, war fröhlich und gesellig.

Nach dieser Episode ging Bruce ein Wochenende lang zu Hause auf eigenen Wunsch auf die Toilette, um zu defäzieren. Doch er kehrte noch einmal zu seinen Windeln zurück, und für kurze Zeit bestand er darauf, daß sie gewechselt wurden. Er ließ wiederholt den Stuhlgang in die Windel gehen, stritt es aber ab, obwohl er den ganzen Morgen steif herumlief. Wenn die Mutter die Windel wechseln wollte, wehrte er sich zwar, ließ sich aber nicht auf einen Kampf mit ihr ein. (Die Beobachterinnen waren öfter verblüfft über sein passives Verhalten, wenn die Mutter ihn hochob.) Bis zum Ende des Monats wollte Bruce nicht, daß seine Windeln gewechselt wurden, nachdem er sie naß gemacht oder beschmutzt hatte. Es scheint, daß sein Konflikt zwischen Passivität und Aktivität zu diesem Zeitpunkt teilweise verinnerlicht wurde. Dieser Konflikt im Zusammenhang mit der Reinlichkeitsgewöhnung wurde durch zwei Faktoren ausgelöst: 1) Bruce erhielt für seine Reinlichkeitsbemühungen nicht genügend Anerkennung von seiner Mutter, und 2) ging die Mutter mit seinem Körper recht unsanft um, so daß seine generelle Angst davor, von ihr versorgt zu werden, noch gesteigert wurde.

Beim Spielen ließ Bruce erkennen, daß sein Interesse am Erscheinen und Verschwinden von Gegenständen zumindest teilweise durch seine Befürchtungen vor dem Verlust von Körperteilen bestimmt war. Es schien eine Kombination von Kastrationsangst und Angst vor dem Verlust von Fäzes zu sein. Gegen Ende des 3. Lebensjahres wollte Bruce immer noch nicht auf die Toilette gehen, und seine Reinlichkeitsgewöhnung war nicht abgeschlossen. Obgleich er im allgemeinen anderen Kindern gegenüber tolerant und zum Teilen bereit war, gab es eine Gelegenheit, bei der er leidenschaftlich entschlossen war, drei Schachteln Buntstifte für sich zu behalten. Er brauchte alle Stifte: er nahm sie aus den Schachteln, legte sie wieder hinein, verstaute sie schließlich alle im Milchauto und erklärte: »Alles weg.« Dann öffnete er die Autotür, um sich zu überzeugen, daß sie noch da waren.

Ein Spiel war besonders interessant. Die Beobachterin erbot sich, für Bruce etwas aus Knetteig zu machen. Er wollte ein Zebra haben. Als sie fragte, was ein Zebra sei, antwortete er zuerst, es habe einen Schwanz, dann ein Euter und schließlich Streifen. Er tat so, als sei er ein Zebra und wolle sie beißen. Dann tröstete er sie, indem er ihre Hand in seiner Achselhöhle festhielt. Im Spiel agierte er seine widerstreitenden Gefühle: den Wunsch zu verletzen, vielleicht den Wunsch, etwas loszuwerden, und schließlich den Wunsch nach Nähe und Festhalten. Das Spiel schien zwei Aspekte oraler

Aktivität zu umfassen: Beißen (orale Aggression) und Einverleibung (die teilweise der Besänftigung und dem Trost diente).
Trotz seiner starken Konflikte und gelegentlicher auffallender Unsicherheiten bezüglich der Objektpermanenz, schien Bruce *gegen Ende des 3. Lebensjahres* endgültig die phallische Phase erreicht zu haben. Diese Errungenschaft war jedoch sehr prekärer Art. Zwar wurde er sehr viel selbstbewußter und aktiver, aber er konnte sich nicht mehr so ausdauernd und konstruktiv mit Spielsachen beschäftigen wie vorher. Er pflegte Gegenstände herumzuwerfen und wurde sehr erregt. Früher konnte er ein Interesse ungewöhnlich lange bewahren, was nun nicht mehr der Fall war. Die Merkmale seines Spiels und anderer Verhaltensweisen schienen jetzt deutlich damit zusammenzuhängen, daß das Spiel oft an schmerzliche, teilweise verinnerlichte Konflikte zu rühren schien. Sobald dies geschah, ließ er von seinem Tun ab. Er ließ sich beispielsweise nicht gern an die »Mami-Baby-Situation« erinnern, sowie daran, daß Dinge kaputtgehen können. Die Vermeidung von unangenehmen Situationen ähnelte sehr Bruces' früherer Vermeidung unerfreulicher (konflikthafter) Situationen mit seiner Mutter.
Obgleich er in mancher Beziehung selbstsicherer war, vermied er noch immer Situationen, in denen er um Gefälligkeiten bitten mußte – aus Angst, sie könnten ihm verweigert werden. Er pflegte dann auf indirekte Weise darum zu bitten. Wenn zum Beispiel seine Beobachterin ins Zimmer trat, schien es, als wollte er mit ihr spielen. Doch anstatt sie darum zu bitten oder zu ihr zu gehen, verließ er den Raum und schaute zurück, um zu sehen, ob sie ihm folgte. Dies schien eine verschärfte Form des »Weglauf«-Verhaltens in der Subphase der Wiederannäherung (6. Kapitel) auf einem höheren Symbolniveau zu sein.
Auf einem Gebiet war Bruce in der zweiten Hälfte des 3. Lebensjahres entschieden selbstbewußter, und zwar beim Verteidigen seiner Besitztümer, wenn jemand anders drohte, sie ihm wegzunehmen. Seine phallisch gehobene Stimmung, die sich zeitweilig als Hyperaktivität äußerte, schien zum Teil auf echter Begeisterung über seine wachsenden Fähigkeiten mit einer Beimischung von phallischer Erregung zu beruhen. Oft war er ausgelassen und fröhlich. Er konnte beim Spielen auch die Führung übernehmen, drückte sich sehr genau aus und schien an Wörtern und verbaler Kommunikation Freude zu haben. Man sagte, daß er die Umwelt in hervorragender Weise wahrzunehmen vermochte und an seinen

Wahrnehmungen gefühlsmäßigen Anteil nahm. Bei anderen Gelegenheiten war seine Hyperaktivität dagegen eher defensiver Art.
Als Bruce am Ende des 3. Lebensjahres in den Kindergarten kam, waren wir hinsichtlich seines Entwicklungspotentials recht zuversichtlich und glaubten, daß eine reale Grundlage für die Entwicklung zur Selbständigkeit und die Errichtung von Beziehungen zu Objekten, seien sie menschlicher oder anderer Art, gegeben sei. Einige Befürchtungen hegten wir jedoch hinsichtlich etwaiger depressiver und passiver Veranlagungen.

9. Kapitel
Donna

Trotz einer harmonischen symbiotischen Phase und »perfekten« mütterlichen Pflegeleistungen hatte es Donna während des Loslösungs- und Individuationsprozesses nicht leicht. Zwar schienen die Fähigkeiten der Mutter mit den wechselnden Entwicklungsbedürfnissen des Kindes zu wachsen, doch zeigte Donna frühzeitig eine überdurchschnittliche Trennungsangst. Sie schien allmählich das Vertrauen zu ihren eigenen Hilfsquellen und zur »nicht-mütterlichen« Außenwelt zu verlieren. Bis zu einem Alter von 14 Monaten war sie in jeder Hinsicht das geschickteste Baby unseres Untersuchungsgutes, und bei routinemäßigen Trennungen von der Mutter verhielt sie sich ausgezeichnet. Aber obwohl sie früher als die meisten Babys eine adäquate kognitive Objektkonstanz entwickelt hatte, bereitete ihr der Prozeß der Loslösung von der Mutter erheblichen Kummer.

Donnas Mutter

Lange Zeit hindurch betrachteten alle Beobachterinnen Frau D. als vollkommene Mutter. Auch die Babys im *Center* erwählten sie mit Vorliebe als Mutterersatz. Erst im nachhinein erkannten wir, daß Donnas Mutter im Gegensatz zu den meisten anderen Müttern in der Phase der ersten aktiven Distanzierung des Kindes nicht damit reagierte, daß sie diesem einen »sanften Schubs« gab. Ohne eine freundliche Ermutigung zur Distanzierung muß Donna wahrscheinlich den unbewußten Zweifel der Mutter gefühlt haben, ob sie wohl allein zurechtkäme. Dies muß entscheidend dazu beigetragen haben, daß das Kind in eine stärkere frühe Abhängigkeit von Zustimmung und Ablehnung durch die Mutter geriet als üblich (sehr frühe Überich-Vorläufer).

Donnas Entwicklung während der Subphasen

Donnas Geburt war geplant, und beide Eltern hatten sich ein Mädchen gewünscht. Die Mutter fühlte sich mit ihr von Anfang an verbunden und stillte sie zwei Monate lang. Mit 4 bis 5 Monaten – auf dem Höhepunkt der Symbiose – befand sich Donna in gleichbleibender, ruhiger und zufriedener Gemütsverfassung. Mutter und Kind harmonierten miteinander und paßten ihrem Temperament nach gut zusammen – beide waren ruhig und ein wenig ernst. Donnas hervorragende angeborene Begabung erkannte man an der Art, wie sie sich im Ställchen vergnügte, indem sie vor sich hinplapperte und sich für andere Menschen als die Mutter interessierte. Das vergleichende »Abtasten« begann ebenfalls in Donnas 5. Lebensmonat. Ihre besondere Zuneigung zur Mutter zeigte sie, indem sie sie öfter anlächelte als andere. War sie ermüdet, kehrten ihre Energien rasch zurück, nachdem sie ein Weilchen auf Mutters Schoß gesessen hatte. Im Gegensatz dazu schien sie stiller zu werden, wenn eine Beobachterin sie hielt. Aber obgleich sie gelegentlich diese frühe Fremdenreaktion zeigte, schien es ihr im allgemeinen nichts auszumachen, von der Beobachterin gehalten zu werden, und sie »prüfte« deren Kinn, Mund und Nase. Einschlafschwierigkeiten wurden im 5. bis 6. Monat beobachtet, und sehr früh wurden auch Launen beim Essen gemeldet. Donna krabbelte früh, und sie nutzte diese Fertigkeit, um von der Mutter wegzukrabbeln und die Umgebung zu erforschen. Im Gegensatz zu den meisten anderen Kindern zeigte sie zu Beginn der Differenzierung keine überschäumende Aufregung oder Freude; in ihrer Stimmung gab es kein Auf und Ab – sie war von typischem ausgeglichenem Temperament.

In der Datenauswertung für den 7. bis 8. Monat war vermerkt, daß Donna zu den Babys gehörte, die nicht viel Aufhebens um Dinge machen, die sie haben möchten. Vielleicht gab es eine Beziehung zwischen diesem Umstand und der Tatsache, daß die Mutter nur minimale Signale von Donna benötigte. Vielleicht brauchte sie nicht beharrlich oder fordernd zu sein, um zu bekommen, was sie wollte. Bereits vom 6. Monat an war an Donnas Verhalten abzulesen, daß sie ihre Getrenntheit verschwommen wahrzunehmen begann. Sie zeigte eine leichte Reaktion auf Fremde!

Im 7. Monat nutzte Donna ihre zunehmenden Krabbelkünste nicht nur zu ihrem aktiven Vergnügen, sondern auch, um Spielsachen zu erlangen und sich von der Mutter zu distanzieren. Um den 8. Monat herum ließen die früheren Reaktionen auf Fremde nach, und Donnas besonderes Interesse galt nun Vater und Bruder sowie einem Jungen ihres Alters im *Center*. Es kam zu ausgeprägtem

Stimmungsabfall, sobald die Mutter nicht im Zimmer war, und es gab auch Anzeichen, daß sie in der Abwesenheit der Mutter nicht so gut funktionierte. Bei der Wiedervereinigung mit der Mutter war sie überglücklich. Die Mutter war entschieden der Mittelpunkt, um den sich für Donna alles drehte.

Um diese Zeit interessierte sich Donna für ihr Spiegelbild und berührte es. Mit etwa 8 Monaten litt sie immer noch unter Einschlafschwierigkeiten. Die Mutter brachte dies damit in Verbindung, daß der Vater abends heimkam und Donna mit ihm spielen wollte. Auch ihre launenhaften Eßgewohnheiten bestanden fort. Auf Fremde reagierte sie stärker und andersartig als in den vergangenen Monaten: Wenn andere als die Mutter sie hielten, schaute sie zu Boden und vermied es, dem Betreffenden ins Gesicht zu sehen. Selbst wenn sie bei der Mutter auf dem Schoß saß, erschienen ihr andere bedrohlich, sobald sie näher kamen.

Als Donna etwa 9 oder 10 Monate alt war, unternahm die Familie eine Reise aufs Land, wo Donna von vielen Leuten betreut wurde. Im *Center* zeigte sie danach heftige Trennungsreaktionen. Wenn die Mutter nicht im Zimmer war, sah Donna häufig zur Tür und suchte den Raum mit den Augen ab. Sie wurde aufgeregt, wenn etwas sie an die Mutter erinnerte, wenn sie etwa jemand anders durch die Tür kommen sah, wenn sie ihr eigenes Spiegelbild ohne das der Mutter daneben erblickte, oder wenn sie feststellte, daß jemand anders auf dem Stuhl der Mutter saß.[1] Wenn sie den Beobachterinnen ins Gesicht sah, löste das eine Art Fremdenreaktion bei ihr aus; kehrte die Mutter dann ins Zimmer zurück, sah ihr Donna immer wieder ins Gesicht, als müsse sie sich Gewißheit verschaffen. Abgesehen von diesen frühen Trennungsreaktionen, wirkte Donna auch bezüglich ihrer Spiegelidentifizierung mit der Mutter gestisch und mimisch frühreif.

Während dieser Zeit (9. bis 10. Monat) des frühen Übens spielte Donna, sah man von ihren Trennungsreaktionen ab, auch in Abwesenheit der Mutter zufrieden und selbständig. Donna und ihre Mutter waren sich der Gegenwart des anderen noch immer bewußt, selbst wenn sich Donnas Aktivitäten in einer gewissen Entfernung

[1] In der Wirklichkeit wie in ihrer geistigen Vorstellung schienen sie und die Mutter in synkretistischer Weise zusammenzugehören. Dies schien die *Conditio sine qua non* für Donnas »Idealzustand des Selbst« zu sein.

abspielten.[2] Immer wieder lief Donna zum Zwecke eines kurzen »emotionalen Auftankens« zur Mutter.

Donna reagierte empfindlich, wenn die Mutter in ihre ersten Versuche, selbständig zu funktionieren, eingriff. Sie weinte, wenn die Mutter sie daran hinderte, durch den Torweg zu laufen. Donna lernte mit 11½ Monaten während der Sommerferien laufen. Obgleich nicht ängstlich, war sie (im Gegensatz zu den meisten anderen Kindern) bei ihren motorischen Aktivitäten vorsichtig. Nach den Sommerferien schien sie den Höhepunkt des während der Übungsperiode obligatorischen »Liebesverhältnisses mit der Welt« erreicht zu haben. Sie kümmerte sich recht wenig um die Mutter und war freundlich zu den Beobachterinnen. Frau D. sagte: »Sie liebt jeden und alles. Sie möchte die ganze Welt umarmen.« Zu dieser Zeit hatte sie es zwar nicht gern, daß die Mutter den Raum verließ, konnte ihre Abwesenheit aber verarbeiten, indem sie sich motorischen Aktivitäten, Spielzeug und anderen Menschen zuwandte.

Der kognitive Prozeß ließ sich bei Donna in der Rubrik »Neu auftretende Ich-Funktionen« (die zweite der neun »Orientierungsfragen«; siehe Anhang C, S. 314) wie folgt kennzeichnen: Sie lernt weiterhin durch Nachahmung der Gestik, und ihre sensomotorische Intelligenz nimmt zu. Sie beginnt Worte mit Gemütszuständen, Objekten und Handlungen [Spitz' »globale Worte«] zu verbinden. Zwei Monate später bediente sie sich dieser globalen Worte zum Zweck der Kommunikation.

Während des 13. und 14. Monats führten Donnas zunehmende Aktivitäten jedoch zu größerer Frustration und aufkommender Wut. Nach Aussage ihrer Mutter schrie sie vor Wut, wenn sie nicht bekommen konnte, was sie wollte. Einmal, als ein etwa gleichaltriger Junge im *Center* ihr ein Spielzeug nicht geben wollte, begann sie wütend zu strampeln, obgleich sie dabei lächelte. Bei einer anderen Gelegenheit stieß sie mit dem Kopf einem anderen Mädchen gegen die Brust und nahm ihm Spielzeug weg. Absichtlich schubste sie einen kleinen Jungen beiseite. Ihr Gesichtsausdruck zeigte dabei zwar keine Wut – sie schien vielmehr den Clown zu spielen. Sie schlug einem kleinen Mädchen mit einem Holzhammer auf den Kopf und schien dann ängstlich und verwirrt, als das 15 Monate

[2] Mahler nannte dieses nicht greifbare Aufeinander-Abgestimmtsein des Kleinkindes und der Mutter (selbst bei räumlicher Trennung) die »unsichtbare Nabelschnur«.

alte Kind zu weinen begann. Donna schreckte zurück und begann an den Fingern zu lutschen. Sie schien sich Spielsachen anderer Kinder ziemlich selbstverständlich anzueignen, erschrak aber, wenn das andere Kind weinte. Einmal warf sie ein kleines Mädchen zu Boden. Frau D. bemerkte, daß Donna wütend wurde, wenn man ihr etwas verbot, insbesondere wenn sie hinausgehen wollte. Wenn die Mutter sie ärgerlich auszankte, war sie sofort beleidigt, weinte oder sah unglücklich aus. Eine der Beobachterinnen hatte den Eindruck, daß sich Frau D. etwas zuviel Zeit ließ, wenn es darum ging, Donna davon abzuhalten, daß sie anderen Kindern weh tat. Frau D. führte dieses Verhalten Donnas weitgehend auf die wilden Spiele zurück, die sie zu Hause mit dem Bruder spielte. Die teilnehmende Beobachterin hatte bei diesem Mutter-Kind-Paar den Eindruck, daß die Mutter Donna selten Widerstand entgegengesetzte, daß sie außerordentlich geduldig war und es infolgedessen selten zu einer direkten Konfrontation der beiden kam.
Während des 14. und 15. Monats wurde Donna als äußerst aufgewecktes Kind beschrieben, das aktiver war als alle Altersgenossen und besonders viel Interesse an der selbständigen Fortbewegung, insbesondere dem Klettern, hatte. Wenn sie wütend war, reagierte sie gezielter und unmittelbarer als früher. Man sagte auch, daß sie ausgeglichener sei, mehr Selbstvertrauen, Unabhängigkeit und Zutraulichkeit besäße als je zuvor. Sie war unter den Gleichaltrigen am selbstbewußtesten und wußte immer genau, was sie wollte.
Es schien, daß Donna mit 14 oder 15 Monaten sich selbst im Spiegel erkannte. Sie machte deutliche Fortschritte in differenzierender Selbstrepräsentanz und schien sich so ihres Getrenntseins ziemlich früh bewußt.
Etwa um diese Zeit änderte sich die Interaktion mit der Mutter insofern, als nun lustvolle Aktivitäten gemeinsam betrieben wurden – ein Hinweis auf die beginnende Subphase der Wiederannäherung.[3] Wenn die Mutter den Raum verließ, reagierte Donna darauf fast unmittelbar, indem sie zu weinen anfing, aber sie konnte noch immer ziemlich rasch abgelenkt werden. Doch bald fing sie an, den Weggang der Mutter ängstlich zu antizipieren. Zu diesem Zeitpunkt versuchte sie mit ihrer Trennungsangst fertig zu

[3] Eine teilnehmende Beobachterin stellte in diesem Alter beträchtliche Wut und ungewöhnlich komplexe Eifersuchtsreaktionen bei Donna fest. Das ist wichtig und sollte nicht übergangen werden. Mit 14 bis 15 Monaten war Donna das aggressivste und provokativste Kind von allen.

werden, indem sie *Trennungen aktiv übte.* Sie sagte oft »Auf Wiedersehen« und begab sich ins Ställchen. Doch sobald die Mutter den Raum verließ, lief Donna rasch zur Tür und weinte. Jetzt war es nicht mehr so leicht, sie abzulenken, und sie konnte Versagungen ganz allgemein schwer ertragen. Ihre Methode, mit der Abwesenheit der Mutter fertig zu werden, bestand darin, daß sie auch hinausgehen wollte. Wurde ihr dies gestattet, schien es ihren Kummer zu lindern. Neben Berichten über Rivalitäten, Eifersucht und zunehmende *Aggression* wurden zum erstenmal gewisse Ängste bei Donna festgestellt: das Geräusch des Staubsaugers, Faschingsmasken und das Fernsehen ängstigten sie.[4]

Als Donna etwa 16 Monate alt war, begann die Wiederannäherungskrise: je deutlicher sie die Mutter als getrennt wahrnahm, desto stärker wünschte sie ihr nahe zu sein. Sie mochte es nicht, wenn die Mutter anderen Kindern ihre Aufmerksamkeit schenkte. Saß die Mutter bei einem Baby, nahm Donna ihm den Schnuller weg und steckte ihn selbst in den Mund. Sie kletterte auf den Schoß der Mutter oder verbarg das Gesicht in ihren Kleidern. Zu dieser Zeit wurde sie auch auffallend eifersüchtig auf ihren älteren Bruder und wollte alles haben, was er hatte. Sie war auch sehr ausdauernd bei der Durchsetzung ihrer Wünsche. Wenn die Mutter zum Interview ging, fing Donna an zu quengeln und lief weinend zur Tür. Sie fing an, »Nein« zu sagen, und zwar recht häufig. Manchmal ließ sie sich durch Spiele, insbesondere Ballspiele, ablenken. Wenn sie jedoch von einer Beobachterin hochgehoben wurde, ließ sie sich fallen und weinte, bis sie ihre Mutter wiedersah. Inmitten des Wiederannäherungsaufruhrs schien sie sich auch des Geschlechtsunterschiedes bewußt zu werden. Sie hob ihren Rock hoch und betrachtete ihr vorstehendes Bäuchlein. Wenn die Windeln gewechselt wurden, berührte sie die Genitalien. Sie merkte nun, wenn sie naß war, und es war ihr unangenehm. Wir erfuhren auch von der Mutter, daß Donna den Penis des älteren Bruders »ansah«, wenn die beiden zusammen gebadet wurden.

Während des 16. bis 18. Monats schien Donna die Wiederannäherungskrise zeitweise dadurch zu lösen, daß sie sich mit der Mutter identifizierte. Sie begann Puppen und Babys zu bemuttern. Zur Mutter lief sie nun relativ selten, und wenn sie es tat, dann

[4] Im 14. und 15. Lebensmonat, so wird berichtet, lief Donna ihrer Mutter in provozierender Weise auf dem Spielplatz davon, doch soll dies im 16. Monat nachgelassen haben.

gewöhnlich nicht, um Trost zu suchen, sondern eher einen kurzen Kontakt, um mit ihr zu spielen oder ein Erlebnis oder ein Gefühl mit ihr zu teilen. Sie verließ unbesorgt das Kinderzimmer, war fröhlich, kommunizierte angeregt mit allen Beobachterinnen und hatte großes Interesse an anderen Kindern. Auch wenn die Mutter beim Interview war, funktionierte Donna gut und tröstete sich, indem sie Fruchtsaft trank. Sie demonstrierte ihre *frühreife kognitiv-affektive Ich-Entwicklung* dadurch, daß sie das einzige Kind ihrer Altersgruppe war, das Personen auf Photographien identifizieren konnte, und zwar sich selbst, ihre Mutter und andere Kinder aus dem *Center.* Sie kannte auch die Namen aller anderen Kinder. Ihre Frustrationstoleranz war in diesem Alter hervorragend, wobei ihr die Identifikation mit der Mutter zu Hilfe kam.

Solche scheinbaren Lösungen des Wiederannäherungskampfes sind aber meistens nur vorübergehender Art. So kam es im Fall Donnas beispielsweise innerhalb eines Monats erneut zu einer Wiederannäherungskrise. Mit 18 Monaten war sie wieder ängstlicher, wenn die Mutter abwesend war, und hatte größere Furcht vor Unbekannten; außerdem zeigte sie zunehmende Besitzgier. Während sie eine ganze Zeitlang unbekümmert ins Zimmer der Krabbelkinder gegangen war (seit sie allein laufen konnte), ging sie nun nur dorthin, wenn die Mutter sie begleitete. Sie mied auch die Nähe anderer Kinder und war sehr unglücklich, wenn die Mutter den Raum verließ. Aufs neue war sie sehr darauf bedacht, die Mutter für sich allein zu haben und sie mit niemandem zu teilen. Donna weinte leicht, wenn sie getadelt wurde. Zu diesem Zeitpunkt hatte sie große Angst vor lauten Geräuschen, etwa dem Dröhnen vorüberfahrender Lastwagen oder Bohrgeräuschen auf der Straße.

Diese rasche Veränderung in Donnas Affektivität und Verhalten wurde durch eine Krankheit ausgelöst, die eine Penicillin-Injektion erforderlich machte, welche von der Mutter nicht verhindert werden konnte. Dies erschütterte Donnas Glauben an die mütterliche Allmacht und ihre magischen Kräfte. Als sie einmal während der Krankheit nachts wach wurde, stieß sie die Mutter zurück, ließ sich nicht von ihr trösten und bestand darauf, daß statt dessen der Vater käme.

Donna schien nun völlig hin- und hergerissen zwischen dem Wunsch nach unabhängigem, selbständigem Funktionieren und dem Bedürfnis, der Mutter noch näherzukommen. Sie mußte ständig wissen, wo sich die Mutter befand. Wenn sie zu Hause spielte, rief sie oft »Mami«. Selbst wenn die Mutter ihr aus einem anderen Zimmer antwortete, genügte dies nicht; sie mußte hingehen und die Mutter sehen, bevor sie weiterspielen konnte.

Obgleich Donna manchmal die Mutter verließ und ins Kinderzimmer ging, veranlaßte sie die kleinste Versagung, die ihr dort zuteil wurde, zur Mutter zurückzukehren. Man beobachtete auch, daß sie im Spielzimmer sehr habgierig war und bereits mit 19 Monaten die Worte »ich«, »mein« und »mir« am häufigsten von allen Kindern benutzte.

Donna wurde als recht negativistisch und störrisch geschildert. Sie bestand darauf, Dinge allein zu tun, und leistete Widerstand, wenn man sie ankleiden, ihre Windeln wechseln oder sie zu Bett bringen wollte. (Sie war mitten in der analen Phase.) Ihr Anklammerungsverhalten wechselte jedoch mit unabhängigerem, selbstsicherem und abenteuerlustigem Verhalten ab.[5]

Etwa um den 21. Monat machte Donna eine kleinere Operation an der Kopfhaut durch. Bei dieser Prozedur wurde sie in ein Laken gewickelt und von drei Schwestern auf einem Tisch festgehalten. Während der ganzen Zeit weinte sie bitterlich. Bei ihrer Heimkehr wirkte sie ganz fröhlich, wollte sich aber am nächsten Tag nicht im Spiegel sehen, weil sie einen Kopfverband trug. Sie brachte ein Schaumbadepräparat, das sie geschenkt bekommen hatte, mit dem Operationsverfahren in Zusammenhang und weigerte sich, sich baden zu lassen.

Zwei Wochen nach ihrer Operation mußte Donnas Bruder wegen einer Mandeloperation ins Krankenhaus. Die Mutter blieb die Nacht über bei ihm. Es war das erste Mal in Donnas Leben, daß die Mutter über Nacht nicht bei ihr war.

Die Penicillinspritze, die Operation und die Mandeloperation des Bruders sowie die nächtliche Abwesenheit der Mutter bildeten eine Ansammlung von Traumata, die sich haargenau in jener kritischen Wiederannäherungsphase ereigneten, als Verinnerlichungsprozesse ihren Höhepunkt erreicht hatten. Infolgedessen konnten wir an Donnas Fall mit besonderer Klarheit erkennen, wie die Wiederannäherungskrise durch das Zusammentreffen von drei Haupttäng-

[5] Als Donna etwa 20 bis 21 Monate alt war, sagte Frau D. traurig: »Sie ist nicht mehr mein kleines Baby « und folgte ihr in beschützender Absicht ins Spielzimmer, statt sie sich selbst zu überlassen. Wir stellten nachträglich fest, daß diese übermäßig beschützende Haltung dazu beitrug, daß sich bei Donna eine überdurchschnittliche Ambivalenz gegenüber der Mutter entwickelte.

sten der Kindheit verschärft wird: nämlich Angst vor dem Verlassenwerden (Angst vor Objektverlust), Angst vor Liebesverlust und insbesondere Kastrationsangst.

In den restlichen Monaten ihres 2. Lebensjahres zeigte Donna weiterhin ein unseres Erachtens leicht übersteigertes Wiederannäherungsverhalten. Sie brauchte nach wie vor die körperliche Nähe der Mutter; es fiel ihr schwer, sich von der Mutter zu trennen und eigene Aktivitäten zu entfalten. Nach einer Trennungsphase suchte sie den Kontakt mit der Mutter auf einer regredierten Stufe; sie mußte die Mutter *berühren* und *fühlen* – daß sie sie sah oder wußte, wo sie war, genügte nicht.

Donnas *starke Ambivalenz* gegenüber der Mutter zeigte sich darin, daß sie oft fordernd und *bedrängend* auftrat, wenn sie mit ihr zusammen war. Zwar wurde sie *im allgemeinen* als fröhlich, zufrieden und ausgeglichen geschildert, doch konnte sie bei der kleinsten Versagung wimmern und quengeln. In dieser Phase wurde Donna, die stets ein bedächtiges Kind gewesen war, noch vorsichtiger und weigerte sich, neue motorische Aktivitäten zu erproben, insbesondere solche, die eine Selbststimulation verursacht hätten, etwa das Reiten auf einem Schaukelpferd. Sie hegte viele kleine Ängste und Befürchtungen, und sie reagierte sehr negativ auf Versuche zur Reinlichkeitsgewöhnung. Kurzum, am Ende des 2. Lebensjahres war Donnas Wiederannäherungskrise keineswegs gelöst.

Die Auswertung von Donnas Subphasenentwicklung stellte uns vor ein Rätsel. Hier war ein gut begabtes Kind mit einer Mutter, die willig und bereit war, auf jedes Signal zu reagieren. Dennoch zeigte Donna bereits in der Übungssubphase leicht gesteigerte Trennungsreaktionen im Vergleich zu anderen Kindern sowie einen gewissen Widerwillen, sich ihrer früh entwickelten Fortbewegungsfähigkeiten in vollem Umfang zu erfreuen, was vielleicht auf ihre überdurchschnittliche Angst vor Objektverlust zurückzuführen war. Wenngleich diese Angst bei ihr kein extremes Ausmaß erreichte, schien sie doch stark genug, um ein charakteristisches Muster zu prägen, ein Verhalten, durch das Donna klar zum Ausdruck brachte, daß sie glaubte, ohne die Mutter nicht bestehen zu können, obwohl – oder vielleicht gerade weil – die Mutter jederzeit bereitwillig zu ihrer Verfügung stand.

Die Häufung von Traumata, die Donna erlebte, in Verbindung mit dem frühen Erfahrungsmuster, daß sie der Nähe der Mutter bedurfte, daß sie in der Badewanne dem Anblick des Körpers des

Bruders ausgesetzt war, sowie die ungestüme gegenseitige Stimulierung der Geschwister schienen Donna die Lösung der Wiederannäherungskrise unmöglich zu machen. Interessanterweise war Donnas Trennungsangst *beim Abschiednehmen selbst* am größten. Hatte die Mutter sie dann im Spielzimmer allein gelassen, vermochte sie sehr gut zu funktionieren, sogar besser als in Anwesenheit der Mutter. Sie schien ihr Verlangen nach der Mutter zeitweilig zu »vergessen«, wenn sie sich in altersentsprechende Spiele mit anderen Kindern einließ, und gehörte dann wieder zu den hervorragend begabten Kindern, denen das selbständige Funktionieren großes Vergnügen bereitete.

Donnas 3. Lebensjahr

Zu Beginn des 3. Lebensjahres wirkte Donna im allgemeinen ausgeglichen; sie hatte ein sehr ausdrucksvolles Gesicht. Zeitweise schien sie sehr bedrückt, doch dann war sie wieder ausgelassen und rannte vergnügt umher. Allerdings zeigte sie ein gewisses Maß von Ängstlichkeit gegenüber grobmotorischen Aktivitäten, etwa dem Klettern. Sie war ausgesprochen gesellig, entzückte die Erwachsenen, und ihre Aktivitäten machten ihr doppelt Spaß, wenn sie die Aufmerksamkeit und Ermutigung eines Erwachsenen genoß. Sie spielte lieber mit anderen als allein. Man sah, daß sie selbstbewußt war und jeden beiseite schob, der ihr in den Weg trat.
Zwei zentrale Themen traten in Erscheinung. Das erste hatte damit zu tun, daß sie sich *an die Mutter anklammerte*. Dies war bereits früher beobachtet worden, und nun wiederum etwa vom 24. oder 25. Monat an. Tagtäglich wenn sie im *Center* eintraf, klammerte sie sich an ihre Mutter und reagierte auf keinerlei Bemühungen, sie in Spiele hineinzuziehen. Jedesmal dauerte es eine Weile (bis zu einer Stunde), Donna von der Mutter zu lösen. Doch sobald die Mutter den Raum verlassen hatte, vertiefte sich Donna gewöhnlich in spielerische Aktivitäten, und obgleich sie gelegentlich nach der Mutter fragte, ließ sie sich durch eine Erklärung über deren Aufenthaltsort rasch beruhigen.
Das zweite Thema, das zu Beginn des 3. Lebensjahres auftauchte, hatte mit Donnas *Reaktion auf den Geschlechtsunterschied und mit dem Toilettenbesuch* zu tun. Eines Tages setzte sie die Puppen, die die Mutter und das Mädchen verkörperten, auf die Toilette, während sie gleichzeitig die Puppen, die den Vater und den Buben

darstellten, zurückwies. Wenn die Buben das Spielzimmer verließen, um auf die Toilette zu gehen, hob sie den Rock, deutete auf ihre Genitalien und sagte: »Mama.« Sie verließ dann selbst das Zimmer und suchte nach der »wirklichen Mutter«. Wenn sie sie nicht fand, ging sie zu den anderen Kindern ins Badezimmer. Sah sie einen Jungen die Hosen hochziehen, sagte sie »Nein« und ging erneut auf die Suche nach der Mutter, die sie schließlich im Babyzimmer fand. Sie blieb jedoch nur kurz bei ihr und beschäftigte sich bald mit dem Spielzeug im Babyzimmer. Sie ordnete Spielsachen zu Mustern, reihte Ringe auf Haken, spielte mit Hohlsteinen; es schien, als ob das Spielen mit diesen stärker strukturierten, symbolischen, wenngleich eher für Babys bestimmten Spielsachen Donna half, ihre Angstgefühle zu meistern. Wir glaubten, daß diese Gefühle in hohem Maße auf Kastrationsangst beruhten.

In den ersten Monaten des 3. Lebensjahres schien Donna zwischen einem weiblichen und einem männlichen Selbstbild zu schwanken. Dies schien mit einer Verleugnung anatomischer Unterschiede einherzugehen; d. h., sie vermied es, einen Buben anzuschauen, der ohne Hosen herumlief, oder sie sagte, nachdem sie einen Jungen hatte urinieren sehen, *er* sei ein Mädchen. Donna war besonders aufgeregt, wenn einer der Jungen mit einem Pinsel hinter ihr herlief. In ihren spielerischen Aktivitäten wechselte Donna zwischen weiblichem Charme und aggressiver Prahlerei. Bei Puppenspielen gab sie allen Puppen den Namen ihres älteren Bruders.

Es gab auch ein Phantasiespiel von einem kleinen Mädchen, das mit dem Vater im Bett lag. Die Mutter hatte das Gefühl, als sei in Donnas Beziehung zum Vater ein neues Element von Weiblichkeit eingezogen, obgleich sie nach Meinung der Mutter weder mit ihr wetteiferte noch auf sie eifersüchtig war.

Um den unerwartet schwierigen, schwankenden und problembeladenen Verlauf von Donnas Entwicklung im 3. Lebensjahr zu verstehen, ist es von wesentlicher Bedeutung, die wichtige Rolle des Penisneides und die Angst um ihre Genitalien zu erkennen. Dies ließ sich sowohl aus Verhaltensmerkmalen als auch aus verbalem Material folgern, und zwar hauptsächlich während des Spielens.

Im 28. Monat machte Donna eine Entzündung der Harnwege durch. Sie empfand starkes Unbehagen im Genitalbereich und wurde von einer ihr unbekannten Ärztin untersucht, da der Hausarzt verreist war. Dieses Erlebnis steigerte Donnas Kastrationsangst, und von nun an äußerte sie offen Furcht, sich zu verletzen, beispielsweise beim Klettern. Sie konnte nicht ohne weiteres sagen, wie und wo sie sich verletzen könnte, doch schließlich zeigte sie es, indem sie sich auf eine Hand setzte, während sie mit der anderen Hand ihr Genitale berührte.

Auch in ihrem Reinlichkeitsverhalten gab es um diese Zeit – dem 28. Monat – eine Veränderung. Donnas Reinlichkeitsgewöhnung war im Vormonat abgeschlossen worden, und im allgemeinen kam sie ganz allein zurecht. Sie war sehr stolz, wenn sie auf der Toilette im *Center* urinierte. Im Gefolge des Traumas durch die Infektion und die Untersuchung durch die fremde Ärztin, bei der sie auf einem Tisch liegen mußte, ohne daß die Mutter sie hielt, benötigte sie Hilfe, wenn sie auf die Toilette ging, und es war auffallend, daß sie eine Zeitlang vermied, sich selbst oder ihren Urin zu betrachten. Offensichtlich wollte sie die mit der Infektion verbundenen unangenehmen Erinnerungen vermeiden, doch sie klagte über ihr »Wehweh«, wobei sie auf den Genitalbereich deutete.

Sowohl Donnas Mutter als auch Donna selbst lieferten uns vielfältiges Material, das sich auf Kastrationsbefürchtungen, Angst wegen der Urszene und Phantasien, ein Junge zu sein, bezog. Beim Spiel sagte Donna einmal, sie habe sich das Knie verletzt, wobei sie auf das Genitale deutete. Sie beklagte sich auch bei ihrem teilnehmenden Beobachter, daß sie sich das Knie im Park verletzt habe, und bot eine sehr wesentliche Assoziation, indem sie hinzufügte, *daß die Mutter sie hingeschubst hätte,* womit sie diese eindeutig für ihr »Wehweh« verantwortlich machte.

Zu dieser Zeit liebte es Donna, große Gebäude zu errichten und sie dann wieder niederzureißen. Sie beobachtete auch gern die anderen Kinder im Badezimmer, obgleich sie selbst über die Toilette im *Center* nicht sprechen und sie auch nicht benutzen konnte. Die Mutter berichtete, daß Donna zu Hause zwar gelegentlich auf das Töpfchen im Laufställchen ging, meistens jedoch nicht (eine weitere Regression bei der Reinlichkeitsgewöhnung).

Nach der Harnwegsinfektion begann Donna, sich täglich heftiger an die Mutter zu klammern, sobald sie im *Center* ankamen. Oft weinte sie bitterlich, wenn die Mutter ging. Dennoch folgte Donna ihr nicht, selbst wenn die Lehrerin anbot, sie hinzubringen. Sie schien sogar erleichtert, wenn die Mutter gegangen war; offenbar wurde sie hin- und hergerissen zwischen dem Verlangen, sich an die Mutter zu klammern, und dem Wunsch nach selbständigem

Funktionieren. So konnten wir die Verinnerlichung eines Konflikts sich vor unseren Augen abspielen sehen. Donna schien tagtäglich alle Hilfsmittel einzusetzen, die sie befähigen konnten, sich von der Mutter zu lösen. In dieser Anklammerungsperiode war ihre Stimmung weinerlich, gezwungen und ängstlich, und es hieß, daß sie oft wütend auf ihre Mutter war. Es schien, daß die Mutter in Donnas Augen nicht mehr die alles gewährende Gestalt war wie früher. Dies führte zu starker Ambivalenz gegenüber der Mutter und einer gewissen Spaltung der Objektwelt.

In der zweiten Hälfte des 3. Lebensjahres begann Donna trotz ihrer blühenden Kastrationsangst und teilweise verinnerlichter Konflikte sich auf Aktivitäten einzulassen, die sie früher gefürchtet hatte: sie ritt auf dem Schaukelpferd, wenn auch nur kurz und zunächst ängstlich. Sie fing auch an, unbekümmert auf den langen Holzblöcken herumzuklettern, wovor sie früher Angst gehabt hatte. Gleichzeitig wurde sie jedoch empfindlicher und fürchtete sich vor der Aggression der anderen Kinder.

Es ist interessant, daß Donna nichtsdestoweniger sehr aktiv ihre Spielgefährten eher unter den Buben als den Mädchen suchte. Sie spielte gern mit Charlie, der sie ebenso herumkommandierte wie ihr Bruder zu Hause. Einem anderen Jungen in der Gruppe folgte sie wie ein Schatten; er war ihr liebster Spielkamerad. Man beobachtete, daß sie ganz verzweifelt war, als die Mutter ihres kleinen Freundes sich einmal weigerte, sie mit nach Hause zu nehmen, wo sie sonst oft zu Besuch war. Ein Beobachter bemerkte, daß Donna sich bei dieser Gelegenheit benahm, als hoffte sie den Penis ihres kleinen Spielgefährten zu erlangen, indem sie ihm nahe blieb (gewissermaßen durch eine Art Osmose). Ob dies erste Anzeichen dafür waren, daß das kleine Mädchen ihre masochistisch gefärbte Geschlechtsidentität akzeptierte, wissen wir nicht.

Sicherlich hatte es auch etwas mit der bereits erwähnten starken Ambivalenz zu tun, daß es Donna weiterhin schwerfiel, sich an den Aktivitäten im Spielzimmer zu beteiligen. Bevor sie sich am Morgen zu betätigen begann, steckte sie oft den Finger in den Mund, den sie so erforschte. Wenn sie schließlich an Spielen teilnahm, waren es häufig Spiele mit Puppen, die sie meistens fütterte. Die Mutter zeigte weiterhin viel Geduld, bemühte sich mitunter, Donna in spielerische Aktivitäten einzubeziehen, während sie bei anderen Gelegenheiten einfach darauf wartete, daß Donna sich von allein von ihr wegbewegte. Die Bedingungen im Spielzimmer

beeinflußten auch Donnas Bedürfnis, sich an die Mutter anzuklammern, bzw. die Bereitschaft, sich von ihr zu entfernen. Ging es dort besonders lebhaft zu, neigte sie dazu, sich enger und länger an die Mutter anzuklammern.
Donna bediente sich verschiedener Verhaltensweisen, um Angst abzuwehren. So benutzte sie zum Beispiel oft bestimmte Tricks, um vorzuführen, was sie mit ihrem Körper alles tun könnte. Einige dieser Tricks hatte sie von ihrem Bruder gelernt, einige von ihrem Vater, andere wieder waren offenbar ihre eigene Erfindung. Sie schien sich auf diese Weise versichern zu wollen, daß mit ihrem Körper alles in Ordnung wäre (er konnte sogar Tricks ausführen). Wenn sie einen Trick vorgeführt hatte, den sie dem Vater verdankte, betrachtete sie ihre Arme und sagte: »Das sind Babyarme.« Sie besaß eine Puppe, von der sie behauptete, sie sei weder Bub noch Mädel, sondern einfach ein Baby. Anscheinend hatte das Baby nach Donnas Ansicht noch die Möglichkeit, ein Bub zu werden. Die Mutter berichtete, daß Donna sich als Baby bezeichnete, wenn sie Kummer hatte, während sie bei guter Stimmung sagte, sie sei ein Mädchen.
Der nachstehende Spielablauf veranschaulicht, wie gefährlich die Welt werden kann, wenn die symbiotische Mutter, der man früher vertraut hatte, nach dem Gewahrwerden des Getrenntseins zur Bedrohung wird. Donna malte einen »Löwen«. Danach malte sie einen kleinen Fleck, den der Löwe, wie sie erklärte, der Löwenmutter abgebissen hätte (biß der Löwe den Penis ab?). Sie schien sich mit einer Verwirrung in ihrem Phantasieleben auseinanderzusetzen und sich zu fragen, ob die Mutter »es« hatte und es ihr vorenthielt oder ob sie vielleicht selbst auch kastriert wäre.
Donna empfand den fehlenden Penis als narzißtische Kränkung, für die sie die Mutter verantwortlich machte; ihre wichtigste Abwehr war die Regression. Sie klammerte sich wie ein Baby an die symbiotische Mutter und lutschte gleichzeitig an den Fingern. Tatsächlich tröstete auch die Mutter Donna so, wie man ein Baby trösten würde, indem sie sie auf den Arm nahm. So besänftigte sie die Aggression in ihrer Beziehung, veranlaßte aber Donna, ihre aggressiven Impulse zurückzuhalten und zu verdrängen. Der Vater schien für Donna immer wichtiger zu werden. Während sie sich manchmal weigerte, der Mutter zu folgen, ließ sie sich vom Vater bereitwillig zu Bett bringen. Als die Eltern einmal abends ausgehen wollten, gab Donna dem Vater einen Gutenachtkuß, der Mutter

hingegen nicht. Ihre Lieblingsbeschäftigung bestand zu dieser Zeit darin, sich vom Vater schaukeln zu lassen, wenn er im Schaukelstuhl saß. Bei einem Hausbesuch machte es Donna große Freude, der Beobachterin die Spielsachen zu zeigen, die der Vater für sie *repariert* hatte.

Während sie einer Geschichte über Eisenbahnzüge zuhörte, schlug Donna aufgeregt auf das Bild eines Zuges, wobei sie mit der anderen Hand den Genitalbereich bedeckte und hin- und herschaukelte. Dann schlug sie wieder auf das Bild, führte die Hand zum Mund und tat so, als verschlinge sie den Zug. Darin mochte sich der Versuch ausdrücken, ihre Kastration ungeschehen zu machen, indem sie vorgab, den Zug zu verspeisen – das Lieblingsspielzeug ihres kleinen Spielkameraden, dessen Penis sie so sehr begehrte.

Als sie etwa 2½ Jahre alt war, kam Donna eines Tages in besonders glücklicher Stimmung ins *Center;* sie konnte sich von der Mutter trennen und geradewegs ins Spielzimmer gehen, ohne sich im geringsten anklammern zu müssen. Dies geschah nach einem Besuch im Zoo, wo Donna zum erstenmal so wie ihr Bruder mit einem Strohhalm trinken konnte. Sie war sehr stolz auf diese Errungenschaft, und vielleicht lag hier der Schlüssel für ihre gute Stimmung.

In der zweiten Hälfte des 3. Lebensjahres imitierte Donna oft das Spiel der Buben und versuchte auf diese Weise, mit ihrem Penisneid fertig zu werden. Sie wurde freier in ihren grobmotorischen Aktivitäten, fing an, auf dem Schaukelpferd zu reiten, lief die Treppen hinauf und hinab, und besonderen Spaß machte es ihr, auf dem Bauch das Treppengeländer hinunterzurutschen. Es hatte den Anschein, als verschafften ihr diese Aktivitäten ein sinnliches Vergnügen und als beruhigten sie sie hinsichtlich der Unversehrtheit ihres Körpers.

Die Mutter berichtete, daß Donna zu Hause gern ohne Höschen herumlief, daß sie häufig ihr Genitale berührte und erklärte, daß es weh tue. Die Mutter glaubte, daß kein körperliches Unbehagen mehr bestand, daß die Harnwegsinfektion behoben war und Donnas Klagen eher ihre Besorgnis um diesen Teil ihres Körpers widerspiegelten.

In Donnas Beziehung zu Jungen und Männern trat offener etwas Bittendes zutage. Sie wünschte, daß ihr Vater etwas für sie täte, sie beispielsweise ankleidete. Wenn sie im *Center* von einem Beobachter zur Toilette begleitet wurde, bestand sie darauf, daß er ihr behilflich war; sie spreizte die Beine, sowohl um zu zeigen, was sie produziert hatte, als auch um ihren »kastrierten« Zustand vorzuführen. Sie versuchte auch zu imitieren, wie Vater und Bruder urinierten. Beim Spielen setzte sie sich rittlings auf die Rutschbahn, schob ein Spielzeugauto hinauf und ließ es dann zwischen ihren Beinen hinuntergleiten. Sie sagte, sie habe zwar noch keinen Penis, sei aber sicher, daß ihr noch einer wachsen würde.

Gleichzeitig war Donna sehr an Müttern und Babys interessiert, und wenn sie Bilder eines großen und eines kleinen Flugzeugs sah, nannte sie sie Mutterflieger und Babyflieger. Sie schien vom Babyzustand zur Identifikation mit der Mutter überzuwechseln, indem sie Puppen bemutterte, kochte usw. Es wurde oft gesagt, sie benehme sich wie eine Erwachsene, und bei solchen Gelegenheiten bevormundete sie andere Kinder, einschließlich ihres Bruders.

Es kam zu einer Veränderung in Donnas Verhalten bei Zwischenfällen im Rahmen der Reinlichkeitsgewöhnung und wenn sie sich nachts naß machte. Sie wurde aufgeregt und weinte, auch wenn sie sich auf dem Weg zur Toilette naß machte, während sie solche Zwischenfälle früher mit Fassung ertragen hatte. In der Vergangenheit war sie oft nachts aufgewacht und hatte nach der Mutter gerufen, damit sie sie ins Bad brachte; doch das geschah jetzt seltener, und sie blieb nachts trocken. Manchmal erwachte sie aufgeregt und weinend und sagte, sie müsse »Pipi« machen. Obwohl es keinerlei Anzeichen dafür gab, daß auf Donna bezüglich der Reinlichkeitsgewöhnung irgendein Druck ausgeübt wurde, schien sie Angst davor zu haben, das Bett naß zu machen (Vorläufer der Überich-Entwicklung?).

Donna zeigte weiterhin auf vielerlei Art ihre Angst, daß ihrem Körper etwas zustoßen könnte. Sie verschob diese Angst in hohem Maße auf die Nase und – wie bereits erwähnt – die Knie. Die Mutter schilderte folgenden Vorfall. Donna hatte Nasenbluten gehabt. Sie wurde übermäßig erregt, schrie heftig und wischte etwas Blut an ihrem Knie ab – sie wirkte äußerst verängstigt. Als sie später ihrem Vater davon erzählte, vergaß sie, das Nasenbluten zu erwähnen, und berichtete ihm, sie hätte sich das *Knie* verletzt. Sie hatte bereits früher einmal ihre Mutter beschuldigt, sie hätte sie zu Boden geworfen, wobei sie sich das *Knie* verletzt hätte.

Gegen Ende des 3. Lebensjahres schwankte Donna noch immer zwischen einem recht reifen, unabhängigen Verhalten auf vielen

Gebieten und einem Festklammern an ihrem Babyzustand. Ihre Reife zeigte sich in der Identifikation mit der Mutter: in ihrem mütterlichen Verhalten Puppen gegenüber, daran, daß sie allein auf die Toilette ging (selbst wenn sie nicht zu Hause war), daß sie ihre Kleider selbst auswählen wollte usw. Aber sie trank die Milch noch aus der Flasche, und auf jede unbekannte oder angsteinflößende Situation reagierte sie zunächst damit, daß sie sich an die Mutter anklammerte, an ihren Kleidern zog oder etwas Eßbares in den Mund stopfte. Die Mutter, die Donna stets mit großer Geduld akzeptiert hatte, fing nun an, einige negative Reaktionen zu zeigen: Donnas anklammerndes Verhalten machte sie ungeduldig und reizbar.

Donna schien zu ahnen, daß die Mutter sowohl wegen der Schwierigkeiten beim Abschiednehmen als auch wegen ihrer wachsenden Unabhängigkeit ungeduldig wurde, und suchte auf eigene Faust nach neuen Lösungen. Manchmal raste sie in das Spielzimmer, als wollte sie sich keine Zeit zum Zögern lassen und verhindern, daß Angst sie überkäme. Schließlich gelang ihr eine neue Lösung: sie erfand ein Abschiedsritual, das ihr den Übergang vom Zusammensein mit der Mutter zum selbständigen Funktionieren erleichterte. Sie blieb ein Weilchen in der Nähe der Mutter und zeigte dabei einem Beobachter, was sie von daheim mitgebracht hatte. Sie ging in kleinste Details – manchmal mehrerer Dinge –, wobei sie das Hier und Jetzt mit etwas Bekanntem verband, und konnte dann die Mutter gehen lassen (was uns an das Verhalten von Bruce erinnert).

Infolge ihrer überdurchschnittlichen Begabung und scheinbar überdurchschnittlich guter Bemutterung als Kleinkind wie als kleines Spielkind glaubten wir, daß Donna die größte Chance für eine reibungslose Subphasenentwicklung hätte. Wir hofften, daß sie bei der relativ gleichmäßigen Entfaltung ihres Ichs und der äußerst günstigen Betreuung mit dem 3. Lebensjahr zur libidinösen Objektkonstanz gelangen würde. Wir erwarteten ferner, daß die beiden Ebenen der Identitätsbildung während der vierten Subphase von Loslösung und Individuation nach und nach mit minimalen Entwicklungsschwierigkeiten erreicht werden würden.

Daß dies nicht der Fall war, brachte uns deutlich zum Bewußtsein, wie verschlungen und vielfältig eine durchschnittliche »normale Entwicklung« verläuft. Wir erkannten insbesondere, daß eine Vorhersage hinsichtlich »normaler Entwicklung« nur bis zu der Fest-

stellung reichen kann, daß aller Wahrscheinlichkeit nach keine schwerere Pathologie in der Zukunft zu erwarten sein dürfte.
Die Entwicklungsschwierigkeiten, die in Donnas Fall auftraten, schienen eindeutig darauf zurückzuführen, daß ihr Glaube an die eigene magische Omnipotenz, der durch ein optimales Sichverlassenkönnen auf die mütterliche Omnipotenz genährt wurde, nicht bedächtig genug dem Selbstwertgefühl wich.
Am bedeutungsvollsten waren jedoch Schwierigkeiten, die sich zwischen dem 20. und 30. Lebensmonat aus gehäuften »Schocktraumata« (Kris, 1956) ergaben, welche die allmähliche Neutralisierung von Aggression verhindert zu haben schienen. Dadurch wurde eine abrupte Verdrängung erforderlich, die durch den zusätzlichen Abwehrmechanismus der Reaktionsbildung verstärkt wurde. Überdurchschnittliche Trennungsangst und Hemmung waren die Folge und erschwerten zumindest vorübergehend die Sublimierung. Wir waren jedoch zuversichtlich, daß Donna trotz dieser Schwierigkeiten durch die Kraft ihrer Entwicklungsenergie die Störungen schließlich überwinden würde.

10. Kapitel
Wendy

Wendy war ein besonders anziehendes, anschmiegsames, im allgemeinen friedliches und zufriedenes Baby, das von seiner Mutter als deren symbiotische Erfüllung leidenschaftlich geliebt wurde. Mutter und Kind schienen besonders gut miteinander zu harmonieren.

Es ist überraschend, daß Wendy bei dieser innigen Symbiose sehr frühe Anzeichen einer Quasi-Differenzierung zeigte, etwa in Form von ganz plötzlichem ängstlichem Weinen, intensivem Abtasten und offenbarem Erkennen verschiedener Menschen sowie als Protest gegen das Fortgehen der Mutter. Wir glauben im nachhinein, daß ihre übersteigerte Wachsamkeit im 3. und 4. Lebensmonat auf eine gewisse Hypersensibilität im Sinne von Bergman und Escalona (1949) zurückzuführen war. Sehr früh zeigte sie eine bevorzugende Lächelreaktion und lächelte sogar bereits im Alter von 3 bis 4 Monaten ihrer Mutter zu. Sie weinte, wenn die Mutter an ihr vorüberging, ohne stehenzubleiben, um sich mit ihr zu befassen. Statt das Versinken im Umkreis der symbiotischen Zweieinheit zu »genießen«, überraschte uns Wendy durch ihr frühes Abtasten der Umwelt. Die übersteigerte Wachsamkeit gegenüber der Umwelt über den gemeinsamen Mutter-Kind-Umkreis hinaus war auf ihre angeborene Hypersensibilität zurückzuführen. Abgesehen von frühen Differenzierungsanzeichen, schien Wendy aus der Reifung ihres eigenen Ichs oder den Hilfsquellen der Umwelt keinen Nutzen zu ziehen. Wir glauben nachträglich, daß Wendy wegen ihrer übersteigerten Wachsamkeit in der frühesten Kindheit in höherem Maße als der durchschnittliche Säugling und für eine längere Zeitspanne einen besonders starken Schutzschild von Mütterlichkeit gebraucht hätte. Das hätte vielleicht verhindert, daß ihre erhöhte Wahrnehmungsfähigkeit das »ideale Gefühl« symbiotischen Einsseins beeinträchtigt hätte. Denn sosehr Frau M. sich über Wendy als ihr Baby freute und sie liebte, war sie doch unfähig, *über längere Zeit* einen Ausgleich durch einen mütterlichen Schutzschild zu schaffen. Wahrscheinlich könnte das keine Mutter. Wendys frühe Reaktionen auf abrupte, plötzliche Veränderungen in ihrer Umgebung – Vorläufer späterer »Fremdheitsreaktionen« im 3. Lebensmonat – hielten praktisch ohne Unterbrechung während des gesamten Loslösungs- und Individuationsprozesses an; sie änderten sich lediglich hinsichtlich Form, Struktur und Komplexität im Laufe der Subphasen.

Wendys Mutter

Auf seiten der Mutter gab es Komponenten, die Wendys Neigung, ihre eigenen Ressourcen, geschweige denn jene ihrer Umgebung, nicht der Differenzierung und Individuation sowie der Loslösung von der Mutter nutzbar zu machen, noch verstärkten. Während und nach der kurzen symbiotischen Periode war Frau M. gefühlsmäßig sehr stark auf dieses, ihr drittes Kind eingestellt. Doch bei den ersten Anzeichen von Differenzierungsversuchen Wendys entwickelte sie die Tendenz, sich abrupt abzuwenden; sie konnte ihrem Kind nicht gestatten, ihr Gesicht durch Berührung – und zusätzlich durch genaues Anschauen – zu erforschen, wie Wendy es hätte tun wollen und müssen. Bereits mit 3 bis 4 Monaten protestierte Wendy dagegen mit ärgerlichen Lauten.
Wendys Mutter war eine auffallend schöne Frau, der es nicht leichtfiel, die Mutterschaft ohne weiteres zu akzeptieren. Sie war unsicher in bezug auf ihre Rolle als Mutter und als Frau, und sie brauchte ständige Selbstbestätigung. Sie war fortwährend damit beschäftigt, sich selbst und ihren Haushalt zu vervollkommnen, glaubte aber stets, daß sie nicht genug täte. Bereitwillig setzte sie sich selbst herab, nannte sich eine schlechte Mutter und erklärte, daß die Kinder den Vater bevorzugten, der die Bemutterungsfunktionen gern mit seiner Frau teilte. Frau M., die so leicht entmutigt und ungeduldig mit sich selbst war, neigte zu derselben Haltung ihren Kindern gegenüber, sobald diese irgendein Anzeichen von Differenzierung und Individuation erkennen ließen. Sie sah sich selbst in ihnen und sie in sich selbst. Wir bemerkten, daß sie zu Wendys Schwester, die auch erst 30 Monate alt war, wie zu einer Erwachsenen sprach; es schien, als »konsultiere« sie sie beim Treffen von Entscheidungen. Das tat sie nicht, um herauszufinden, was das Kind wirklich wollte, sondern weil sie sich selbst nicht entscheiden konnte. Das Heranwachsen ihrer Kinder schien ihr bedrohlich und erfüllte sie mit Unbehagen. Es schien sie mit ihren eigenen Problemen hinsichtlich des Älterwerdens und jenen

Aspekten ihrer Persönlichkeit zu konfrontieren, die sie als negativ betrachtete.
Es war bezeichnend, daß Frau M. nach dem Abschluß der symbiotischen Periode sich mit ihren Kindern weniger gut zurechtfand. Sie war außerstande, sich am Spielerischen des sich individuierenden Kindes zu erfreuen, so daß die Beziehung sich nicht zu spielerischer Wechselseitigkeit entwickeln konnte.

Wendys Entwicklung in den Subphasen

Wendy war ein Brustkind und wurde im 4. Monat sehr allmählich entwöhnt. Sie zeigte jedoch niemals irgendwelche Begeisterung angesichts der Flasche, und im Gegensatz zu vielen anderen Kindern betrachtete sie das Nachtfläschchen nicht als eine Art Übergangsobjekt. Ablehnende Reaktionen auf den allmählichen Entwöhnungsprozeß wurden weder beobachtet noch berichtet; vielmehr waren Wendy und ihre Mutter im 4. bis 5. Monat ein sehr zufriedenes, harmonisches Mutter-Kind-Paar mit lebhafter Interaktion.
Wendy war hübsch, sanft und schmiegsam, und der Mutter schien die physische Nähe große Freude zu bereiten. Das Baby wirkte friedlich und zufrieden, seine geringsten Bedürfnisse wurden von der Mutter beachtet. Dagegen entmutigte sie Wendy schon sehr früh, wenn diese ihr Gesicht durch Berührung erforschen oder an ihren Haaren ziehen wollte – Dinge, die kleine Kinder tun müssen, um sich mit der Mutter *qua* Mutter vertraut zu machen (Brody und Axelrad, 1970). Frau M. glich dies aus, indem sie Wendy zulächelte, sie wiegte, mit ihr sprach, sie küßte usw. Doch die Vorlieben und Idiosynkrasien, die spezifischen Muster ihres Mutterverhaltens verstärkten sicherlich Wendys scheinbar angeborene Bevorzugung der visuellen Wahrnehmung. Sie können dazu beigetragen haben, daß Wendy ein geringeres Bedürfnis und Verlangen danach hatte, ihre Umgebung zu einem Zeitpunkt durch Berührung zu erforschen, wenn andere Kinder die Fähigkeit erwerben, zu krabbeln und Objekte in der sich erweiternden Umwelt zu handhaben und zu fühlen.
Wenn Wendy sich unbehaglich fühlte, protestierte sie energisch und deutete ihre Bedürfnisse durch Gesten an; einer unserer Mitarbeiter erkannte darin einen emotionalen Appell von spezifisch *sehnsuchtsvoller* Prägung. Wendy beanspruchte ihre Mutter in

sehr aktiver Weise; man beobachtete, daß sie ihr so »unwiderstehlich« zulächelte, daß die Mutter das Lächeln einfach erwidern mußte und nicht fortgehen, weiterlesen oder -nähen konnte.
Während die meisten Kinder sich an das *Center* gewöhnten und gern hinkamen, war dies bei Wendy nicht der Fall; es wurde für sie niemals eine Art Zuhause. Tatsächlich schien sie das *Center* mit allem gleichzusetzen, was »schlecht« (unvertraut) war, und Mutter, Geschwister, Zuhause mit allem, was »gut« (vertraut) war. Diese Haltung Wendys war größtenteils auf die Tatsache zurückzuführen, daß Frau M. selbst ihrer Teilnahme an dem Projekt nicht durchweg positiv gegenüberstand; ihre Motivation schien durch Ambivalenz beeinträchtigt. Durch Wendys ausschließliche »leidenschaftliche Symbiose« und die darauf folgende sehr frühe heftige Trennungsangst verdrängte ihr intensives Verlangen nach Nähe und Vereinigung mit der Mutter das Interesse an der Umwelt und wirkte einer fortschreitenden Individuation entgegen, d. h. der Ich-Entwicklung; es hinderte sie daran, sich die eigenen Hilfsquellen nutzbar zu machen.[1]
Wie wir festgestellt haben, war die visuelle Wahrnehmung bei Wendy hochbesetzt und blieb es selbst dann, als eine stärkere Besetzung der Fortbewegungsfunktionen und der Erforschung von Objekten durch Berührung mit der Hand oder dem Mund hätte folgen müssen, und zwar obwohl Wendys motorische Fähigkeiten sich durchaus zeitgerecht entwickelten. Dies geschah sogar eher besonders frühzeitig. Mit etwa 6 Monaten fing sie an zu krabbeln, und um den 11. Monat herum konnte sie an der Hand laufen. Doch diese Fähigkeiten begeisterten sie keineswegs; sie benutzte sie nicht zur Erforschung der Umgebung. Statt dessen schien es, daß Wendy lieber in der Nähe der Mutter blieb; sie brauchte diese ständige Nähe, um sich über irgend etwas in der Außenwelt freuen zu können. Offenbar wollte sie den vertrauten *Status quo* der symbiotischen Beziehung nicht aufgeben; sie konnte das Risiko getrennten Funktionierens mit der inhärenten »minimalen Dro-

[1] Entwicklungstests zeigten, daß Wendy durchschnittlich begabt war, jedoch keinen optimalen Gebrauch davon machte. Aus den Tests ging hervor, daß Wendy mit 21 Monaten und wiederum mit 29 Monaten in der Sprachentwicklung 4 Monate hinter ihrem Alter zurück war und daß sie auch in der Entwicklung des personal-sozialen Sektors ihrer Persönlichkeit nachhinkte. Mit 34 Monaten hingegen war die Entwicklung ziemlich ausgeglichen, d. h., gegen Ende des 3. Lebensjahres hatte sie in der sprachlichen und personal-sozialen Entwicklung beachtlich aufgeholt. Dies stellten wir unabhängig von den Tests durch Beobachtung und anhand der Berichte von Frau M. fest.

hung des Objektverlusts« (Mahler und Furer, 1963a) nicht auf sich nehmen.
Auf diese Weise sahen wir bei Wendy nur wenige der üblichen Merkmale der frühen bzw. der eigentlichen Übungsperiode. Es schien wenig innerer Anreiz zu selbständigem Funktionieren zu bestehen. Indessen zog es Wendy weiterhin vor, daß etwas für sie getan wurde, statt es selbst zu tun. Solange sie nicht von Loslösung oder Getrenntsein bedroht war, war sie ein reizendes, entzückendes Baby. Doch selbst die geringste Gefahr, daß die symbiotische Nähe verlorengehen könne, regte sie furchtbar auf. Jede Aufforderung zu einem vergnüglichen Miteinander oder einer Beziehung außerhalb des Mutter-Kind-Umkreises ließ Wendy augenblicklich zur Mutter zurückkehren. Während die meisten Kinder in der frühen Übungsperiode ihre sich entwickelnden motorischen Fähigkeiten benutzten, zu Übungs- oder Forschungszwecken von der Mutter wegzukrabbeln, krabbelte Wendy jedesmal zur Mutter hin, sobald man sie in einiger Entfernung von ihr niedersetzte. Wendy benutzte ihre Krabbelkünste oder sonstige motorische Fähigkeiten selten, um sich jemand anderem als der Mutter zu nähern. (Selbst nach Erreichung des 3. Lebensjahres trat Wendy nur zu Menschen in Beziehung, die in irgendeiner Weise als Muttergänzung gelten konnten, weil die Mutter zu ihnen ein positives Verhältnis hatte, sie anerkannte oder ihnen sympathisch gegenüberstand.)
Wir kannten Frau M. recht gut, da ihre ältere Tochter ebenfalls an unserem Studienprogramm teilgenommen hatte. Wir wußten, daß sie den Loslösungs- und Individuationsprozeß mit seinen Püffen und Knüffen, seinem Auf und Ab fürchtete. Sie liebte und genoß – besonders mit Wendy – die Periode der körperlichen Nähe. War aber das symbiotische Stadium einmal vorüber, hätte sie gern ein unabhängig funktionierendes Kind gehabt. Wendy schien die Vorliebe der Mutter für den symbiotischen Säugling zu spüren, und obgleich sie selbst im obengenannten Sinne »ausschlüpfte« (d. h., aufgrund ihrer Hypersensibilität wurde sie mancher Aspekte der Außenwelt ziemlich früh gewahr), versuchte sie so lange wie möglich das symbiotische Kind zu bleiben. Tatsächlich hatte es den Anschein, als leistete sie dem Getrenntsein automatisch Widerstand. In unserem Setting funktionierte sie niemals mühelos, wenn die Mutter nicht in der Nähe war, und sie wollte oder konnte sich im *Center* nicht anpassen oder heimisch werden.
Wir glaubten ferner, daß Wendy ein etwas geringeres Bedürfnis

hatte, in die Welt auszuschwärmen. Sie war das jüngste Kind in der Familie, und ihre älteren Geschwister, die sie sehr verhätschelten, schienen ihr viel Anregung zu bieten, die sie passiv entgegennahm. Auf diese Weise trugen sie ihr die Außenwelt gewissermaßen zu.[2]

Wendys Übungsperiode war in jeder Hinsicht ungewöhnlich. Es ist hochinteressant und bemerkenswert, daß Wendy ihre ersten Schritte ohne fremde Hilfe mit 13 Monaten machte, und zwar als die Mutter nicht zu Hause war. Dies würde nahelegen, daß Wendy der Individuation nur dann ihren Lauf lassen konnte, wenn ein Rückzug in die Symbiose mit der Mutter nicht möglich war: sie konnte sich der Individuation nur in völliger Abwesenheit der Mutter ganz hingeben. Im eigentlichen, aktiven Sinne begann Wendy erst zu üben, als sie etwa 18 Monate alt war, in jenem chronologischen Alter, das man als den Höhepunkt der Subphase der Wiederannäherung betrachtet. Außerdem fehlte dieser verspäteten Übungsperiode das subphasenspezifische Charakteristikum des Übermuts; wahrscheinlich wurde er durch die gleichzeitige kognitive Entwicklung der Wiederannäherungsphase gedämpft, nämlich durch die unvermeidliche Erkenntnis, daß man von der Mutter getrennt war. Um diese Erkenntnis abzuwehren, blieb Wendys Stimmung sehr abhängig von der Stimmung der Mutter oder der Atmosphäre der Umwelt, worin sich ihre primäre Identifikation widerspiegelte. Ihre Affekte konnten kein individuelles Eigenleben gewinnen. Nichtsdestoweniger funktionierte Wendy während dieser verspäteten Übungsperiode am besten mit Hilfe der Mutter, sei es auf eine gewisse Entfernung oder sogar wenn die Mutter nicht im Zimmer war. Zwar trat typischeres Wiederannäherungsverhalten wie etwa gesteigerter Negativismus oder Selbstsicherheit bei Wendy gegen Ende des 2. Lebensjahres in Erscheinung, doch bestand es in besonderer Dickköpfigkeit und der Weigerung, Muttersatzpersonen zu akzeptieren. Dennoch schien das gleichzeitige Vergnügen an unabhängigem Funktionieren (d. h. ein Merkmal der Übungsperiode) die Qualen der Wiederannäherung eine Zeitlang zu mildern.

Wendys Schwierigkeiten beim intrapsychischen Loslösungsprozeß

[2] Andererseits wurde die »schlechte« Seite sowohl der Geschwistersituation als auch der Kind-Mutter-Beziehung – wie wir später sehen werden – auf die Krabbelkinder im *Center* verschoben.

hingen höchstwahrscheinlich mit Schwierigkeiten zusammen, die die Mutter selbst hatte. Die Mutter war außerstande, sie beim Üben und Forschen zu unterstützen. Infolgedessen beobachteten wir bei Wendy die Neigung, immer wieder zur Nähe der Mutter-Baby-Beziehung zurückzukehren, ja, zu regredieren. Mit dem Fortschreiten der Individuation im reinen Reifungssinne weckte der obligatorische Drang nach Autonomie und Getrenntheit bei Wendy einen überdurchschnittlichen Negativismus, Wutausbrüche und die Neigung zu passiv-aggressivem Verhalten statt konstruktiver Aggression, symbolischem Spiel und anderen Aktivitäten, bei denen sie von der Mutter unabhängig war. Schon infolge relativ geringfügiger Frustrationen wurde sie aufgeregt, und sie war sehr leicht gekränkt.

Hingegen bemerkten wir keine Anzeichen eines Kampfes im Zusammenhang mit der Reinlichkeitsgewöhnung. Zu Beginn des 3. Jahres berichtete Wendys Mutter die bemerkenswerte Tatsache, daß die Reinlichkeitsgewöhnung ohne Schwierigkeiten voranschritt. Mit 32 Monaten war Wendy nicht nur tagsüber – von wenigen Ausnahmen abgesehen – sauber, sondern auch während der Nacht. Dies war ein weiteres Gebiet, wo Wendy ihre Mutter zufriedenstellen konnte.

Wendys Trennungsreaktionen und Trennungsangst

Wie bereits erwähnt, schien die Differenzierungsperiode bei Wendy recht früh – im 4. Monat – zu beginnen; mit 6 bis 7 Monaten war die Beziehung zur Mutter sogar noch ausschließlicher und Wendys Reaktionen auf Fremde und Fremdes heftiger. Sie erschrak bei Geräuschen und zeigte beim Anblick von Fremden einen verwirrten Gesichtsausdruck. Mit 8 bis 9 Monaten weinte sie, wenn sie sich im Spiegel sah, ohne daß das Gesicht der Mutter neben dem ihren zu erblicken war; außerdem weinte sie sowohl, wenn die Mutter das Zimmer verließ, als auch, wenn sie wiederkam.

Während der beiden folgenden Monate – im chronologischen Alter der frühen Übungsperiode – setzte sich diese Neigung fort; sich von der Mutter zu entfernen, erschien Wendy als Bedrohung. Sie saß lieber still da und nahm ihre Umgebung visuell in sich auf; ihre Trennungsreaktionen wurden sehr stark, und sie konnte nur durch die Nähe der Mutter getröstet werden. Sie war nicht bereit, ihre wachsenden Fähigkeiten zu körperlicher Trennung zu benutzen,

d. h., von der Mutter wegzukrabbeln. Wenn die Mutter nicht im Zimmer war, lief Wendy zu ihrem Stuhl. Ihre Trennungsreaktionen bestanden nicht nur in einem Stimmungsabfall, wie wir ihn beim Durchschnittskind im chronologischen Alter der frühen Übungsperiode beobachten, sondern aus *sehr großem Kummer und Traurigkeit,* die eine »anaklitische Depression im Miniaturformat« (vgl. Mahler und McDevitt, 1968) vermuten ließen. Dennoch war sie freundlich und nahm Anteil an der Umwelt, solange die Mutter in der Nähe war.

Mit 20 Monaten zeigte sich bei Wendy eine ungewöhnliche Mischung von Merkmalen der eigentlichen Übungsperiode und der Wiederannäherungsperiode. Allmählich wurde sie selbständiger. Sie lief nicht mehr so oft zu ihrer Mutter wie früher, noch vermißte sie die Mutter so stark, wenn diese den Raum verließ. Sie versuchte, bis zu einem gewissen Grade mit Problemen selbst fertig zu werden, statt sofort an andere zu appellieren. Sie wollte nun mit der Mutter spielen, besonders gern Ballspiele. In Abwesenheit der Mutter konnte sie vorübergehend verschiedene Ersatzpersonen akzeptieren.

Zu dieser Zeit wurde Wendys angeborene Sinnlichkeit besonders deutlich: sie genoß alle Arten autoerotischer, kinästhetischer und taktiler Erlebnisse. Die Mutter berichtete, daß sie gern sehr lange schaukelte.

Gegen Ende des 2. Lebensjahres, im 23. und 24. Monat, trat erneut insofern ein Wandel ein, als sie wieder einer engeren Beziehung zur Mutter bedurfte.[3] Sie duldete nicht, daß die Mutter anderen Interesse zuwandte; sie wollte nicht mit anderen Krabbelkindern spielen, und sie mochte das Zimmer der Krabbelkinder nicht. Ihre Neigung zu Wutanfällen steigerte sich. Wenn die Mutter nicht im Zimmer war, saß sie, wenn möglich, auf dem Schoß anderer Erwachsener. In Abwesenheit der Mutter zeigte sie großes Interesse für die Babys im *Center.* Bei solchen Gelegenheiten aß und trank sie auch viel. Während dieser Monate suchte Wendy weiterhin engen körperlichen Kontakt mit der Mutter.

Die Mutter versuchte, Wendys Aktivitäten von sich selbst abzulenken. Wendy wiederum reagierte auf Distanzierungsversuche seitens der Mutter mit einem Stimmungsabfall. Aber sie war stets sehr

[3] Dies schien eine Mischung aus typischem Wiederannäherungsverhalten und einer Regression auf frühere Trennungsreaktionen zu repräsentieren.

glücklich, sobald sie wieder mit der Mutter vereinigt war. Das waren Gelegenheiten, wo sie – gewissermaßen legitim – engen körperlichen Kontakt mit der Mutter haben und sich an sie schmiegen konnte.
So endete das 2. Lebensjahr für Wendy mit einer völlig ungelösten Wiederannäherungskrise und einer sehr schwach ausgeprägten Fähigkeit, entweder getrennt von der Mutter zu funktionieren oder mit Worten statt mit Gesten und Handlungen zu kommunizieren. Das Üben war verzögert und unterdrückt worden. Der übliche Fortschritt vom Üben zur Wiederannäherung war bei Wendy nicht festzustellen, da sie niemals den Punkt erreicht hatte, wo sie die Welt genießen konnte, ohne daß sich die Mutter in nächster Nähe befand.

Wendy im 3. Lebensjahr

Zu Beginn des 3. Lebensjahres konnte man Wendy als ein sehr weibliches, hübsches und anziehendes kleines Mädchen bezeichnen, das sehr an seiner Mutter hing. Ihr Aktionsradius war ziemlich eingeschränkt. Sie pflegte nahe bei der Mutter zu bleiben, und selbst wenn die Mutter nicht anwesend war, hielt sie sich gewöhnlich nur an einer bestimmten Stelle auf – häufig blieb sie einfach auf einem Stuhl sitzen. Wenn sie sich bewegte, geschah es mit kleinen, gezierten, zögernden Schritten; sie schien allgemein in ihrer Motilität gehemmt. Doch wenn gelegentlich Ärger, Eifersucht oder Neid in ihr geweckt wurden (z. B. wenn ihr ein anderes Kind etwas wegnahm), überwand sie ihre Hemmung und bewegte sich rasch und entschlossen; sie stand auf, lief schnell durch den Raum und holte sich den Gegenstand zurück.
Ein auffallendes und anhaltendes Merkmal war Wendys mangelndes Interesse an den anderen Kindern im *Center* (nur Babys waren zeitweise davon ausgenommen!). Sie hatte es gern, wenn so viele Erwachsene wie möglich um sie versammelt waren, wie sie überhaupt gern im Mittelpunkt des Interesses stand. Man beobachtete, daß Wendy traurig aussah, wenn die Aufmerksamkeit aller zufällig einem anderen Kind galt.
Wendy sah auch immer noch traurig aus, sobald ihre Mutter das Zimmer verließ. Bei solchen Gelegenheiten war es unmöglich, ihr Interesse für Spiele zu wecken; statt dessen suchte sie schließlich Zuflucht auf dem Schoß eines Beobachters. Unverkennbar war

ihre Vorliebe für zwei männliche Teilnehmer. Wenn sie mit einem von beiden allein war, schien sie ganz glücklich und zufrieden, bis die Mutter zurückkehrte.

Insgesamt wirkte Wendys Beziehung zur Mutter eng und zärtlich. Selbst wenn sie ihr nicht ihre volle Aufmerksamkeit zuwandte – etwa weil sie ein Buch las oder telefonierte –, schien Wendy zufrieden, solange die Mutter in ihrer Nähe war. In Wendys Spiel – hauptsächlich mit Puppen, die sie bemutterte – kam ihre Identifizierung mit der Mutter zum Ausdruck. Sie hatte auch Spaß am Spielzeugtelefon; sie imitierte dabei die Gewohnheiten ihrer Mutter. Dieses letztere Spielverhalten symbolisierte offenbar auch ihre Vorliebe für indirekte Kommunikation.

Trotz der im allgemeinen engen und zärtlichen Beziehung Wendys zu ihrer Mutter gab es zu Beginn des 3. Lebensjahres Zeiten, wo sie recht entschlossen Dinge auf *ihre* Art tat; manchmal antwortete sie auf jede Frage mit »Nein!«. Wenn sie in dieser Stimmung war, wurde sie sehr anspruchsvoll, d. h., wenn sie etwas wollte, schrie und kreischte sie und deutete gebieterisch auf den ersehnten Gegenstand. Wenn sie wütend war, schlug und biß sie ihre Mutter. Ein Faktor, der zu diesen plötzlichen aggressiven Triebentladungen beitrug, schien Wendys verzögerte Sprachentwicklung zu sein.

Die Mutter empfand es als schwierig, mit der Eigensinnigkeit der Tochter fertig zu werden. Ihre Art, sich mit dem Gefühl der Überwältigung auseinanderzusetzen, die durch die Schwierigkeiten des Kindes infolge des Auf und Ab des Loslösungs- und Individuationsprozesses entstanden, bestand darin, wenn möglich davonzulaufen, sich der Situation zu entziehen. Sie wurde sehr aktiv bei Wohltätigkeitsveranstaltungen außerhalb der Familie. Mitunter ging sie einfach aus dem Haus und überließ Wendy der Obhut von Dienstmädchen oder Babysittern.

Wendy reagierte im *Center* folgendermaßen auf Frau M.s weiteren Rückzug von der Mutterrolle. Sobald die Mutter das Zimmer verlassen hatte, schaute Wendy nicht einmal mehr zu ihrem Stuhl oder zur Tür (wie es andere Kinder ihres Alters fast automatisch taten und wie es auch Wendy in einer früheren Phase getan hatte). Vielmehr blickte sie bei solchen Gelegenheiten so wenig wie möglich umher. (Diese Einschränkung der Wahrnehmung schien im Dienste des Verleugnungsmechanismus zu stehen.) Wendys Aufmerksamkeit schien nach innen gerichtet – vielleicht ein Hinweis auf Phantasietätigkeit. Wie bereits erwähnt, konnte sie sich an einen Erwachsenen anschließen, und nur dann wurde sie lebhafter. Die Reduzierung sensorischer Wahrnehmungen sowie ihrer allgemeinen Aktivität schien eine charakteristische Abwehrmaßnahme Wendys darzustellen. Man konnte sie als Fortbestehen des »Stimmungsabfalls« über seinen normalen Ort in der Übungssubphase hinaus ansehen.

Im Laufe des 3. Lebensjahres begann Wendy mitunter heftig zu protestieren, lauthals zu weinen und energischen Widerstand zu leisten, sobald die Mutter den Raum verlassen wollte. Noch immer war es nicht leicht, ihren Kummer zu beschwichtigen.

Wenn es gelang, in Abwesenheit der Mutter ihr Interesse zu wecken, benutzte sie den Beobachter oder die Beobachterin als Ersatzperson, der sie sich entweder passiv anschloß oder *dieser einen Person* erlaubte, ihr auf das Schaukelpferd zu helfen; dies war eine der auffällig autoerotischen Aktivitäten, die sie liebte und auf die sie regredierte. Wenn der Kontakt mit der Ersatzperson längere Zeit anhielt, gestattete sich Wendy kurze Zeit, an einem Puzzlespiel zu »arbeiten« oder Ball zu spielen, aber das Spiel endete abrupt, sobald der Erwachsene nicht mehr aktiv teilnahm.

Mit anderen Worten, in Abwesenheit der Mutter schien Wendy das überwältigende Bedürfnis zu haben, ein narzißtisches Baby zu bleiben. Sie sprach nicht viel, spielte nicht viel, kümmerte sich nicht viel um andere. Wenn sie niemand finden konnte, der sie tröstete oder umsorgte, tröstete sie sich schließlich selbst, indem sie auf dem Schaukelpferd ritt oder allein saß, oder aber sie zog sich zurück und saß still auf ihrem Stühlchen und drückte eine Puppe oder einen kuscheligen Teddybär an sich.

Manchmal fühlte sich Wendy so allein und verloren, daß sie nahezu gelähmt und kontaktlos wirkte. Es schien dann, als fehle ihr die Fähigkeit, das Bild der Mutter zu bewahren, selbst wenn diese sich nur im Nebenzimmer aufhielt. Wenn man ihr sagte, daß sich die Mutter im Babyzimmer befände, und fragte, ob sie zu ihr gehen wolle, verhielt sie sich nicht in angemessener Weise. Sie zeigte auf das Fenster und machte »Winke-winke», womit sie andeutete, daß in ihrer intrapsychologischen Ökonomie die Mutter fort war, sobald sie nicht sichtbar, berührbar, physisch nahe war. Es hatte demnach den Anschein, als ob es ihr zeitweise nicht nur an emotionaler Objektkonstanz mangelte, sondern daß ihr auch deren kognitiver Gegenpol, Piagets »geistiges Bild des abwesenden Objekts«, verlorenging; d. h., sie war außerstande, sich die Mutter vorzustel-

len, wenn sie sich nicht in ihrem Blickfeld befand. Es schien zu dieser Zeit, daß Wendy intrapsychisch über keine »gute Mutterimago« verfügte, wenn die Mutter gegangen war.
Es wurden Vermutungen angestellt, daß diese Schwierigkeit hinsichtlich der Objektkonstanz etwas mit Wendys Aggression und Ambivalenz zu tun haben könnte. Frau M. schilderte Wendy als ein energisches Kind, das zu Hause manchmal mit ihr kämpfte und sehr negativistisch sein konnte. Im *Center* traten Negativismus und Bestimmtheit der Mutter gegenüber nicht in Erscheinung; sie wurden vollständig auf Mutter- oder Vater-Ersatzpersonen verschoben. Während Wendy einerseits passiv war und sich bedienen lassen wollte, reagierte sie andererseits sehr entschieden mit »Nein« auf jeden Vorschlag, der ihr nicht paßte. Die Schlußfolgerung hinsichtlich ihrer Ambivalenz beruhte auf der Beobachtung ihres Gesichtsausdrucks, der oft ärgerlich und schmollend war. Ein Beobachter meinte, Wendy schiene in Abwesenheit der Mutter durch widerstreitende Gefühle in bezug auf sie nahezu gelähmt, was sie daran hinderte, Trost im Spiel zu suchen. Selbst wenn die Mutter anwesend war, veränderte sich der Aktivitätspegel nicht wesentlich: er war noch immer auf die Beziehung zu *einer* Person eingestellt und dehnte sich nie auf das Spielen mit anderen Kindern oder selbständiges Spielen mit Spielzeug aus.
Nach diesem Stadium verlebte Wendy einen sehr schönen Sommer. Als sie mit nunmehr 28 Monaten ins *Center* zurückkam, hatte sie enorme Fortschritte in bezug auf ihren Wortschatz und ihre Fähigkeit, sich in vollständigen Sätzen auszudrücken, gemacht. Sie begann auch, auf Trennungen aktiver und effektiver zu reagieren. Jedesmal, wenn die Mutter das Zimmer verließ, folgte sie ihr und weinte laut; sie akzeptierte es einfach nicht, verlassen zu werden. Infolgedessen mußte man sie oft zur Mutter bringen oder ihr erlauben, sie in das Beratungszimmer zu begleiten. Immer wieder zwang sie uns, ihr zu gestatten, den ganzen Vormittag zusammen mit der Mutter im Babyzimmer zu verbringen. Als letztes Mittel bestand sie ziemlich abrupt darauf, nach Hause gebracht zu werden.
Gegen Ende des 30. Monats protestierte Wendy zwar immer noch gegen kurze Trennungen, vermochte nun aber besser mit ihnen fertig zu werden. So verbrachte sie beispielsweise einen großen Teil des Vormittags im Zimmer der Krabbelkinder mit Malen, und wenn die Mutter hereinkam, nahm sie wenig Notiz von ihr. Entwe-

der war sie so in ihr Tun vertieft, daß ihr die Anwesenheit der Mutter nicht voll zum Bewußtsein kam, oder aber sie versuchte dieses Bewußtsein abzuwehren, so als ahnte sie, daß es ihr selbständiges Spiel unterbrechen würde. Sie suchte nun ganz aktiv eine Zwei-Personen-Beziehung – noch immer vorzugsweise zu einem männlichen Partner, den sie für spielerische Aktivitäten zu gewinnen suchte. Noch immer akzeptierte sie keine Einmischung von seiten eines anderen Kindes und setzte ihre ganze Beharrlichkeit und verführerischen Charme ein, um das Interesse des Erwachsenen ausschließlich auf sich selbst zu lenken. Ein Beobachter beschrieb sehr lebendig, in welcher Weise Wendy immer ungestümere Mittel benutzte, wenn sanftere Methoden nicht ausreichten.
Obgleich Wendy inzwischen mehr Freude an aktiveren Spielen hatte, kam es doch noch oft vor, daß sie babyhafte Aktivitäten bevorzugte. Wenn sie sich z. B. zusammen mit der Mutter im Babyzimmer aufhielt, spielte sie gern das Baby, indem sie ins Laufställchen kletterte und dort blieb.
In der zweiten Hälfte des 3. Lebensjahres erweiterten sich Wendys spielerische Aktivitäten. Neben dem Babyspiel und dem Reiten auf dem Schaukelpferd machte ihr nun das Malen und der Umgang mit Farben Spaß. Zu Hause spielte sie gern mit ihrer älteren Schwester, und sie mochte es nicht, wenn irgendein anderes Kind, das zu Besuch kam, sich in diese Beziehung drängte. Mit den Beobachtern spielte sie nun auch gern aktivere Spiele mit Reifen und Bällen, die sie hin- und herrollte. Sobald sich aber ein anderes Kind auch nur andeutungsweise einschaltete, schwand ihre Freude sofort. Kurzum, Wendy benötigte offenbar ständige narzißtische Bestätigungen, um ein gewisses Selbstwertgefühl zu wahren, oder – wie man treffender sagen könnte – die Illusion der Allmacht.
Als Wendy etwa 30 Monate alt war, berichtete Frau M., daß sie eine besondere Vorliebe für das Laufen entwickelte. Selbst wenn ein Sportwägelchen zur Verfügung stand oder der Vater anbot, sie zu tragen, zog sie es vor zu laufen, auch über lange Strecken. Wendys Mutter glaubte, daß es mehr das Laufen selbst war, was Wendy reizte, als die Vorstellung, irgendwohin zu gelangen. Diese Freude am Laufen war vor allem angesichts ihrer sonstigen Passivität und Unbeweglichkeit während des chronologischen Alters der Übungs- und Wiederannäherungsperiode interessant, als ihr Verhalten so atypisch gewesen war.
Die Freude am Laufen scheint eine der Möglichkeiten gewesen zu

sein, die Wendy aus ihrer früheren Passivität herausführten und sie von ihren zeitweiligen Wutzuständen befreiten. Es kräftigte ihren Körper, so als ob ihr nun neutralisierte libidinöse und aggressive Energien zu Gebote stünden und in ihrem Gefolge ihr Selbst- und Identitätsgefühl gesteigert würde. Der erste Schritt in Richtung auf diesen Entwicklungsfortschritt schien darin zu liegen, daß sie aktiver und energischer zu protestieren vermochte, wenn die Mutter sie verließ. Dieses aktive Rebellieren schien dann umfassender zu werden und sie allgemein aktiver und energischer zu machen.

Dennoch schwankten Wendys Stimmungen noch immer, je nachdem ob die Mutter anwesend oder abwesend war. In Abwesenheit der Mutter neigte sie weiterhin zu Traurigkeit oder Wut; sie blieb auch negativistisch und war besonders geneigt, alles zurückzuweisen, was sie einer Beobachterin näherbringen konnte. So nahm sie zum Beispiel Eiskrem von einem Mann an, nicht aber von einer Frau. Sie zeigte Interesse für die Halskette einer Beobachterin, doch wenn diese sie ihr anbot, lehnte sie sie ab.[4] Wendy malte gern, aber als die Mutter eines Tages beim Abschied zu ihr sagte: »Male doch mit deiner Lehrerin, während ich fort bin,« weigerte sich Wendy, die Farben auch nur anzurühren.

In der zweiten Hälfte des 3. Jahres blühte Wendys Ambivalenzkonflikt mit der »Mutter der Trennung«, allem Anschein zum Trotz, in typischer Weise und voller Stärke. Die verspätete Wiederannäherungskrise trat in Wendys symbolischem Spiel unmißverständlich hervor, ebenso wie ihr Gewahrwerden des anatomischen Geschlechtsunterschiedes.

Wendys negativistische Einstellung zur Außenwelt blieb bestehen, bis sie schließlich so etwas wie eine phobische Reaktion gegenüber dem Zimmer der Krabbelkinder und den Leuten dort entwickelte. Das ging so weit, daß sie nicht einmal Mantel und ihre Stiefel ablegen wollte, wenn sie im *Center* ankam. Die Kindergärtnerin, die für die Spielkinder zuständig war, erzählte, daß Wendy schon bei ihrem Anblick in der Vorhalle zu weinen anfing und sich an die Mutter klammerte. Wir glaubten, daß diese phobische Reaktion auf das Spielkinderzimmer, wo es mitunter laut und verwirrend zuging, auch damit zusammenhängen mochte, daß Wendy zu Hause – wie wir von Außenstehenden erfahren hatten – in Abwe-

[4] Wir mußten vermuten, daß diese eigentümliche Zurückweisung anderer weiblicher Personen die in spezifischer Weise verschobene Externalisierung der »schlechten« Seite der Mutter war – in Wendys Fall eine individuelle Spaltungsform.

senheit der Mutter den aggressiven Spielen und aufregenden Experimenten, die ihr Bruder mit ihr anstellte, ausgesetzt war.
Kurze Zeit war es Wendy mit Hilfe der »Spielzimmerlehrerin« gelungen, sich von der Mutter zu entfernen und mit anderen Kindern zu spielen, doch muß sie bald diese Interaktion als zu starke Bedrohung der ausschließlichen, symbioseartigen Beziehung zur Mutter empfunden haben; das Resultat war, daß sie Beziehungen zur »Nicht-Mutter«-Welt vollständig aufgeben mußte.
Als Wendy 32 Monate alt war, wurden regelmäßig individuelle Spielzeiten mit einer bestimmten Beobachterin für Wendy eingerichtet. Sie war mißtrauisch, als die »Spielbeobachterin« ihr zum erstenmal vorgestellt wurde, und akzeptierte sie erst, nachdem die Mutter große Sympathie und sogar Bewunderung für die Beobachterin geäußert hatte. Doch selbst nach dieser Akzeptierung mußte Wendy in hohem Maße Herrin der Beziehung sein, und sie akzeptierte keineswegs immer die Zuwendung der Beobachterin. Diese glaubte, daß Wendys positive Einstellung leicht durch geringfügige Ablenkungen gestört wurde und daß es mitunter unmöglich war festzustellen, was die Ursache des Unbehagens gewesen war.
Bei der ersten Spielfolge (»play session«) folgte Wendy ihrer Mutter, als diese ins Babyzimmer ging. Sie war schließlich bereit, zusammen mit der Beobachterin das Babyzimmer zu verlassen. Anschließend ging sie in die Garderobe, um den Mantel der Mutter und ihren eigenen, die dort hingen, zu berühren. Wie auf S. 40 f. beschrieben, lag die Garderobe in unserem Setting zwischen Baby- und Spielkinderzimmer. Sie diente als eine Art Übergangsraum oder -zimmer – Übergang zwischen Zuhause und *Center* sowie Übergang zwischen dem Spielkinderzimmer, wo die Kinder sich ohne die Mütter aufhalten sollten, und dem Babyzimmer, in dem die Mütter blieben.[5] Das Berühren der Kleidungsstücke schien in Wendys Fall eine Art symbolischen »Auftankens« zu bedeuten. Nach dieser »Auftank«-Episode war Wendy dann imstande, für eine gewisse Zeit vergleichsweise unabhängig von der Mutter zu spielen. Sie konnte sich sogar den anderen Kindern im Spielkinderzimmer anschließen, die mit Knetmasse spielten. Doch in Übereinstimmung mit ihrem charakteristischen Verhaltensmuster reagierte Wendy, nachdem sie eine Zeitlang mit den anderen Kindern ge-

[5] Wir sollten erwähnen, daß Wendy niemals ein Übergangsobjekt hatte und daß sie sich auch – im Gegensatz zu den meisten Babys und Spielkindern – nichts aus der Flasche machte, nicht einmal aus dem Abendfläschchen.

spielt hatte, erneut abweisend gegenüber ihrer Beobachterin und sagte energisch »Nein«, wenn diese ihr behilflich sein wollte.
Bei einer Spielfolge ergriff sie eine Puppe, deren sämtliche Öffnungen sie mit Knetmasse verstopfte: Nase, Mund, Ohren und Nabel; auch schmierte sie Knete zwischen die Beine der Puppe und auf ihr Gesäß. Dies schien Wendys Wunsch zu symbolisieren, sich von der Außenwelt abzuschließen. Es erinnerte auch stark an anatomische Vorstellungen: sie machte die Tatsache ungeschehen, daß sie nur Öffnungen hatte statt eines Penis, wie ihr älterer Bruder und ihr Vater.
Gegen Ende desselben Monats erlaubte Wendy ihrer Mutter, sich fast eine Stunde lang für ein Interview zu entfernen; während dieser Zeit spielte sie mit ihrer Beobachterin. Das Spiel war teilweise regressiv: Sie spielte, daß sie ein Baby sei, kletterte ins Ställchen und in eine Krippe und trank schließlich sogar aus einer Babyflasche. Der Mutter mißfiel es bei ihrer Rückkehr, als sie ihr Kind das Baby spielen sah. Um sich zu beruhigen und als Reaktion auf die Kindergärtnerin und das regressive Spiel, das die Beobachterin erlaubt hatte, betonte sie, daß Wendy zu Hause gern »Batman« (eine Comic-Figur) oder ihren Vater verkörperte. Frau M. spielte dann selbst mit Wendy, indem sie vorgab, daß Wendy ein Vögelchen sei und sie, die Mutter, der Nordwind. Die Beobachterin hielt dies für eine gelungene Symbolisierung der Beziehung, die die Mutter zu ihren Kindern hatte. Von früh an förderte Frau M. die Zuneigung der Kinder zum Vater. Diese Ermutigung, sich dem Vater zuzuwenden oder Batman zu spielen, förderte bei Wendy im Alter von 3 Jahren eine sehr frühe Dreiecksbildung und vielleicht sogar eine pseudo-ödipale Situation.
Während einer Spielfolge gab es einen interessanten Ablauf von Ereignissen im Zusammenhang mit der Garderobe. Wendy nahm eine Babypuppe und versteckte sie. Als ihre Beobachterin an Wendys Stelle die Einsamkeits- und Sehnsuchtsgefühle der Puppe in dem Kämmerchen spielte und spielerisch vorgab, die Mutter der Puppe zu sein, nahm Wendy die Puppe und warf sie absichtlich auf den Fußboden. Dabei schaute sie die Beobachterin lächelnd an. Es schien, als agierte sie in dieser Sequenz etwas, wovon sie fürchtete, daß es ihr selbst widerfahren könnte. Im Spiel konnte sie die Angst meistern, daß sie den Unternehmungen ihrer Mutter im Wege stehen und von ihr verstoßen werden könnte.
Wendy benutzte ihre Spielstunden ferner, um Spiele zu erfinden, in

denen sie der aktive Teil war, wenn es um Trennungen und Wiedervereinigungen ging. In verschiedenen Mutter-Vater-Baby-Spielen, die ihr Spaß machten, übernahm sie die Rolle des Vaters, der fortgeht, um Geld zu verdienen, das er dann nach Hause bringt. Ein andermal schickte sie die Beobachterin hinaus, um etwas zu holen, und wenn sie zurückkam, bedeckte Wendy ihre Augen mit den Händen, um so den Augenblick zu kontrollieren, indem sie sehen, d. h., die Beobachterin anschauen würde.

Aus den wöchentlichen Spielstunden konnten wir auch entnehmen, daß Wendy sich sehr stark mit dem anatomischen Geschlechtsunterschied beschäftigte und daß sie um ihren Körper besorgt war. Einmal erfand sie ein Spiel, in dem sie als Arzt der Puppen auftrat, die, wie sie sagte, verletzt waren. Befragt, wo die Puppen denn verletzt wären, erklärte sie, daß sie nicht Pipi machen könnten. Sie untersuchte einen kleinen Teddybär sehr gründlich, von dem sie sagte, daß er verletzt und krank sei, und sie bandagierte seine »Wunden«. Sie erklärte auch, daß sie von einer Biene gestochen worden sei, und versuchte kurz darauf, die Kastrationsgefahr ungeschehen zu machen, indem sie ihren Vater oder ihren Kindergartenfreund Harry spielte. Beim Spiel mit den Puppen im Puppenhaus schien Wendy besonders daran interessiert, daß alle Pipi machten und ein Bad nahmen. Wenn die Puppen Pipi machten, schien Wendy den Geschlechtsunterschied auszugleichen, indem sie alle auf der Toilette sitzen ließ.

In ihren Spielstunden berichtete Wendy über einige Träume von Käfern und Bienen. Die Mutter erzählte, daß Wendy solche Träume hätte, wenn sie und ihr Mann abends ausgingen. Wir mußten zwangsläufig annehmen, daß Wendy Versuchungen, die durch ihre eigenen Körperempfindungen und vielleicht auch durch verwirrende erotische Phantasien hervorgerufen wurden, abwehrte.

Wendys Spiele in den Spielstunden waren nun inhalts- und einfallsreich. Sie konnte sich des Spiels geschickt bedienen, um sowohl mit ihren Ängsten fertig zu werden als auch um das Interesse anderer zu wecken. Auf Erwachsene, insbesondere Männer, wirkte sie weiterhin sehr anziehend. Dennoch konnte sie das Spiel noch immer nicht als soziale Aktivität betreiben, etwa im Sinne der Interaktion mit den anderen Kindern im *Center,* wenn sie zu ihren wöchentlichen Spielstunden kam.

Zur Identitätsbildung sei folgendes gesagt. Während des 3. Lebensjahres wurden allen Kindern Photographien von ihnen selbst und anderen Kindern wie auch von ihren Müttern und Beobachtern gezeigt. Wendy reagierte auf diese Photographien recht interessant. Sie identifizierte ihre Mutter und ihre Schwester namentlich, nannte aber alle anderen Kinder, einschließlich ihrer selbst, einfach entweder »Bub« oder »Mädchen«. Schließlich war sie bereit, ihr eigenes Photo als »ich« zu bezeichnen, doch gebrauchte sie immer noch nicht ihren Namen. Wenn ihr ein Beobachter ein Bild von sich selbst zeigte, wurde sie ähnlich verwirrt und konnte ihn nicht erkennen.

Auch beim Puppenspiel gab sie jeder Puppe den Namen des entsprechenden Mitglieds ihrer eigenen Familie, außer dem Baby, das sie weiterhin »Baby« und nicht Wendy nannte. (Sie war, wie bereits erwähnt, die jüngste, das Baby, in ihrer Familie.) Es hatte beinahe den Anschein, als habe sie irgendwie Angst davor, das »Baby« zu einem eigenständigen Menschen heranwachsen zu lassen, einer Person mit einem eigenen Namen – vielleicht aus Furcht vor dem Verlust der symbiotisch engen Beziehung zur Mutter. Obwohl sie nicht das geringste psychotische Merkmal aufwies (das Kind war sich seiner Getrenntheit voll bewußt!), schien Wendy sich entschieden zu weigern, die erste Stufe der Identität zu erklimmen und anzuerkennen – jene, eine getrennte, individuelle Einheit zu sein und eine eigene Individualität zu besitzen. Sie schien die eigene Identität nur als das Baby ihrer Mutter in einer »vorgetäuschten« Art von »Zweieinheit« zu akzeptieren.

Wie bereits erwähnt, war Wendys Sprachentwicklung ziemlich verzögert. Sie schien am Sprechen und Kommunizieren durch Worte niemals rechte Freude zu haben und die Körpersprache vorzuziehen, derer sie sich sehr eindrucksvoll bediente. Erst gegen Ende des 3. Lebensjahres konnte Wendy vollen Nutzen aus der plötzlichen späten Beschleunigung ihrer Sprachentwicklung ziehen. Zu diesem Zeitpunkt begann sie erstmals, das persönliche Fürwort »ich« zu benutzen. Gleichzeitig schien sie die heftigste Trennungsangst überwunden zu haben und war weit besser in der Lage, ohne die ständige Anwesenheit der Mutter zurechtzukommen.

Zusammenfassend kann man sagen, daß Wendy größere Schwierigkeiten als die meisten anderen Kinder hatte, zur losgelösten kleinen Person zu werden, die als heranwachsendes Spielkind mit anderen interagieren konnte. Stärker als die anderen schien sie an der Illusion festzuhalten, daß sie ein Teil ihrer Mutter sei und deshalb deren Anwesenheit benötige. Die Aneignung des Pronomens »ich« scheint folglich für Wendys Entwicklung von besonderer Bedeutung gewesen zu sein; sie erfolgte gleichzeitig mit einer Verschiebung von Wendys Furcht vor dem Verlassenwerden (Furcht vor Liebesverlust) zur Furcht vor Verletzung (Kastrationsangst).

11. Kapitel
Teddy

Wir sahen im Falle Teddys, wie ein Kind, das früh traumatisiert worden war – fehlende mütterliche Zuwendung aufgrund ungünstiger Familienverhältnisse –, mit der Situation fertig zu werden versuchte, indem es zunächst in dem quasi trügerischen Dämmerzustand des symbiotischen Umkreises länger als das durchschnittliche Kind verweilte, sodann aber durch die Entwicklung einer subtilen instinktiven (koenästhetischen) Sensibilität zu erkennen vermochte, wann und wie es von der Mutter den letzten Tropfen emotionaler Zuwendung erhalten konnte, und schließlich indem es ihre Aufmerksamkeit aktiv durch Anregung zu Spielen, Prahlen usw. erregte. Gewisse Verhaltensweisen, etwa das relativ späte Einsetzen seiner spezifischen Anhänglichkeit an die Mutter (das durch eine verlängerte Symbiose kompensiert wurde) oder seine spätere exzessive Clownerie (die bei oberflächlicher Beobachtung als Fehlanpassung gedeutet werden konnte), erwiesen sich demnach definitiv als seinen besonderen Bedürfnissen in seiner besonderen Situation durchaus angemessen.

Teddys Mutter

Teddys Mutter war ein wenig selbstsicherer Mensch und wirkte immer etwas oberflächlich, obgleich sie in Wirklichkeit sehr nachdenklich und introspektiv war. Wenn jedoch Angst sie überwältigte, war sie den Bedürfnissen ihrer Kinder gegenüber weniger sensibel (solange sie im präverbalen Stadium waren). Sie war viele Jahre hindurch eine außerordentlich treue Besucherin unseres *Centers*. Die Gruppe war von besonderer Wichtigkeit für sie, als ihr Mann eine Zeitlang abwesend sein mußte. Die Gruppensituation im *Center* bot dieser intelligenten Mutter geistige Anregung und emotionale Unterstützung.
Frau T. war eine Mutter, die im allgemeinen an ihren Kindern nicht allzuviel Vergnügen hatte, solange sie Schoßkinder waren; die späteren Phasen im Wachstumsprozeß der Kinder genoß sie bedeutend mehr. Sie war auch dem Auf und Ab in den Subphasen von

Loslösung und Individuation gegenüber sehr verständnisvoll, und ihre Empathie war besonders ausgeprägt hinsichtlich der primärprozeßhaften Welt des Kindes im 2. und 3. Lebensjahr.

Teddys Subphasen-Entwicklung

Teddy, Frau T.s drittes Kind, wurde zu einem Zeitpunkt geboren, als sich seine Mutter in einer besonders schwierigen, krisenhaften Situation befand. Kurz nach Teddys Geburt ereigneten sich zwei sehr traumatische Ereignisse in der Familie. Frau T.s Vater, zu dem sie ein sehr enges Verhältnis gehabt und der sie in schweren Zeiten unterstützt hatte, starb, und einen knappen Monat später erlitt Charlie, Teddys 14½ Monate älterer Bruder, einen schweren Unfall und mußte ins Krankenhaus. Frau T. verbrachte fast ihre gesamte Zeit damit, Charlie im Krankenhaus zu betreuen, und mußte Teddy der Obhut ihrer Mutter überlassen, die bei der Familie lebte und verständlicherweise über den kürzlichen Verlust ihres Mannes sehr bekümmert war.
Als Charlie aus dem Krankenhaus zurückkam und Frau T. sich wieder ihren Mutterpflichten Teddy gegenüber zuwenden konnte, war sie erschöpft und deprimiert. Sie konnte Teddy nur minimale Sorge und Aufmerksamkeit widmen. Beim Füttern hielt sie die Flasche beispielsweise so, daß er flach und von ihr abgewendet auf ihrem Schoß lag, so daß kein Blickkontakt möglich war.
Wahrscheinlich eher als Resultat dieses Defizits an Bemutterung als infolge irgendeines konstitutionellen Faktors war Teddy ein teilnahmsloses Baby, dem nichts daran lag, seine Umwelt zu erkunden. Seine Aufmerksamkeitsbesetzung schien nach innen gekehrt. (Er lauschte mehr auf sein Inneres, um Spocks Worte zu gebrauchen.) Während er ein recht bereitwilliges *unspezifisches* soziales Lächeln zeigte, stellten sich die spezifische Hinwendung zur Mutter – die als spezifische Lächelreaktion in Erscheinung tritt (Spitz, 1946) – und andere Anzeichen einer vollentwickelten Symbiose und beginnender Differenzierung nur langsam ein.
Nach allen Kriterien, die wir benutzten, fing Teddy nicht zum üblichen Zeitpunkt – mit etwa 5 bis 6 Monaten – zu differenzieren an. Spezifische Anhänglichkeit an die Mutter sowie aktive Hinwendung zur Außenwelt waren nicht deutlich erkennbar, bevor er 7 bis 8 Monate alt war. Der Reifungsanstieg mehrerer partieller motorischer Fähigkeiten, wie etwa das Hochziehen in eine stehende

Position, Sitzen, Kriechen usw., gaben Teddy nicht den obligatorischen Individuationsschub. Er investierte sehr wenig Energie, um diese Funktionen zu üben.
Doch Teddys Mutter reagierte stolz und amüsiert, wenn Teddy eine neue Fertigkeit erwarb, so daß sich während der frühen Übungssubphase (7 bis 8 Monate) eine gewisse Besserung der Mutter-Kind-Beziehung einstellte sowie ein entsprechendes Ansteigen von Teddys Stimmungs- und Energiepegel. Verglichen mit anderen Kindern seines Alters, war Teddy jedoch noch immer nur mäßig aufgeweckt und ansprechbar; selbst dieses Munterkeitsniveau konnte er nur aufrechterhalten, wenn seine Mutter ihn dazu anregte. Frau T.s Stimmungsbarometer schwankte zu dieser Zeit von Tag zu Tag, und dementsprechend wechselte Teddys Stimmung; er war von ihren Stimmungen quasi »angesteckt« (siehe A. Freud, 1971). Die Interaktion mit der Mutter beruhte weitgehend auf Imitation, d. h. Spiegelung. Er ahmte ihre Gesten nach. Die Mutter wiederum nutzte die Vorliebe des Sohnes für Imitation, um ihn Spiele wie »Kuchenbacken« usw. zu lehren.
Als Teddy Laute zu bilden begann, ahmte die Mutter sie nach, und dies führte zu beiderseitig beliebtem Austauschen von Tönen. Nun begann Frau T., Teddy so zu halten, *daß er sie anschaute,* und dies schien seine visuelle Aufmerksamkeit zu steigern. Er wirkte konzentrierter und zeigte allmählich mehr Interesse am Schauen. Er appellierte an seine Mutter, indem er die kleinen Spiele imitierte, die sie ihn zuvor gelehrt hatte.
Teddy war etwa 8 Monate alt, als er endlich die obligatorische spezifische Lächelreaktion gegenüber seiner Mutter zeigte, wenngleich wir aus anderen Anzeichen wissen, daß seine spezifische Zuneigung zu ihr früher begonnen hatte. Im Alter von etwa 6 bis 7 Monaten reagierte er auf seine Mutter bereits, wenn sie ihn auch nur ausdruckslos ansah, und nahm das geringste Interesse von ihrer Seite gierig auf. Zugleich mit der spezifischen Lächelreaktion ließ er Anzeichen von Fremdenangst erkennen. Dies geschah bezeichnenderweise, als er einen wenig älteren Jungen aufmerksam betrachtete: er begann plötzlich zu weinen. Teddy hatte stets eine besonders enge Bindung an seinen älteren Bruder gezeigt – eine Bindung von fast symbiotischer Färbung. Man muß sich deshalb fragen, ob diese erste Fremdenreaktion auf einen unbekannten älteren Jungen etwas mit seiner engen Beziehung zum älteren Bruder Charlie zu tun hatte; die tatsächlich mit Weinen verbunde-

ne Fremdenangst trat auf, als Teddy bemerkte, daß dieser fremde ältere Junge nicht sein Bruder war.
Während der folgenden Monate (8 bis 11 Monate), d. h. in der frühen Übungssubphase, machte Teddy in bezug auf seine motorischen Fähigkeiten gute Fortschritte: Kriechen, Niedersetzen und Laufen an der Hand. Er war recht aktiv und fröhlich, konnte lange Zeitspannen hindurch von der Mutter entfernt spielen und dann zu ihr zurückkehren und sich zum Zwecke emotionalen Auftankens an ihr Knie lehnen. Diese Berührungen schienen ihn zu befriedigen, selbst wenn ihre Reaktionen infolge einer bedrückten Stimmung nur schwach waren. Teddy war zu dieser Zeit recht freundlich und Bekannten gegenüber zutraulich, obwohl er sich in Gegenwart Fremder enger an seine Mutter schmiegte und den Fremden aus sicherer Entfernung beäugte.
Zu diesem Zeitpunkt beobachteten wir zum erstenmal Kopfnicken und -schütteln als charakteristisches Verhaltensmerkmal. Dies schien zum Teil auf der Nachahmung von Charlies Kommunikationsweise ihm gegenüber zu beruhen. Charlie stand Teddy nicht nur altersmäßig sehr nahe, sondern die Mutter förderte auch von klein auf eine Art Zwillingsschaft der Brüder. Oft äußerte sie den Wunsch, daß die Buben alles gemeinsam täten. Das Kopfschütteln und -nicken schien die Funktion zu haben, Spannung zu mindern, aber durch Übertreibung grenzte es oft an Clownerie. Folglich benutzte Teddy diese Clownsmimik, um seine Mutter und andere Erwachsene zu amüsieren.
Als Teddy 11 Monate alt war, wurde seine gute, für die frühe Übungssubphase typische Stimmung dadurch getrübt, daß er wegen hohen Fiebers unbekannter Ursache einige Tage ins Krankenhaus mußte. Er hatte bereits davor einige leichtere Trennungsreaktionen gezeigt, die nun durch die Hospitalisierung verstärkt wurden. Er reagierte bekümmerter, sobald seine Mutter den Raum verließ. Sein Bedürfnis nach engem körperlichem Kontakt mit der Mutter steigerte sich beträchtlich, was sich mitunter sogar in negativer Weise äußerte, indem er nach ihr schlug oder aggressiv nach ihr griff.[1] Zugleich wirkte er nach seiner Rückkehr aktiver, wacher und »wachsamer« als vor seiner Krankheit. Im allgemeinen war er selbstsicherer, wenn es ihm darum ging, das Interesse der Mutter auf sich zu lenken.

[1] Wir konnten in diesem Fall deutlich beobachten, daß zusätzliche Frustration und Trauma bei Teddy im Alter von 11 Monaten eine zielgerichtete Aggression weckten.

Später hingegen, im chronologischen Alter der eigentlichen Übungsperiode (in der die Stimmung des Kleinkindes nach unserer Erwartung mehr oder weniger gleichbleibend gehoben ist), wechselte Teddys Stimmung sehr häufig. Selbst wenn die Mutter gut gelaunt war, schwankte seine Stimmung entsprechend seinen inneren, vermutlich körperlichen, Empfindungen und Drängen. Die aufrechte Fortbewegung schien ihm seine Getrenntheit schmerzlich bewußt zu machen, die durch das Trennungstrauma und die angstauslösenden medizinischen Maßnahmen während seiner Hospitalisierung überstürzt bewirkt worden war.

Es ist jedoch beachtenswert, daß Teddy noch immer durch besondere Zuwendung und Stimulierung in gute Stimmung versetzt werden konnte – nicht nur durch seine Mutter, sondern auch durch andere Erwachsene (woran sich zeigte, wie wichtig die besondere Zuwendung für ihn geworden war). Doch wenn er auch die häufigen spielerischen, liebevollen Interaktionen mit den Erwachsenen im *Center* genoß, bevorzugte er offensichtlich Charlie, obwohl sein Bruder ihm oft aggressiv begegnete. Wenn Teddy Trennungskummer hatte, war er sofort zufriedenzustellen, wenn er in das Zimmer der Spielkinder gehen durfte, wo sich Charlie aufhielt. Bereits mit 12 Monaten und von da an fast ständig zeigte Teddy erhebliches Interesse an seinem und seines Bruders Penis und war stolz darauf. Die Mutter erzählte, daß er zu Hause oft still masturbierte. Dies trat bei Teddy stärker in Erscheinung als bei anderen Jungen seines Alters. (Es erinnert an andere Kinder, die den Mangel an angemessener Stimulierung durch die Betreuungsperson wettmachen, indem sie sich ihrem eigenen Körper, d. h. autoerotischen Aktivitäten als Mittel kompensatorischer Selbststimulierung, zuwenden.)[2]

Teddys Laufenlernen war ein interessanter Vorgang. Obgleich er schon Monate vorher zum Laufen bereit schien, fing er tatsächlich erst an, ohne Unterstützung zu laufen, als er fast 15 Monate alt war. Seine Mutter war sichtlich besorgt, enttäuscht und ungeduldig. Oft sagte sie: »Weshalb läßt er denn nicht los, wenn doch ganz klar ist, daß er allein laufen kann?« Wir vermuten, daß das allzu plötzliche Gewahrwerden der Getrenntheit infolge der Hospitali-

[2] Während bei mehreren anderen Säuglingen und Kleinkindern die kompensatorische Selbststimulierung mehr oder weniger defensiven Charakter mit gelegentlicher autoaggressiver Beimischung hatte, konnten weder wir noch Teddys Mutter, die sehr gut beobachtete, negative, auf Fehlanpassung hindeutende Aspekte bei Teddys frühem Masturbieren entdecken.

sierung dazu führte, daß es zu einem Ungleichgewicht der Libidoverteilung kam, als er den wichtigen Markstein des selbständigen Laufens erreichte. Er konnte laufen, aber er konnte nicht loslassen. Er mußte sich festhalten! Frau T. war im Hinblick auf ihre Kinder ehrgeizig. Wie bereits erwähnt, hat die Fähigkeit des Kindes zu laufen, ohne sich festzuhalten, für die Mutter eine wichtige Signalfunktion. Sie ist der Beweis, daß das Kind nun richtig heranwächst, daß es »fähig sein wird, in der großen Welt seinen Weg zu gehen«. Teddys verzögertes selbständiges Laufen berührte seine Mutter sehr stark. Dies wiederum schien Teddys Freude an motorischer Aktivität und Welterkundung zu dämpfen. Es hatte den Anschein, als ob die wichtige autonome Funktion des selbständigen Laufens konfliktdurchwoben war und so Mutter und Kind des ungetrübten Vergnügens und der gehobenen Stimmung beraubte, die diese Errungenschaft auslöst. Teddy war zu dieser Zeit im *Center* mißgelaunt und teilnahmslos, und man berichtete uns, daß er zu Hause anfing, Wutausbrüche zu haben.

Doch als Teddy schließlich mit 15 Monaten selbständig zu laufen begann, zeigte er alle Anzeichen eines echten »Liebesverhältnisses mit der Welt«. Er war gleichbleibend fröhlich, aktiv, zutraulich und selbstsicher. Seine Aktivitäten waren zielgerichteter, und die Wutanfälle hörten auf. Über Trennungen war er weniger bekümmert. Seine Anhänglichkeit an Charlie war weiterhin sehr stark; er schien ihn nicht nur zu spiegeln und nachzuahmen, sondern sich wirklich mit ihm zu identifizieren. Zu dieser Zeit wurde auch eine besondere Anhänglichkeit an bestimmte bevorzugte Erwachsene, insbesondere Frauen, beobachtet, und Teddys Beziehung zu ihnen reflektierte in vielfältiger Weise seine Beziehung zur Mutter. Es war, als benötigte er zusätzliche Rationen, um das Defizit an mütterlicher Zuwendung auszugleichen, unter dem er in der frühesten Kindheit gelitten hatte.

Um den 16. Lebensmonat begann für Teddy in typischer Weise die Subphase der Wiederannäherung, was sich daran zeigte, daß er sich des jeweiligen Aufenthalts der Mutter bewußt war. Er mußte offenbar wissen, wo sie war, und daß er zu ihr gehen konnte, wenn er wollte. Er schien gut darauf eingestellt zu sein, in welchem Maße sie ihm zur Verfügung stand, und richtete seine Wünsche entsprechend ein. Zeitweise schien er noch immer dazu zu neigen, sich dem Kontakt mit der Außenwelt zu entziehen und seine Aufmerksamkeitsbesetzung nach innen zu lenken.

Mit $1\frac{1}{2}$ Jahren steigerte sich Teddys Wiederannäherungsverhalten. Er lief öfter zu seiner Mutter. Manchmal wollte er seine Freuden und Erlebnisse mit ihr teilen, manchmal wollte er einfach in ihrer Nähe sein oder auf ihrem Schoß sitzen. Auch wenn er in einiger Entfernung von ihr spielte, schaute er oft zu ihr hin. Jetzt vermied er den Kontakt mit jenen Erwachsenen, die vorher seine besonderen Freunde gewesen waren, so als müsse er seine spezifische Beziehung zur Mutter verstärken. Trennungsreaktionen wurden heftiger, insbesondere anläßlich zweier ungewöhnlicher Trennungserlebnisse, die im *Center* beobachtet wurden, als die Mutter und Charlie fortgingen. Teddy reagierte auf diese doppelte Trennung mit starker, nicht provozierter Aggression gegenüber den anderen Kindern. Wir glaubten darin bereits in diesem frühen Alter eine Identifizierung mit dem Aggressor (vgl. A. Freud, 1936), seinem Bruder, zu erkennen. Teddys Wiederannäherungskrise schien demnach nicht nur seine Mutter, sondern auch den älteren Bruder Charlie zu umfassen. Noch mit 2 Jahren schien Teddy mitten in der Krise und im Kampf im Gefolge der Wiederannäherung zu stehen.
Er konnte leichter Beziehungen zu Erwachsenen als zu Kindern seines Alters anknüpfen. Er war stolz darauf, ein Junge zu sein, stellte sich auf vielfältige Weise zur Schau, indem er sich wie ein Clown benahm, mit seiner motorischen Geschicklichkeit sowie mit seinem Körper, einschließlich des Penis, prahlte. (Er lief gern ohne Höschen oder Windeln herum.) Gleichzeitig war er aber recht negativistisch und setzte den Bemühungen seiner Mutter hinsichtlich der Reinlichkeitsgewöhnung Widerstand entgegen. Er schien hin- und hergerissen zwischen dem Wunsch nach einer engen, ausschließlichen Beziehung zu ihr und dem Drang, unabhängiger von ihr zu funktionieren, indem er sich mit seinen älteren Geschwistern identifizierte, die inzwischen beide zur Schule gingen. Ein fortbestehendes Charakteristikum – nach einer kurzen Periode der »Schüchternheit« – war seine verblüffende Fähigkeit, Ersatzpersonen zu nutzen, um seine Bedürfnisse nach Nähe und Stimulierung zu befriedigen. Noch mit 2 Jahren neigte er dazu, sich teilnahmslos oder distanziert zu verhalten, wenn es ihm nicht gelang, Aufmerksamkeit oder Anteilnahme anderer zu wecken. Dies geschah jedoch nur selten, weil er eine große Geschicklichkeit entwickelt hatte, durch drolliges, possierliches Verhalten die Aufmerksamkeit auf sich zu lenken. Seine Aggressivität schien oft dem Zweck zu

dienen, eine Reaktion des anderen zu bewirken. Teddy neigte beim Spielen zu Überreizung und Übererregung[3], doch genügte ein wenig Ermutigung durch einen Erwachsenen, ihn zu stärker strukturierten Aktivitäten zu veranlassen.

Zusammenfassende Darstellung von Teddys Subphasenentwicklung

Die Symbiose war erheblich verlängert, und die Differenzierung trat verspätet ein, so daß die erste Subphase von Loslösung und Individuation sich mehr als gewöhnlich mit der frühen Übungsphase überschnitt.

Der Beginn der Übungssubphase wurde durch Teddys Hospitalisierung unterbrochen. Dadurch schien er seiner Getrenntheit vorzeitig bewußt geworden zu sein, was ungewöhnlich starke Trennungsreaktionen zur Folge hatte.

Die eigentliche Übungssubphase war verzögert, weil Teddy (durch das kürzliche Trauma der Hospitalisierung) nicht bereit war, sich auf die selbständige aufrechte Fortbewegung einzulassen. Diese Phase war durch sein ständiges Bedürfnis nach Stimulierung durch die Mutter gekennzeichnet; andererseits war sie verkürzt, weil sie so spät begonnen hatte und die Wiederannäherungsperiode sich daher schon bald einstellte.

Während der Wiederannäherungsperiode stand die Mutter Teddy zwar emotional voll zur Verfügung, doch bezog sie stets den älteren Bruder Charlie mit ein. Frau T. legte es, wie gesagt, darauf an, die beiden Kinder miteinander zu identifizieren, ja, sie beinahe so zu behandeln, als wären sie Zwillinge. Demzufolge schien die Subphase der Wiederannäherung keinen bestimmten Anfang und kein bestimmtes Ende zu haben, wodurch ihr die volle Spezifität fehlte.

Trotzdem erreichte Teddy das 3. Lebensjahr mit dem erwartbaren Maß an Objektkonstanz und ausgeprägter Individualität. Er war seiner menschlichen Umwelt freundlich zugetan, wenn er auch ein gut Teil Aggression, vorwiegend gleichaltrigen Kindern gegenüber, zeigte. Teddy suchte und genoß sensorische Stimulierung auf oralem, taktilem und akustischem Wege. Kauen, Saugen, Blasen und andere orale Betätigungen waren häufig, und er berührte gern

[3] Die Übererregung beobachtet man bei vielen Kindern in dem Alter, in dem sich das Herannahen der phallischen Phase ankündigt.

interessante Gewebe. Teddy wurde auch durch Musik angeregt, auf die er mit Händen, Füßen, Kopf, ja, dem ganzen Körper reagierte. Sein offenbar überdurchschnittliches Bedürfnis nach Stimulierung entstammte vermutlich dem Defizit in seiner frühen Kindheit.

Teddys 3. Lebensjahr

Zu Beginn des 3. Lebensjahres war Teddy hinsichtlich seines Gesichtsausdrucks sowie seiner Aktivitäten noch immer etwas unkonzentriert. Oft unterbrach er seine jeweilige Beschäftigung und starrte ins Leere. Dies geschah vor allem dann, wenn die Mutter nicht im Zimmer war. (Dies erinnerte an das »Einbildungsverhalten« von Kleinkindern, die unter Stimmungsabfall litten, S. 98.) Wenn er sich in diesem vagen, offenbar beziehungslosen Zustand befand, schlug Teddy manchmal ohne erkennbaren Grund oder Provokation nach einem anderen Kind. Der Ausbruch einer solchen nichtprovozierten Aggression schien es ihm zu ermöglichen, sich aus diesem Zustand von Tagträumerei und scheinbarer Apathie zu lösen; er war dann sehr lustig mit einem schelmischen Zug, der ihm die Herzen der Beobachter gewann.
Mit 21 bis 22 Monaten war Teddy schon sehr von der Tatsache beeindruckt, daß sein älterer Bruder nun in den Kindergarten ging und nicht mehr mit ihm ins *Center* kam. Ohne seinen Bruder schien Teddy wie verloren. Wenn Charlie ins *Center* kam, um Teddy zu besuchen, war dieser durchgehend wacher. Er war ein aktiver Junge, der gerne verschiedene Möglichkeiten, mit seinem Körper umzugehen, ausprobierte. Er spielte auch gern mit Materialien, die ihn sensorisch stimulierten, etwa Wasser, Farben und Ton; er hatte daran mehr Spaß als an Spielsachen.
Zu Beginn der 4. Subphase (der Konsolidierung der kindlichen Individualität), als Charlie nicht mehr mit Teddy zusammen im Spielkinderzimmer war, wiederholte Teddy zu unserer Überraschung aktiv das von ihm passiv erlebte Verhaltensmuster, wie seine Mutter ihn zu füttern pflegte, ohne daß er ihr das Gesicht zuwenden konnte. Er war weiterhin im allgemeinen freundlich und an Menschen interessiert, doch ließ er sie nicht gern in seine Nähe kommen, und er vermied den Blickkontakt.
Die Schicksale von Teddys Entwicklung während der Differenzierungs- und Übungssubphase im Verein mit dem beschriebenen Defizit an Blickkontakt zwischen ihm und seiner Mutter in der

symbiotischen Phase scheinen für eine eigentümliche Unausgeglichenheit bei der Integration von Teddys Körperschema verantwortlich gewesen zu sein.
Wir haben Teddys frühreifes Gewahrwerden gewisser Körperteile, insbesondere der Genitalien, beschrieben. Dies war auf seine enge Beziehung zu Charlie zurückzuführen, die eine ständige visuelle Wahrnehmung des brüderlichen Penis erlaubte, der in bezug auf Größe und andere Attribute vom eigenen verschieden, aber doch ähnlich war und daher zwangslos dem eigenen Körperschema assimiliert werden konnte (vgl. auch Greenacre, 1959 u. 1968).
Während es Teddy in seiner frühen Kindheit nicht vergönnt war, seine Mutter anzuschauen, wenn sie ihn fütterte, führte die Neigung der Mutter zur Förderung einer zwillingsähnlichen Beziehung zwischen Charlie und Teddy offensichtlich dazu, daß Teddy den Körper seines Bruders (einschließlich der Genitalien) frühzeitig beobachtete. Diese Gelegenheit, den Bruder zu betrachten, beschleunigte seine eigenen Körperempfindungen (er entdeckte seinen Penis mit 12 Monaten) und verstärkte eine frühzeitige genitale autoerotische Aktivität (stille, besänftigende Masturbation).
Doch der Rückstand in der Integration des Körperschemas zwang Teddy, dieses Defizit in konstruktiver, defensiv-adaptiver Weise auszugleichen. Seine lebhaften Versteckspiele und das Üben des Gesichtssinns standen im Dienste derselben kompensatorischen Abwehrfunktion.
Die folgenden Beobachtungen und das Verstehen der ihnen zugrunde liegenden Dynamik bestätigen die Vermutungen über Teddys Verhalten.
Irgendwann während des 3. Lebensjahres, als Teddy sich bereits im Spiegel und auf Photographien als »ich« erkannte, deutete er in ungewöhnlicher Weise auf sich selbst. Wenn man ihn fragte: »Wo ist Teddy?« deutete er auf Augen, Nase oder Mund und nicht auf seinen ganzen Körper, sein Selbst. Dies wies auf einen Rückstand der altersentsprechenden Integration des Körperschemas hin. Gleichzeitig wurde dieser Rückstand vielleicht durch das große Vergnügen, das Teddy an sensorischer und physischer Aktivität hatte, in gewissem Umfang ausgeglichen. Man könnte die Hypothese aufstellen, daß die sensorische Wahrnehmung seines Körpers in Bewegung Teddy zu so großem Wohlbefinden verhalf, weil die Bewegung im Raum ihn fühlen ließ, daß er solider zusammengesetzt, sozusagen »aus einem Stück« war.

Teddys Verhalten zu Beginn des 3. Jahres ließ sich im Zusammenhang mit zwei wichtigen Fakten seines Lebens verstehen. Erstens wirkte er, wie bereits erwähnt, im chronologischen Alter der Wiederannäherung in Abwesenheit seines Bruders Charlie immer etwas verloren. Teddy hatte die ersten drei Subphasen des Loslösungs- und Individuationsprozesses in Gegenwart und wahrscheinlich mit Hilfe einer Art emotionaler libidinöser und aggressiver Verfügbarkeit des älteren Bruders durchlaufen, die die begrenzte Verfügbarkeit der Mutter gewissermaßen ausglich. Teddys Mutter, die zur Zeit seiner Geburt so überlastet gewesen war, bemerkte oft, welcher Glücksfall es gewesen sei, daß die beiden Buben sich altersmäßig so nahestanden, daß sie alles gemeinsam tun konnten. Als Teddy erstmals seine wachsende Getrenntheit wahrnehmen mußte, tat er es in einer Art Appersonierung Charlies. Im chronologischen Alter der 4. Subphase mußte er sich ganz von vorn loslösen und individuieren, um sein Körperselbst und seine Individualität aus der früheren symbioseähnlichen Verstrickung mit Charlie zu befreien. Eine Spielbeobachtung bot Gelegenheit, Charlies starke Spiegelidentifikation – möglicherweise sogar eine schwerwiegende Verwechslung – mit Charlies Bild festzustellen. Bei diesem Spielverlauf nannte Teddy den größeren Jungen abwechselnd »Teddy« und Charlie. Als ihn der Spielbeobachter fragte: »Wie heißt du?«, antwortete er: »Charlie.« Als die Mutter dieselbe Frage stellte, wiederholte er diese Antwort. Wir hatten das starke Gefühl, daß es sich hier nicht nur um eine spielerische Wunschphantasie handelte, sondern daß darin ein gewisses Maß an echter und starker, quasi wahnhafter Identitätsverwirrung enthalten war. Wir glaubten jedenfalls, daß zumindest in Teddys Phantasieleben Charlie und er austauschbar waren. (Teddy machte eine Phase durch, in der er Charlies Kleidung tragen wollte und sich weigerte, die eigene anzuziehen.)
Der zweite Umstand, der sein Verhalten zu Beginn und während des ganzen 3. Lebensjahres zu beeinflussen schien, war die mangelhafte Bemutterung, die ihm in den ersten Lebensmonaten zuteil geworden war. Teddy war nicht nur besonders empfindlich hinsichtlich der physischen Abwesenheit oder Anwesenheit der Mutter, sondern seit Beginn des 3. Lebensjahres auch in bezug auf das Maß ihrer Verfügbarkeit und auf ihre allgemeine Verfassung. Dies erlegte ihm eine überdurchschnittliche Bürde insofern auf, als er alles in seiner Macht Stehende tun mußte, um sie zu fesseln, und

zwar durch Clownerie, seine Niedlichkeit, seine im allgemeinen sympathischen Späßchen und mitunter mittels unerwartet aggressiver Ausbrüche.

Im zweiten Viertel des 3. Lebensjahres gab es Anzeichen, daß Teddy ein stärkeres Bewußtsein seiner selbst als Gesamtperson, die den eigenen Körper sowie die Körperempfindungen besitzt und kontrolliert, erlangt hatte. Teddy brachte dies zum Ausdruck, indem er zeigte, daß er seine Fäzes als seinen Besitz betrachtete, den er behalten oder hergeben konnte. Dieses Bewußtsein hinsichtlich der Körperausscheidungen fiel damit zusammen, daß Teddy anfing, Eigentumsbegriffe zu benennen. Wenn ihm ein anderer Junge ein Buch wegnehmen wollte, hielt Teddy es fest und sagte – statt loszuschlagen, wie er es noch vor wenigen Wochen getan hätte –: »Meins«, oder wenn ein anderes Kind auf dem Schoß seiner Mutter saß, schob er es beiseite und sagte: »Nein, meine Mami.« Er nannte das *Center* »meine Schule«, womit er andeutete, daß er nun genau wie Charlie eine eigene Schule hatte. Die Fähigkeit, Besitztümer festzuhalten und Begriffe wie »mein« und »dein« in Worte zu fassen, stellte sich bei Teddy später ein als bei anderen Kindern und ließ erkennen, daß er sich mit raschen Schritten einem stärkeren Bewußtsein der eigenen Individualität (Identität) näherte. Gleichzeitig wurden Teddys Aktivitäten zielstrebiger, und er versuchte auch, Trennungserlebnisse aktiver zu kontrollieren. Er erfand viele Versteckspiele. Er antizipierte das Fortgehen der Mutter und hieß sie das Zimmer verlassen, wenn er wußte, daß es für sie Zeit zu gehen war.

Kastrationsbefürchtungen und Interesse für Geschlechtsunterschiede wurden bei Teddy beobachtet, nachdem er ein stärkeres Bewußtsein von Individualität und Besitz entwickelt hatte. Zu Hause redeten Teddy und sein Bruder, wie uns berichtet wurde, viel darüber, daß man den Penis und andere Körperteile abtrennen und wieder anfügen könnte. Im *Center* begann Teddy sich für die fehlenden Teile zerbrochener Gegenstände zu interessieren; bei ihm mußte alles am richtigen Platz sein. Er bemerkte plötzlich und äußerte sich wiederholt darüber, daß ein Türknauf seit Monaten fehlte. Er bestand auch darauf, daß der Reißverschluß am Mantel ganz geschlossen wurde und seine Mutter die zu ihrem Mantel gehörende Kapuze aufsetzte. Die Kastrationsangst schien so indirekt in Teddys Wunsch ihren Ausdruck zu finden, daß alles an seinem Platz, in Ordnung und vollständig sei.

Verhaltensweisen im Zusammenhang mit Kastrationsängsten wurden berichtet, als er 2½ Jahre alt war. In einem Schuhgeschäft war er sehr schwer zu bändigen: als der Verkäufer ihm die Schuhe ausziehen wollte, protestierte er heftig. Haarschneiden war für ihn ein besonders traumatisches Erlebnis; er schrie und wehrte sich, und seine Mutter mußte ihm Arme und Beine festhalten. Am Tag nach dem Haarschneiden fiel es Teddy sehr viel schwerer, sich von der Mutter zu trennen; deutlich zeigte er seine Wut auf sie, weil sie ihn dieser Erfahrung ausgesetzt hatte, hatte aber gleichzeitig Angst, ihre Liebe zu verlieren.

Beim Spielen wie auf viele andere Arten zeigte Teddy seine fortbestehenden Kastrationsängste, die durch seine überdurchschnittlich starken aggressiven Phantasien gesteigert wurden. Wenn er mit Puppen oder Stofftieren spielte, agierte er den Wunsch, ihnen Körperteile abzuschneiden. Dies war der Gipfelpunkt von Teddys übermäßiger Besorgnis darüber, ob etwas zerbrochen oder ganz (nicht zerbrochen) war. Er begann nun offener darüber zu reden, wer einen Penis hatte und wer nicht. Als er einmal ein Loch zwischen den Beinen einer Puppe ansah und darüber sprach, daß er den Geschlechtsunterschied kenne, fing er an zu masturbieren und lief dann ins Badezimmer, um Wasser zu lassen. Es war interessant zu verfolgen, wie Teddy seine frühe akute Furcht vor körperlicher Verletzung im Spiel durcharbeitete. Teddy konnte den eigenen Körper stets lustvoll erleben. Als er sich einmal entkleidete, um zur Toilette zu gehen, zielte er mit dem Penis auf seine Mutter, wobei er sie schelmisch und verführerisch ansah. Darauf folgte eine Art Versteckspiel, wobei er seinen Penis mit den Unterhöschen abwechselnd auf- und zudeckte. Viele Handlungen Teddys schienen mit der bewußten Wahrnehmung seines Körpers, und wie er mit ihm umgehen konnte, zusammenzuhängen. Er scherzte oder experimentierte spielerisch, indem er Gegenstände in eine unpassende Verbindung zu Teilen seines Körpers brachte. So benutzte er beispielsweise den Rasierapparat, nachdem er Rasieren gespielt hatte, auf dem Kopf und am Mund. Nachdem er ins Telefon gesprochen hatte, hielt er den Hörer an die Augen oder an sein Bäuchlein und legte ihn dann verkehrt herum auf. Er steckte sich Knete in die Ohren und beruhigte sich gleichzeitig selbst, indem er darauf aufmerksam machte, wie groß, stark oder geschickt er sei. Er tat dies vor allem dann, wenn seine Mutter nicht im Zimmer war. Er lief prahlerisch herum, streckte das

Bäuchlein heraus und stampfte mit den Füßen. Er schien in ständiger Bewegung, wackelte hin und her, zuckte die Achseln oder schnitt Grimassen.
Dieses ganze Verhalten demonstrierte die bei Teddy bestehende Verbindung von Kastrationsangst, Trennungsangst und Aggression als Abwehr. Z. B. regte er sich eines Tages, nachdem er seine Mutter widerwillig hatte aus dem Zimmer gehen lassen, darüber auf, daß ein Keks auf den Boden gefallen und zerbrochen war. Er weinte und fing dann plötzlich an, weitere Kekse zu zerbrechen und auf den Boden zu werfen. Doch nachdem er das getan hatte, begann er zu lächeln. Es schien uns, als wollte er seines Kummers über die zerbrochenen Kekse Herr werden, indem er weitere Kekse absichtlich triumphierend zerbrach. Nachdem er sich solcherart verhalten hatte, lief er in das Babyzimmer, wo sich seine Mutter aufhielt, spielte ein paar Minuten lang in einiger Entfernung von ihr, ging dann zu ihr, streckte ihr einen Finger entgegen und klagte weinerlich: »Mich beißen!« Sie hob ihn auf und fragte: »Wer hat dich gebissen?«, worauf Teddy mehrere Personen nannte. (Die Mutter erkannte nicht, daß Teddy bestraft werden wollte und das Bedürfnis hatte, gebissen zu werden, weil er gerade böse gewesen war!) Als er später wieder ohne seine Mutter im Spielzimmer war, erregte er sich aufs neue, als ein Spielzeug zerbrach. Er zerstörte es noch mehr und warf die Stücke über den ganzen Fußboden. Dann warf er einen Löffel zu Boden, der ebenfalls zerbrach, und sagte: »Papi hat ihn kaputtgemacht.« Schließlich warf er die Puppen, die Papi und Mami darstellten, durch den Raum. All dies zeigt, daß Teddy in einem inneren Kampf gegen eine überdurchschnittlich heftige und nicht allzu erfolgreich neutralisierte aggressive Triebenergie lag.
Widerstreitende Gefühle, eine Mischung aus sehnlichem Verlangen nach Nähe *und* Aggression, waren für Teddy sehr bezeichnend. Er provozierte beispielsweise einen Streit mit seiner Lehrerin und brach dann in Tränen aus. Hob ihn aber die Lehrerin hoch, um ihn zu trösten, trat und schlug er nach ihr und riß sie an den Haaren, wobei er ständig versuchte, seinen Körper zärtlich an den ihren zu schmiegen. Setzte sie ihn nieder, kam er wieder zu ihr, vergrub sein Gesicht in ihrem Schoß, schlang mit einer Geste, die den Wunsch nach Verschmelzung ausdrückte, die Arme um ihre Hüfte, während er diesem Wunsch gleichzeitig wehren mußte. Dies war ein bemerkenswertes Beispiel für Abkömmlinge

des zugrunde liegenden (nicht unbedingt bedrohlichen) Spaltungsmechanismus.
Im 3. Lebensjahr wurde es sehr wichtig für Teddy, als guter Junge betrachtet, von seiner Mutter anerkannt zu werden. Dies führte dazu, daß er die Projektion als Abwehrmechanismus benutzte. Für alles, was er anderen zugefügt hatte, sowie für jede unangenehme Erfahrung machte er sofort jeden verantwortlich, der sich gerade in der Nähe befand; es führte ferner zur frühzeitigen Bildung von Überich-Vorläufern, was sich an seiner Besorgnis darüber zeigte, wer »gut« und wer »böse« war.
Frau T. erzählte, daß Teddy zu ihr komme und sage: »Charlie ist ein böser Junge, ich bin ein guter Junge.« Eines Tages hörte Teddy, daß seine Mutter der Lehrerin erzählte, er habe ihr die Nase zerkratzt, als sie ihn zu Bett zu bringen versuchte. Als er gefragt wurde, ob er der Mutter weh getan hätte, erwiderte er: »Ja, unartig.« Doch als die Lehrerin dies in dem Sinne deutete, daß es unartig von ihm gewesen war, seine Mutter zu kratzen, korrigierte Teddy sie: »Nein, Mami war unartig«, wobei er seine Mutter mißbilligend ansah. Er hielt auch stets nach einem Schuldigen Ausschau, wenn er eine Verletzung erlitt. Als ihm die Lehrerin einen Tisch tragen half, fiel er hin, als er rückwärts ging. Er schlug mehrmals heftig auf sie ein und sagte: »Du hast mir weh getan.« Dann stapfte er davon, schnitt Grimassen und lachte – ein Hinweis, daß sein Realitätsbewußtsein durchaus in Ordnung war. Die Lehrerin glaubte, daß Teddy wohl wußte, daß nicht sie an seinem Sturz schuld war, daß es ihm aber Vergnügen bereitete, sie zu beschuldigen, während er gleichzeitig ein Spiel daraus machte. In ähnlicher Weise schien er die Anwesenden verantwortlich zu machen, wenn er verletzt oder wütend war, weil die Mutter fortging; er versuchte dann seinerseits, ihnen weh zu tun. Zu dieser Zeit fügte Teddy seinem Vokabular zwei wichtige neue Wörter hinzu: »ja« und »ich«.
Diese Verhaltensweisen, die uns als Vorläufer einer frühreifen Überich-Entwicklung erschienen, waren typisch für die sehr starken Trennungsreaktionen, die er zu dieser Zeit zeigte. Trennungen waren mitunter für ihn ganz unerträglich. Er weinte und bettelte, daß seine Mutter nicht fortgehen solle. Bei anderen Gelegenheiten ließ er sie zwar gehen, doch sein Verhalten zeigte deutlich, wie schwer es ihm fiel, ohne sie zu sein, und schließlich mußte er doch nach ihr sehen. In ihrer Abwesenheit wurde er eigensinnig, habgie-

rig und aggressiv; er verlangte dann nach der ungeteilten Aufmerksamkeit einer Beobachterin, am häufigsten der seiner Kindergärtnerin. Manchmal wirkte er einfach nur traurig und abwesend; er starrte ins Leere, als müsse er sich innerlich das Bild der guten »symbiotischen Mutter« vorzaubern. Weiterhin gab er sich große Mühe, seine Gefühle zu beherrschen, und er initiierte viele Versteck-, Begrüßungs- und Abschiedsspiele mit den Beobachterinnen. Er spielte gern die Rolle dessen, der sich verabschiedet, indem er sagte: »Ich komme bald zurück« und die Tür hinter sich schloß.

Bei einer Gelegenheit schien klar ersichtlich, daß Teddy aus Wut auf die Mutter, die fortgegangen war, die »böse Mutter der Trennung« irgendwie mit Kot gleichsetzte. Er wehrte seine Angst und den Wunsch, die Mutter möge in den Abfluß gespült werden, durch eine Spielfolge ab, in der er folgendes agierte: Während er mit der Puppenfamilie, der Puppentoilette und -badewanne im Puppenhaus spielte, wurde er plötzlich aufgeregt, weil er in diesem Augenblick glaubte, daß die Beobachterin ihm und seinem Spiel keine Aufmerksamkeit schenkte. Er goß Wasser über die Mutterpuppe und warf sie der Beobachterin in den Schoß. Dann lief er aus dem Zimmer und rief, er wolle zu seiner Mami. Statt in das Interview- oder Babyzimmer zu gehen, wo er die Mutter hätte finden können, lief er ins Badezimmer, schaute in eine der Kindertoiletten, schaute dann die Beobachterin an und fragte, wo seine Mami sei. Die Beobachterin brachte ihn zur Mutter ins Interviewzimmer. Als sie dies kurz darauf verließen, lief Teddy mit und sagte zu seiner Mutter: »Spül dich runter.«

Bei Wiedervereinigungen lief Teddy oft nicht direkt zur Mutter, vielmehr kam seine Freude nur in seiner besseren Stimmung zum Ausdruck. Wenn er zu ihr ging, legte er den Kopf glücklich in ihren Schoß oder versuchte, sich in eine winzige Ecke neben ihrem Stuhl zu zwängen.

Ein weiteres interessantes Merkmal der Persönlichkeitsentwicklung Teddys bestand darin, daß er sich – vielleicht weil es ihm überdurchschnittlich schwergefallen war, ein getrenntes Individuum zu werden – der Gefühle anderer stärker bewußt war als das durchschnittliche dreijährige Kind. Mitunter benutzte er dieses Bewußtsein, um Macht über die anderen auszuüben, so etwa wenn er seinen Bruder oder seine Schwester beschuldigte, »böse« zu sein, während er »gut« war, und er wußte ganz genau, daß sie unter seinen Anschuldigungen sehr litten. Bei anderen Gelegenheiten wiederum war Teddy auffallend zuvorkommend und freundlich. Als ein kleines Mädchen im *Center* eines Tages besonders unruhig schien, ließ Teddy sie mit seinem Lieblingsspielzeug spielen und zeigte ihr in sehr netter Weise, wie sie es gebrauchen müsse. Am gleichen Tage lieferte er ein weiteres Beispiel seiner Einfühlungsgabe. Er hatte wiederholt ein anderes Kind vom Schaukelpferd fortgestoßen, auf dem er ritt, doch nachdem er abgestiegen war, bot er demselben Kind sehr freundlich das leere Schaukelpferd an, bevor er aus dem Zimmer ging.

Nachdem er seiner Mutter und der Lehrerin bei zahlreichen Gelegenheiten erklärt hatte: »Ich kann dich nicht leiden«, wurde er sich der Kränkung bewußt und verfehlte nicht, sie etwas später wiedergutzumachen, indem er ihnen versicherte: »Jetzt kann ich dich leiden.«

Teddys psychosexuelle und seine Ich-Entwicklung machten in der zweiten Hälfte des 3. Lebensjahres recht gute Fortschritte. Seine Reinlichkeitsgewöhnung wurde abgeschlossen, und er war stolz, daß er nun vieles allein machen konnte, etwa den Reißverschluß seiner Jacke aufmachen oder Saft ins Glas gießen.

Die Mutter berichtete, daß es zu Hause viele Kämpfe zwischen Charlie und Teddy gegeben hatte, daß sie aber nun nicht mehr um Besitztümer kämpften oder darum, größere Aufmerksamkeit auf sich zu lenken. Vielmehr schienen sie sich einfach ins Gehege zu kommen als Individuen, die ihre individuellen Rechte verteidigten.

Sie kämpften so lange, bis einer so verletzt war, daß er zur Mutter lief, und sie glaubte, sie könne sie nicht miteinander allein lassen, wenn potentiell gefährliche Gegenstände in Reichweite waren. Durch Teddys wachsendes Bewußtsein einer getrennten Existenz und wegen seines Wunsches nach ausschließlichem Besitz der Mutter nahmen diese Schlachten oft den Charakter eines Kampfes ums »Überleben« an.

Im *Center* gab Teddy seinem Gefühl, daß Gefahr drohe, weniger direkt Ausdruck. Er äußerte Furcht, daß eine Küchenschabe, die er sah, ihn beißen und aufessen könnte, und Charlie ebenfalls. Doch sein gutes Realitätsempfinden gestattete es ihm, eine Minute später die Küchenschabe aufzuheben, in die Toilette zu werfen und hinunterzuspülen.

Die relative Größe von Dingen weckte Teddys Interesse, und damit war ein neuer Respekt vor der Position des Vaters als des größten in der Familie verbunden. Er zeichnete eine kurze und eine lange Linie, einen kleinen und einen großen Kreis. Während er es früher nicht mochte, der Kleinste genannt zu werden, schien ihm dies nun nichts mehr auszumachen, solange es auch andere »Kleinste« gab. Tatsächlich bezeichnete er jeden außer seinem Vater als den »Kleinsten«.

Bei einem Hausbesuch erklärte Teddy der Beobachterin mehrmals, daß der Vater der größte in der Familie sei. Beim Betrachten eines Buches über Tierfamilien regte sich Teddy jedesmal auf, wenn eins der Mädchen die Mutter als größtes Tier bezeichnete. Er schrie dann: »Nein, das ist ein Papi.« Es war eine sehr wichtige Errungenschaft, daß Teddy nunmehr – in der phallischen Phase – eine echte Ich-Identifizierung mit dem Vater möglich war. Er gelangte zu seiner eigenständigen Individualität, indem er sich von Charlie löste und individuierte.

Teddys Neigung, depressiv zu werden oder mit leerem Blick traurig dazusitzen, während er mechanisch Wasser verschüttete, etwas aß oder einfach nichts tat, wurde in der zweiten Hälfte des 3. Lebensjahres noch oft beobachtet. Diese traurige Stimmung stellte sich ein, wenn die Mutter nicht im Zimmer war, und zwar meist dann, wenn er von den anderen Kindern an sie erinnert wurde, die zu dieser Zeit oft darüber sprachen, wo ihre Mütter sich aufhielten. Es schien, als denke er ab und zu, doch recht beständig, an seine Mutter.

Er zeigte auch Besorgnis um seinen Körper. Diese beiden Gegenstände seiner Besorgnis schienen – wie bereits früher bemerkt worden war – in Teddys Gemüt eng miteinander verbunden.

Jedoch gegen Ende des 3. Lebensjahres akzeptierte Teddy trotz dieser gelegentlichen Traurigkeitsphasen die Loslösung recht gut. Er ließ seine Mutter ohne Protest fortgehen; wenn er vielleicht auch traurig aussah und ihr sehnsüchtig nachschaute, spielte er doch eine ganze Zeitlang sehr schön, wenn sie nicht da war. Erst wenn eine lange Zeit verstrichen war und er durch die anderen Kinder, die über ihre Mütter sprachen, an sie erinnert wurde, bekam er einen traurigen Ausdruck oder äußerte den Wunsch, zu ihr zu gehen. Wurde er dann zu ihr gebracht, war er schon zufrieden, wenn er sie nur sehen konnte; er verließ sie bald wieder, spielte seine üblichen Begrüßungs- und Abschiedsspiele und kehrte dann in das Spielzimmer zurück, wo er sich konstruktiv und altersentsprechend beschäftigte. Mit anderen Worten, am Ende des 3. Lebensjahres hatte Teddy ein angemessenes Niveau von Objekt- und Selbstkonstanz erreicht und seine Individualität konsolidiert.

12. Kapitel
Sam

Im Falle Sams hatten wir ein gutbegabtes Kind vor uns, das nach unabhängigem Funktionieren im Hinblick auf Loslösung und Individuation strebte. Wir erkannten die Geschicklichkeit, mit der das Baby gegen seine Verschlingung und um seine Selbständigkeit kämpfte. Sam befand sich lange vor der Loslösung vorzeitig auf dem Pfad zur Individuation. Diese Diskrepanz war auf seine teils wesensbedingte, teils umweltbedingt verzögerte motorische Entwicklung zurückzuführen. Sehr früh sahen wir körperliche Anzeichen eines distanzierenden Verhaltens der Mutter gegenüber. Das Ungleichgewicht zwischen Loslösung und Individuation schien eine in gewisser Weise desorganisierende Wirkung auf Sams Spielverhalten und auf seine frühe Sprachentwicklung zu haben.

Sams Mutter

Frau R. widmete sich der Mutterrolle mit großer Intensität und uneingeschränkter Begeisterung. Diese Begeisterung war am größten, wenn es ihr gelang, ihr »Ich-Ideal« zu projizieren und damit zu verstärken: das Bild einer alles gebenden Mutter, die den Säugling zufriedenzustellen sucht, ohne Signale eines Bedürfnisses abzuwarten. In dieser Vorstellung wurde sie von ihrem Gatten sehr bestärkt.

Sams Subphasen-Entwicklung

Sam war ein leicht zu versorgendes, friedliches, sanftes, kuscheliges Baby. Die Mutter hatte während seiner frühen Kindheit große Freude an ihm und genoß insbesondere das Stillen, das sie bis zu seinem 18. Lebensmonat fortsetzte. Sam war kein »motorisch eingestelltes« Baby; von Anfang an schien er die Aktivität der kleinen Muskeln und die Manipulation von Objekten der Aktivität der großen Muskeln des ganzen Körpers vorzuziehen. Sams frühe Lebensmonate schienen für Mutter und Kind sehr lustvoll zu sein.

Doch selbst während dieser frühen, höchst angenehmen symbiotischen Periode verhielt sich Frau R. übermäßig stimulierend. Sie hatte das Bedürfnis, mit Sam in einer unausgesetzten, ausschließlichen symbiotischen Beziehung zu leben. Sie brauchte die ständige Interaktion mit ihrem Baby.

Die Geschichte der Entwicklung Sams von der Subphase der Differenzierung (4 bis 5 Monate) an ist die Geschichte seiner Versuche, sich aus seiner übermäßig stimulierenden Umwelt zu befreien. Bereits im 4. bis 5. Lebensmonat beobachteten wir, daß Sam sich gegen die ihn eng umschließenden Arme der Mutter wehrte, indem er seine Arme gegen die Brust der Mutter stemmte und den Rumpf in fast opisthotonischer* Weise zurückbog.

Sams sehr charakteristischer eigentümlicher Stil der Loslösung und Individuation ergab sich einerseits aus seiner vermutlich teilweise wesensbedingt langsamen Entwicklung der Fortbewegung und andererseits aus seinem Bedürfnis, sich aus der ihn einschränkenden Symbiose zu befreien. Infolge der langsamen Entwicklung der Motorik lief der Loslösungsprozeß nicht so natürlich und harmonisch ab wie bei anderen Kindern, die im Alter von 8 oder 9 Monaten allmählich und aktiv beginnen, sich räumlich von der Mutter zu entfernen.

Im Alter von 8 bis 9 Monaten, wenn die spezifische Verbundenheit mit der Mutter beim Säugling im allgemeinen am engsten ist, hatte Sam bereits begonnen, in bestimmten Situationen Fremde seiner Mutter vorzuziehen. Doch selbst in diesem sehr frühen Alter reagierte er auf das Mißfallen seiner Mutter mit einem Stimmungsabfall.

Mit 10 Monaten wandte sich Sam noch immer von der Mutter ab und nahm ihre Aufforderungen zu lebhaften Spielen nur passiv entgegen. Als er mit etwa einem Jahr zu krabbeln begann, nutzte er diese Errungenschaft, um sich von der Mutter zu entfernen und manchmal auch um ihr auszuweichen. Noch immer waren keine Trennungsreaktionen festzustellen, und noch immer zog Sam vertraute Beobachter seiner Mutter vor. Die Mutter behandelte Sam weiterhin wie ein Schoßkind.

Mit 11 bis 12 Monaten hörte Sam oft nicht einmal dann auf seine Mutter, wenn sie mit ihm sprach. Um seine Aufmerksamkeit zu erregen, spielte Frau R. sehr stürmisch mit ihm, indem sie ihm

* Opisthotonus: Starrkrampf im Bereich der Rückenmuskulatur; Anm. d. Red.

beispielsweise nachlief, wenn er wegkrabbelte. Bei solchen Gelegenheiten fing sie ihn in ihren Armen auf und änderte so die Richtung, in die er krabbelte.
Sams Übungsperiode war atypisch; sie begann spät. Die Beherrschung der aufrechten Fortbewegung erreichte er nicht im chronologischen Alter der eigentlichen Übungsperiode. Die obligatorische Nichtbeachtung der Mutter war übersteigert. Trennungsreaktionen und »Auftank«-Phänomene fehlten völlig. Er schien auch keinen wirklichen Stimmungsaufschwung, kein »Liebesverhältnis mit der Welt« zu erleben.
Erst mit 17 bis 18 Monaten überraschte Sam seine Mutter (die mittlerweile seinetwegen recht beunruhigt war) und andere Menschen damit, daß er auf dem Spielplatz von der Mutter *weglief;* zu diesem Zeitpunkt verweigerte Sam auch die Brust. Sehr bald nachdem er die aufrechte Fortbewegung beherrschte, zeigten sich die ersten Anzeichen der Wiederannäherungsphase. Er ignorierte die Mutter nicht mehr, und die Interaktion mit ihr machte ihm Freude. Tatsächlich begann er nun zu zeigen, daß er die Mutter vermißte; wenn sie fortging, lief er zu dem leeren Stuhl, auf dem sie gesessen hatte. In ihrer Abwesenheit wurde er hyperaktiv, so als ob er eine Selbststimulierung brauche, um die erregende Atmosphäre der Interaktion zu schaffen. Manchmal versuchte er, aus dem Zimmer und seiner Mutter nachzulaufen, und er wurde unleidlich, wenn er sie nicht sofort finden konnte. (Alle diese Verhaltensweisen deuten auf verspätete Trennungsreaktionen, in die sich Wiederannäherungsphänomene mischten.)
Sam war bereits 19 Monate alt, als er ein typischeres *frühes* Wiederannäherungsverhalten zeigte, d. h., er zeigte jene Zeichen, die bei den meisten Kindern die Subphase der Wiederannäherung *ankündigen.* Er begann seiner Mutter Spielzeug zu bringen und Spaß daran zu haben, Aktivitäten und Besitztümer mit ihr zu teilen. Sams Annäherungsverhalten hatte einen interessanten, sehr individuellen Aspekt: Während er manchmal auf den Schoß der Mutter kletterte und dort ruhig sitzenblieb, indem er sich an sie lehnte, brach er bei anderen Gelegenheiten seine Annäherung mittendrin ab, sobald sie sich ihrerseits anschickte, sich auf ihn zuzubewegen. Wenn sie ihn dann gegen seinen Willen festhielt, stieß, trat und schlug er nach ihr.
Bei passiven Trennungserlebnissen wurden die Reaktionen sehr heftig. Sam weinte und war untröstlich, wenn die Mutter den Raum

verließ. Seine kürzlich erworbene Beherrschung der aufrechten freien Fortbewegung schien sein Bedürfnis, der Mutter nahe zu sein, gesteigert zu haben. Er schien sich plötzlich losgelöst zu fühlen – ohne das Gefühl des Vierfüßlers, von der ausgedehnten horizontalen Basis des Fußbodens gestützt zu werden, empfand er sich unvermittelt als sehr verletzbar. Doch nachdem er eine Zeitlang diese Angst vor Verlust der Unterstützung gezeigt hatte, durchlief er eine Periode, in der es ihm aufs neue Freude machte, in einiger Entfernung von der Mutter Erkundungen vorzunehmen, und im allgemeinen ließ er auch in gewissem Maße die Gehobenheit einer verspäteten Übungssubphase erkennen. Als der Wiederannäherungskampf erneut entbrannte, klammerte sich Sam abwechselnd an die Mutter und versuchte ihr auszuweichen.

Aus dem Kampf und der Krise der Wiederannäherung ging Sam als ein recht trübsinniger kleiner Bub hervor, dem es kein großes Vergnügen bereitete, zur Welt um ihn herum in Beziehung zu treten. Ein besonders interessanter Aspekt der Beziehung Sams zu den anderen Spielkindern war der, daß er das Interesse an denen verlor, die etwa in seinem Alter waren, und sich statt dessen älteren Jungen oder den Babys und ihren Müttern anschloß. Dies erinnert an einen Charakterzug, den man immer wieder an Menschen beobachtet, die im späteren Leben keine Beziehung zu Gleichgestellten herstellen können, sondern nur von Vorgesetzten oder Untergeordneten angezogen werden. Eine andere charakteristische Eigenschaft Sams war seine Neigung zur Schauspielerei, wobei er so tat, als sei er ein hilfloses Baby. Interessanterweise geschah dies zu einer Zeit, als seine Mutter äußerte, daß sie gern wieder schwanger würde. Sam zeigte demnach eine gewisse Neigung, in der symbiotischen Beziehung zu verharren, vielleicht um der Mutter zu gefallen oder aber um eine frühere, glücklichere Zeit zurückzugewinnen, als er noch das passive Baby seiner Mutter war.

In der psychosexuellen Sphäre bot Sam Anzeichen sexueller Übererregung sowie einer überdurchschnittlichen Kastrationsangst. Gegen Ende des 2. Lebensjahres hatte er solche Angst vor der Toilette, daß seine Mutter die Reinlichkeitsgewöhnung aufgab. Gleichzeitig interessierte er sich sehr für den Penis, nannte eine Banane »Pipi« und sagte, daß der Penis seines Freundes hübsch sei.

Sam im 3. Lebensjahr

Beim Spielen war Sam laut und häufig unbeherrscht und aufgeregt. Die Aufmerksamkeit, die ihm seine Mutter unregelmäßig zuwandte, entsprach nicht seinen Bedürfnissen: manchmal bedrängte sie ihn physisch, manchmal verbal. Sam wiederum ignorierte die Anweisungen seiner Mutter oft und befahl ihr, sich hinzusetzen, wenn sie allzu aufdringlich wurde.
Sam ging bereitwillig ins Spielzimmer und verweilte dort auch ohne seine Mutter, im Gegensatz zu den meisten anderen Kindern seines Alters, die anfangs eine gewisse Ermutigung brauchten. Im Spielzimmer fragte Sam kaum jemals nach seiner Mutter. Tat er es, war er leicht zufriedenzustellen, wenn man ihm erklärte, wo sie sich befand.
Zu Beginn des 3. Lebensjahres – nach den Sommerferien – berichtete Sams Mutter, daß er kürzlich beschlossen hätte, ohne Windeln auszukommen. Er blieb trocken und außer wenn er sich mit Windeln in seinem Bettchen befand, benutzte er für seine großen Geschäfte das Töpfchen. Sie berichtete, daß Sam auf diese Errungenschaft stolz war und bei seinen Freunden damit prahlte. Doch nach wenigen Tagen entschied er, zu den Windeln zurückkehren zu wollen. Die Reinlichkeitsgewöhnung wurde von da an zwischen Sam und seiner Mutter zum Konfliktfall, ebenso wie autonome Funktionen wie Krabbeln und Laufen einen (bisher teilweise äußeren) Konflikt in Sams 2. Lebensjahr heraufbeschworen hatten.
Nachdem Frau R. nicht länger an der Illusion festhalten konnte, daß Sam mit ihr als symbiotischer Hälfte eins sei, erlebte sie ihn als einen eigensinnigen kleinen Jungen, den sie nicht zu kontrollieren vermochte. Sie meinte, wenn Sam sich einmal etwas in den Kopf gesetzt hätte, könnte ihn nichts davon abbringen.
In diesem Alter war Sam sexuell leicht erregt. Wir sahen ihn masturbieren, wenn ihm die Höschen auf der Toilette ausgezogen wurden; er berührte seinen Penis mit sichtlichem Vergnügen. Einmal sagte er: »Schöner Penis«, schaute dann die Beobachterin an und meinte: »Ihr seid nette Leute.«
Sams lustvolles Erleben des eigenen Körpers, insbesondere des Penis, schien sich auf die ganze Welt zu übertragen, doch deuteten gewisse Anzeichen auf erheblich größere körperliche und Kastrationsängste hin als üblich. Eines Tages geschah folgendes: Er hatte

sich in gehobener Stimmung im Spielboot befunden und selbstbewußt einen anderen Jungen weggestoßen, sobald dieser ins Boot steigen wollte. Danach hatte er die großen Eisenbahnwagen zusammengestellt und Spielzeugtiere hineingeladen, wobei er sagte, daß jedes Tier ein »Bubu« habe. Es hatte demnach den Anschein, daß sein Masturbieren zumindest teilweise eine Versicherung gegen Kastrationsängste war.

Während seines 3. Lebensjahres wurde diese Kastrationsangst stärker. Selbst bei leichteren Verletzungen war er sehr ängstlich. Als ihm ein anderer Junge sein verletztes Knie zeigte, war Sam darüber sehr besorgt und meinte dann, daß die Kindergärtnerin auch eine Verletzung hätte und er selbst ebenfalls. Während der ganzen Unterhaltung, die im Badezimmer stattfand, masturbierte Sam, der keine Höschen anhatte. Als er bereits 28 Monate alt war, benutzte er immer noch nicht die Toilette; statt dessen spielte er im Badezimmer und probierte die Abzugketten aus.

Es schien, daß sich Sam zu dieser Zeit der Schwangerschaft seiner Mutter wohl bewußt war, obwohl ihm niemand etwas darüber gesagt hatte. Er zeigte dies, indem er das Baby spielte und auch durch das Bemuttern von Puppen. Er hatte geäußert, daß seine Mutter dick sei, und nach Aussage von Frau R. hatte er auch gesagt, daß er ein Baby in sich trage.

Im Alter von 30 Monaten schienen einige wichtige Veränderungen stattzufinden. Am bedeutungsvollsten war vielleicht sein zunehmendes Verlangen nach der Mutter. Dies trat eines Tages besonders in Erscheinung, als seine Mutter wiederholt den Raum verließ. Er reagierte nicht darauf, als sie dies zum erstenmal tat, doch wollte er kurz nach ihrer Rückkehr hochgehoben werden. Wenn Frau R. erwähnte, daß sie den Raum wieder verlassen wolle, bat Sam immer wieder aufgeregt, daß sie doch bleiben möge. Wenn sie trotzdem Anstalten machte zu gehen, hielt er sie fest. War sie schließlich doch entschlüpft, fragte er bald nach ihr, und es dauerte eine ganze Weile, bevor er sich wieder für ein Spiel interessieren konnte. In ihrer Abwesenheit wirkte sein Spielverhalten rastlos; er lief ständig von einer Sache zur anderen. Das Gleichgewicht der Beziehung schien sich verlagert zu haben, indem Sam die Aufmerksamkeit der Mutter in hohem Maße benötigte und sie ihm relativ wenig Aufmerksamkeit schenkte. Wir dürfen nicht vergessen, daß dies durch ihre Schwangerschaft sehr verstärkt wurde. Frau R. beschäftigte sich zunehmend mit sich selbst, wie dies bei

schwangeren Frauen selbstverständlich ist, und Sam reagierte auf ihre Abwendung mit übersteigerter Anklammerung.
Seine Kastrations- oder Verstümmelungsangst blieb bestehen. Der Vater nahm ihn gern ins Museum mit. Dort wollte Sam die Statue der »kaputten Dame« sehen. Von einer Statue sagte er, daß sie ein »kaputtes Pipi« habe. Er schien sich jetzt zu bemühen, seine Angst im Spiel zu meistern. Frau R. spielte mit ihm, daß sie seine Nase abreißen wolle; dann riß er ihre ab und sagte: »Ich esse sie auf.« Beim Spiel mit einer Beobachterin tat er so, als wolle er ihr Haar abschneiden. Er übernahm also die aktive Rolle, indem er sich mit dem Aggressor identifizierte. Beim Spielen mit Knetteig rollte er diesen zu einem langen Streifen, erklärte es sei ein Finger und sagte dann: »Weher Finger, abgeschnitten, ist ein Bubu.«
Sam versuchte weiterhin, seine Ängste durch alle möglichen Abwehrvorläufer zu überwinden. Eines Tages erschien der ältere Bruder eines Kindes als Superman verkleidet, und obwohl Sam Angst vor ihm hatte und sich an die Kindergärtnerin klammerte, vermochte er den Jungen später zu spiegeln und sich mit ihm zu identifizieren. Er verkündete: »Ich Superman.« Er versuchte auch, Gefühle des Ärgers in Worte zu fassen. Als er einmal daran gehindert wurde, einem anderen Kind etwas wegzunehmen, sagte er: »Ich wütend.«
Am Tage der Geburt seiner Schwester wurde Sam von der Kindergärtnerin ins *Center* gebracht. Zwar brauchte er eine gewisse Beruhigung, doch verhielt er sich zunächst ganz vernünftig. Er lief zum Spiegel, schien sich über seine eigenen Mätzchen zu amüsieren und sagte dann: »Sam ist in Ordnung.« Die Kindergärtnerin erwiderte: »Sam ist ein prima Junge.« Darauf er: »Sam ist ein Junge.« Als sich später ein anderer Bub zu ihm gesellte, meinte Sam: »Nur Jungens.« Am gleichen Tag wurde er wiederholt nach seiner Mutter und der neugeborenen Schwester gefragt. Zunächst reagierte er sehr gut auf diese Fragen. Er spielte mit Wasser und sagte, das Baby werde gebadet. Dann meinte er, es sei ein Häschen. Als die Fragen aber häufiger wiederholt wurden, bekam er größere Schwierigkeiten. Zuerst versuchte er, den Fragen auszuweichen, indem er sich von dem Frager entfernte, doch dann wurde er wütend. Er wirkte getrieben und konzentrierte sich grimmig auf sein Spiel, schlug auf ein paar Tiere aus Knetmasse ein, schnipselte ihnen Gliedmaßen und Schwänze ab, versicherte sich aber seiner eigenen körperlichen Integrität, indem er sagte: »Messer nicht

gefährlich für mich.« Auf gegen ihn gerichtete Aggression reagierte er überempfindlich. Wenn ein anderer Junge sich an seinen Tieren zu schaffen machte, sagte Sam: »Charlie hat mir weh getan.« Er nahm ein Stück Ton, stampfte darauf herum und nannte es »Häschen«, wie er zuvor seine kleine Schwester bezeichnet hatte. Er tat es in seine Hose und erklärte, er würde es in sein Pipi stecken (weil er vielleicht das Baby in den Mutterleib zurückschicken wollte?) und bestand darauf, es mit nach Hause zu nehmen; als es aus der Hose wieder herausfiel, regte er sich auf. Schließlich war er bereit, das getretene »Babyhäschen« in einer Plastiktüte heimzutragen.
Fast einen ganzen Monat lang war Sam nach der Geburt seiner Schwester in einem panisch-nervösen Zustand: er war hyperaktiv, getrieben und redete unaufhörlich in einem Kauderwelsch, in dem häufig primärprozeßhaftes Phantasiematerial auftauchte. Er sprach Leute nicht direkt an. Wenn er etwas wollte, nannte er es einfach immer wieder aufs neue in der offenkundigen Erwartung, daß es auf magische Weise erscheinen würde. Obgleich in Art und Inhalt seines Verhaltens starke Aggression zutage trat, richtete sie sich äußerlich selten unmittelbar gegen Personen. Aus Knetmasse stellte er Ungeheuer her, die er Mami-Monster, Papi-Monster und Baby-Monster nannte. Er sagte, er streichle das Baby-Monster, doch in Wirklichkeit schlug er es. Die Vermutung lag nahe, daß Sam Urszenenbeobachtungen beschäftigten, als er das Papi- und Mami-Monster zusammenknetete.
Die Kastrationsängste bestanden fort. Als die Kindergärtnerin einen kleinen Unfall hatte, sagte Sam: »Lehrerin ganz kaputt.« Er wollte eine Narbe, die seine Mutter hatte, behandeln, indem er ein Pflaster daraufklebte. Eine unmittelbare Assoziation, wie Abwehr *in statu nascendi* strukturiert ist – in diesem Fall gegen das Zuschauen, den Voyeurismus –, wurde durch seine Angst ausgelöst, daß die Sonne seine Augen verletzen könnte: er bedeckte die Augen der Spielzeugtiere, um sie zu schützen. Als er ein Bild betrachtete, auf dem strahlende Sonne und Wolken zu sehen waren, gefielen ihm die Wolken, und er wollte noch welche dazumalen, um die Sonne zu verdecken. Es schien, daß die Angst vor der Sonne und ihrer Blendungskraft damit zusammenhing, daß er seine kleine Schwester und auch Vater und Mutter nackt gesehen hatte.
Auffallenderweise sprach Sam niemals über das, was vermutlich zu jener Zeit seine Hauptsorgen waren: die Abwesenheit der Mutter

und das Neugeborene. Das Ausmaß dieser Verleugnung zeigte sich an seiner Reaktion auf die leitende Mitarbeiterin. Sie versuchte mehrmals, mit ihm über die Mutter und das Baby zu sprechen. Er lief dann entweder fort oder tat so, als höre er nichts. Später lief er vor ihr fort oder hieß sie weggehen, sobald er sie sah. Er reagierte also auf die »Zudringlichkeit« der Mitarbeiterin sehr ähnlich, wie er auf die der Mutter von früh auf reagiert hatte. Gleichzeitig drückte sich in diesem Verhalten sein Bedürfnis aus, die Erinnerung an die Mutter abzuwehren, die er vermißte und der er vielleicht auch grollte, weil sie ihn verließ und verriet. Beim Spielen traten gelegentlich Babys auf: außer dem Baby-Monster badete er bei seinen Wasserspielen auch das Baby und tauchte es unter.

Daß die psychische Repräsentanz der Mutter von der »leibhaftigen Mutter« besonders abwich, wurde durch das folgende Verhalten bestätigt. Als Frau R. im Krankenhaus war, rief sie Sam jeden Morgen an. Laut Frau R. beharrte Sam zu Beginn dieser Telefongespräche stets darauf, daß nicht sie, seine Mutter, mit ihm sprach, sondern einfach eine »nette Dame«. Andererseits konnte er sich von dieser »netten Dame« nicht losreißen, redete etwa 45 Minuten lang mit ihr und gab ihr keine Gelegenheit, den Hörer aufzulegen. Wir können nur Vermutungen über die Bedeutung von Sams Verhalten anstellen, das verschiedene Ebenen emotionaler Objektkonstanz, wenn nicht gar eine Abwehrspaltung zu reflektieren schien. Er hatte vielleicht das Bedürfnis, das gute Bild der Mutter vor seiner Wut zu schützen, es vom Bild der bösen Mutter zu trennen, die ihn wegen eines »anderen Babys« verlassen hatte. Er mußte vielleicht die Existenz dieses bösen Mutterbildes um den Preis einer vorübergehenden perzeptuellen Entdifferenzierung verleugnen.

Wie unbeständig und verwirrt Sams innere Repräsentanz und äußere Wahrnehmung des libidinösen Objekts zu diesem Zeitpunkt geworden waren, ließ sich aus der obigen Schilderung seines Verhaltens am Telefon und auch aus einem sehr instruktiven Vorfall im *Center* schließen. An einem der ersten Tage, nachdem die Mutter und das Baby aus dem Krankenhaus gekommen waren, weigerte sich Sam, das *Center* zu verlassen. Er beharrte darauf, daß die Mutter im *Center* sei und *ihn mit nach Hause nehmen würde*. Er konnte nicht verstehen, daß die Mutter zu Hause war und *er zu ihr* nach Hause gehen müsse.

Die Mutter hatte erzählt, daß Sam auf die kleine Schwester stolz wäre und sie beschützen wollte. Sie stützte diese Behauptung mit einer Beschreibung dessen, was geschah, als sie mit dem Baby spazierengehen wollte. Sam sagte Leuten wiederholt, daß sie nicht in den Kinderwagen schauen sollten, weil das Baby dann weinen würde (Angst vor dem bösen Blick? Siehe Petö, 1969). Wir glaubten, daß Sam die Leute nicht das Baby sehen lassen wollte. Damit agierte er seinen Wunsch, daß das Baby unsichtbar, d. h. nicht existent, sein sollte; möglicherweise wollte er aber auch seinen Wunsch abwehren, das Baby möge vom »bösen Blick« getroffen werden.

Vom 30. bis 36. Lebensmonat beobachteten wir bei Sam eine gesunde Tendenz zu libidinöser Objektkonstanz und zur Verinnerlichung von Objekt und Selbstrepräsentanzen.

Häufig beobachteten wir, daß Sam gut auf jede Situation reagierte, in der ein Erwachsener seinem Ich in selbstverständlicher Weise Unterstützung und Aufmerksamkeit zuwandte. Selbst in aufgeregtem Zustand beruhigte er sich rasch und funktionierte konstruktiver, sobald sich ein Beobachter ihm individuell zuwenden und angemessen mit ihm arbeiten konnte. Dies war an jenem Tage besonders auffällig, als er sich zufällig als einziger im Spielzimmer des *Centers* aufhielt. Er war nicht nur viel ruhiger und konnte vergnügter spielen, sondern er war auch für den Rest des Monats relativ friedlich und konstruktiver in seinen spielerischen Aktivitäten. Er konnte sich besser auf Dinge in der Außenwelt konzentrieren, statt so häufig nur auf seine inneren Empfindungen eingestellt zu sein. Statt zusammenhanglos von einer Tätigkeit zur anderen zu flitzen, interessierte er sich nun für die Aktivitäten anderer Kinder. Wenn man ihm sagte, daß er warten müsse, bis er an der Reihe sei, um einen bestimmten Satz von Bauklötzen zu bekommen, mit dem ein anderes Kind spielte, richtete er es so ein, daß er am Spiel des anderen Kindes teilnehmen konnte. Es war jedoch sehr aufschlußreich zu beobachten, daß seine Stimmung nach einer längeren Abwesenheit vom *Center* regredierte – er wirkte unruhiger, und sein Spiel schien weniger gut organisiert.

An seinem 3. Geburtstag machten Sam die Aktivitäten im Spielzimmer Spaß, er war ruhig und gut integriert und mit sinnvollem Spiel beschäftigt. Er baute ein großes Gebäude aus Bauklötzen, saß ruhig am Geburtstagstisch, und was er sagte, bezog sich stärker auf reale Situationen. Wieder konnten wir sehen, wie gut er auf jede Person oder Situation reagierte, die ein altersentsprechendes Funktionieren förderte.

Die Mutter betrachtete Sam nicht nur als brav und gescheit, sondern als einen nahezu unangreifbaren kleinen Jungen, der alles spielend bewältigte. Sie glaubte, die Tatsache, daß sie dem Neugeborenen soviel Aufmerksamkeit zuwenden mußte, berührte ihn überhaupt nicht. Sie berichtete, daß Sam zu dieser Zeit vorwiegend auf den Vater eingestellt war. Wenn sie den Wunsch äußerte, beide auf einem Spaziergang zu begleiten, sagte er ihr, sie solle mit dem Baby zu Hause bleiben.

Zusammenfassend können wir sagen, daß Sam schon recht früh in der Lage war, bewußt andere Personen als die Mutter auszuwählen und sich ihrer als Zuflucht vor dem symbiotischen Anspruch und der übermäßigen Stimulierung, die von ihr ausging, zu bedienen. Schon frühzeitig ließ er sich lieber von einer anderen Person als der Mutter halten; später konnte er sich an die Kindergärtnerin wenden, als er Hilfe brauchte, um nach der Geburt der Schwester mit beunruhigenden Gefühlen fertig zu werden. Obgleich seine Subphasenentwicklung so atypisch verlief (verspätete motorische Entwicklung, verlängerte Stillzeit), erlebte er schließlich bis zu einem gewissen Grade die Gehobenheit der Übungsperiode. Vielleicht war es in seinem Fall ein glücklicher Umstand, daß die Mutter sich dem Neugeborenen zuwenden mußte; das Erlebnis der physischen Trennung während des Krankenhausaufenthaltes der Mutter brachte ihm seine Getrenntheit stärker zum Bewußtsein, was zwangsläufig dazu führte, daß er die ehemals symbiotische Mutter vermißte und sich nach ihr sehnte.

Wir beobachteten, wie frühes Vermeidungsverhalten (die Mutter nicht ansehen, sie wegstoßen) später die Abwehrmechanismen der Verneinung und Verleugnung hervorbrachte. Obwohl Sam im 3. Lebensjahr in Streßsituationen zu Regression und Spaltung Zuflucht nahm, war er doch fähig, die Hilfsquellen seines autonomen Ichs optimal zu nutzen.

Teil IV
Zusammenfassung und Schlußfolgerungen

13. Kapitel
Variationen innerhalb der Subphasen mit besonderer Berücksichtigung der Differenzierung

In diesem abschließenden Teil wird Mahler die Ergebnisse der auf Beobachtung beruhenden Untersuchung zusammenfassen, die sie gemeinsam mit ihren Mitarbeitern in Vergangenheit und Gegenwart über anderthalb Jahrzehnte durchgeführt hat. Diese Untersuchungen ermöglichten einen Blick in jenes Urgestein des Seelenlebens, das seinen Gehalt und sein Wesen nicht mit Worten preisgibt – das »Unerinnerbare und Unvergeßliche« (A. Frank, 1969).

Mahler (1963) führte folgendes aus:

»In einem fortgeschrittenen Stadium ihres Lebenswerks versuchen manche Psychoanalytiker dem eigentlichen Ursprung ihrer Rekonstruktionsbemühungen näherzukommen. Einige, wie auch ich, sammeln Beobachtungsdaten aus der verbalen und präverbalen Phase – *in statu nascendi* –, die psychoanalytische Hypothesen bestätigen, widerlegen, modifizieren oder erweitern. Ich habe versucht, anhand der Untersuchung normaler Kinder und ihrer Mütter meine psychoanalytische Arbeit mit neurotischen Erwachsenen und Kindern zu ergänzen, aber auch eine erweiterte Perspektive zu gewinnen und frühere Forschungen auf dem Gebiet infantiler Psychosen zu validieren. Ich habe ein sehr persönliches Interesse an einem spezifischen Aspekt des reichen Erbes bewahrt, das uns Freud hinterlassen hat, nämlich an seiner Behauptung, daß eine lebenslange, wenngleich allmählich nachlassende emotionale Abhängigkeit von der Mutter ein allgemeingültiges Element der menschlichen Existenz ist. Die mangelnde biologische Vorbereitung des menschlichen Säuglings, sein Leben selbständig zu erhalten, bedingt jene artspezifische verlängerte Phase, die als »Mutter-Kind-Symbiose« bezeichnet wird. Ich glaube, daß dieser symbiotischen Phase der Zweieinheit von Mutter und Kind jene empirischen Vorläufer des individuellen Lebensbeginns entstammen, die zusammen mit angeborenen konstitutionellen Faktoren das einzigartige somatische und psychische Gefüge jedes menschlichen Individuums bestimmen« (S. 307).

Sie fuhr fort:

»Ich glaube, daß durch unsere Untersuchung klinisch deutlich genug bewiesen wurde, daß die libidinöse Verfügbarkeit der Mutter infolge der emotionalen Abhängigkeit des Kindes eine optimale Entfaltung seiner angeborenen Möglichkeiten fördert . . . Ich habe anhand spezifischer Beispiele zu zeigen versucht, wie dieser Faktor entweder zur harmonischen Synthese der autonomen Funktionen im Dienste des Ichs, zur Neutralisierung von Trieben und zur Sublimierung beiträgt oder sie verringert, indem der Fluß von Entwicklungsenergie aktiviert oder *vorübergehend* behindert wird – ein Vorgang, den Ernst Kris (1955) ausgezeichnet beschrieben hat (Hervorhebung von mir). Der Überfluß an Entwicklungsenergie in der Individuationsphase ist die Erklärung dafür, daß in keinem anderen Lebensabschnitt – mit Ausnahme vielleicht der Adoleszenz – Entwicklungsmöglichkeiten in so hohem Maße regeneriert werden. Er veranschaulicht die Robustheit und potentielle Anpassungsfähigkeit der menschlichen Spezies und zeigt die Bedeutung des katalysierenden Einflusses des Liebesobjekts.
Ich wollte insbesondere zeigen, in welchem Maße das normale Kleinkind darauf eingestellt und im allgemeinen auch fähig ist, Zuwendung und Anteilnahme der Mutter – mitunter gegen beträchtliche Hindernisse – zu erreichen, wie es versucht, jeden winzigsten Teil dieser Zuwendung zugunsten einer fortschreitenden Persönlichkeitsbildung in libidinöse Kanäle zu lenken. Andererseits möchte ich auch auf die Schwierigkeiten hinweisen, denen die Mütter in unserer Kultur gegenüberstehen; trotz ihrer unbewußten Konflikte hinsichtlich der Mutterrolle und im Widerstreit mit ihren Phantasien über das heranwachsende Kind müssen sie auf die rasch wechselnden, vom Primärprozeß beherrschten Signale reagieren, mit denen ihr Kind anzeigt, daß es der symbiotischen Hülle entschlüpfen muß, um ein eigenständiges Kleinkind zu werden« (S. 322).

Das vorliegende Buch legt Rechenschaft darüber ab, wieviel wir dazugelernt haben, seit das Vorstehende geschrieben wurde. Es soll aber auch erkennen lassen, was der Leser nunmehr empfinden muß – und wessen sich die Autoren voll bewußt sind –, nämlich, daß es noch viel mehr Fragen gibt, die wir unbeantwortet lassen müssen oder nur zum Teil beantworten können, als Fragen, die wir substantiell klären konnten.

Die Hypothese vom symbiotischen Ursprung der *conditio humana* führte zu unserer ersten informellen Pilot-Untersuchung, die sich selbst die begrenzte Aufgabe stellte herauszufinden, wie es dem Kind mit normaler oder neurotischer Persönlichkeitsstruktur gelingt, seine individuelle Einheit und Identität zu erlangen – was dem symbiotisch-psychotischen Kind nicht möglich ist.[1] Der erste Teil dieses parallel laufenden Projekts erbrachte eine weit spezifischere Hypothese, die unsere früher dargestellte Theorie über den symbiotischen Ursprung der *conditio humana* ergänzte, nämlich die der Subphasen des Loslösungs- und Individuationsprozesses.

Diese zweite Hypothese entwickelte sich als Folge der Tatsache, daß wir im Verlauf unserer naturalistischen Pilot-Untersuchung nicht umhinkonnten, von der Bündelung von Variablen an gewissen Scheidewegen des Individuationsprozesses Notiz zu nehmen, da sie wiederholt aufzutreten pflegten. Dies ließ es sehr geraten erscheinen, die Daten zu ordnen, die wir über den intrapsychischen Loslösungs- und Individuationsprozeß im Zusammenhang mit den wiederholt zu beobachtenden Verhaltens- und anderen Oberflächenmerkmalen dieses Prozesses sammelten. Wir unterteilten den Prozeß in vier Subphasen: Differenzierung, Übung, Wiederannäherung und – »auf dem Wege zur Objektkonstanz« – Konsolidierung der Individualität. Der zeitliche Ablauf dieser Subphasen läßt sich nicht präzise bestimmen: sie überschneiden sich ebenso wie die zonalen libidinösen Phasen.

Wie Dr. Pine in Anhang B im einzelnen dargestellt hat, ist es nur natürlich, daß das, was als unsystematische, naturalistische Untersuchung begann, sich zu einem systematischen, vorwiegend querschnittsorientierten Forschungsprojekt entwickelte – eine Art normative Untersuchung –, mit dem wir zu Erkenntnissen und Schlußfolgerungen zu gelangen suchten, indem wir Säuglinge und Kleinkinder der gleichen Altersstufe unter dem Gesichtspunkt des Sta-

[1] Diese Untersuchung wurde 1959 von M. Furer, M. D., und Ann Haeberle, Ph. D., mit Unterstützung von Anni Bergman durchgeführt. Sie wurde von Mahler und Dr. Furer als Forschungsleitern gemeinsam mit mehreren anderen teilnehmenden Beobachtern fortgesetzt, von denen die meisten auch an einer parallelen Untersuchung über »Symbiotic Child Psychosis« mitarbeiteten.

diums ihrer Differenzierung von den Müttern (Objektrepräsentanzen) und der Integration ihrer sich individuierenden Selbstrepräsentanzen verglichen.

Wie jedoch Teil III zeigt, kam es zu einer Weiterentwicklung im Sinne einer, wenngleich begrenzten, Längsschnittuntersuchung. Indem wir die Entwicklung der einzelnen Kinder intensiv und ununterbrochen verfolgten, konnten wir die Entfaltung des symbiotischen sowie des Loslösungs- und Individuationsprozesses beobachten.

Die Übersetzung der beobachtbaren Phänomene früher unzusammenhängender Ich-Zustände (in unserer Terminologie die »autistische« und die »frühe symbiotische« Phase) in psychologische Termini ist außerordentlich schwierig. Ableitungen aus Verhaltensweisen der präverbalen Phase sind noch prekärer als solche aus späteren Lebensabschnitten. Um *präverbale* Phänomene zu verstehen, sind wir, wie Augusta Bonnard (1958) kurz und bündig feststellte, »gezwungen, ihren Sinngehalt weitgehend anhand ihres Fortbestehens in späteren Stadien zu ergründen oder aber durch Einschätzung regressiver Manifestationen«. Der zweite Ansatz wurde von Mahler in Zusammenarbeit mit Dr. Furer in den fünfziger Jahren bis 1963 übernommen. Er trug Früchte in mehreren Artikeln in den frühen sechziger Jahren und insbesondere in dem Buch *Symbiose und Individuation. Psychosen im frühen Kindesalter* (Mahler, 1968b).

In der im vorliegenden Band dargelegten Untersuchung haben wir jedoch versucht, unser Konzept von der Ubiquität der menschlichen Symbiose zu beweisen, indem wir ihr Fortbestehen in späteren Entwicklungsstadien, das heißt in der zweiten Hälfte des 1. Lebensjahres sowie im 2. und 3. Lebensjahr, verfolgten. Die Untersuchung der zweiten Hälfte des 3. Lebensjahres diente auch als Plattform, von der aus wir als Psychoanalytiker sowohl auf den Loslösungs- und Individuationsprozeß der einzelnen Kinder zurück- und vorwärtsblicken wollten, um im Geist den künftigen Verlauf der individuellen Persönlichkeitsentwicklung versuchsweise zu prognostizieren.[2, 3]

[2] Kurze Nachuntersuchungen haben uns gezeigt, daß die Konsolidierung der Ich- und Trieb-Konstellation des einzelnen Kindes in der zweiten Hälfte des 3. Lebensjahres in vieler Beziehung für seine nachfolgende Entwicklung charakteristisch ist; d. h., es besitzt von diesem Zeitpunkt an eine Art historischer Kontinuität.
Spätere Überprüfungen, insbesondere psychologische Tests, zeigen, daß die phallisch-ödi-

So entwickelte sich unser bescheidenes Pilot-Projekt zu einer normativen Untersuchung, die möglicherweise die psychoanalytische Entwicklungstheorie durch ihre nach übereinstimmender Meinung verifizierbaren Thesen bereichern könnte.
Wir gingen natürlich von allen allgemeinen psychoanalytischen Lehren, Thesen und Annahmen über die quasi »prähistorische« Vergangenheit des Individuums aus, die uns zur Verfügung standen. Wir versuchten, bestimmte wichtige, bis dahin allgemein akzeptierte, grundlegende psychoanalytische Thesen über die präverbale Phase anzuwenden, um unsere detaillierten Beobachtungsergebnisse im psychoanalytischen Bezugsrahmen sinnvoll zu nutzen.
Im folgenden werden wir sowohl zusammenfassend als auch in größerem Rahmen darzustellen versuchen, inwiefern unsere Daten jene anerkannten Vorstellungen über das frühe extrauterine Leben nicht nur zu bestätigen, sondern sie, was wichtiger ist, in gewissem Umfang zu modifizieren scheinen. In manchen Fällen schienen unsere Befunde einige »Regeln« über die individuellen Anfänge des Menschenlebens, die bis dahin als erwiesen galten, zu widerlegen; in vielen Fällen mußten diese Regeln als weiterer klärender Erforschung dringend bedürftig ausgesondert werden.
Wie uns die Untersuchung von Mutter-Kind-Paaren gelehrt hat und durch die vorstehenden Fallberichte veranschaulicht wurde,

pale Phase und ihre Auflösung zwar die Entwicklung der Persönlichkeit des dreijährigen Kindes mit ihren charakteristischen Anpassungs- und Abwehraspekten wesentlich verändern können, doch scheint das Bild des Dreijährigen, wie wir ihn in jenem Stadium kannten, in den späteren Entwicklungsschichten immer wieder auf.

[3] Psychoanalytiker, insbesondere solche, die mit auf Beobachtung beruhender Erforschung der präverbalen Phase beschäftigt sind, waren stets von dem Ehrgeiz beseelt, ja, verfolgt, frühe nachweisbare Variablen (neben den kognitiven Faktoren) zu finden, die ihnen bei der Vorhersage der späteren Entwicklung behilflich sein könnten, und obwohl wir bereits wußten, daß wir sehr bescheiden sein mußten, brachte uns eine so begrenzte Längsschnittuntersuchung wie die unsere dies nur noch deutlicher zum Bewußtsein. Wir mußten uns immer wieder klarmachen, daß die menschliche Entwicklung nicht linear verläuft; sie ist durch Verschiebungen im Erfahrungsbereich charakterisiert. Wiederholt haben wir auf massive Verschiebungen der libidinösen Besetzung hingewiesen. Jene Merkmale des Kindes, die angeboren und quasi biologisch sind – wir bezeichnen sie schlicht als angeborene Ausstattung –, scheinen fortzubestehen, d. h., sie bleiben während der fortschreitenden Entwicklung relativ stabil und unbeweglich. Jene anderen Merkmale jedoch, die sich aus Transaktionen und Interaktionen mit der Objektwelt ergeben (z. B. frühe Abwehrmuster, frühe Identifikationen), sind außerordentlich wandelbar und so ist auch ihr Ergebnis; es gibt unablässige Veränderungen, die an Wendepunkten der Entwicklung massiven Libidoverschiebungen weichen (vgl. E. Kris, 1950 und 1962; M. Kris, 1957; A. Freud, 1958; Ritvo und Solnit, 1958).

gibt es sowohl universelle Trends beim Loslösungs- und Individuationsprozeß als auch unendlich vielfältige Kombinationen individueller Faktoren und früher Umwelteinflüsse. Diese große Anzahl individueller Unterschiede schafft ein kaleidoskopartiges Zusammenspiel von Variablen, das im Lauf des Loslösungs- und Individuationsprozesses in Interaktion mit der »durchschnittlich erwartbaren Umgebung« (Hartmann, 1939) durch die rasch fortschreitende psychosexuelle und aggressive Triebentwicklung sowie die Ich-Entwicklung beschleunigt wird. Es ist diese Kombination von Variablen, die die Einmaligkeit des Lebensstils und der Persönlichkeit jedes einzelnen Kindes hervorbringt (Mahler, 1963; Mahler, 1967b; Pine, 1971).

Als klinische Psychoanalytiker wollten wir herausfinden, welchen Verlauf der »normale« Loslösungs- und Individuationsprozeß nimmt. Wir hofften aber auch festzustellen, welche Art von Variationen, welche geringfügigen mittleren Abweichungen diese normalen Kinder durchschnittlicher, »normal zugewandter Mütter« in ihrer frühesten Entwicklung zeigen würden. Wir wollten herausfinden, inwiefern die Beobachtung dieser Abweichungen dazu beitragen konnte, unser Verständnis und unsere Einschätzung von Normalitätsvariationen sowie eventuell des Umfangs mittlerer oder geringfügiger Pathologie zu verbessern.[4] Seelische Gesundheit ebenso wie Pathologie werden unseres Erachtens 1. durch die individuelle Begabung des Kindes, 2. die frühe Mutter-Kind-Interaktion und -Beziehung und 3. entscheidende Ereignisse während des kindlichen Wachstumsprozesses bestimmt – durch positive und negative empirische Faktoren, die das äußerst flexible Gefüge der sich individuierenden Psyche des Kindes beeinflussen (Mahler, 1963; Weil, 1956, 1970). Wir widmeten jenen Befunden besondere Aufmerksamkeit, die auf phasenspezifische Verwundbarkeit während des intrapsychischen Loslösungs- und Individuationsprozesses hindeuten können. Wir können diese Punkte nicht präzise definieren, doch näherten wir uns durch diese Untersuchung stärker denn je der Möglichkeit zu bestimmen, wo sie im Entwicklungsprozeß lokalisiert sind. Wir gelangten zu der Ansicht, daß bestimmte Konstellationen von Variablen als Gefahrensignale zu betrachten sind (vgl. Settlage, 1974).

[4] Wir haben die Tatsache nicht aus den Augen verloren, daß eine sinnvolle Beurteilung von Befunden unmöglich ist, bevor die ödipale und postödipale Phase, d. h. die Latenzperiode sowie die Adoleszenz, durchlaufen sind.

Neben der Bestimmung von Verwundbarkeitspunkten mußte versucht werden, entscheidende Mechanismen der Anpassung oder Fehlanpassung zu definieren, die den Entwicklungsprozeß in seinen frühen Phasen fördern oder behindern, sowie die Subphasenspezifität potentieller Traumata (siehe E. Kris, 1956) zu bestimmen. (Die wichtigen Fragen hinsichtlich des zeitlichen Ablaufs und der Mechanismen machen eine zusätzliche systematische Auswertung unserer Befunde erforderlich.)

Als erste Vorbedingung seelischer Gesundheit mußten alle Kinder im *Center* – mit individuellen Variationen – als normal begabt gelten. Aufgrund dieses Kriteriums neben anderen waren sie als Versuchspersonen geeignet. (Wir waren darauf bedacht, Kinder, deren Begabung unterhalb der Norm lag, auszuschließen.)[5]

Unser besonderes Interesse an der zweiten Determinante, die über spätere Gesundheit oder Krankheit entscheidet (die frühe Mutter-Kind-Interaktion und -Beziehung), belehrte uns darüber, wie sehr wir Winnicotts Begriff der »durchschnittlich zugewandten Mutter« (1957a) ausdehnen und erweitern mußten. Wir erkannten auch, wie wenig sich der Einfluß mittlerer Varianten »durchschnittlich zugewandter Bemutterung« – im Sinne von Ursache und Wirkung – auf die Entstehung einer geringfügigen Pathologie beim Kind spezifizieren läßt.[6] Mit anderen Worten, der Begriff der »ausreichenden Bemutterung« (Winnicott, 1962) wurde näher untersucht.

Drei Variablen, die die Mutter betreffen, sind für die Persönlichkeitsbildung, Förderung oder Behinderung der kindlichen Anpassungsfähigkeit, Trieb- und Ich-Entwicklung und die beginnende Strukturierung von Überich-Vorläufern von besonderer Bedeutung:

1. die Persönlichkeitsstruktur der Mutter;
2. der Entwicklungsverlauf ihrer Funktion als Elternteil (Benedek, 1959) und
3. die bewußten, insbesondere aber die unbewußten Phantasien der Mutter hinsichtlich des Kindes.

[5] Von unserem Gesichtspunkt aus sollte die »Sendungskraft« des Kindes, seine angeborene Fähigkeit, die Art mütterlicher Zuwendung zu wecken, deren es bedarf, als wichtiges Attribut seiner Ausrüstung besonders hervorgehoben werden; dieser Aspekt der angeborenen Begabung wird im vorliegenden Werk als selbstverständlich vorausgesetzt.

[6] Es wurde hinreichend evident, daß eine nach dem Prinzip des Zufalls ausgewählte Versuchsgruppe »durchschnittlicher Mütter« nicht unbedingt der Kategorie zuzurechnen ist, die Winnicott als »durchschnittlich zugewandte Mütter« bezeichnet hat.

Diese drei Variablen entscheiden zusammen mit den potentiellen Fähigkeiten des Kindes darüber, in welchem Maße das Kind imstande ist, den spezifischen Phantasien und Erwartungen der Mutter gerecht zu werden. Selbstverständlich besteht zwischen ihnen eine gegenseitige Abhängigkeit.

Hinsichtlich des dritten grundlegenden Bestandteils des individuellen Wachstums und der Persönlichkeitsbildung des Kindes war es unser Bestreben, vor allem jene auf Erfahrung beruhenden Faktoren zu bestimmen, die die kindliche Persönlichkeit entweder an jenen Punkten der Entwicklungskurve beeinflußten, die allgemein Gefahrenquellen darstellen, oder die auf die spezifische Sensibilität des Kindes einwirken.

Bei den fünf Kindern, die uns als Beispiel dienten, kamen wir häufig an Punkte, an denen unsere psychoanalytische Metapsychologie anders akzentuiert werden mußte; ebenso gelangten wir an Punkte, an denen einige bisher akzeptierte Annahmen durch unsere Befunde eine andere Bedeutung erhielten.[7]

Psychologen und Psychiater, ob psychoanalytisch orientiert oder nicht, erwarten z. B. gewohnheitsmäßig, daß die Neigung zu späteren schweren Persönlichkeitsstörungen, einer Borderline-Pathologie oder gar einer Psychose desto stärker ist, je früher es zu Traumata kommt oder je ungünstiger die frühesten Phasen extrauterinen Lebens – symbiotische Phase, Differenzierungs- und Übungssubphase, d. h. die ersten 14 bis 15 Lebensmonate – verlaufen. Dies scheint nur dann zutreffend, wenn 1. die angeborene Ausstattung des Kindes stark von der Norm abweicht und/oder wenn 2. die äußeren Lebensumstände bedrückend sind und dem subphasenspezifischen Fortschritt weit über das »durchschnittlich erwartbare« Maß entgegenwirken. D. h., wenn die Entwicklungsbedingungen von Anfang an so anomal sind, daß Streßtraumata eine fortgesetzte und kumulative Wirkung ausüben, werden jene Strukturierungsprozesse beeinträchtigt, deren Entwicklung etwa vom 15. Lebensmonat an erwartet werden kann. Derart extreme

[7] Bei der Auswertung unserer Befunde gelangten wir immer wieder an Punkte, an denen wir uns unumwunden dem Problem zu stellen hatten, daß selbst in den frühesten Phasen der Säuglings- und Kleinkindentwicklung genetische und dynamische Überdeterminierung bei der Entstehung von Entwicklungskonflikten und -krisen eine Rolle spielte, in denen die Rangordnung der mitwirkenden Faktoren nur versuchsweise bestimmt, aber keineswegs geklärt werden konnte (vgl. Waelder, 1960).

Bedingungen lagen offenbar nur bei 2 oder 3 aus unserer Versuchsgruppe von 38 Kindern vor.[8]

Von den fünf Kindern, die in Teil III vorgestellt wurden, waren Sam und Teddy diejenigen, deren Entwicklung uns ernstlich Sorge machte. Sams Differenzierung im Sinne der Selbstbegrenzung schien hinter seiner Individuation weit zurückzubleiben, und Teddys auf die Außenwelt gerichtete Aufmerksamkeitsbesetzung über den symbiotischen Umkreis hinaus zeigte sich erst im chronologischen Alter der frühen Übungsperiode. Doch soweit wir ihn gegen Ende des 2. Lebensjahres beurteilen konnten, ließ sich keinerlei Beeinträchtigung der kognitiven Fähigkeiten Sams feststellen. Ferner war es leicht, trotz seiner Hyperaktivität und Übererregbarkeit die versagende Triebkontrolle seines Ichs wiederherzustellen, wenn ihm eine strukturierte Umgebung dazu die Möglichkeit bot. Auch Teddy schien sich ganz unerwartet im Mittelfeld von Anpassung und »psychischer Gesundheit« zu bewegen.

Zu den bisher weitgehend akzeptierten psychoanalytischen »Regeln« für die Beurteilung einer durchschnittlichen Entwicklung gehört die Theorie, daß voraussagbar wechselnde Befriedigungs- und Frustrationserlebnisse erforderlich sind, um die Strukturierung des Ichs herbeizuführen und die Aufgabe des Lustprinzips zugunsten des Realitätsprinzips zu erleichtern. Obgleich diese universelle These in einem sehr umfassenden Sinne bestätigt werden könnte, fanden wir, daß diese Bestätigung, sobald es um winzige Entwicklungsdetails ging, keineswegs eindeutig und in der Tat unglaublich komplexen Schwankungen unterworfen war.

Ebenso hatten wir die Vorstellung akzeptiert, daß bei normaler Entwicklung die Sequenzen von Befriedigung und Frustration in der Weise ablaufen müssen, daß die Befriedigungselemente sich desto stärker gegen die Frustrationselemente absetzen müssen, je jünger das Kind ist. In unserem Bezugsrahmen erwarteten wir demnach, daß Kinder, deren erste Phase extrauterinen Lebens – d. h. die normale autistische Phase – in ungestörter Homöostase verlaufen war und bei denen in der symbiotischen Phase vollkommene Harmonie mit der Mutter geherrscht hatte – optimale beiderseitige »Signale«, absolut harmonische Zweieinheit –, woraus ein Zustand seligen Wohlbefindens resultierte, dazu neigen würden, in der Symbiose zu verharren; ihr primitives Ich würde keine Veran-

[8] Von diesen zwei oder drei Kindern ist im vorliegenden Buch nicht im einzelnen die Rede.

lassung zur Differenzierung sehen, bevor die Symbiose den unseres Erachtens optimalen Zeitraum eingenommen hatte. Dies, so glaubten wir, würde ihnen den besten Ausgangspunkt für eine künftige Entwicklung und die größte Widerstandsfähigkeit gegenüber dem Einsetzen späterer Traumata bieten.
Da wir uns außerstande sahen, die bisher akzeptierte Regel einfach zu bestätigen, fühlten wir uns veranlaßt, unsere Befunde im Detail zu prüfen, um herauszufinden, welche angeborenen oder erworbenen Variablen zu verzögerter oder später Differenzierung führen und welche für das Gegenteil, die vorzeitige Differenzierung, verantwortlich sind.

Frühes und spätes »Ausschlüpfen« (»hatching«) neu betrachtet

So begrenzt unsere Befunde hinsichtlich der frühesten Phasen gewesen sein mögen (siehe 3. und 4. Kapitel), schienen sie doch Modifikationen des Konzepts der »vorzeitigen Ich-Entwicklung« sowie des Konzepts der Differenzierung zu erfordern, und zwar weil die individuelle Entwicklung des »Ichs« ein höchst variabler Vorgang zu sein scheint, insbesondere in seinen ersten Stadien. Wir fanden in der Literatur keine klare Unterscheidung der zahllosen integralen, jedoch noch unzusammenhängenden Elemente des sich entfaltenden Ichs. Was wir hervorheben möchten, ist die Tatsache, daß der Differenzierungsprozeß bei manchen Kindern durch die vorzeitige Aktivierung von Fragmenten des Vor-Ichs oder von Ich-Kernen[9] in der symbiotischen Phase überstürzt ausgelöst zu werden scheint. Diese Ich-Kern-Frühreife kann sich durch Hypersensibilität auf einem bestimmten begrenzten Gebiet sensorischer Wahrnehmung manifestieren. Sie kann zu Hyperakusis, Zusammenschrecken bei Geräuschen oder visueller Übererregbarkeit führen sowie zu sehr frühen überempfindlichen Reaktionen auf Geschmack oder Berührung.
Dieser wilde Sproß, die frühreife Differenzierung eines Fragments, schafft eine Ungleichmäßigkeit, die die Strukturierung und Integration des Ichs als eines kohärenten Gefüges eher behindert denn fördert. Dies kann sich auf eine reibungslose Entwicklung in den frühesten Subphasen des Loslösungs- und Individuationsprozesses ungünstig auswirken.

[9] Wir entliehen den Terminus »Ich-Kern« von Glover (1956), ohne seine Begriffsbildung voll auszuschöpfen.

Je abrupter, plötzlicher und vorzeitiger das Kind der Außenwelt über den symbiotischen Umkreis hinaus durch ein solches Fragment von Vor-Ich-Frühreife bewußt wird, desto schwieriger scheint es zu werden, die Angst vor frühem symbiotischem Objektverlust abzuwehren. Ebenso wie die spezifische Lächelreaktion in solchen Fällen sehr früh auftreten und das Bestehen einer spezifischen Bindung andeuten kann, mögen sich auch Fremdheits- und Fremdenreaktionen zeigen.

Um in solchen Fällen das Gewahrwerden der Getrenntheit nicht allzu traumatisch werden zu lassen, ist es unbedingt notwendig, daß die Mutter über eine besonders ausgeprägte »koenästhetische Empathie« verfügt. Es ist wichtig, daß sie ein besonders ausgeglichenes äußeres oder Hilfs-Ich anbieten kann – einen besonders wirksamen Schutzschild. (Es ist ebenfalls wichtig, daß sich die Mutter als Schutzschild allmählich wieder zurückzieht, um das eigenständig werdende Ich nicht daran zu hindern, daß es seine Autonomie nach und nach betätigt.)

Im Lauf der symbiotischen Phasen wird der Körper des Kindes durch die Pflegeleistungen der Mutter libidinös besetzt (Hoffer, 1950a). In der Subphase der Differenzierung kann man Verhaltensweisen beobachten, die auf einen Prozeß aktiver körperlicher Selbst-Libidinisierung hindeuten. Diese Verhaltensweisen treten besonders nachdrücklich in Erscheinung, sobald ein bewundernder erwachsener Zuschauer (vorzugsweise die Mutter) das Kind »spiegelt« und das Kind seinerseits darauf in gleicher Weise reagiert. Es schien, daß diese Libidinisierung durch Anschauen und Ansprechen die Aktivität des Kindes in einer Weise intensivierte, die die Auslösung einer Art affektmotorischer Selbst-Libidinisierung nahelegte. Manche Kinder benahmen sich in der Tat so, als wollten sie eine Klimax ihrer Körperempfindungen erleben!

Um es zu wiederholen: Soweit es sich um Loslösung und Individuation einzelner Kinder handelte, erschienen die üblichen Annahmen – das Problem befriedigender im Gegensatz zu gespannten symbiotischen Zuständen und vorzeitiger im Gegensatz zu verzögerter Differenzierung (die der Strukturierung des Ichs dient) – recht komplex, und es war mit unseren gegenwärtigen Forschungswerkzeugen nicht möglich, reguläre proportionale Beziehungen zwischen den verschiedenen Faktoren im Bereich durchschnittlicher Normalität zu unterscheiden.

Im Gegensatz zur symbiotischen Phase von Donna und Wendy, die ideal zu verlaufen schien, war die von Bruce prekär. Dennoch vermochten alle drei Kinder frühzeitig zu differenzieren, wenn man darunter das Gewahrwerden der Welt über den symbiotischen Umkreis hinaus versteht. Bei Bruce wurden frühe Differenzierung und frühe spezifische Bindung durch seine nervale Feinhörigkeit (Erschrecken) ausgelöst, während Wendys frühe Differenzierung vorwiegend visueller und gestalt-perzeptiver Hypersensibilität und Frühreife zuzuschreiben war.

Teddy wiederum, bei dem die symbiotische Phase sehr defizitär verlaufen war, differenzierte sehr spät. Sam, dessen frühe Entwicklung in einer überwältigend symbiotisch-parasitären Atmosphäre vor sich ging und sich weit über die chronologische symbiotische Phase hinaus ausdehnte, schien ebenfalls sehr spät zu differenzieren. Jedoch zu unserer Überraschung nahm er Zuflucht zu sehr vorzeitig entwickelten, quasi physischen Vorläufern des Abwehrmechanismus der Verleugnung, und zwar durch Ausweichen und körperliche Distanzierung. Insbesondere Sams Fall lenkte unsere Aufmerksamkeit auf den großen Unterschied zwischen den beiden Gleisen des Loslösungs- und Individuationsprozesses (siehe 12. Kapitel).

Es ist in diesem Schlußabschnitt von besonderer Bedeutung, daß unsere Untersuchung uns davon überzeugt hat, daß der Reifungsdruck, *der Drang nach Individuation* beim normalen Menschenkind *eine angeborene,* machtvolle *Gegebenheit ist,* die zwar durch fortgesetzte Eingriffe gedämpft werden kann, sich aber während des ganzen Loslösungs- und Individuationsprozesses manifestiert.

Wenn der Zeitplan dieser beiden Linien oder Gleise des Entwicklungsprozesses in wesentlichen Punkten divergiert, wird die Überschneidung von Subphasen zum Problem; wir haben dies beschrieben, indem wir die frühe Entwicklung des vorzeitig laufenden kleinen Jungen (siehe 4. Kapitel) mit der Sams verglichen. Wir waren durch Sams frühe aktive Abwehr seiner Individuation beeindruckt. Ebenso beeindruckt waren wir von der wachen Nachdenklichkeit, mit der er von seinem Ställchen aus Bewegungen und Vorgänge im Kinderzimmer verfolgte, einem Aspekt kognitiv-affektiver Individuation seiner Entwicklung. Er wirkte wie ein Stratege, der seine nächsten »Züge« überlegt. Wir beobachteten bei ihm das frühe Einsetzen der Individuation, während die Loslösung nachhinkte.

Vom 10. bis 17. Lebensmonat führte Sam eine Art Doppelleben, indem er nachts und sogar zur Zeit des Nachmittagsschlafs an der Brust seiner Mutter saugte, bei jeder anderen Gelegenheit aber Zudringlichkeit und Einmischung in seine Individuation zurückwies. Lange Zeit hindurch schien es uns zweifelhaft, ob Sam die verlängerte »Appersonierung« (Sperling, 1944), an der er weit über die symbiotische Phase und zu einem großen Teil sogar über das 2. Lebensjahr hinaus festhielt, würde überwinden können. Wir bezweifelten, daß er ausreichende Fortschritte hinsichtlich seiner autonomen Individuation[10], insbesondere bezüglich der Bildung seiner Selbst-Grenzen, machen würde.

In Wendys Fall war es so, daß die Mutter sie voll bejahte und es deshalb sicherlich keine frühen *empirischen* Faktoren gab (jedenfalls beobachteten wir keine), die als Hinweise auf eine frühe Differenzierung der sensorischen Wahrnehmung gelten konnten, etwa Zusammenschrecken und übersteigerte Reaktionen bei plötzlichen Bewegungen anderer oder die Ängstlichkeit Fremden gegenüber, die sie bereits im 2. Lebensmonat erkennen ließ. Wendy entwickelte fast eine Sucht, von der Mutter berührt zu werden, und bis weit ins 3. Lebensjahr hinein stimulierte sie sich selbst, indem sie so viel und so oft wie möglich auf dem Schaukelpferd ritt. Die »sich ausdehnende Welt des Spielkindes« (siehe Murphy, 1962) ließ sie durchweg kalt.

Aus dem obigen folgt, daß unsere Beobachtungen die Argumentation der englischen Schule nicht bestätigen. Ihr zufolge kommt es zur vorzeitigen Differenzierung des Ichs (als Struktur), wenn die Last der Anpassung an die äußere Realität zu früh und in zu hohem Maße dem Kind aufgebürdet wird. Wie Wendys Fall zeigt, kann eine frühe Differenzierung durch die *innerliche* Frühreife eines sensorisch wahrnehmenden Ich-Kerns hervorgerufen werden und braucht nicht darauf zu beruhen, daß Mutter und Kind nicht harmonisch genug aufeinander eingestellt sind. Bei Wendy lag es an ihrer angeborenen, wenn auch geringgradigen, Überempfindlichkeit.

Ebensowenig bestätigten die Befunde *unsere* Erwartung, daß eine wesentlich verzögerte Differenzierung unbedingt ein Gefahrensignal sein müsse, d. h. ein ungünstiges Vorzeichen für die weitere

[10] Es ist von einiger Bedeutung, daß diese Abwehrmuster einer introjektiven Identifizierung mit der Mutter im Stadium der eigentlichen Wiederannäherungsphase wichen, die bei Sam sehr spät eintrat. Hinsichtlich der Unterscheidung zwischen Introjektion und Identifizierung verweisen wir den Leser auf Heimann (1966) und Loewald (1962).

Entwicklung. Dieser Annahme schien unter anderem Teddys Fall zu widersprechen. Wie bereits erwähnt, setzte die Differenzierung nur bei Teddy und Sam, die sich an den beiden entgegengesetzten Enden des Befriedigungs-Versagungs-Schemas befanden, verspätet ein. (Teddy war vorwiegend frustriert. Nur im gewohnheitsmäßigen, übermäßig vereinfachten Sinne erlebte Sam Verwöhnung, wie oben festgestellt; diese wurde später zum Äquivalent von Frustration, indem sie seine subphasenspezifischen Bedürfnisse beeinträchtigte.)

Im Gegensatz dazu zeigten sowohl die beiden Kinder, die während der symbiotischen Phase ausreichende Befriedigung genossen, Wendy und Donna, als auch der in unvorhergesehener Weise frustrierte Bruce sehr frühe Differenzierungsanzeichen.

Von den früh differenzierenden Kindern zeigten einige auch sehr frühe Fremdenreaktionen. Andere wiederum, beispielsweise Wendy, die infolge ihrer perzeptuellen Überempfindlichkeit eine sehr frühe ausschließliche Bindung an die Mutter hatte, nahmen »Fremdheit« in ihrer Umgebung sehr früh wahr und reagierten übermäßig darauf. Wendy konnte ihre frühreife Differenzierung nicht der normalen Neugier dem Fremden gegenüber nutzbar machen. Sie entwickelte nicht jene Fremdenreaktionen, die wir bei anderen Kindern sahen. Vielmehr schien sie allen Umweltaspekten des *Centers* ablehnend gegenüberzustehen. Wir nannten dies *Fremdheitsreaktion.* Ihre frühe Bindung, das Verlangen nach ausschließlicher Symbiose, schien so tief verwurzelt und alles durchdringend, daß es kaum ein Gebiet gab, das in diese Symbioseforderung nicht hineingezogen wurde. Sie zeigte alle Anzeichen verzweifelten Verlangens nach ihrer Aufrechterhaltung, das so weit ging, daß sie sich nicht einmal durch sensoriperzeptive Frühreife beeinflussen ließ, ja, diese gewissermaßen beiseite schob. Der allzu frühe Reifungsdruck in Richtung auf die Individuation, den diese Frühreife förderte und mit dem, wie Entwicklungstests zeigten, ihre allgemeine Entwicklung nicht harmonierte, schienen Wendy für heftige frühe Trennungsreaktionen zu disponieren, wobei sie ein Annäherungsverhalten an den Tag legte, das jede Distanzierung praktisch ausschloß. Sie reagierte durchweg eigensinnig auf Distanzierungsversuche ihrer Mutter.

Bei Teddy und Sam – beide distanzierten sich spät – waren sowohl Fremden- als auch Trennungsreaktionen wesentlich verzögert. Im chronologischen Alter der Differenzierungssubphase bzw. der frühen Übungsperiode hatte keines von ihnen die erwartbaren subphasenspezifischen Fremden- oder Trennungsreaktionen gezeigt.

Angesichts der Verzweigtheit der oben beschriebenen Strukturierungsprozesse hinsichtlich ihrer Anpassungs- und Abwehraspekte berührte uns am stärksten der unablässige Druck, den der Drang nach Individuation von der Subphase der Differenzierung an ausübt. Diese Entdeckung veranlaßte uns, die *Individuation* als eine angeborene Gegebenheit zu betrachten, die sich mit besonderer Kraft zu Beginn des Lebens Bahn bricht und während des ganzen Lebenszyklus anzuhalten scheint (Erikson, 1959). Sam erlebten wir als ein Kind, das bereits mit 3 bis 4 Monaten der Umklammerung durch eine einengende Symbiose ausgesetzt war und quasi physische Vorläufer von Abwehrmechanismen entwickelte. Obgleich dieses Kind ungewöhnlich strahlend wirkte und mit seinem ganzen Körper sein lustvolles symbiotisches Wohlbefinden bis weit über das chronologische Alter der Symbiose hinaus ausdrückte, schienen jene gleichzeitig zu beobachtenden Verhaltensweisen, die auf Distanzierung abzielten, potentielle Vorläufer von Verleugnung oder gar Isolation zu sein. Sie beeinträchtigten das unerläßliche Bindungsverhalten ebenso wie die Trennungsreaktionen in einem Alter, wo diese Reaktionen subphasenspezifisch sind. Trennungsreaktionen auf einer höheren Stufe traten bei Sam erst sehr spät ein, und zwar auf dem Höhepunkt der verzögerten eigentlichen Übungsperiode, als er 17 Monate alt war. Frühe Fremdenreaktionen wirkten verkümmert und ebenfalls verspätet.

Auch bei Teddy setzte die Differenzierung spät ein. Die Symbiose dauerte bei ihm sehr lange. Das Ausschlüpfen, d. h. die libidinöse Besetzung der Außenwelt, erfolgte erst im 3. Lebensmonat und war selbst zu diesem späten Zeitpunkt unausgeglichen.

Fremdenreaktionen und Trennungsangst

Eine wichtige Entdeckung im Rahmen unserer Untersuchungen war die, daß *Fremdenreaktionen* bei der Wahrnehmung eines anderen als der Mutter von umfassenden, sensomotorischen, quasi kognitiven Ich-Funktionen abhängen, die über den Affekt der Angst weit hinausgehen. Deshalb haben wir im vorliegenden Buch stets hervorgehoben, daß *Neugier* und *Interesse* am Neuen und Unbekannten ebenso Bestandteil der Fremdenreaktionen sind wie

Angst und Vorsicht. Selbst bei Kindern mit starken Fremdenreaktionen, wie etwa Bruce, lagen Neugier und Verwunderung über neue Menschen und neue Sinneseindrücke im Wettstreit mit Vorsicht, Besonnenheit und Angstreaktionen. Ein weiteres bedeutendes Resultat der Untersuchung war unseres Erachtens, daß bei normaler Entwicklung Fremdenreaktionen, die ihrer Struktur nach von denen der 7 bis 9 Monate alten Kinder differieren, zu Beginn der Wiederannäherungsphase mit 15 Monaten oder später erneut in Erscheinung treten.

Wir haben die Tatsache erörtert, daß sich das normale Kind in der Wiederannäherungsphase seiner Getrenntheit allmählich voll bewußt wird. Da seine sensomotorische Intelligenz durch Vorstellungsintelligenz ersetzt wird, scheint es seine relative Kleinheit und Hilflosigkeit immer deutlicher zu erkennen. Diese Erfahrung läßt das ältere Kleinkind viel empfindlicher auf Geschehnisse in der Außenwelt reagieren, beispielsweise auf die Abwesenheit der Eltern, auf Krankheit, die Geburt eines Geschwisters usw. Schwere Trennungsreaktionen können die Folge selbst geringfügiger Traumata sein und ein höheres Maß an Ambivalenz auslösen, als normalerweise zu erwarten ist. In ungünstigeren Fällen kann es zur Regression auf ein Stadium kommen, in dem die symbiotische Matrix zunächst nur als ganz »gut« oder ganz »böse« empfunden wurde. Diese Spaltung der Objektwelt kann eine Neigung hervorrufen, die mit erwartbarer normaler Verdrängung (Kernberg, 1974) in Konflikt geraten kann. Ob und in welchem Maße diese Spaltung von Objektrepräsentanzen auch auf die Selbstrepräsentanz übergreift, wird davon abhängen, wie weit die Selbst-Objekt-Differenzierung fortgeschritten ist.

14. Kapitel
Die Epigenese von Trennungsangst, Grundbefindlichkeit und primitiver Identität

Wir glauben, daß wir unser Wissen über Trennungsreaktionen sowohl hinsichtlich ihrer Struktur als ihrer Epigenese verfeinert haben. Wir erkannten, daß sich die Trennungsreaktionen im Verlauf der Subphasen verändern – sie sind subphasenspezifisch, wie wir in Teil II dargestellt haben. Sie sind aber auch individuell variabel, wie die ausführlichen Beschreibungen in Teil III zeigen.

Das Kind in der Differenzierungsphase (5 bis 10 Monate) reagiert auf die Abwesenheit der Mutter gewöhnlich nicht mit offenem Kummer oder Weinen, sondern mit dem, was wir als »Stimmungsabfall« bezeichnet haben. Bei den 5 kindlichen Versuchspersonen war dieser Stimmungsabfall bei Wendy am stärksten, bei Donna schwach ausgeprägt, schwankend und unvorhersehbar bei Bruce, er fehlte bei Sam und trat bei Teddy sehr spät auf.

In der Übungssubphase hilft der Drang nach autonomer Ich-Entwicklung, zusammen mit Interesse und Lust am Funktionieren und Erforschen, dem Kind bei der Überwindung des Stimmungsabfalls, der von der Abwesenheit der Mutter herrührt. Mit anderen Worten, die Freude an der Motilität und der Entdeckung von Neuem macht den Stimmungsabfall zu einem episodischen Vorkommnis, dem der Spaß am Üben entgegenwirkt und der durch kurze »Auftank«-Erlebnisse leicht überwunden wird. Dies war bei allen unseren Kindern der Fall, mit Ausnahme von Wendy, die sich fortgesetzt weigerte, ihre reifungsbedingt ansteigenden und sich ausdehnenden Funktionen wahrzunehmen. Normalerweise nutzt das Ich diese Funktionen automatisch im Dienste der Trennung von der Mutter und der Erforschung eines größeren Realitätssegments. Ein frühes Selbstvertrauen, wenn auch nicht durchgängig fortschreitend, war bei Bruce entschieden am ausgeprägtesten. Seine ausgezeichnete Begabung half ihm, sich – wenn auch defensiv – anzupassen, ohne sich in einen totalen Konflikt mit der Mutter hineinziehen zu lassen. Bruce' erfolgreiche Abkehr von der Identifizierung mit der Mutter, seine Zuwendung zu den eigenen autonomen Funktionen und zum Vater bewahrten ihn unseres Erachtens vor

ernsten Entwicklungsstörungen und davor, hinsichtlich seiner Geschlechtsidentität zu scheitern.
Während des *Wiederannäherungs*kampfes traten Trennungsreaktionen wechselnder Intensität bei allen Kindern auf. Diese Trennungsreaktionen unterschieden sich in ihrer Qualität und Rangordnung von früheren. Sie mußten individuell dargestellt werden, da sie von der Wesensart des einzelnen Kindes abhingen. Sie waren in der Tat die wichtigsten Indikatoren der Konflikte des sich individuierenden Kleinkindes auf ihrem Weg zur Verinnerlichung. Diese Trennungsreaktionen hängen von der Vielzahl von Varianten der Mutter-Kind-Beziehung ebenso ab wie von den Schicksalen der früheren Subphasenmerkmale.
Von den 5 kindlichen Versuchspersonen zeigten Bruce, Wendy und Donna die schwersten Trennungsreaktionen während der Wiederannäherungsphase. Die Reaktionen von Bruce wurden durch die Geburt einer Schwester, als er 16 Monate alt war, verschärft und kompliziert. Dennoch wirkten seine sehr heftigen Trennungsreaktionen gewissermaßen »selbstbegrenzend«, zumindest soweit es sich um sein manifestes Verhalten handelte. Einige Befunde deuten darauf hin, daß Verdrängung im Dienste der Anpassung bei Bruce sehr früh einsetzte. Dies war mit einer sehr frühen Reaktionsbildung verbunden (siehe Mahler und McDevitt, 1968).[1] Die Trennungsreaktionen endeten abrupt, als Bruce sich seinem Vater und anderen erwachsenen Ersatzpersonen zuwandte und gleichzeitig den ausgiebigsten Gebrauch von seinen autonomen Hilfsquellen machte. Donna und Wendy andererseits vermochten ihre Trennungskrisen nicht ganz so erfolgreich zu meistern. Wendy konnte sich nicht ernstlich mit etwas anderem beschäftigen, wenn ihre Mutter nicht in der Nähe war oder kein anderer Erwachsener sich mit ihr abgab. Dies schien aus den vorgenannten Merkmalen ihrer Entwicklung vor der Wiederannäherung zu resultieren, die durch die Neigung der Mutter verstärkt wurden, sich von ihren Kindern zurückzuziehen, sobald sie die Differenzierungsphase erreichten. Donna wiederum konnte sich nicht anderweitig beschäftigen, wenn die Mutter *anwesend* war.[2]

[1] Vom 14. bis 16. Monat an kann und sollte man nach Verhaltens- und auch symbolischen Anzeichen Ausschau halten, ob es durch Verdrängung gelingen wird, eine Neigung zu bleibender, verhängnisvoller Spaltung abzuwehren. Wir glauben, daß die Fähigkeit des primitiven, doch bereits einigermaßen strukturierten Ichs zur *Verdrängung* im Verein mit vielen anderen Faktoren eine Borderline- Pathologie *verhindert* (siehe Kernberg, 1974).
[2] Wir gingen davon aus, daß Donna von all unseren Kindern aufgrund ihrer Begabung und

Teddys Trennungsreaktionen waren dagegen verzögert. Andererseits wurden sie auch durch eine sehr starke »Identifizierung mit dem Aggressor« (A. Freud, 1936) – dem älteren Bruder, seinem zwillingsähnlichen *alter ego* – kompliziert, eine Beziehung, die die Mutter sehr aktiv förderte. Teddy entdeckte seinen Penis sehr früh und hatte offenbar für eine vergleichsweise lange, konfliktfreie Periode seine Freude daran; in der Tat zeigte er sinnliche Berührungslust und Interesse am eigenen Penis wie dem des älteren Bruders. Die Mutter stand diesen Aktivitäten positiv gegenüber und schien sie zu fördern, was ihm vielleicht zu einer selbstsicheren männlichen Geschlechtsidentifizierung verhalf. Diese ging mit einer leicht übersteigerten aggressiven Komponente einher, die unprovoziert in Erscheinung trat und wahrscheinlich eine verspätete Reaktion auf seine sehr frühen schweren Frustrationen darstellte. Während der Wiederannäherungsphase schien er auf Trennungen eher mit Wut als mit Angst zu reagieren. Er entwickelte auch eine sehr auffällige frühe »Empathie« der Mutter und Gleichaltrigen gegenüber – ein sehr interessanter, schwer zu begreifender Zug. Wir glauben, daß dies mit seiner partiellen Identifizierung mit der Mutter und dem älteren Bruder auf einem recht hohen Ich-Niveau zusammenhing. In beiden Fällen handelte es sich zunächst um eine Spiegelidentifikation, die aber allmählich in eine echte Ich-Identifikation überging.

Sams Trennungsangst war bis in die zweite Hälfte des 2. Lebensjahres larviert. Sie erreichte im 3. Lebensjahr, ausgelöst durch die Geburt der Schwester, ihren Höhepunkt und war in auffallender Weise mit seinen Ängsten vor körperlicher Verstümmelung und Kastration verknüpft, die ihn in Verwirrung stürzten.

früher empirischer Faktoren das größte Potential für die Ich-Entwicklung besaß. Daher sorgte ihre Entwicklungsstörung in der Wiederannäherungsphase für eine der größten Überraschungen während unserer Untersuchung. Diese schien sich aus verschiedenen unerwarteten und teilweise unerkannten Faktoren in den ersten beiden Subphasen von Donnas Loslösungs- und Individuationsprozeß zu ergeben. Bereits in der frühen Übungssubphase deuteten sich die Schwierigkeiten an, die in der Wiederannäherung und darüber hinaus zu erwarten standen, insbesondere wurde ihre auffallende Vorsichtigkeit während der frühen Übungssubphase von den Beobachtern nicht genügend beachtet. Auch ihre sonderbaren Eßgewohnheiten und ausgeprägten Ängste nahmen wir nicht ernst genug. Die Intoleranz der Mutter gegenüber Aggression und ihr sehr subtiler Widerwillen gegen die Individuation ihres Kindes zogen wir ebenfalls erst nachträglich in Betracht. Dagegen überschätzten wir vielleicht die Pathogenität der »Schocktraumata«, die Donna vom 19. bis 28. Monat erlitt.

Vermutungen über die Grundbefindlichkeit und ihre Beziehung zur Geschlechtsidentität

Eine andere Frage, die unserer Ansicht nach durch unsere Untersuchung in gewissem Maße erhellt wurde, ist die Entwicklung der Grundbefindlichkeit.[3] Wir fanden, daß in der Übungsperiode eine gehobene Stimmungslage subphasenspezifisch, unerläßlich und vorherrschend war (Mahler, 1966a und b). Diese Stimmungslage manifestierte sich zudem häufig in einem quasi wahnhaften, doch altersentsprechenden Gefühl von Größe, Omnipotenz und Sieghaftigkeit. Diese Stimmung des kleineren Kindes – auf dem Gipfelpunkt seiner Beherrschung vieler autonomer Funktionen, deren Paradigma die Fortbewegung ist – mußte notwendigerweise einer realistischeren Einschätzung seiner Kleinheit im Vergleich zur Außenwelt weichen. Die allmähliche Erkenntnis der Unverhältnismäßigkeit seiner Größenillusion und der Hindernisse auf dem Wege erfolgreicher Anpassung an die Wechselfälle der Realität muß vom 15. bis 18. Monat an Platz greifen.

Bei Jungen und Mädchen gleichermaßen wird das aufgeblähte Allmachtsgefühl durch die wiederholte Erfahrung relativer Hilflosigkeit durchlöchert. Das Kind erkennt zum erstenmal, daß es von der Mutter getrennt ist. Dies ist eine Errungenschaft der Vorstellungsintelligenz, die die innere Fähigkeit, Selbstrepräsentanzen von Objektrepräsentanzen zu unterscheiden, schafft. In ihrem Gefolge kommt es (bei normaler Entwicklung) zur allmählichen Erkenntnis auf seiten des Kindes, daß es relativ klein und hilflos ist und als relativ schwaches und einsames (weil losgelöstes) Individuum mit überwältigenden Kräften fertig werden muß. Daher wandelt sich in der Wiederannäherungsphase die normale Stimmungslage zu subphasenspezifischer relativer Nüchternheit oder gar vorübergehender Depression.

Unsere Befunde zeigen, daß die aktiven und aggressiven Strebungen des Jungen, seine geschlechtsbedingte motorische Orientierung ihm helfen (sicherlich mit vielem Auf und Ab), die Schwungkraft

[3] Die Definition von Stimmung (Verfassung, Befindlichkeit) im Unterschied zum Affektbegriff hat viele Forscher beschäftigt. Wir glauben, daß die Erörterung dieses Gegenstandes durch Edith Jacobson (1953) für unsere Zwecke am relevantesten und akzeptabelsten ist. Wir verstehen Stimmung als die gewohnheitsmäßige Reaktionsweise auf innere und äußere Stimulierungen in Form positiver oder negativer Affekte.

seiner Körper-Ich-Empfindungen, den Glauben an seine körperliche Stärke und seine Funktionslust zu bewahren. Mit anderen Worten, die Triebkraft der motorischen Funktionen des Jungen scheint einer allzu abrupten Deflation der »Größe der Übungsperiode« und Omnipotenz entgegenzuwirken. Obgleich der Junge in der Wiederannäherungsphase ebenfalls nüchterner wirkt und eine gesteigerte Überempfindlichkeit wegen seiner Getrenntheit von der Mutter an den Tag legt wie auch wegen der Einschränkungen seiner Autonomie, und obgleich er zu Beginn der Wiederannäherung in gesteigertem Maße auf die Anteilnahme der Mutter angewiesen ist, geht er doch, im ganzen gesehen, seinen motorischen und perzeptuell-kognitiven Aktivitäten mehr oder weniger zuversichtlich nach. Unter günstigen Voraussetzungen übt der Junge die Loslösung ebenso wie die Wiedervereinigung mit der Mutter in aktiver Weise. Das früher beschriebene Weglaufverhalten (S. 102), das bei Jungen ausgeprägter schien als bei Mädchen, ist nur ein Beispiel dafür.

Aus unseren Befunden geht hervor, daß das Mädchen stärker zu depressiven Verstimmungen neigt als der Junge (siehe Gero, 1936). Die Erkenntnis der Getrenntheit ist im Falle des Mädchens in geringerem Maße durch motorische Orientierung gekennzeichnet als vielmehr durch das Gewahrwerden (das weit eher erfolgt, als wir zuvor angenommen hatten [Greenacre, 1948; Mahler, 1963]) seiner anatomischen »Unzulänglichkeit« (siehe Roiphe und Galenson, 1971).

Ungeachtet des Geschlechtsunterschiedes erkennen Jungen und Mädchen früher oder später, allmählich oder abrupt, die Grenzen ihrer magischen Allmacht, doch scheinen sie noch immer die Illusion der elterlichen Omnipotenz aufrechtzuerhalten (siehe Jacobson, 1964).

Sobald die Subphase der Wiederannäherung beginnt, ist es höchst interessant zu beobachten, wie verschiedenartig die erneute Hinwendung zur Mutter bei Mädchen und Buben erfolgt. Immer wieder bringt das Mädchen durch ihr Spiel oder auch verbal seine Unzufriedenheit darüber zum Ausdruck, daß es von der allmächtigen Mutter benachteiligt oder schlichtweg verletzt (will sagen, kastriert) worden ist, die es offen für seine phantasierte Unzulänglichkeit verantwortlich macht. Oft kommt es zum offenen Kampf mit der Mutter, bei dem ein Verhalten die Regel ist, das zwischen Anklammerung und Abhängigkeit auf der einen Seite sowie Bedrängen und Fordern auf der anderen Seite wechselt.[4] Charakteristische Verhaltensmerkmale des Mädchens im 3. Lebensjahr deuten darauf hin, daß der Penisneid möglicherweise unterdrückt und die Penisforderung auf die Mutter als Person verschoben wurde. Der in entgegengesetzte Richtungen strebende Wiederannäherungskampf, der nichts anderes ist als die nach außen agierte Wiederannäherungskrise, wird später verinnerlicht. Er verewigt sich jedoch stets aufs neue in der symptomatischen und symbolischen Schwierigkeit, von der Mutter Abschied zu nehmen.

In günstigen Fällen gelingt die Verdrängung und vorübergehende Lösung des Problems, das dieser sehr frühe Penisneid darstellt, gegen Ende des 3. Lebensjahres. Zu diesem Zeitpunkt kann es zu echten Ich-Identifizierungen mit der Mutter, insbesondere mit der Mutterrolle im Sinne einer umgewandelten Internalisierung kommen (Tolpin, 1972). Diese Identifizierung mit der Mutter bildet eine Grundlage der weiblichen Geschlechtsidentität, führt aber auch oft zu einem typischen burschikosen Verhalten oder zu analer und phallischer Habsucht; sie kann den fortbestehenden Wunsch nach einem Penis verraten sowie die Reaktionsbildung gegen weibliche Abhängigkeitswünsche.[5]

Bei den Buben wirkte der Wiederannäherungskampf im allgemeinen weniger stürmisch. Seine geschlechtliche Bedingtheit ist weitaus verdeckter. Wir glauben, daß sie sich konfliktloser durchsetzt, wenn die Mutter die Phallizität des Jungen auf der ganzen Linie achtet und sich darüber freut, insbesondere in der zweiten Hälfte des 3. Lebensjahres. Wir haben ferner den Eindruck, daß die Identifizierung mit dem Vater oder möglicherweise einem älteren Bruder dazu führen kann, daß der Junge seine Geschlechtsidentität

[4] Ambitendenz wird als eine Handlung verstanden, die zwischen entgegengesetzten Richtungen alterniert. Dies erfolgt mit größerer oder geringerer Geschwindigkeit; es umfaßt Tun und Ungeschehenmachen. Im Laufe der späteren Entwicklung werden die konflikthaften, widerstreitenden Impulse, die im ambitendenten Verhalten agiert wurden, als *Ambivalenz*konflikt verinnerlicht (siehe Mahler und McDevitt, 1968, S. 11).

[5] Wir kennen mindestens zwei Kinder, bei denen die übermäßige Aufblähung ihres Allmachts- und Größengefühls, die Überfülle ihres frühen Narzißmus, gesteigert durch die widerspiegelnde Bewunderung der Mutter und der sie umgebenden Erwachsenen, sich entschieden ungünstig auf ihre Fähigkeit auswirkte, den Glauben an ihre magische Allmacht durch gesunden sekundären Narzißmus und bleibendes Vertrauen in eine »gute« Objektwelt zu ersetzen. Andererseits kennen wir auch mehrere Fälle von Buben und Mädchen, deren Anpassungs- und Abwehrorganisation im späteren Leben – möglicherweise bei Überwindung der ödipalen Phase – eine offenbar frustrierende (weil nicht optimale) frühe Subphasenentwicklung sehr befriedigend korrigierte.

ziemlich früh erwirbt. In Fällen, in denen die Mutter die Autonomie des Jungen beeinträchtigt, kann die Errichtung der frühen Geschlechtsidentität bedroht und gestört werden, insbesondere wenn sie unfähig ist, dem Sohn den Besitz seines Körpers und des Penis zuzugestehen. Manche Mütter fördern – ja, erzwingen geradezu – eine passive Haltung ihres Sohnes. In diesem Fall kann der Wiederannäherungskampf den Charakter eines mehr oder weniger verzweifelten biphasischen Kampfes annehmen, in dem der Junge die gefährliche »Mutter nach der Loslösung« abzuwehren versucht. Wir müssen vermuten, daß die Furcht vor Wiederverschlingung durch die gefährliche »Mutter nach der Loslösung«, die Angst vor Verschmelzung, die wir mitunter bei unseren erwachsenen männlichen Patienten als zentralen Widerstand erleben, in diesem sehr frühen Lebensabschnitt ihren Anfang nimmt.

Sind die mütterlichen Pflegeleistungen adäquat, scheint der Junge besser imstande zu sein, die Angst zu meistern, die Stoller (1973) als »Symbioseangst« bezeichnet hat, und sich aus der Identifizierung mit der Mutter zu lösen (Greenson, 1968), sie zu meiden oder ihr zumindest in weniger offener Form Widerstand zu leisten. Wir entdeckten ferner im Spiel des normalen 2 bis 3 Jahre alten Jungen viele Hinweise für seine Hinwendung zum Vater, den er verherrlichte, d. h. überidealisierte. Wir fanden, daß in Spielen und Reden des Jungen weniger Material auftauchte, das die Mutter als Kastrierende repräsentierte, als beim Mädchen. Die Angst vor der Mutter als einer wiederverschlingenden, infantilisierenden Kraft trat dagegen häufiger beim Jungen in Erscheinung. Beeinträchtigt die Mutter jedoch allzu aufdringlich und beständig direkt oder indirekt die phallischen Strebungen des Jungen, kann es auch bei ihm wie beim Mädchen zum ambitendenten Kampf und sogar zur passiven Kapitulation kommen. Letzteres ist besonders schädlich, wenn sich die Vaterimago nicht zur Idealisierung und echten Ich-Identifizierung eignet.

Zusammenfassend kann man sagen, daß der Penisneid bei Mädchen sehr früh – während der Wiederannäherungsphase – in Erscheinung tritt und ihr Penismangel der Mutter angelastet wird, daß hingegen die konflikthafte Einstellung des kleinen Jungen zu seinem Penis später einzutreten scheint, und zwar in der phallischen Phase. Dem Penisneid des Mädchens entspricht beim Jungen des gleichen Alters eine vage Furcht vor Wiederverschlingung durch die Mutter (siehe I. Harrison, 1973). Das Hauptbestreben des

Jungen ist es daher, andere Ich-Ideale als die Mutter zu finden, mit denen er sich identifizieren kann. Bei normaler Entwicklung des Jungen scheint der bedrohliche Kastrator der Vater zu sein, und nicht die Mutter. (Aufgrund der Anlage unseres Forschungsprojekts waren wir leider hinsichtlich dieser letzten Hypothese auf Vermutungen angewiesen, die wir nicht unmittelbar durch unser Untersuchungsmaterial bestätigen konnten.)

Wegen der geschilderten Unterschiede der geschlechtsspezifischen Schicksale des Loslösungs- und Individuationsprozesses scheint es plausibel, daß die Neigung zu einer depressiven Grundstimmung bei den Mädchen stärker ist als bei den Jungen. Aber bei Jungen wie Mädchen werden die Tragkraft einer auf Selbstvertrauen gegründeten subphasenspezifischen Stimmung der Übungsperiode, die Wiedererlangung und Regeneration von Selbstwertgefühl und Vertrauen zur Außenwelt im allgemeinen davon abhängen, *mit welcher Geschwindigkeit und zu welchem Zeitpunkt* das *Allmachts*empfinden durch einen gesunden sekundären Narzißmus ersetzt wird. Der Aufbau eines realistischen Selbstwertgefühls während der Wiederannäherungsphase hängt in hohem Maße von der aktiven, *aggressiven* Schubkraft des Individuationsdranges ab, der jedoch neutralisiert werden muß.

Wie wir im 6. Kapitel ausführlich dargelegt haben, hat die fördernde Funktion der Umwelt in der Subphase der Wiederannäherung eine zusätzliche Bedeutung. Wichtig sind auch die Mechanismen, durch die Identifikations- und Desidentifikationsmechanismen sowie Verinnerlichungs- und Veräußerlichungsprozesse in Gang gesetzt werden. Um optimal zu sein, müssen sie geschlechtsadäquat sein, d. h. bei Jungen und Mädchen verschieden.

Von den Kindern, die wir im einzelnen vorgestellt haben, war Bruce derjenige, der am besten befähigt war, neue Situationen trotz erheblicher umweltbedingter Schwierigkeiten mit Begeisterung anzugehen. Seine frühe Übungsperiode war gut verlaufen und war nur durch die Depression seiner Mutter gestört worden. Doch er sammelte seine Kräfte und lernte nach einigem Hin und Her mit etwa 1 Jahr laufen. Er benutzte diese neuerworbene Fähigkeit, um die Welt gehoben und zuversichtlich zu erkunden. Diese Begeisterung beim Lernen und Entdecken bewahrte sich Bruce. Sie schien ihm dabei zu helfen, sich der Identifizierung mit der Mutter zu entziehen, sich dem Vater zuzuwenden und in der Außenwelt Trost zu finden. Dennoch schwankte seine Grundstimmung während und nach der Wiederannäherungsphase zwischen Begeisterung und nachdenklicher Nüchternheit. Außer Bruce und Teddy hatten wir viele andere Buben, bei denen die präödipale Grundstimmung gegen Ende der Wiederannäherungsphase positiv und optimistisch zu sein pflegte.

Andererseits war Donna, das Kind, das begabungsmäßig am vielseitigsten ausgestattet war, schon während der frühen Übungsperiode niedergedrückt. Sie war nur glücklich, wenn die Mutter in Sicht war. Sie vermochte weder die Welt, die nicht von der Mutter verkörpert wurde, noch sich selbst libidinös zu besetzen. Was die Motilität betraf, wirkte sie zeitweise übervorsichtig. Donna krabbelte und lief im selben Alter wie Bruce und entwickelte später während der eigentlichen Übungsperiode ein »Liebesverhältnis mit der Welt«, schien aber die Trennung von der Mutter stets schmerzlich und konflikthaft zu erleben. Ihre Grundstimmung im 3. Lebensjahr war durch ängstliche Unentschlossenheit gekennzeichnet. Trotz ihrer überragenden Individuation (infolge hervorragender Begabung und offenbar »optimaler Bemutterung«) war ihre gehobene Stimmung während der Übungsperiode zu unserer großen Überraschung (im 20. und 21. Lebensmonat) überdurchschnittlichen Schwankungen unterworfen.

Als wichtiger Faktor trug wahrscheinlich die Häufung von Schocktraumata, die Donna gegen Ende des 2. und im 3. Lebensjahr erlitt, zu ihren Entwicklungsstörungen bei. Da sie, wie erwähnt, ungewöhnlich aggressiv war, war sie auch stärker zu einer späteren Neurose disponiert. Ihre überdurchschnittliche Aggressivität zeigte sich in der frühesten Subphase (insbesondere im Familienkreis). Später klang sie ab und schien im Verlauf der Wiederannäherungsphase verdrängt zu werden. An ihre Stelle traten frühe Ängste, übermäßige Vorsicht und überdurchschnittliche Ambivalenz. In diesem Zusammenhang ist bemerkenswert, daß Donnas Mutter ihren eigenen aggressiven Strebungen und folglich auch der Aggressivität anderer besonders intolerant begegnete.

Sam, dessen symbiotische Phase künstlich verlängert wurde, trat erst spät in die Übungssubphase ein. Er krabbelte spät und erreichte bzw. meisterte die aufrechte Fortbewegung nicht vor dem 17. bzw. 18. Monat, dem chronologischen Höhepunkt der Wiederannäherung. Seine Stimmungslage war dann nur für kurze Zeit gehoben und wich bald ruheloser Ängstlichkeit und Erregbarkeit.

Anhand unserer Versuchsgruppe von 38 Kindern gewannen wir

den Eindruck, daß Selbstvertrauen und enthusiastische Verfassung der Übungsperiode sich eher bei jenen Kindern über die Wiederannäherungsphase hinaus erstreckten, bei denen das frühe Üben – das erste Fortbewegen von der Mutter – lustvoll verlaufen war. Dies war bei Bruce und Teddy der Fall. Es scheint, daß das Vergnügen an den ersten Spähtruppunternehmen in die nicht der Mutter zugehörige Welt mehr als jede andere Variable das Kind spätere Schwierigkeiten meistern ließ und ihm half, neuen Situationen positiv und vertrauensvoll entgegenzutreten.

Bei Teddy verzögerte sich unseres Erachtens (siehe Mahler und McDevitt, 1968) das Ausschlüpfen sowohl hinsichtlich der Anpassung als auch der Abwehr. Doch benutzte er nach dem Ausschlüpfen alle erdenklichen Mittel, um die Aufmerksamkeit seiner Mutter auf sich zu lenken wie auch das Interesse anderer zu wecken (durch Clownerie, Exhibieren seines Penis, Widerspiegelung des älteren Bruders, scherzhaftes Bedrohen der Mutter mit dem Penis, usw.). Bei seiner frühen Aggression, die die Schwungkraft des ansteigenden Fortbewegungsdrucks überstieg, kann es sich einerseits um eine verspätete Reaktion auf Frustration, andererseits um eine Spiegel-»Identifizierung mit dem Aggressor« (A. Freud, 1936), seinem 14½ Monate älteren Bruder, handeln. Seine frühe phallische Keckheit schien zunächst durch reaktive Abwehrhaltungen wenig behindert. Erst später, auf dem Höhepunkt der phallischen Phase und infolge der Verdüsterung der phallisch-ödipalen Periode, hatte es den Anschein, als habe Teddy mit Kastrationsangst zu kämpfen. Bei ihm wie bei mehreren anderen Buben schien diese »in den Untergrund« zu gehen und verinnerlicht zu werden. Wir beobachteten scheues Flirten und gleichzeitig eine gewisse Abwehr, gelegentlich auch Wut, doch niemals offene Feindseligkeit der Mutter gegenüber. (Die Untersuchung eines etwaigen Kampfes mit dem Vater war mit unserer Methodologie nicht möglich.)

Teddys Fall und der seines Bruders (der hier nicht im einzelnen diskutiert wurde) deutet ebenso wie die Geschichte vieler unserer Buben darauf hin, daß die aktive, aggressive Tragkraft der Motorik der Jungen ihnen half, nicht so leicht wie die Mädchen der grundlegenden depressiven Verstimmung der präödipalen Phase nachzugeben. Doch wie wir bereits früher ausführten, gab es auch einige Ausnahmen von dieser Regel: das waren die Fälle jener Buben, bei denen Streßtraumata infolge grober Einmischung seitens der Mutter Entwicklungshindernisse setzten und zudem der Vater ein inadäquates Identifikationsobjekt darstellte.

Wendy unterschied sich insofern von allen anderen Kindern, als sie sich niemals gegen die symbiotische Verschlingung zu wehren schien. Tatsächlich schien sie dem Reifungs- und Wachstumsprozeß entgegenzuarbeiten, der das Spielkind in steigendem Maße veranlaßt, sich loszulösen, die Selbstrepräsentanz von der Objektrepräsentanz zu »scheiden«. Wie bereits beschrieben, war Wendy sehr lange – bis weit ins chronologische Alter der 4. Subphase hinein – auf eine ausschließliche Beziehung zur Mutter oder zu Muttterersatzpersonen, gleichgültig ob männlich oder weiblich, bedacht. Sie beharrte auf einer Zweierbeziehung mit einem Erwachsenen, wobei sie zwischen verführerischem, anziehendem Verhalten und mürrischem Quengeln abwechselte. Wir glauben, daß sie das narzißtischste der fünf ausgewählten Kinder war und viel zu lange im Stadium der Spiegel-Identifikation mit der Mutter verharrte. Ihr hauptsächlicher Abwehrmechanismus war die Regression. Sie war auch das am wenigsten gesellige der fünf Kinder. Bis weit ins 3. Lebensjahr hinein hing ihre Grundstimmung fast ausschließlich von der Stimmung der Mutter oder aber der Einstellung der Mutter zu ihr oder anderen Leuten, mit denen Wendy in Berührung kam, ab. Ihre Gesamtentwicklung, obgleich keineswegs ernsthaft gestört, war wesentlich verlangsamt.

15. Kapitel
Betrachtungen über Kern-Identität und die Bildung der Selbstgrenzen

Die Schritte zum Aufbau der Selbstrepräsentanz aus den Selbst-Objekt-Repräsentanzen der symbiotischen Phase sind schwer faßbar.

Wir verfolgten das Leben von Kindern vom Dämmerzustand der Symbiose bis zu einem Punkt, wo sie als eigenständige Individuen mit einem klaren Begriff von »ich«, »mich« und »mein«, einer Vorstellung, wer und wo sie sind, in Erscheinung traten, selbst wenn diese Vorstellung noch bis zu einem gewissen Grade auf einen synkretistischen Kontext angewiesen und vielen Verzerrungen unterworfen war. Wir wurden uns der Schwierigkeiten bald bewußt, die mit dem Nachspüren der Schritte zur Bildung des Körperschemas sowie mit der Differenzierung körperlicher und seelischer Selbstrepräsentanzen mittels einer auf Beobachtung beruhenden Untersuchung verbunden sind. Wir ahnten von Anfang an, daß das Auffinden von Verhaltensbezügen im Zusammenhang mit diesem im wesentlichen innerlichen Prozeß äußerst schwierig sein würde.

Was das Kind subjektiv als Vorgang im Innern des eigenen Körpers empfindet – insbesondere zu Beginn seines extrauterinen Lebens –, entzieht sich dem Auge des Beobachters. D. h., aus dem Verhalten des Kindes lassen sich kaum Schlüsse ziehen. Wir können jedoch davon ausgehen, daß es sich bei den frühesten Wahrnehmungen um jene Körperempfindungen handelt, die wir im 4. Kapitel erläutert haben. In dieser Hinsicht stimmen wir mit Freud (1923) überein, der gesagt hat, daß das Ich zunächst und vor allem ein »körperliches« sei.

Ganz abgesehen davon, wie schwierig es schon von der Natur der Sache her ist zu bestimmen, welche Verhaltens- und affektmotorischen Oberflächenmerkmale als integrale Schritte des Aufbaus von Körpergefühlen, Körperschema und schließlich von Selbstrepräsentanzen betrachtet werden können, traten zusätzliche Schwierigkeiten auf, die sich aus der Art und der Methode unserer Untersuchung ergaben. Unser spezielles Setting war nicht darauf eingerichtet, die intimen, Ruhe ausstrahlenden Situationen des Familienlebens zu beobachten: das Baby, das allein in seinem Bettchen liegt, friedlich gurrende Laute von sich gibt, seinen Körper berührt, mit seinen Füßchen spielt, seine Handbewegungen in einer Weise mit den Augen verfolgt, daß der Beobachter sich zunächst fragt, ob der Säugling sich überhaupt bewußt ist, daß das Schauspiel, das er betrachtet, sein eigenes Werk ist, daß Teile seines eigenen Körpers es vollbringen, oder ob er »denkt«, daß sie sich von selbst bewegen.

Unser Forschungsplan beraubte uns der Gelegenheit, die Entdekkung seiner Körperteile durch den Säugling zu beobachten – seiner Zehen, Füße, des wichtigen »Bauchknöpfchens« und vor allem seines Penis. Manche Situationen im *Center* schienen jedoch das schwere Handikap unserer Methodologie – daß wir nicht Zeuge zusammenhängender, fortlaufender intimer Familiensituationen sein konnten – wenigstens zum Teil auszugleichen. Durch sorgfältige Beobachtung von Verhaltensweisen und Betrachtung unserer Filme konnten wir mitunter die affektmotorische Selbst-Libidinisierung erkennen, die vielleicht ein Vorläufer der Integration von Körper-Selbst-Gefühlen ist.

Wir beobachteten *in vivo* Episoden – was durch die Analyse unserer Filme bestätigt wurde –, in denen das 5 bis 8 Monate alte Kind, umgeben von bewundernden und libidinös spiegelnden freundlichen Erwachsenen, durch diese spiegelnde Bewunderung elektrisiert und stimuliert wirkte. Dies wurde deutlich an der Art, wie es erregt mit seinem Körper hin- und herwackelte, sich nach rückwärts bog, so daß es Füße und Beine erreichte, mit seinen Gliedmaßen strampelte und sich in außerordentlich lustvoller Weise reckte und streckte. Diese offensichtlich taktil-kinästhetische Stimulierung kann unseres Erachtens Differenzierung und Integration des Körperschemas fördern.

Etwa vom 7. Lebensmonat an beginnen die Kinder mit ihren Müttern Spiele zu spielen, von denen wir annehmen (seit Anna Freud uns gelehrt hat, daß dieses Verhalten nicht von Altruismus diktiert wird), daß sie dazu dienen, das Körperschema des Säuglings von dem des Objekts abzugrenzen. Das Baby nimmt Häppchen der Nahrung und steckt sie abwechselnd in den Mund der Mutter und seinen eigenen; es greift nach der Halskette der Mutter, steckt sie in den Mund usw. Die Mütter wiederum reagieren auf die beginnenden spielerischen Experimente des Babys mit Körperempfindungen, indem sie Körperteile des Kindes mit eige-

nen vergleichen (»Das ist meine Nase, wo ist deine?«, »Backe-bakke-Kuchen«, »So groß ist das Kind!« usw.). Das vergleichende Abtasten und Nachprüfen bei der Mutter – insbesondere an ihrem Gesicht – ist jetzt auf dem Höhepunkt. Passives und später aktives Versteckspielen dient einem doppelten Zweck: die Mutter zu finden, aber auch von ihr gefunden zu werden. Von der Mutter gefunden, von ihr gesehen (d. h. gespiegelt) zu werden, scheint zum Gewahrwerden des Körper-Selbst beizutragen, was wir aus der Beobachtung des endlosen Vergnügens schließen müssen, das dieses wiederholsame Spiel auslöst. Gewisse Beobachtungen hinsichtlich der Entstehung der Körper-Selbst-Repräsentanz macht man in der Subphase der Differenzierung.
Sobald das Stadium der beginnenden Übungssubphase erreicht ist, wird unsere Aufgabe etwas leichter. Zu diesem Zeitpunkt fängt das Kind an, sich aus eigenem Antrieb zu bewegen; es wirft sich in den Raum und scheint endlich gelernt zu haben, daß nicht nur die Arme und Beine ihm gehören, Teile seines Körpers sind, sondern daß es sie auch koordinieren und in Gang setzen kann. Wir haben wiederholt davon gesprochen, daß das Kind in der Übungsperiode leichteren Knüffen und Verletzungen gegenüber relativ unempfindlich ist. Wenn das Kind krabbelt und später allein läuft, scheint sich sein Gefühl (Besetzung) der Körper-Selbst-Grenzen dadurch zu steigern, daß es häufig hinfällt oder sich an Gegenständen in der Umgebung stößt, die nicht nachgeben. Diese Begegnungen mit der unnachgiebigen, unbelebten Umwelt scheinen zu einer Art Aggressivierung, gewissermaßen einer Festigung und Abgrenzung seiner Körper-Selbst-Grenzen zu führen. Diese unerläßlichen Erfahrungen helfen dem Kind, im Verein mit dem festigenden Effekt der kinästhetischen Empfindungen, die ihm die Leistungsfähigkeit der motorischen Funktionen seiner Muskulatur vermittelt, sein Körperschema zu integrieren. So könnte die relative Unempfindlichkeit gegenüber geringfügigem Schmerz während der Übungsperiode dem Zweck dienen, daß das Kind wiederholte, wechselnde Erfahrungen von Lust und geringfügigem Schmerz machen kann, wenn es die Außenwelt entweder aktiv berührt, fühlt und erforscht oder sie passiv als hart, unnachgiebig und mitunter schmerzhaft erlebt, während die Körper-Selbst-Repräsentanzen gebildet werden. Im Gegensatz dazu erfolgt die Libidinisierung der Körpergrenzen einmal dadurch, daß die Mutter mit dem Körper des Babys hantiert, sowie durch die körperliche Berührung mit dem kuscheli-

gen, weichen und anderweitig besänftigenden »Übergangsobjekt«.

Gegen Ende der Übungsperiode und in der Subphase der Wiederannäherung bemerken wir (wie im 5. und 6. Kapitel beschrieben), daß das Baby von seinem Körper Besitz ergreift und sich dagegen wehrt, daß es von der Mutter als passiver Gegenstand behandelt wird, etwa indem es dagegen ankämpft, auf den Rücken gelegt zu werden.

Dies ist der Konflikt: Einerseits fühlt sich das Kind durch die Wahrnehmung seiner Getrenntheit hilflos, andererseits verteidigt es mutig, was es als beginnende Selbständigkeit seines Körpers hoch einschätzt. In seinem Kampf um Individuation und der damit einhergehenden Wut über seine Hilflosigkeit versucht das Kind, sein Selbstgefühl erneut aufzublähen, um in die Nähe der für immer verlorenen Allmachtsillusion der Übungsperiode zu gelangen. Das ist die Zeit des Wiederannäherungskampfes, aus dem das Kind durch eine umwandelnde Verinnerlichung (Tolpin, 1972) oder andere Identifikationsmechanismen mit einem gewissen Maß von Integration seiner Selbstrepräsentanz hervorgehen kann. Es kann aber auch hinsichtlich seiner Identität als lebensfähiges getrenntes Wesen in Ungewißheit gestürzt werden. Diese Ungewißheit kann die Folge unzureichender Loslösung von seiner Selbst-Repräsentanz sein, insbesondere im Sinne der Differenzierung von Selbst-Grenzen.[1] Dadurch kann Verschmelzung oder Wiederverschlingung als eine Drohung bestehenbleiben, die das Kind über das 3. Lebensjahr hinaus abwehren muß. Die Lösung dieses Konfliktes kann möglicherweise nicht einmal durch die Schicksale der ödipalen und postödipalen Entwicklung erreicht werden.

Was die Bildung der »Kern-Identität« betrifft, so glauben wir, daß

[1] Spiegelreaktionen sind höchst relevant für den Aufbau von Selbst-Repräsentanzen und ihre Differenzierung von Objektrepräsentanzen. Setzt man das Baby auf die Matratze vor dem Wandspiegel, der bis an die Decke reicht, wenn es erstmals ein Interesse am Bild zeigt, wird es aufgeregt und versucht, zur Abfuhr dieser Erregung zu kommen, indem es die Arme wie einen Dreschflegel bewegt. Später – mit 6 bis 8 Monaten – verlangsamen sich seine Bewegungen, und es wirkt nachdenklich, wenn es die Bewegungen seines Körpers zur Bewegung des Spiegelbildes in Beziehung zu setzen versucht. (Kinder, die in diesem Alter nicht motorisch reagierten, schauten verwirrt auf das Spiegelbild.) Noch später – mit 9 bis 10 Monaten – macht das Kind absichtsvolle Bewegungen, während es sein Spiegelbild betrachtet. Es scheint mit dem Spiegelbild zu experimentieren und die Beziehung, die zwischen ihm und »dem Bild« besteht, zu ordnen und zu klären. (Das Verhalten des Kindes gegenüber seinem Spiegelbild war Gegenstand eines eigenen Forschungsprojektes, das von Dr. John B. McDevitt durchgeführt wurde und demnächst publiziert werden soll.)

wir auch dann nicht in der Lage gewesen wären, den Aufbau des *Kerns* der Selbst-Repräsentanz des Kindes zu erkennen, wenn wir Gelegenheit gehabt hätten, intime Augenblicke des kindlichen Lebens zu beobachten. Wir werden hier an Winnicotts (1963) Feststellung erinnert:

»Ich glaube, daß es beim Gesunden einen Kern der Persönlichkeit gibt, der dem wahren Selbst ... entspricht; ich glaube, daß dieser Kern niemals mit der Welt wahrgenommener Objekte kommuniziert und daß der Einzelmensch weiß, daß dieser Kern niemals mit der äußeren Realität kommunizieren oder von ihr beeinflußt werden darf ... Wenn auch gesunde Menschen kommunizieren und es genießen, so ist doch die andere Tatsache ebenso wahr, daß jedes Individuum ein Isolierter ist, in ständiger Nicht-Kommunikation, ständig unbekannt, tatsächlich ungefunden« (S. 245).

Er fährt fort:

»... daß die traumatischen Erlebnisse, die zum Aufbau der primitiven Abwehr führen, zur Bedrohung des isolierten Kerns gehören, zu der Drohung, er könnte gefunden, verändert und in eine Kommunikation verwickelt werden. Die Abwehr besteht darin, daß das geheime Selbst sich noch weiter verbirgt ... Die Frage ist, wie kann man isoliert sein, ohne abgesondert sein zu müssen?« (S. 246)

Die Entwicklung während des normalen Loslösungs- und Individuationsprozesses soll zur Erlangung einer gewissen Objektkonstanz sowie einer gewissen Selbstkonstanz, einer beständigen Individualität, führen. Die zweite Errungenschaft besteht darin, daß die beiden Ebenen des Identitätsgefühls erreicht werden: 1) das Bewußtsein, eine losgelöste, individuelle Einheit zu sein, und 2) das beginnende Gewahrwerden einer geschlechtsbestimmten Selbst-Identität.
Gegen Ende des 2. Lebensjahres stellten wir eine auffallende Konsolidierung konstitutionell vorherbestimmter geschlechtsbedingter Unterschiede im Verhalten von Knaben und Mädchen fest. Der Stolz des Jungen auf seinen Penis und der körperliche Narzißmus des Mädchens scheinen in der analen Phase ihren Anfang zu nehmen. Um die zweite Ebene der Identität in vollem Umfang zu

erreichen, muß jedoch die phallische Phase der psychosexuellen Entwicklung abgewartet werden. Mit anderen Worten, die phallische Phase muß erreicht werden, damit das Kind den entscheidenden Impetus zur Integration des geschlechtsbedingten Körperselbst-Bildes empfängt. Diese Entwicklung hängt von Differenzierung und Integration einer zusammenhängenden, geschlechtsbedingten Ich-Struktur ab, die ihrerseits von der Gliederung und hierarchischen Organisation der libidinösen Besetzung erogener Zonen und der Synthese in ein Ganzes der Repräsentanzen von Teilen des geistigen Bildes des Körper-Selbst (siehe auch Loewenstein, 1950) abhängt.

Wir müssen nochmals darauf hinweisen, daß die Entwicklung des Selbstgefühls der Prototyp eines eminent personalen, inneren Erlebens ist. Es ist schwierig, wenn nicht gar unmöglich, in auf Beobachtung beruhenden Untersuchungen ebenso wie in der rekonstruktiven psychoanalytischen Situation dieses Erleben aufzuspüren. Es wird durch sein Fehllaufen weit eher aufgedeckt als durch seine normalen Varianten, auf die sich das vorliegende Buch bewußt beschränkt hat.

16. Kapitel
Abschließende Bemerkungen über die Bedeutung der Wiederannäherungskrise

Entsprechend unserer besonderen Aufgabe, des besonderen Settings und der Methode wurde das 3. Lebensjahr, vor allem seine zweite Hälfte, zur empirischen Plattform, um von daher rückblikkend den Grad der Strukturierung des Ichs zu beurteilen und begründete Vermutungen hinsichtlich relativer künftiger Normalität bzw. einer geringfügigen oder mittleren Pathologie unserer Versuchspersonen anzustellen. Wir versuchten in der phallischen Phase (und in einigen Fällen mit Hilfe des Materials der Spielsitzungen [»play sessions«] auch im 4. Jahr) das Ergebnis der ersten drei Subphasen des Loslösungs- und Individuationsprozesses auszuwerten.

Wir gelangten zu der Erkenntnis, daß selbst kurzfristige Voraussagen nur sehr vorsichtig und unter Vorbehalt gemacht werden können, und auch das scheint noch sehr prekär. Unsere Untersuchung ließ jedoch unmißverständlich erkennen (zumindest in unserem keineswegs repräsentativen Sample), daß es bestimmte Scheidewege im Loslösungs- und Individuationsprozeß gibt, Knotenpunkte der Strukturierung, Reifung und Entwicklung, an denen sich gewisse Ereignisse besonders traumatisch auswirken. Es handelt sich beispielsweise um die vorzeitige Differenzierung von Ich-Kernen, um mangelnde Ermutigung seitens der Umwelt und gesteigerte nicht-neutralisierte Aggression in der frühen Übungsperiode, um das Versagen der Mutter, wenn es zu Beginn der Wiederannäherungskrise darum geht, den Körper des Kindes loszulassen, usw. Wir entdeckten auch Konstellationen, bei denen traumatische Situationen latent blieben, bis der Wachstumsprozeß jene Knotenpunkte oder Scheidewege erreichte, wo Streßtraumata an die Oberfläche drangen und Störungen verursachten (etwa Urszenenbeobachtungen, die Kastrationsängste verstärkten; chirurgische Eingriffe, die in der Familie vorkommen, wenn das Kind noch sehr klein ist, und zu gesteigerter Ambivalenz führen, usw.).

Während des gesamten Verlaufs von Loslösung und Individuation besteht eine der wichtigsten Entwicklungsaufgaben des sich entfal-

tenden Ichs darin, angesichts des allmählich zunehmenden Gewahrwerdens der Getrenntheit mit dem Aggressionstrieb fertig zu werden. Inwieweit dies gelingt, hängt von der Stärke des primitiven Ichs ab, d. h. von der Ausgeglichenheit seiner Strukturierung (siehe Weil, 1973). Diese befähigt das Kind, neutrale oder neutralisierte Aggression im Dienste des Ichs zu nutzen, und hilft ihm, die Getrenntheit zu akzeptieren, ohne von den altersspezifischen Ängsten – Angst vor Objektverlust, Angst vor Liebesverlust, Trennungsangst und/oder Kastrationsangst – überwältigt zu werden.
Wir erkannten, daß die stufenweise fortschreitende Ersetzung des Lustprinzips durch das Realitätsprinzip – das stufenweise fortschreitende Gewahrwerden des intrapsychischen Prozesses der Differenzierung der Selbst-Repräsentanzen von den Objektrepräsentanzen mittels Identifikation – auf gewundenen Pfaden vor sich geht. Der primäre Narzißmus des Kindes, sein Glaube an die eigene Allmacht und die der Eltern, muß allmählich aufgegeben werden, d. h., an seine Stelle muß das selbständige Funktionieren treten. Die aggressive Schwungkraft der angeborenen Gegebenheit – des Individuationsdranges – muß mit neutralisierter Energie besetzt werden, ohne daß es zu unangemessener Beeinflussung durch Ambivalenz kommt. Dies sichert die beginnende Besetzung des Selbst mit gesundem sekundärem Narzißmus, ermöglicht den Ich-Apparaten die Erreichung der sekundären Autonomie, erlaubt nicht zuletzt die Besetzung der Objektwelt mit einem gewissen Maß neutralisierter Libido und fördert auf diese Weise die Sublimierung (E. Kris, 1955).
Unsere begrenzte Untersuchung ließ uns ahnen, weshalb selbst die angehende Entwicklung in Richtung des Ödipuskomplexes und die kindliche Neurose so schwer vorherzusagen sind. Sie gab uns aber auch eine Art Mandat, mit unermüdlichem, vorsichtigem Optimismus bessere Werkzeuge, durchdachtere psychoanalytische Entwicklungstheorien zu schaffen, um zu einem besseren Verständnis der »unerinnerbaren« und der »unvergeßlichen« Gefilde des Geistes zu gelangen, wo unseres Erachtens der Schlüssel zur Vorbeugung verborgen liegt.
Bisher haben wir in der psychoanalytischen Situation jenen Bereich des Geistes mehr oder weniger durch koenästhetische Empathie zu begreifen versucht. Künftig sollten wir irgendwann in der Lage sein, zu einem abgerundeteren empathisch-intellektuellen Ver-

ständnis für Deckempfindungen und andere Abkömmlinge der präverbalen Phase zu gelangen (vgl. Anthony, 1961).

Durch unsere Untersuchung haben wir viel darüber gelernt, weshalb eine reibungslose, kontinuierlich progressive Persönlichkeitsentwicklung selbst unter durchschnittlich günstigen Umständen schwierig, wenn nicht unmöglich ist. Dies beruht, wie wir entdeckten, auf eben der Tatsache, daß Loslösung und Individuation dem symbiotischen Ursprung der *conditio humana* entstammen und von ihm abhängig sind, eben jener Symbiose mit einem anderen menschlichen Wesen: der Mutter. Dies schafft ein immerwährendes Verlangen nach dem tatsächlichen oder koenästhetisch phantasierten, voll befriedigten und absolut beschützten Zustand primärer Identifikation (Ferenczis absolute primäre Omnipotenz, 1913), nach dem jedes menschliche Wesen tief unten im ursprünglichen primären Unbewußten, dem sogenannten primär verdrängten Bereich, strebt.

Ferner wird die reibungslose, kontinuierlich progressive Persönlichkeitsentwicklung durch die hochgradige Komplexität der Aufgabe des Menschen, sich als getrenntes Individuum den ständig steigenden Gefahren des Lebens in einer kontaminierten und im wesentlichen feindlichen Welt anzupassen, außerordentlich erschwert.

Es scheint in der *conditio humana* angelegt, daß nicht einmal das ganz normal begabte Kind mit einer optimal zur Verfügung stehenden Mutter den Loslösungs- und Individuationsprozeß ohne Krisen durchzustehen vermag, aus dem Wiederannäherungskampf unversehrt hervorgehen und ohne Entwicklungsprobleme in die ödipale Phase eintreten (Mahler, 1971) kann. In der Tat hat die 4. Subphase, wie im 7. Kapitel dargestellt, keinen definitiven, permanenten Endpunkt.

Eins der wichtigsten Ergebnisse unserer Untersuchung war die Entdeckung, daß die kindliche Neurose einen unerläßlichen Vorläufer, wenn nicht gar ihre erste Manifestation, in der Wiederannäherungskrise haben kann, auf die wir deshalb unser besonderes Augenmerk gerichtet haben. Sie reicht oft weit ins 3. Lebensjahr hinein und kann sich mit der phallisch-ödipalen Phase überschneiden, wodurch sie dann die Verdrängung und die erfolgreiche Bewältigung des Ödipuskomplexes beeinflußt (siehe A. Freud, 1965b; Nagera, 1966).

Unserer Ansicht nach kann unser Verständnis von Gesundheit und

Pathologie weitgehend von Entwicklungsaspekten abhängen, von denen der wichtigste unseres Erachtens die qualitative Beurteilung von Residuen der symbiotischen wie auch der Loslösungs- und Individuationsperiode ist.

Durch gegenseitige Befruchtung der strukturellen und verfeinerten psychoanalytischen Entwicklungstheorien besitzen wir bereits *Werkzeuge,* die, wenn sie zur Erweiterung der Libidotheorie genutzt werden, unser Verständnis für den wachsenden Umfang neurotischer Symptome in der Kindheit wie auch während des ganzen Lebenszyklus fördern könnten.

Wir vergessen leicht, daß der Zielpunkt der Libidotheorie, die im Ödipuskomplex selbst den Schlüssel zur Neurose besitzt, nicht nur eine Triebtheorie, sondern gleichermaßen eine wichtige Theorie der Objektbeziehungen ist. Es besteht die Neigung, die Möglichkeiten des Ichs und der Überich-Vorläufer zu unterschätzen, wenn es um die Schaffung intrapsychischer Konflikte auf frühen Entwicklungsstufen geht.

Wir glauben, daß unser Verständnis der kindlichen Neurose durch die Integration von Daten profitieren kann, die wir durch Beobachtung und Rekonstruktion der allerersten Phasen des extrauterinen kindlichen Lebens gewonnen haben. Dies kann unseres Erachtens noch erheblich vertieft werden, wenn man den Weg des Kindes zur Differenzierung und Loslösung aus der symbiotischen Matrix ebenso wie die ersten Anzeichen verinnerlichter Konflikte verfolgt.

Sowohl bei unserer klinischen Arbeit als auch bei der Beobachtung von Mutter-Kind-Paaren stießen wir – zu unserer eigenen Überraschung – auf *Entwicklungskonflikte,* die *phasenspezifisch,* wenngleich individuell variabel sind. Diese Konflikte traten mit erstaunlicher Regelmäßigkeit von der zweiten Hälfte des 2. Lebensjahres an auf.

Wie Mahler (1966b) in der Festschrift für Heinz Hartmann ausführte, ist der Narzißmus des Kindes eben dann am stärksten von Entwertung bedroht, wenn es den Gipfel seiner Allmachtsillusion – den Höhepunkt der Übungsperiode – erreicht hat.

Zu dieser Zeit, um den 15. bis 16. Lebensmonat, entwickelt das Kind das endgültige Bewußtsein seiner Getrenntheit. Als Resultat der Reifungsleistung des Ichs, die in der freien aufrechten Fortbewegung und der fortgeschrittenen kognitiven Entwicklung gipfelt, wird das Kind mit einer neuen, verwirrenden Realität konfrontiert,

angesichts deren es die Illusion seiner allmächtigen Größe nicht länger aufrechterhalten kann.
In der 3. Subphase des Loslösungs- und Individuationsprozesses, der Wiederannäherungsperiode, während der die Individuation rasch fortschreitet und das Kind sich darin soweit wie irgend möglich übt, wird es sich seiner Getrenntheit ständig bewußter und beginnt, sämtliche Arten teilweise verinnerlichter, teilweise noch agierter Bewältigungsmechanismen einzusetzen, um die Getrenntheit zu verleugnen. Eine häufig beobachtete Bewältigungsmethode ist das Beharren des Kindes auf der Anteilnahme und Aufmerksamkeit der Mutter. Doch wie bereits erwähnt, gehen Verinnerlichungsprozesse zu diesem Zeitpunkt mit rapider Geschwindigkeit voran und bilden Strukturen, die unabhängig von der Außenwelt zur Ich-Autonomie beitragen.
Das kleine Kind erkennt allmählich, daß seine Liebesobjekte, seine Eltern, getrennte Individuen mit eigenen Interessen sind. Es muß nach und nach unter Schmerzen sowohl die Illusion von seiner eigenen Größe als auch seinen Glauben an die Allmacht der Eltern aufgeben. Das Resultat ist erhöhte Trennungsangst und der Rückzug aus der Identifizierung mit der Mutter oder bedrängende dramatische Kämpfe mit ihr (in geringerem Maße, so schien es uns, mit dem Vater). Dies ist der Scheideweg, den wir *Wiederannäherungskrise* genannt haben.
Der Wiederannäherungskampf hat seinen Ursprung im *artspezifischen* menschlichen Dilemma, das dadurch entsteht, daß das Kind einerseits durch die rasche Reifung seines Ichs gezwungen ist, seine Getrenntheit wahrzunehmen, während es andererseits noch nicht allein bestehen kann und die Eltern noch viele Jahre hindurch weiterhin braucht.
Drei übermächtige, Angst auslösende Kindheitsbedingungen, die weit über das 2. Lebensjahr hinausreichen können, fließen in der Wiederannäherungsperiode zusammen: 1) Die Angst vor Objektverlust wird teilweise durch Verinnerlichung gemildert, aber auch durch die Introjektion elterlicher Gebote kompliziert; dies weist nicht nur auf die beginnende Überich-Entwicklung hin, sondern drückt sich auch in der Angst vor dem Verlust der Liebe des Objekts aus. Diese Angst wiederum manifestiert sich in einer hochempfindlichen Reaktion auf Anerkennung oder Ablehnung durch den entsprechenden Elternteil. 2) Körperempfindungen und -dränge werden bewußter wahrgenommen, wozu während der

Reinlichkeitsgewöhnung noch die bewußtere Wahrnehmung von Empfindungen tritt, die mit der Darm- und Blasentätigkeit verbunden sind. 3) In den meisten Fällen kommt es zu einer Reaktion auf die Entdeckung – erheblich früher, als wir geglaubt hatten – des anatomischen Geschlechtsunterschiedes, wodurch Kastrationsangst oder Penisneid vorzeitig geweckt werden.

Entwicklungsenergien setzten viele unserer Kinder in die Lage, den Wiederannäherungskonflikt zu lösen und höhere und breitere Ebenen von Objektbeziehung und Ich-Funktionen zu erreichen, wenngleich einige von ihnen vorübergehende Entwicklungsstörungen zeigten. Mahler machte 1963 eine Beobachtung, die durch unsere weiteren Forschungen bestätigt wurde, daß nämlich »das normale Kleinkind eifrig darauf bedacht und im allgemeinen imstande ist, von der Mutter emotionale Versorgung und Anteilnahme zu erlangen, mitunter gegen beträchtliche Widerstände«. Wir haben weitere Details über die Anpassungs- und Abwehrmechanismen (Vorläufer späterer Abwehren) erfahren, mit denen das Kind erfolgreich jenen zum Teil noch von der Umwelt ausgehenden Einflüssen begegnet, die der Errichtung der sekundären Autonomie seiner zunehmend konsistenteren Ich-Struktur im Wege stehen.

Bei manchen Kindern hingegen führt die Wiederannäherungskrise zu starker Ambivalenz und sogar zur Spaltung der Objektwelt in »gut« und »böse«, was später neurotische Symptome der narzißtischen Spielart im Gefolge haben kann. Bei anderen Kindern wiederum können isolierte Entwicklungsfehlschläge in der Latenz und Adoleszenz eine Borderline-Symptomatologie auslösen.[1] Die Fixierung auf der Wiederannäherungsstufe können wir immer wieder bei den zahlreicher werdenden kindlichen und erwachsenen Patienten beobachten, die heutzutage unsere Hilfe suchen. Sie werden am stärksten von der Trennungsangst bedrängt; ihr Gefühlsleben wird von narzißtischer Wut mit Temperamentsausbrüchen beherrscht, was abklingen und altruistischer Hingabe weichen kann (A. Freud, 1936). Ihr Grundkonflikt muß unseres Erachtens in dem primitiven narzißtischen Kampf gesucht und gefunden werden, der in der Wiederannäherungskrise agiert, dann aber zum zentralen inneren Konflikt wurde, der in erster Linie auf ihrem unsicheren *Identitätsgefühl* beruht (Erikson, 1959).

[1] Wir haben uns im vorliegenden Buch mit solchen Schicksalen absichtlich nicht befaßt.

Abschließend möchten wir auf den Zusammenhang zwischen der Wiederannäherungskrise und der kindlichen Neurose, wie sie dem klassischen Konzept entspricht, hinweisen. Versteht man die Fixierung auf der Ebene der Wiederannäherungskrise, wird einem die Entstehung der Neurose bei jenen Patienten klarer, deren Hauptproblem nach Ansicht von Maurice Bouvet (1958) darin liegt, die »optimale Entfernung« zwischen dem Selbst und der Objektwelt zu finden. Sie schwanken zwischen dem Verlangen nach seliger Verschmelzung mit der guten Objektrepräsentanz, mit der einstmals (zumindest in der Phantasie) »vollkommen guten« symbiotischen Mutter und der Abwehr gegen die Wiederverschlingung durch sie, die zum Verlust der autonomen Selbst-Identität führen würde.

Diese Mechanismen sind das Resultat des Grundkonflikts, der in einer fundamentalen und primitiven Form in der Subphase der Wiederannäherung akut wird. Die komplexen Entwicklungsprozesse in dieser Subphase und ihre gelungene oder nicht gelungene Bewältigung wirken zweifellos darauf ein, in welcher Weise ein Kind später die ödipale Krise überwinden wird.

Die Neigung zur Spaltung der Objektwelt, mit deren Hilfe das Kind vielleicht die schmerzlichen Sehnsüchte und Verluste der Wiederannäherungskrise zu meistern versucht, muß bei der Lösung der komplexen, objektbezogenen Konflikte der ödipalen Phase zu noch größeren Schwierigkeiten führen. Diese Neigung fördert die Ambivalenz und läßt die ödipale und postödipale Persönlichkeitsentwicklung in einem seltsamen Licht erscheinen.

In dieser Weise, und vielleicht noch auf andere Art, wird die kindliche Neurose in der ödipalen Phase deutlich sichtbar, aber sie erhält vielleicht ihre Gestalt durch den Verlauf der Wiederannäherungskrise, *die jener vorausgeht.*

Anhänge
Die Datenanalyse und ihr Grundprinzip: Eine Fallgeschichte systematischer klinischer Forschung

Anhang A
Die verfügbaren Daten
Die Mütter und die Kinder

Während der Pilot-Studie (1959–62) und in den stärker formal ausgerichteten Forschungsjahren (1962–68) untersuchten wir 38 Kinder und deren 22 Mütter. Wir haben uns schließlich in steigendem Maße auf eine intensivere Untersuchung der Kinder konzentriert, mit denen wir nach 1962 arbeiteten. Diese intensive Arbeit zog Gewinn aus den sich häufenden Konzepten, beginnend mit unseren ersten Pilot-Beobachtungen bis zu den späteren, formaleren Untersuchungen weiterer Mutter-Kind-Paare. Periodische Kontakte mit vielen Kindern aus der zweiten Gruppe wurden auch fortgesetzt, nachdem die wichtigsten Phasen der intensiven Untersuchung abgeschlossen waren. Eine Zusammenfassung von Merkmalen dieser Kinder erscheint in Tabelle 1.

Tabelle 1

Zusammenfassung ausgewählter Merkmale der Versuchspersonen

Gruppe I: September 1959–Januar 1962 = 17 Kinder von 16 Müttern

Gruppe II: Januar 1962–Juni 1968 = 21 Kinder 13 Müttern

Merkmal	Gruppe I	Gruppe II
A. Alter		
1. Durchschnittsalter bei Aufnahme in das Projekt	13 Monate	2½ Monate
2. Altersradius bei Aufnahme	1–27 Monate	1 Woche bis 10 Monate
3. Durchschnittsalter bei Beendigung der regelmäßigen Teilnahme	31 Monate	31 Monate

Merkmal	Gruppe I	Gruppe II
4. Altersradius bei Beendigung[1]	20–40 Monate	7–48 Monate
5. Durchschnittliche Teilnahmedauer	18 Monate	28½ Monate
B. Geschlecht		
6. Anzahl der Knaben	8	12
7. Anzahl der Mädchen	9	9
C. Stellung in der Geschwisterreihe[2]		
8. Erstgeborener	11	3
9. Zweitgeborener	3	12
10. Später Geborener	1	6
D. Anzahl der Geschwister, die an der Untersuchung teilnahmen[3]		
11. Anzahl der Familien mit 1 Kind		12
12. Anzahl der Familien mit 2 Kindern		8
13. Anzahl der Familien mit 3 Kindern		2
14. Anzahl der Familien mit 4 Kindern		1
E. Alter der Eltern[4]		
15. Durchschnittsalter der Mütter bei Aufnahme in das Projekt	Daten unvollständig	31 Jahre
16. Altersradius der Mütter	Daten unvollständig	25–43 Jahre
17. Durchschnittsalter der Väter bei Aufnahme in das Projekt	Daten unvollständig	36 Jahre

[1] Aus verschiedenen Gründen blieben einige Kinder länger als 36 Monate bei uns; sie wurden aber nur bis zum 36. Monat in die Untersuchung einbezogen.

[2] Von 2 Kindern der Gruppe I fehlt uns die entsprechende Information; hier ist die Gesamtzahl 15 statt 17.

[3] Die Einteilung in Untergruppen ist hier zwecklos. Wir möchten aber darauf hinweisen, daß die große Zahl zweit- und spätergeborener Kinder in Gruppe II darauf zurückzuführen ist, daß viele von ihnen Geschwister früher untersuchter Kinder sind.

[4] Bezüglich der Eltern der Gruppe I sind diese Daten unvollständig insgesamt entsprechen sie jedoch weitgehend denen der Gruppe II. Dies gilt auch hinsichtlich der Schulbildung der Eltern.

Merkmal	Gruppe I	Gruppe II
18. Altersradius der Väter	Daten unvollständig	26–65 Jahre
F. Schulbildung der Eltern		
19. Durchschnittliche Schulbildung der Mütter (in Jahren)	Daten unvollständig	15,3 Jahre
20. Bildungsradius der Mütter (in Jahren)	Daten unvollständig	12–18 Jahre (Oberschule bis Magister)
21. Durchschnittliche Schulbildung der Väter (in Jahren)	Daten unvollständig	16,7 Jahre
22. Bildungsradius der Väter (in Jahren)	Daten unvollständig	12–20 Jahre (Oberschule bis Dr. phil.)
G. Religion der Familien (und Kinder)[5]		
23. Protestantisch	7 (8)	5 (10)
24. Jüdisch	3 (3)	4 (5)
25. Katholisch	4 (4)	2 (4)
26. Verschiedene	3 (3)	2 (2)

Das Rohmaterial

Unsere Ausrichtung war durchweg bifokal, der Gegenstand der Untersuchung stets die Mutter-Kind-Zweieinheit. Wertvollste Informationsquellen waren die Feststellungen von teilnehmenden und nicht-teilnehmenden Beobachtern (letztere befanden sich hinter einer spanischen Wand). Außerdem filmten wir die Kinder allein und in der Interaktion mit ihren Müttern. Später, insbesondere im 3. Lebensjahr, kamen Beobachtungen der Kinder in der Gruppe hinzu. Wir stellten auch fest, daß für die älteren Kleinkinder (3. Lebensjahr) individuelle Spielsitzungen (»play sessions«) von großer Bedeutung waren. Es wurden auch Tests durchgeführt,

5 Die Zahlenangaben beziehen sich auf die Zahl der Familien jeder Religion sowie (in Klammern) die Zahl der Kinder, die an dem Projekt teilnahmen.

Interviews mit Vätern und Hausbesuche gemacht.[1] Eine Zusammenfassung aller verfügbaren Daten enthält die Tabelle 2. Die Numerierung im folgenden Abschnitt entspricht der Numerierung der Items der Tabelle 2.

1. Bei der Planung und tabellarischen Zusammenstellung unserer *Teilnehmerbeobachtungen* verfolgten wir zwei Ziele: 1) einen zusammenhängenden, vollständigen, wenn auch kurzen, Bericht über jeden Besuch von Mutter und Kind (tägliche Eintragung) zu erhalten und 2) detaillierte Beobachtungen ausgewählter Bereiche zu bekommen, die für uns, wie wir glaubten, von besonderer Bedeutung waren. Die letzteren Beobachtungen wurden so oft wie möglich mit dem fortlaufenden Bericht eines nicht-teilnehmenden Beobachters (siehe unten) koordiniert, der dieselbe Zeitspanne umfaßte. (Wir fanden uns damit ab, daß die flexible Teilnahme – soweit diese durchführbar und mit dem Projekt zu vereinbaren war –, die sich nach den Wünschen und Möglichkeiten der Mütter richtete, oft Planungsprobleme mit sich brachte.)

Die teilnehmenden Beobachter übten ihre Funktionen im Zimmer der Mütter und Kinder aus. Es wurde uns schließlich klar, daß ein Teil der Zeit und Aufmerksamkeit des teilnehmenden Beobachters in höherem Maße der »Teilnahme« statt der Beobachtung dienen mußte. Die Aufrechterhaltung der Atmosphäre, das »Erledigen von Sachen« und die Interaktion mit den Müttern, um die Dinge in Schwung zu halten, erforderte Zeit und Mühe und mußte einem ebenso wie die Notwendigkeit, Beobachtungsdaten zu sammeln, ständig bewußt bleiben. Wir entsprachen dieser doppelten Anforderung, indem wir eine teilnehmende Beobachterin bestimmten, die in jeder Stunde für die Erledigung gewisser Dinge zuständig war: sie begrüßte die Mütter, half ihnen dabei, den Kindern die Mäntel auszuziehen, wenn es nötig war, sie sorgte für Erfrischungen, kümmerte sich um ein Kind, wenn die Mutter beim Interview war, versuchte eine Unterhaltung in Gang zu bringen, wenn sich ungemütliches Schweigen ausbreitete. Kurzum, sie widmete sich vorwiegend den augenblicklichen Erfordernissen. Sie führte auch das Tagebuch über jeden Besuch eines Mutter-Kind-Paares, das nur die wichtigsten Anlässe enthielt: Zeitpunkt der Ankunft und des Fortgehens, besondere Ereignisse, vorherrschende Stimmung.

[1] Leider standen uns nicht genügend Arbeitskräfte, Zeit und Geld zur Verfügung, um diesen wichtigen Aspekt unserer Arbeit in ausreichendem Maße zu realisieren.

Später schrieb sie zusätzlich ihre Beobachtungen über jene Mutter-Kind-Paare im Detail nieder, mit denen sie einen besonders engen Kontakt hatte oder die sie hatte genauer beobachten können.
Die andere teilnehmende Beobachterin oder Beobachterinnen (im allgemeinen mindestens eine, mitunter aber auch zwei oder mehr) konnten ihre ungeteilte Aufmerksamkeit einem bestimmten Mutter-Kind-Paar zuwenden. Sie konnten koordinieren, zeitlich festgelegte, detaillierte Beobachtungen (simultan mit einem nicht-teilnehmenden Beobachter aus der Kabine) machen und den Raum verlassen, um diese Beobachtungen mit einem Minimum an Zeitverlust und nachlassender Erinnerung zu diktieren.

Tabelle 2
Informationssammlung

Art der Information	Beobachtungshäufigkeit	Wann durchgeführt
1. Teilnehmende Beobachtung	1- oder 2mal pro Woche bei jedem Mutter-Kind-Paar; ca. 40 diktierte Beobachtungen pro Monat	Während der Gesamtdauer der Teilnahme
2. Koordinierte Beobachtungen teilnehmender und nicht-teilnehmender Beobachter	Wöchentlich bis zum 9. Lebensmonat; vom 9.–18. Monat zweiwöchentlich; 18 Monate lang monatlich; ca. 25 diktierte Beobachtungen pro Monat	Während der letzten 5 Jahre der Informationssammlung
3. Feldbeobachtungen	Ca. 20 pro Monat	Während der letzten 4 Jahre der Informationssammlung
4. Interview mit der Mutter	Wöchentlich	Während der Gesamtdauer der Teilnahme

Art der Information	Beobachtungshäufigkeit	Wann durchgeführt
5. Interview mit dem Vater	1–2mal jährlich	Während der Gesamtdauer (doch anfangs seltener)
6. Filme Filme mit Mutter-Kind-Paaren, die ausgewählte Verhaltenssequenzen zeigen	Entsprechend einer jeder Subphase zugehörigen chronologischen Richtlinie	Während der Gesamtdauer (später systematischer)
7. Hausbesuche	Ca. 1 informeller Besuch von 2–3 Stunden in 2 Monaten	Während der Gesamtdauer; anfangs unregelmäßig, später systematischer
8. Entwicklungstests mit den Kindern	Jedes Kind wurde mindestens 4mal getestet, und zwar im Alter von ca. 5, 10, 18 und 30 Monaten	Während der Gesamtdauer
9. Persönlichkeitstests der Mütter	Alle Mütter wurden zu Beginn psychologisch getestet	Einmal
10. Gruppenbeobachtungen der älteren Kleinkinder	In jeder Gruppenstunde	Von Beginn der Kindergruppen an
11. Individuelle Spielsitzungen mit älteren Kindern	Während der Zugehörigkeit zur Gruppe wöchentlich sowie 1 weiteres Jahr	Während der letzten beiden Jahre in der Gruppe und im Anschlußjahr

Methode	Berichterstatter
(1) 2–4seitiger Bericht über Verhalten des Kindes; Mutter-Kind-Interaktion; Verhalten der Mutter in der Gruppe sowie ihre Bemerkungen über das Kind und sich selbst; Persönlichkeit der Mutter	In der Forschung tätige Psychiater; erfahrene teilnehmende Beobachter(innen), die für Säuglings- und Kinderzimmer verantwortlich waren
(2) 30–50minütige Beobachtung von Mutter-Kind-Paaren; 2–5seitige fortlaufende Berichte	3 teilnehmende und nichtteilnehmende Beobachter
(3) Schlußfolgerungen und Beurteilungen (mit Beispielen) über 8 Gebiete, die wegen ihrer Bedeutung für den Loslösungs- und Individuationsprozeß ausgewählt wurden; 2–3 Seiten.	Nicht-teilnehmende Beobachter
(4) 3–5seitiger Bericht über die Entwicklung des Kindes; Beziehung zwischen Eltern-Geschwister-Kind; Ereignisse in der Familie	In der Forschung tätige Psychiater; erfahrene teilnehmende Beobachter(innen)
(5) 4seitiger Bericht über die Entwicklung des Kindes und Vater-Kind-Beziehung	In der Forschung tätiger Psychiater
(6) Filme von Mutter und Kind innerhalb des Raumes. Diktierte Beobachtungen des Verhaltens von Mutter-Kind-Paar. Filmnotizen werden angefertigt, um Filmsequenzen zu beschreiben	In der Forschung tätiger Fotograf

Methode	Berichterstatter
(7) 4–5seitiger Bericht über das Verhalten von Mutter (gelegentlich Vater) und Kind im häuslichen Milieu, insbesondere im Gegensatz zum Verhalten im Gruppenmilieu im *Center*	Erfahrene und jüngere teilnehmende Beobachter(innen)
(8) Anwendung standardisierter Entwicklungstests und Anfertigung von Entwicklungsprofilen	Testpsychologe für Kinder (nicht Mitglied des Forschungsstabes)
(9) Projektive Testbatterie	Klinischer Psychologe (nicht Mitglied des Forschungsstabes)
(10) 2–4seitige diktierte Berichte	Teilnehmende Beobachter(innen)
(11) Ein Mitglied des Personals arbeitete mit jeweils einem Kind in einem Spielzimmer	Erfahrene teilnehmende Beobachter und Psychiater

Wir entwickelten Richtlinien für die Aufzeichnungen der Teilnehmer, die besagten, daß die Aufmerksamkeit des Beobachters stets bifokal, d. h. auf das Mutter-Kind-*Paar* gerichtet, sein müsse. Sie sollten sich unbekümmert auf ihre Einfühlungsgabe verlassen, um zu verstehen, was im Kind, in der Mutter und zwischen beiden vorging, und ihre Gedanken und Beobachtungen sollten Verhaltens- und Motivationssequenzen gelten. Wir wollten also, daß die Beobachter in großen, bedeutungsvollen Verhaltenseinheiten denken und ihre Gedanken und allgemeinen Erfahrungen nutzen sollten, um die Phänomene zu ordnen; gleichzeitig baten wir sie, ihre Feststellungen durch detaillierte Hinweise auf bestimmte von ihnen beobachtete Verhaltensweisen zu untermauern. Dies klingt wie ein Befehl, und zunächst ist es auch einer. Wir bemerkten jedoch, daß Beobachtungsgabe und Gedächtnis der teilnehmenden Beobachter durch die Praxis gestärkt wurden. Im Laufe der Zeit kam ihnen ihr Wissen hinsichtlich der beobachteten Mutter-Kind-Einheit sowie anderer Mutter-Kind-Einheiten, die Vergleiche ermöglichten und Gegensätze hervortreten ließen, zu Hilfe.

An dieser Stelle sollte klargeworden sein, daß die Beobachter eher wie sensible Kliniker denn wie Kameras funktionierten; wir verließen uns auf ihre Erfahrung, um bestimmte Phänomene zu verstehen – trotz der damit möglicherweise verbundenen Subjektivität. Wir versuchten, die Auswirkungen dieser potentiellen Subjektivität dadurch zu verringern, daß wir mehrere Beobachter einsetzten, die Beobachtungen über einen gewissen Zeitraum wiederholten und insbesondere durch die Diskussion in unseren wöchentlichen klinischen Konferenzen.

2. Die *koordinierten Beobachtungen* der Mutter-Kind-Paare wurden von den nicht-teilnehmenden Beobachtern jeweils über eine Zeitspanne von etwa 30 Minuten oder länger von einer Einweg-Spiegel-Kabine aus gemacht. An Zeitvorschriften wurde nicht streng festgehalten. Die Beobachtung einer interessanten Sequenz beispielsweise wurde nicht deshalb unterbrochen, weil die Zeit abgelaufen war; der nicht-teilnehmende Beobachter wurde vielmehr instruiert, so lange zu verweilen, bis die betreffende Sequenz (etwa die Rückkehr der Mutter vom Interview und die Reaktion des Kindes darauf) abgelaufen war. Schon früh gaben wir die Idee einer fortgesetzten Beobachtung aus der Kabine auf, da sie sich in unserem besonderen Forschungsrahmen als undurchführbar erwies, vor allem weil unsere Versuchspersonen häufig kamen und lange Zeit verweilten.

Später – mindestens zwei bis drei Jahre lang – richteten wir es so ein, daß die nicht-teilnehmenden Beobachter ihre laufende Berichterstattung über ein Mutter-Kind-Paar mit dem teilnehmenden Beobachter koordinierten, so daß es zumindest zwei Berichte über die unter eingehender Beobachtung stehende halbe Stunde gab. Bei dieser Doppelbeobachtung verließen wir uns darauf, daß Sequenz und verhaltensdeskriptive Details exakt wiedergegeben wurden. Dennoch ermutigten wir die nicht-teilnehmenden Beobachter auch, gewisse zusammenfassende Feststellungen zu machen, statt sich auf eine mechanische Beschreibung von Ereignissen zu beschränken. In den Instruktionen für die nicht-teilnehmenden Beobachter wurde wiederum betont, daß sie stärker die Mutter-Kind-Interaktion als den einen oder anderen Partner der Einheit im Auge behalten sollten.

Diese koordinierten Beobachtungen hatten eine interessante Vorgeschichte, in der sich die allmähliche Koordination einiger mehr formaler und einiger mehr klinischer Forschungsaspekte widerspiegelte. Zunächst beurteilten die nicht-teilnehmenden Beobachter lediglich verschiedene Verhaltensweisen mit Hilfe des Einweg-Spiegels (siehe die Verhaltensbeurteilungen in Appendix C). Mahler fand nun, daß ohne eine gleichzeitige klinische Darstellung, ohne Festlegung eines Grundprinzips für die beurteilten Phänomene und insbesondere durch die Verwendung derselben Beurteilungskriterien beim Vergleich von Schoß- und Spielkindern die Beurteilungen irreführend waren und weder in die übrigen Forschungsziele noch in die Entwicklung von Hypothesen integriert werden konnten. Mit anderen Worten, diese Beurteilungsskalen waren für das vorwiegend klinisch orientierte Forschungsteam, das die gewonnenen Informationen Tag für Tag zu bearbeiten hatte, unbrauchbar. Die Beobachter wurden deshalb gebeten, außer ihrer Beurteilung auch ihre Beobachtungen sowie die Gründe der spezifischen Beurteilung in jedem Fall detailliert darzulegen. Für die Forschungsleiterin ergab sich daraus die Möglichkeit, Gelegenheiten und Wert einer Anpassung und Zusammenfügung systematischer klinischer und methodologisch-formaler Ansätze zu erkennen sowie Gelegenheiten zur Zusammenarbeit zwischen dem Psychoanalytiker als Forscher und dem psychoanalytisch geschulten Forscher aufzuspüren. Zuletzt (in unserem späteren Setting im oberen Stockwerk) gelangten wir – nachdem die Beurteilungen als solche aufgegeben worden waren – zu dem oben beschriebenen Arrangement (koordinierte Beobachtungen der teilnehmenden und nichtteilnehmenden Beobachter) – ein Verfahren, das sich als sehr fruchtbar erwies.

3. Neben der laufenden Berichterstattung gab es spezifische *Feldbeobachtungen,* die dem klinischen Beobachter einen sehr wertvollen Ersatz für die früheren Beurteilungen boten. Die Beobachter wurden angewiesen, ihre Feldbeobachtungen zu definieren und zu kommentieren. (Diese Methode wurde von Dr. Kitty LaPerriere in den Jahren von 1963 bis 1966, als sie als Psychologin und teilnehmende Beobachterin bei uns war, eingeführt und sorgfältig ausgearbeitet.) Die Gebiete (Felder) wurden entsprechend ihrer Relevanz für die Subphasen des Loslösungs- und Individuationsprozesses, die bereits 1962 dargestellt wurde, ausgewählt. Es waren dies: Fortbewegung, Sensomotorik, Objektbeziehungen (zur Mutter und anderen), Beziehung zu unbelebten Objekten, Reaktionen auf Schmerz und Versagung, Aggression und Ambivalenz, Vokalisation sowie Affekte und Stimmungen, Körper und Selbst.

Um eine möglichst unabhängige Beobachtungsreihe auf seiten der nicht-teilnehmenden Beobachter zu gewährleisten – insbesondere nachdem Mahler die Subphasen-Hypothese entwickelt hatte –, versuchten wir ihre Interaktion mit den übrigen Mitarbeitern einzuschränken. In der Regel nahmen sie an den Konferenzen der Mitarbeiter nicht teil; sie waren weder mit der Theorie über die Subphasen und ihre angenommenen Verhaltensmerkmale vertraut noch kannten sie anderes Material über die Mutter-Kind-Paare als ihr eigenes genauer. Nicht selten stellte uns diese relative Isolierung vor Personalprobleme, weil die Arbeit der nicht-teilnehmenden Beobachter einerseits vielseitig begabte Menschen erforderte (die Fähigkeit, sich klar und mühelos schriftlich auszudrücken; gute klinische Sensibilität bezüglich der Interaktionen zwischen Mutter, Kind und anderen Leuten), andererseits aber auf der Ebene einer wissenschaftlichen Hilfskraft angesiedelt war (da wir diese Beobachter möglichst von unseren Aufzeichnungen fernhalten wollten) und daher wenig Interaktion und relativ wenig Rückkopplung bot. Es gab bei dieser Tätigkeit einen erheblichen Wechsel im Personal; eine effektive Distanz zwischen diesen Beobachtern und den übrigen Mitarbeitern ließ sich daher nur für ein Jahr aufrechterhalten.

4. *Interviews mit Müttern* wurden wöchentlich durchgeführt – manchmal im Kinderzimmer, manchmal in einem separaten Raum, wobei das Kind anwesend war oder auch nicht. In unserem ursprünglichen Setting kam es öfter vor, daß das Kind – hauptsächlich wegen unserer beschränkten Raumverhältnisse – mit der Mutter zusammen teilnahm. Unser Forschungsinteresse schloß zu jener Zeit auch die Anwesenheit des Kindes nicht aus; seine Anwesenheit oder Abwesenheit richtete sich danach, inwieweit es das Fernsein der Mutter zu ertragen vermochte. Zweck dieser Interviews war es zunächst, die Interaktion von Mutter und Kind in dieser intimeren Umgebung und abgesondert von der Gruppe zu beobachten und von der Mutter Informationen über die Entwicklung des Kindes sowie über Leben und Ereignisse im Familienkreis zu erhalten. Jede Mutter hatte ihren regelmäßigen Interviewpartner, zu dem sie im Laufe der Zeit eine beständige Beziehung herstellte. Später, vor allem nachdem Dr. McDevitt sich 1965 dem Projekt angeschlossen hatte, verlagerte sich das Gewicht mehr auf die Forschung sowie auf detaillierte, sorgfältige Untersuchungen der Trennungsreaktionen selbst.

5. In unserem Bemühen, ein umfassendes Bild vom Entwicklungsverlauf unserer Versuchspersonen zu gewinnen, empfanden wir es als unerläßlich, *Interviews mit Vätern* durchzuführen. Uns war seit langem klar, daß wir zusätzliche Informationen über die Persönlichkeit des Vaters, seine Rolle in der Familie, die Einstellung zu seinem Kind und die Interaktion mit ihm sowie vor allem über die spezifische Beziehung des Kindes zum Vater benötigten. Von Anbeginn unserer Forschungsbemühungen hatten wir auch Beobachter im Raum plaziert. Bald bemerkten wir, daß viele Kinder positiv auf einen der Psychiater, das wichtigste männliche Mitglied des Forschungsteams, nämlich Dr. Furer, reagierten, der sich zu dieser Zeit häufig im Kinderzimmer aufhielt. Wir vermuteten, daß diese Reaktion mit der Beziehung der Kinder zu ihren Vätern zusammenhing, von denen die meisten, den Berichten der Mütter zufolge, ein ähnlich sympathisches Wesen hatten.[2]
Nachdem sich Dr. John B. McDevitt dem Projekt angeschlossen hatte, führte er systematischere, konkretere Kontakte mit Vätern ein. Um Informationen zu erlangen und sich einen gewissen Eindruck von den Vätern zu verschaffen, insbesondere von der Interaktion des Kindes mit seinem Vater, wurde bei Gelegenheit vom Forschungspsychiater eine Reihe von Interviews mit den Vätern durchgeführt. Die Väter reagierten mit Interesse und Begeisterung. Sie interpretierten die Interviews zunächst als Wunsch nach soviel Information über ihr Kind, wie sie zu geben bereit und fähig waren (wobei sie mitunter objektiver waren als die Mütter). Die meisten von ihnen hatten auch keine Bedenken, über die Beziehung zu ihrem Kind zu sprechen, die einige mit eigenen früheren psychotherapeutischen Erfahrungen verbanden.
Neben diesen Interviews gab es im Kinderzimmer auch »Vatertage«, an denen die Kinder möglichst von den Vätern ins *Center* gebracht wurden. Dies setzte uns in die Lage, die Interaktion in dem uns am meisten vertrauten Milieu zu beobachten, wo uns auch Vergleichsmaßstäbe hinsichtlich der Mutter-Kind-Interaktion zu Gebote standen.
6. Wir betrachteten unsere *Filmaufnahmen* weiterhin eher als Dokumentation denn als Rohmaterial. Unser Ziel war es, von

[2] Später betätigten sich auch die Doktoren David Mayer, Herman Roiphe, William Greenspon, Robert Holter, John McDevitt und Ernst Abelin (in dieser Reihenfolge) als teilnehmende Beobachter.

vielen unserer Mutter-Kind-Paare Längsschnittaufzeichnungen über subphasen-relevantes Verhalten zu bekommen. Unser Filmplan folgte dem chronologischen Alter ebenso wie den Subphasen des Loslösungs- und Individuationsprozesses, da wir einen vergleichenden Querschnitt von Kindern auf verschiedenen Altersstufen verfügbar machen wollten. Schließlich war das Filmen auch eher selektiv als erschöpfend. Wir wählten Verhaltensmuster, die wir für relevant hielten; in der Regel nahmen wir dasselbe Verhalten nicht zweimal kurz nacheinander auf, nur weil es sich zufällig so abspielte.

Es wurde eher innerhalb des Säuglings- und Kinderzimmers gefilmt als von einer festen Position in einer Kabine aus. Ebenso wie die Örtlichkeit nicht festgelegt war, waren die Aufnahmen auch nicht zeitlich fixiert. So wurde die Auswahl, vor allem zu Anfang, dem Urteil des Fotografen überlassen, der deshalb Mitglied des Forschungsteams sein mußte, und nicht nur eine technische Hilfskraft. Die Flexibilität des Standorts der Kamera wie des Zeitpunktes war für die Untersuchung von großem Nutzen. Als wir jedoch feststellten, daß ein gewisses Maß an Anleitung benötigt wurde, um die Vergleichbarkeit von Filmaufnahmen der verschiedenen Mutter-Kind-Paare zu gewährleisten, stellten wir Richtlinien hinsichtlich der Häufigkeit und Dauer der Aufnahmen auf und gaben allgemeine Anweisungen, welche Inhalte zu verfilmen waren. Als wir die Subphasen formulierten, begannen wir mit dem Filmen im Alter von etwa 5 Monaten und setzten es in festgelegten Intervallen in jeder Subphase fort. Wir filmten die Kinder auch systematisch, wenn die Mutter nicht im Zimmer war, sowie bei ihrer Rückkehr.[3]

Eine vollständige Längsschnittaufzeichnung eines Mutter-Kind-Paares umfaßt annähernd 1200 Meter, wobei die Aufnahmen in wechselnden Zeitabständen erfolgten, je nach dem Entwicklungsstand des Kindes während des Loslösungs- und Individuationsprozesses. Am wichtigsten für unsere Untersuchung war die Verwendung dieser Filme, um einen Querschnitt beim Vergleich der Kinder miteinander zu ermitteln. Bisher haben wir 8 oder 9 the-

[3] Bis zum Alter von 5 Monaten nahmen wir monatlich 30–45 m Film von jedem Kind auf. Vom 5.–17. Monat filmten wir wöchentlich, wobei wir pro Monat insgesamt auf 90 m kamen. Vom 17.–24. Monat filmten wir alle zwei Wochen (monatlich ca. 45–60 m) und im 3. Lebensjahr monatlich ca. 30 m.

men-orientierte Filme aus unseren Unterlagen über einzelne Mutter-Kind-Paare zusammengestellt, um 1. die Subphasen des Loslösungs- und Individuationsprozesses, 2. eine vorläufige Untersuchung von Grundstimmungen, 3. Höhepunkte der Mutter-Kind-Interaktion beim Vergleich von zwei Kindern derselben Mutter, 4. Objektkonstanz, 5. Anpassung und Abwehr in *statu nascendi,* 6. Aspekte des Loslösungs- und Individuationsprozesses im Zusammenhang mit der Rekonstruktion, 7. Trennungsreaktionen und 8. Entwicklungsaspekte libidinöser Objektkonstanz zu veranschaulichen. Ferner hat Mahler zahlreiche Filmspulen für Lehrzwecke bei Vorlesungen an den Psychoanalytischen Instituten von New York und Philadelphia und anderswo zusammengestellt. Wir haben mit der Errichtung einer Filmothek begonnen, wo das Filmmaterial nach Längs- und Querschnittsgesichtspunkten geordnet und aufbewahrt wird. Zu allen unseren Filmen gehören entsprechende maschinengeschriebene und abgeheftete Aufzeichnungen.

7. Das Muster der *Hausbesuche* wandelte sich allmählich. Ursprünglich handelte es sich um recht seltene Vorkommnisse, die den Charakter eines formellen Besuches annahmen und so die Qualität der beobachteten Ereignisse veränderten. Als die Hausbesuche häufiger und bestimmten Mitarbeitern aufgetragen wurden, die ziemlich regelmäßig ins Haus kamen und mit denen die Mütter vertraut werden konnten, gelang es uns besser – sicherlich in wechselndem Maße –, Zeugen eines einigermaßen repräsentativen Tagesablaufs im Leben der Familien und insbesondere der routinemäßigen Versorgung (Füttern, Toilettengewohnheiten) des an der Untersuchung teilnehmenden Kindes zu werden. Die Mütter begannen in hohem Maße unseren Vorschlag zu akzeptieren, ihren Tag wie üblich zu gestalten, so daß wir Atmosphäre und Aktivitäten in einer bestimmten Familie ausreichend kennenlernen konnten. Im allgemeinen fanden die Besuche tagsüber und nicht am Wochenende statt. In den meisten Fällen war es dadurch unmöglich, die Interaktion des Vaters (und manchmal auch der älteren Geschwister) mit der Mutter und dem Kind zu beobachten, wenn auch manchmal ein Vater zu Hause war.

Wir waren an etwaigen Unterschieden zwischen dem Funktionieren des Kindes oder des Mutter-Kind-Paares zu Hause und im *Center* interessiert, und im Laufe der Zeit beeindruckten uns solche Unterschiede zumindest auf einem wichtigen Gebiet: der Vokalisierung und später der Verbalisierung. Diese trat im *Center* in wesentlich geringerem Maße in Erscheinung als zu Hause, was sowohl durch die Berichte der Mütter als auch durch unsere eigenen vergleichenden Beobachtungen bestätigt wurde. Dazu tragen wahrscheinlich verschiedene wichtige Faktoren bei, von denen einer unseres Erachtens mit der Tatsache zusammenhängt, daß die verbale Kommunikation ihre Wurzeln im innigen Verhältnis von Mutter und Kind hat, das sich in der Häuslichkeit viel stärker zeigt als selbst in einer vertrauten Umgebung wie der unseres *Centers*.

8. Das *Testen der Kinder* wurde regelmäßig durchgeführt, wie Tab. 2 zeigt. Ein erfahrener Testpsychologe für Kinder (vom Child Study Center, New Haven) machte umfassende, detaillierte Aufzeichnungen über alle Beobachtungen und fertigte darüber hinaus Entwicklungsprofile des Kindes an.

9. Eine standardisierte psychologische Testbatterie (Wechsler Adult Intelligence Scale, Rorschach, Thematic Apperception Test) wurde beim *Testen der Mütter* angewandt und ein umfassender Testbericht angefertigt.

10. *Beobachtungen der älteren Kleinkinder* wurden in derselben Weise vorgenommen wie Beobachtungen durch die Teilnehmer im Säuglingszimmer. Dies geschah natürlich erst, nachdem wir einen eigenen Raum für die älteren Kinder hatten, doch war dies ziemlich bald der Fall. Das Verhalten des Kindes, seine Interaktion mit den Gleichaltrigen, seine Beziehung zur Beobachterin (Kindergärtnerin, Lehrerin) und die Verwendung von Spielmaterial standen im Mittelpunkt unseres Interesses. Die Mutter-Kind-Interaktion wurde auf ein Minimum beschränkt (die Mütter waren im allgemeinen nicht anwesend), doch unsere Aufmerksamkeit richtete sich auch weiterhin darauf, wie das Kind mit der Abwesenheit der Mutter und der Wiedervereinigung mit ihr zurechtkam.

11. *Individuelle Spielsitzungen* ergänzten schließlich unsere Beobachtungen der älteren Kinder. Uns lag vor allem daran, dem (mittlerweile) reicheren Phantasieleben und dem phantasievolleren Spiel dieser Kinder näherzukommen. In Einzelsitzungen konnte die phantasievollere Ausgestaltung mit weniger Unterbrechungen beobachtet werden. Mit drei Kindern wurden sie bis weit ins Kindergartenalter (4. Lebensjahr) hinein allwöchentlich durchgeführt.

Mitarbeiterkonferenzen: Bemühung um eine Synthese

Während der Jahre der Untersuchung hielten wir regelmäßig zwei verschiedene Konferenzen ab, die sich mit dem Rohmaterial (den berichteten Beobachtungen) und den Informationen befaßten, die sich aus unseren (unten beschriebenen) Versuchen, das Material zu ordnen, ergaben.

1. Die halbwöchentliche *Konferenz der klinischen Mitarbeiter,* denen mit Ausnahme der nicht-teilnehmenden Beobachter die meisten Mitarbeiter beiwohnten, war der Brennpunkt der unmittelbaren Datenauswertung. Die Tatsache, daß verschiedene Personen die gleichen Situationen beobachteten, wurde in unbekümmerten, spontanen Diskussionen nutzbar gemacht, die der Erinnerung von Beobachtungen und dem Vergleichen von Eindrücken dienten und ein Gesamtbild entstehen ließen, das sich aus dem Mosaik individueller Beobachtungen zusammenfügte.

Gelegentlich wurde ein bestimmtes Mutter-Kind-Paar einer Nachprüfung unterzogen. Beobachtungsnotizen und persönliche Erinnerungen wurden in wertvoller Weise durch die Betrachtung der als Längsschnitt angelegten Filmaufnahme des zur Diskussion stehenden Mutter-Kind-Paares ergänzt bzw. stimuliert. Ein andermal wurden zwei Mutter-Kind-Paare für eine vergleichende Diskussion ausgewählt, z. B. Gleichaltrige, die verschiedene Entwicklungsmuster aufwiesen, oder vielleicht mehrere Kinder derselben Mutter. Dann wurden die zum Querschnitt organisierten Filme benutzt.

Die Mitarbeiterkonferenzen erwiesen sich als äußerst nützlich für die Schärfung unserer Beobachtungsgabe, für die Verbesserung von Beobachtungs- und Berichtsmethoden; am wichtigsten war aber, daß sie unser Verständnis für den Forschungsgegenstand vertieften: den Loslösungs- und Individuationsprozeß. Das aus diesen Diskussionen gewonnene Material wurde in Form von Sitzungsprotokollen festgehalten. Diese formlosen periodischen Zusammenfassungen wurden selbst Bestandteil der regelmäßigen Aufzeichnung verfügbarer Daten.

2. Die Autoren des vorliegenden Buches und andere ältere Mitglieder der Forschungsgruppe hielten häufig *Forschungskonferenzen* von etwa dreistündiger Dauer ab. Bei diesen Gelegenheiten wurden neben anderen Punkten Probleme der Methodologie und Forschungsstrategie erörtert. Viele Formulierungen in diesem Buch, die sich mit Verfahrens- und anderen substantiellen Proble-

men befassen, wurden auf diesen Konferenzen gefunden: in Diskussionen, in Fortschrittsberichten an Geldgeber und in Arbeiten, die in der Gruppe vorbereitet und gelesen wurden.

Damit ist die Beschreibung der von uns gesammelten Informationen beendet. Wir wollen uns nun unserem Versuch zuwenden, mit diesen Informationen zu arbeiten.

Anhang B
Ein Grundprinzip der Forschung

Es ist nicht überraschend, daß das Beobachtungs-Setting (Säuglings- und Kinderzimmer und andere der Informationssammlung dienende Situationen) sowie die im Anhang A beschriebenen vielfältigen Berichtsmethoden Informationen in großer Menge erbrachten. Diese Daten umfaßten eine Reihe von Beobachtungen über die Entwicklung des Kindes und der Mutter-Kind-Interaktion während der ersten zwei bis drei Lebensjahre, die unseres Wissens von keiner anderen übertroffen wird. Doch gerade die Fülle der Daten drohte den Fortgang der Forschungen zu hemmen und den Forscher in einer Flut zwar faszinierender, aber unzusammenhängender, unsystematischer klinischer Vignetten und dem theoretischen Kleinkram untergehen zu lassen, der aus ihnen gewonnen werden kann. Wir kämpften dagegen auf zweierlei Art: indem wir unsere Formulierungen stets in unseren zentralen Organisationsvorstellungen über den Loslösungs- und Individuationsprozeß verankerten – ein Ansatz, der Ordnung in die vielen getrennten Beobachtungen brachte; und 2. indem wir vielfältige Ansätze hinsichtlich der Informationssammlung und -analyse entwickelten, die systematischere wie auch stärker klinisch und individuell ausgerichtete Verfahren umfaßten.

Wir haben niemals geglaubt oder beabsichtigt, daß wir unsere sämtlichen Beobachtungen in standardisierter oder gar quantifizierbarer Form kodifizieren könnten oder sollten. Doch ein früher Versuch, dies bei einem Segment unserer Beobachtungen zu tun (siehe die im Anhang C beschriebenen Verhaltensbeurteilungen), mag als Kontrapunkt dienen, um unseren endgültigen Ansatz bei der Datenanalyse und den Prozeß deutlich zu machen, durch den wir zu unseren Formulierungen gelangten. Bei den Verhaltensbeurteilungen nahmen zwei nicht-teilnehmende Beobachter gleichzeitig, doch unabhängig voneinander, Beurteilungen jedes Mutter-Kind-Paares anhand vorher festgesetzter numerischer Skalen und Variablen vor. Diese Beurteilungen konnten dann ausgewertet und die der verschiedenen Beurteiler miteinander in Einklang gebracht werden; sie wurden wechselseitigen Analysen unterzogen, die zu

Bündelungen von Variablen führten, aus denen sich – leger ausgedrückt – Schlußfolgerungen über »Typen« oder »Faktoren« ableiten ließen. Dies ist eine im wesentlichen *statische* Betrachtungsweise des Weges, auf dem man zu »Ergebnissen« gelangt. D. h., eine Datenanalyse wird vorgenommen, und die Resultate werden »abgelesen«.

Dieser Ansatz zeigt sich am klarsten beim traditionellen Modell experimenteller oder wechselseitig-quantitativer Forschung mit sorgfältig geplanten Untersuchungen von geringem Radius, die bestimmten Themen gewidmet sind. Doch wenn man die experimentelle Literatur über nahezu jeden Gegenstand verfolgt, wenn man Ebbe und Flut angeblich »gesicherter« Befunde betrachtet und beobachtet, wie der einfallsreiche Experimentator bei der Kritik der Arbeit seiner Kollegen oft genug mit Ideen aufwarten kann, die eine andere Erklärung für ein bestimmtes Phänomen oder einen ganzen Satz von Befunden zulassen, bemerkt man, daß Forschung dieser Art zwar objektiv durchgeführt wird, in ihren Implikationen aber subjektiv ist. D. h., jene Untersuchungen sind selten – zumindest bei Problemen, von denen angenommen werden kann, daß sie für die von der Psychoanalyse behandelten Gegenstände relevant sind –, bei denen die Ergebnisse nicht letztlich durch den Geist des Experimentators gefiltert werden, wenn er versucht, einer Reihe von Ergebnissen einen Sinn abzugewinnen, deren Ausgang im wesentlichen offen ist. In dieser Hinsicht haben einige der unbedachten Illusionen über das Ablesen von »Resultaten« bei experimenteller Arbeitsweise eine gewisse Ähnlichkeit mit den Illusionen über die Arbeit des Psychologen beim Testen, d. h. mit der Vorstellung, daß Forschungsergebnisse oder diagnostische Untersuchungen schlichtweg von dem Material abgelesen werden, das die jeweils benutzte Technik liefert, statt daß sie sich aus einem komplexen Schlußfolgerungsverfahren ergeben, dessen Regeln nicht genau festgelegt sind.

Da also sogar die klassische experimentelle Forschung häufig nicht zu Resultaten führt, die einfach in statischer Weise »abgelesen« werden können, erforderte der Ansatz, der uns ermöglichen sollte, aus Daten Formulierungen abzuleiten, ein noch »aktiveres« Vorgehen. Unsere Untersuchungsmethoden in verschiedenen Arbeitsphasen waren sowohl das Ergebnis unserer Formulierungen als auch ein Beitrag zu ihnen, indem wir unsere Ideen wie in einem Schneeballsystem entwickelten. Es war nicht so, daß wir eine

Methode entwickelten und dann durch sie zu Resultaten gelangten. Wir hatten vielmehr eine leise Ahnung, gelegentlich sogar eine einigermaßen starke Überzeugung, oder wir waren innerlich unsicher hinsichtlich eines bestimmten Phänomens oder eines Mutter-Kind-Funktionsbereiches u. ä. Daraus wurden Methoden entwikkelt, relevante *Segmente* unserer Daten zu organisieren, zusammenzufügen, sie zu betrachten; sie konnten dann dazu benutzt werden, unsere ursprünglichen Vorstellungen zu erweitern, zu bestätigen, zu klären oder zu ändern.

So repräsentiert beispielsweise die Datenanalyse im Sinne von »Orientierungsfragen« (siehe Anhang C, S. 314) – Fragen über Phänomene, die für alle Subphasen des Loslösungs- und Individuationsprozesses als relevant angesehen werden – selbst eine Forschungsleistung und nicht einfach die Formulierung einer Methode, die Resultate hätte hervorbringen können. Die Orientierungsfragen repräsentieren Formulierungen, die auf dem Wege zu nachfolgender Klärung eine Mittlerrolle spielen. Sie spiegeln unser (jeweiliges) Verständnis einer Vielzahl von Phänomenen wider, deren Beziehung zum Loslösungs- und Individuationsprozeß wir vor Beginn unserer Forschung nicht einmal hätten ahnen können. Daß zum gegenwärtigen Zeitpunkt einige, wenn auch nicht alle dieser Fragen gründlich untersucht und weitgehend geklärt werden konnten, zeugt sowohl von der Fruchtbarkeit unserer Ideen als auch davon, daß unsere Arbeit noch immer nicht abgeschlossen ist. Oder aber betrachten wir die »Gebiete« und die früheren »Kategorien« (siehe Anhang C, S. 314): die Auswahl vieler von ihnen für die Datenanalyse zeigt unser wachsendes Bewußtsein, daß eine Anzahl wichtiger Phänomene der frühkindlichen Entwicklung (zum Beispiel: Sprache, Reinlichkeitsgewöhnung) danach beurteilt werden können, welche Relevanz sie für den Verlauf des Loslösungs- und Individuationsprozesses haben, wie sie auf ihn einwirken und durch ihn beeinflußt werden, insbesondere in den späteren Subphasen.

Ein gutes Beispiel eines Forschungsverfahrens, das unserem ähnelt, ist die produktive Bemühung um systematische Untersuchung detaillierter psychoanalytischer Daten unter der Leitung von Dr. Joseph Sandler in der Londoner *Hampstead Clinic* in den letzten Jahren: das »Indexing Project«. Bei dieser Untersuchung macht man sich (wie bei unserer Arbeit) keine Gedanken, wie man *sämtliche* Daten bewältigen könnte. Man kann nicht darüber nachgrübeln, daß sich vielleicht unter den Daten noch irgend etwas verbirgt, was zu einer neuen Komplikation führen mag; statt dessen tut man einfach, was man kann. Und es stellt sich heraus, daß das eine ganze Menge ist, wenn der Ansatz die regelmäßige Nachprüfung spezifischer klinischer Einzelbeobachtungen aus den Behandlungsstunden (oder Kinderbeobachtungen) anhand von Konzepten einschließt, die die Theorie für den Umgang mit diesen Einzelbeobachtungen bietet. Durch die abwechselnde Berücksichtigung klinischer Daten und psychoanalytischer Theorie waren Sandler und seine Mitarbeiter in der Lage, zentrale Konzepte der psychoanalytischen Theorie zu klären, mitunter neu zu konzeptualisieren und beträchtlich zu vertiefen (Sandler, 1960; Sandler, Holder und Meers, 1963). Hier stehen klinische Phänomene und das Ordnen von Ideen in unmittelbarer Beziehung zueinander – anders, als es sich im Geiste des Analytikers während der Analysestunde selbst abspielt. Das Ziel der Bestandsaufnahme (»indexing«) ist nicht einfach, eine Reihe von Items in Kategorien zu produzieren, die erst *dann* untersucht werden. Vielmehr werden die wichtigsten Entdeckungen gemacht, während man versucht, mit dem Mißverhältnis zwischen klinischen Daten und theoretischen Kategorien fertig zu werden, d. h. während der Bestandsaufnahme selbst. So gelangten auch wir zur Formulierung von Fragen, die als Anleitung zur Erforschung des Rohmaterials dienen sollten; diese Fragen und die Auswahl der Untersuchungsbereiche sind bereits Formulierungen, die sich aus vorhergegangener Arbeit ergeben, und ihre explizite Niederlegung ermöglicht es uns, sie noch eingehender zu untersuchen.

Die Ansätze, die wir im Anhang C beschreiben, dienen einmal der Darstellung unseres Forschungsvorgehens *während seines Verlaufs* und bieten ferner Beispiele unseres Vorgehens bei der Datenanalyse, deren Aufnahme in die Untersuchung wir für erforderlich (oder vielleicht auch für uns am bequemsten) hielten. Diese Ansätze können aber auch die Aufgabe veranschaulichen, der wir uns bei der systematischen Auswertung der Daten gegenübersahen. Was war das für eine Aufgabe? Wir versuchten Grundlinien, Maßstäbe und Kriterien zu finden, um die Signifikanz (sowohl im Sinne von Bedeutung als auch von Wichtigkeit) der Phänomene beurteilen zu können, deren Zeugen wir waren.

Was bedeutet das? Der Psychoanalytiker folgt in seiner Praxis bestimmten Grundregeln. Die Couch, der Analytiker, der außerhalb des Blickfeldes des Patienten sitzt, die Regelmäßigkeit, mit

der die Stunden, die ja beinahe heilig gehalten werden, stattfinden, die Grundregel – all das sind nicht nur Vorbedingungen für einen optimalen Verlauf des analytischen Prozesses, sie bilden vielmehr gerade wegen ihrer Regelmäßigkeit und ihres hohen Standardisierungsgrades die eigentliche Basis für das Verständnis der analytischen Phänomene. So befähigen sie uns z. B., die Vorstellung, die der Patient vom Analytiker hat, als zum großen Teil auf Übertragung beruhend zu erkennen oder Zuspätkommen, Fehlen oder Unterbrechungen im Fluß der Assoziationen (wiederum zum großen Teil) als Widerstände zu deuten. Darüber hinaus stehen dem Analytiker bestimmte, oft nur implizite Wegweiser zur Verfügung, die ihm einschätzen helfen, was vorgeht, sei es die Übertragung, das gegenwärtige Funktionieren des Patienten, Aspekte seines Traumerlebens, die allgemeine Vorstellung (im Geiste des Analytikers) aller übrigen Patienten, die früher behandelt wurden, oder auch die Gegenübertragung. Regelmäßigkeit, Verkehrsregeln, Standards und Grundlinien machen die Arbeit möglich.
In sehr ähnlicher Weise vollzieht sich auch das Denken des Psychologen, wenn er es mit den Ergebnissen psychologischer Tests zu tun hat. Der Vorteil, den die Tests bei der Beurteilung des Funktionierens eines bestimmten Patienten bieten, liegt nicht in den zwingenden Einschränkungen durch die Testregeln – denn darin findet immer noch die individuelle Verschiedenheit der Tester Eingang –, sondern eher in der relativen Gleichmäßigkeit des Verfahrens und der stattlichen Anzahl von Ideen zur Organisierung der Phänomene, die es dem Tester erlauben, *innerlich* eine Reihe von Normen und Erwartungen aufzubauen, die ihn befähigen, bestimmte idiosynkratische Reaktionsvarianten zu ergründen und die Bedeutung spezifischer Reaktionen im Zusammenhang mit verschiedenen Altersstufen, verschiedenen Umweltbedingungen oder verschiedenen pathologischen Syndromen zu beurteilen.
So sollten uns auch unsere Versuche, Daten zu kategorisieren, dazu verhelfen, verschiedene Spielarten bestimmter Phänomene in ausreichender Zahl wiederholt zu beobachten, um eine Reihe von inneren Vergleichsmaßstäben entwickeln zu können, die uns erkennen ließen, was vorging. Dies ist in der klinischen Forschung keineswegs selten.
Nehmen wir folgendes Beispiel: »Warum bewegen sich die Wolken?« fragte Piaget (1930) viele Kinder. Wenn sie darauf antworteten, fühlte er sich berechtigt, viele weitere Fragen zu stellen, um

dadurch dem Auf und Ab ihres Denkens und ihrer frühen Urteilsbildung auf die Spur zu kommen. Er gab sich nicht mit einer Reihe von Standardfragen zufrieden, um höchstmögliche Objektivität zu beweisen. Andererseits folgte er dem Kind nicht ohne weiteres in alle Richtungen, die sein Geist einschlug. Wenn das Kind der Frage auswich, um über etwas völlig Irrelevantes zu sprechen, registrierte Piaget diesen Vorgang, doch das heißt nicht, daß er dem Kind auf die Pfade folgte, auf die solche Einfälle hinwiesen, wie es in der analytischen Arbeit geschieht, wo das Kind frei assoziiert. Es ist die freie, uneingeschränkte Exploration in einem mäßig eingeschränkten Erscheinungsbereich, die Piagets »klinische Methode« (1929a) kennzeichnet.

Der Vorteil dieses Ansatzes den Phänomenen gegenüber ist folgender: der klinische Forscher entwickelt durch seine wiederholten Beobachtungen eine verinnerlichte Reihe von Standards, mit denen er die Reaktionen jedes beliebigen Individuums messen kann. Er gewinnt eine Vorstellung von Umfang und Spielarten, mitunter mit Entwicklungsverläufen oder Vorbedingungen für gewisse individuelle idiosynkratische Reaktionen, im Bereich bestimmter Phänomene.

In ihrem Buch über Heimkinder liefern Provence und Lipton (1962) ein weiteres Beispiel für diese Arbeitsweise. Die Autoren untersuchten die Entwicklung von Kindern, die in einer »sterilen« (in beiden Bedeutungen des Wortes: sauber und hygienisch, aber auch entmenschlicht) Umgebung aufwuchsen, und registrierten die auftretenden Entwicklungsstörungen sowie die teilweise Wiederherstellung dieser Kinder, nachdem sie in Familien aufgenommen worden waren. Ihre Verfahrensweise ermöglichte es ihnen, Phänomene wiederholt zu beobachten, die sich bei einzelnen Kindern unter solchen Umständen in jedem Stadium entwickeln. Ihre Beobachtungen waren einerseits völlig offen – sie griffen alles auf, was sie sahen und hörten – und wurden andererseits partiell unter den Auspizien halbstrukturierter Test- und Beobachtungsverfahren durchgeführt. Doch es war die Tatsache der *wiederholten* Beobachtung, die die Forscher in die Lage versetzte festzustellen, mit welch bemerkenswerter Regelmäßigkeit bestimmte Entwicklungsstörungen bei diesen Kindern auftraten, und zu erkennen, daß sich bestimmte Funktionen zwar entwickeln (in dem Sinne, daß das Kind dazu physisch die Möglichkeit hat), daß sie aber der Anpassungsfähigkeit des Kindes nicht zugute kommen können, wenn keine Mutter da ist, die helfen kann, sie zutage treten zu lassen und zu organisieren. Die Autoren vermochten auch in sehr differenzierter Weise die spezifcschen Wirkungen dieses Gesamterlebens des Kindes auf bestimmte Ich-Funktionen u. ä. zu beschreiben. In ähnlicher Weise zielten unsere Methoden der Datensammlung und -analyse darauf ab, uns die Möglichkeit zu wiederholten Beobachtungen in umfassender, wenngleich leicht eingeschränkter Form innerhalb eines bestimmten Erscheinungsfeldes zu geben.

Wir möchten ein weiteres Beispiel nennen, diesmal aus einer Arbeit, die Pine (1970) an anderer Stelle veröffentlicht hat. Während einer Längsschnittuntersuchung über die Entwicklung »durchschnittlicher« (oder eigentlich unausgelesener) Kinder bot sich die Gelegenheit, geringfügige, oft unbemerkte Verhaltenspartikel des Kindes zu studieren, wenn es mit Reizen konfrontiert wird, die geeignet sind, einerseits skopophile, andererseits anale Impulse zu wecken. Die Situationen waren, kurz gesagt, folgende: eine einem Puzzlespiel ähnliche Reihe von Verfahrensweisen, die gewisse erregende Stimuli als Bestandteil der Materialien, mit denen das Kind arbeiten sollte, einschlossen, und Gespräche mit den Müttern über das Verhalten des Kindes zu Hause, wenn es relativ natürlichen Situationen gegenübersteht, wie sie sich etwa beim An- oder Auskleiden oder beim Aufsuchen der Toilette ergeben. Angesichts der Möglichkeit, dies bei etwa 30 Kindern zu beobachten bzw. davon berichtet zu bekommen, begann sich eine Reihe von Regelmäßigkeiten herauszuschälen, obgleich sie ganz abseits der ursprünglichen Intentionen dieser besonderen Verfahrensweisen bei der Forschung lagen. Doch wiederum führte die wiederholte Begegnung der Forscher mit den Phänomenen zur Entdeckung von Regelmäßigkeiten und Variationen über das Thema, die uns andernfalls vielleicht nicht ins Auge gefallen wären. Diese Regelmäßigkeiten ließen sich im Sinne multi-funktionaler Aspekte des Verhaltens verstehen, mit dem das Kind diesen Stimuli begegnete. Das Kind entwickelte bzw. »konstruierte« langsam und automatisch Verhaltensweisen, durch die die Befriedigung im Gedächtnis bewahrt wurde, während die Angst in voller Übereinstimmung mit den Verboten und den Möglichkeiten seiner spezifischen Familienumwelt auf ein Minimum herabgesetzt wurde. Diese Formulierungen sowie andere, die Trennungssituationen betreffen und auf ähnliche Weise erarbeitet wurden, sind an anderer Stelle im Detail festgehalten worden (Pine, 1970, 1971). Mahlers jahrelange Arbeit, soweit sie Problemen der Symbiose und der Getrenntheit galt, bot ebenfalls Gelegenheit zu wiederholten, doch offenbar unendlich wandelbaren Begegnungen mit einer bestimmten Art menschlicher Phänomene – Begegnungen, die schließlich im vorliegenden Werk gipfelten.

Angesichts der Komplexität unserer Forschungen sowie der Subtilität der untersuchten Phänomene, mit denen der Wunsch verbunden war, daß diesen Phänomenen ein gewisses Maß an unwillkürlicher Bestätigung zuteil würde, wurde die ganze Arbeit von uns und einer Gruppe von Mitarbeitern geleistet, die nicht nur gut ausgebildet, sondern insbesondere hinsichtlich der klinischen Phänomene und der klinischen Theorie des Loslösungs- und Individuationsprozesses sehr versiert waren. Unser vor einigen Jahren gefaßter Entschluß, mit einem solchen eng miteinander verbundenen und erfahrenen Mitarbeiterstab zu arbeiten – selbst auf die Gefahr der Voreingenommenheit auf seiten der Untersucher hin –, schien uns der Komplexität der untersuchten Phänomene angemessen (sowie der Notwendigkeit, zu Müttern und Kindern zweckmäßige und empathische Beziehungen zu pflegen), und er hat uns offenbar nicht daran gehindert, unsere Konzepte unterwegs an vielen Punkten zu erweitern und zu ändern.

Anhang C
Forschungsstrategien

Ebenso wie sich unser Beobachtungssetting während der mehr als zehnjährigen Untersuchung in seiner Entwicklung veränderte (etwa durch den zusätzlichen Raum für die älteren Kleinkinder, den Umzug in eine neue Umgebung), veränderten sich auch unsere Bemühungen um die Ordnung der gesammelten Daten. Aber die Folge der Veränderungen kann nicht in linearer Weise beschrieben werden. Es handelte sich um eine organische Entwicklung, wobei frühere Ansätze in abgewandelter Form später erneut auftauchten, aber dennoch während des ganzen Prozesses viele unveränderliche Größen bestehenblieben. So herrschte durchweg eine klinische Orientierung ohne vorbestimmtes Ziel, wobei der Beobachter als Integrationsorgan für die Menge der beobachteten Phänomene gedacht war. Außerdem versuchten wir in jedem Stadium der Arbeit die Beobachtungen der einen oder anderen Gruppe von Bereichen zuzuordnen, die uns aus diesem oder jenem Grunde (je nach dem Stadium unserer Forschung) jeweils von zentraler Bedeutung zu sein schienen.

Was wir in linearer Form langzeitig entwickelten, war folgendes: a) die progressive Errichtung und Klärung des Grundprinzips der Forschung (siehe Anhang B); b) die ständige Verfeinerung des Grundprinzips für unsere Auswahl von Klassifizierungskategorien (dieses Grundprinzip wurde in zunehmenden Maße auf unsere Formulierung des Loslösungs- und Individuationsprozesses abgestimmt); c) eine wachsende Neigung, die Daten nach Zeitabfolgen zu ordnen, um vergleichende Untersuchungen aller Kinder in einem bestimmten Monat ihrer Entwicklung zu ermöglichen und die Entwicklung jedes Kindes zu verschiedenen Zeitpunkten zu vergleichen, d) mit der Ausarbeitung einer klareren und umfassenderen Darstellung der Subphasen des Loslösungs- und Individuationsprozesses nach 1963 (siehe Mahler, 1965b) konnten die Datenanalysen spezifisch auf diese Subphasen abgestimmt werden (siehe »Die Orientierungsfragen«, S. 324). Im Hinblick auf diesen letzten Punkt begannen wir 1963 (nach mehreren vorausgegangenen Jahren der Arbeit am Loslösungs- und Individuationsprozeß) mit einer siebenjährigen Untersuchung, die zum Ziel hatte, die Subphasenhypothese zu verifizieren, zu modifizieren und zu verfeinern. Zu diesem Zeitpunkt übernahm Dr. Manuel Furer die Leitung der Klinik für symbiotisch-psychotische Kinder, während Mahler Forschungsleiterin der Untersuchung der normalen Loslösungs- und Individuationsphase blieb.

Ursprüngliche Ansätze

Wie bereits erwähnt, stand von Anfang an eine klinische Orientierung ohne vorbestimmtes Ziel im Vordergrund, wobei wir uns bemühten, unsere Beobachtungen in Kategorien einzuordnen. Außerdem planten wir anfangs die Beurteilung einer Vielzahl von Variablen (Schmerz- und sensorische Schwellen, Verwandtschaft, Frustrationstoleranz, Kommunikationsweisen, Konsistenz des Verhaltens, Gefühlsausdruck, Neigung zu Aktivität oder Passivität, Selbständigkeit/Unabhängigkeit, Unterscheidungs- und Auswahlvermögen, usw.), die teilweise unserem Interesse an der symbiotischen Psychose entstammten, zum anderen dem, was nach unserem Verständnis für die normale Kindesentwicklung von zentraler Bedeutung ist, und schließlich einer Art allumfassendem Ansatz in bezug auf die Datensammlung. Einige dieser Variablen nehmen in unseren Vorstellungen noch immer eine zentrale Stellung ein, andere nicht mehr.

Verhaltensbeurteilungen[1]

Etwa vom dritten Jahr unserer Untersuchung an (1961) entwickelten wir einige Ansätze bezüglich standardisierter, quantifizierter Beurteilungen verschiedenster Art. Diese erwuchsen aus früheren klinischen Beobachtungen, und die beurteilten Variablen wurden aufgrund des Studiums der Beobachtungsprotokolle formuliert. Schließlich erschienen uns diese Verfahren aber nicht allzu fruchtbar für die Erlangung spezifischer »Befunde«; ihr bleibender Wert lag für uns eher in ihrer Formulierung selbst: sie zwangen uns, unsere Konzepte mit unseren Beobachtungen zu verknüpfen; sie halfen uns, eine präzisere Ausdrucksweise zu entwickeln, die den

[1] Die folgende Erörterung ist in leicht abgewandelter Form in einer Arbeit von F. Pine und M. Furer unter dem Titel »Studies of the Separation-Individuation Phase: A Methodological Overview« enthalten. Sie erschien in *The Psychoanalytic Study of the Child,* Bd. 18 (1963), S. 325–341.

untersuchten Phänomenen angemessen war, und auf der persönlichen Ebene waren sie das Hilfsmittel, durch das Mahler mit ihrer großen klinischen Erfahrung und dem Mitarbeiterstab der Weg geebnet wurde, um Datensammlung und -analyse systematischer und auf eine Weise betreiben zu können, die auch klinisch tragfähig war – einen Weg, der zur gegenwärtigen Zusammenarbeit führte.

Unseren ersten Versuch nannten wir »Verhaltensbeurteilungen«. Bei unserem anfänglichen umfassenden Ansatz wurden alle normalen Kleinkinder und ihre Mütter beobachtet und von nicht-teilnehmenden Beobachtern, die paarweise zusammenarbeiteten, nach 58 verschiedenen Variablen beurteilt. Die Variablen wurden aus früheren klinischen Aufzeichnungen gewonnen. Ein Beurteilerpaar führte drei halbstündige Beobachtungen eines jeden Kindes durch, bevor eine endgültige Beurteilung des Kindes hinsichtlich jeder einzelnen Variable erfolgte. Diese drei Beobachtungen wurden später zu einem Zeitpunkt wiederholt, wenn das Kind einige Monate älter war, um eine Beurteilung von Veränderungen in der Entwicklung zu ermöglichen. Eine Vorprüfung dieser Beurteilungen hatte eine ausgezeichnete »Interrater«*–Verläßlichkeit erbracht, und die Voraus-Analysen der Daten ließen erkennen, daß durch die Beurteilung signifikante Aspekte der jeweiligen Mutter-Kind-Interaktion erfaßt wurden.

Um welche Variablen handelte es sich? Es gab eine Reihe, die die Entwicklung der Objektbeziehung betraf: die Reaktion des Kindes auf seine Mutter, auf andere Erwachsene, andere Kinder und auf unbelebte Objekte. Darin waren die Zeitspanne, die das Kind mit der Mutter verbrachte, seine räumliche Position im Verhältnis zu ihr und bevorzugte sensorische Kommunikationsmodalitäten zwischen Mutter und Kind enthalten. Wir untersuchten auch, in welchem Umfang und auf welche Art die Mutter das Kind tröstete, wie empfänglich das Kind dafür war, wie viele tröstende Verhaltensweisen der Mutter beim Kontakt mit ihrem Kind zur Verfügung standen und in welchem Maße ihr Trostverhalten manipulativ war. Ebenso untersuchten wir, auf welche Weise das Kind an die Mutter appellierte, wenn es trostbedürftig war, und wie lange es diesen Appell fortsetzen konnte, wenn die Mutter den Trost nicht sofort spendete. Generell untersuchten wir zahlreiche

* Übereinstimmende Ergebnisse bei verschiedenen Beurteilern. Anm. d. Übers.

Arten der Annäherung und des Kontakts zwischen Mutter und Kind auf ihre Bedeutung für den Loslösungs- und Individuationsprozeß.

Eine zweite Reihe von Variablen wurde den Aufzeichnungen über Beobachtungen und Eindrücke unserer teilnehmenden und nichtteilnehmenden Beobachter hinsichtlich der Entwicklung jener Ich-Funktionen entnommen, die als potentielle Indikatoren für den Verlauf des Loslösungs- und Individuationsprozesses gelten konnten. Dazu gehörten auch die Kommunikation mittels Signalen und die motorischen Funktionen. Erstere ist für die Kommunikationsprozesse von Bedeutung, die zur Aufrechterhaltung des Kontaktes zwischen Mutter und Kind auch dann erforderlich sind, wenn sich das Kind in zunehmendem Maße von der Mutter löst. Unser Interesse an der zweiten Ich-Funktion (der motorischen Entwicklung) ging ursprünglich auf Mahlers (1958b) Hypothese über die rasche Entwicklung der Fortbewegung zurück, die – indem sie die emotionale Bereitschaft des Kindes zur Loslösung überrundet – zum Auslöser für die symbiotisch-psychotische Fragmentierung des Ichs werden kann. Variablen im Zusammenhang mit Aktivitäten, die der Kommunikation dienen, waren unter anderem die Entwicklung vom autoerotischen zum kommunikativen Gebrauch des Mundes sowie einige Sprachentwicklungen. Bei letzteren untersuchten wir beispielsweise die Spezifität der kindlichen Kommunikationen und wie diese benutzt wurden, um an die Mutter zu appellieren. Auch das motorische Verhalten wurde untersucht und Motilitätsmuster (im Zusammenhang mit der Loslösung von der Mutter, mit der Bewältigung der Umwelt und mit der Bewegungsanmut) einer Beurteilung unterzogen (vgl. Homburger, 1923).

Alle diese Fragen – aus dem Bereich der Mutter-Kind-Interaktion und der kindlichen Entwicklung – wurden in spezifische deskriptive Kategorien übertragen und ausgewertet. Ein Item wurde z. B. »Brennpunkt motorisches Verhalten« genannt. Der Auswerter hatte zu entscheiden, ob das motorische Verhalten eines Kindes 1) typischerweise mehr im Herumwandern bestand und weniger zielgerichtet war, 2) ob es nur geringfügig mehr herumwanderte, als sich zielgerichtet bewegte, 3) ob die zielgerichtete Bewegung geringfügig stärker als das Herumwandern war, oder 4) ob die zielgerichtete Bewegung typisch und das Herumwandern selten war. In einer anderen Kategorie, die die Bezeichnung »Erfolg beim Auslösen von Reaktionen der Mutter« erhielt – das bedeutet, das

Kind wünscht oder braucht eine gewisse Reaktion oder einen zufriedenstellenden Ersatz von seiten der Mutter, und die Mutter scheint dieses Bedürfnis nicht sofort wahrzunehmen –, sollte der Auswerter entscheiden, ob das Kind 1) jedesmal eine Reaktion auszulösen vermag, 2) im allgemeinen, wenn auch nicht immer, eine Reaktion auslösen kann, 3) selten eine Reaktion auslöst oder 4) unfähig ist, eine Reaktion auszulösen, und hilflos erscheint. Es war beabsichtigt, mit Hilfe der Analyse dieser Daten individuelle Muster von Mutter-Kind-Beziehungen abzuschätzen und diese mit spezifischen Mustern des Entstehens von Ich-Funktionen und ihrer Integration durch das Kind zu korrelieren.
Einige aufschlußreiche frühe Ergebnisse quantitativer Analysen dieser Beurteilungen teilten Pine und Furer (1963) und Pine (1964) mit. Es ergab sich jedoch eine Vielzahl von Komplikationen, die bedacht werden müssen. Diese Forschungsstrategie litt nämlich darunter, daß sie eben jene Spezifizierung und Konkretheit, die die Beurteilungskategorien liefern sollten, einesteils in zu hohem, andernteils in zu geringem Maße bot, wie sich aus der folgenden Erörterung ergeben wird.
Als wir anfangs vor dem Problem standen, entscheiden zu müssen, wie vergleichbare Beobachtungen und Beschreibungen aller Kinder zu sammeln seien, zogen wir in Betracht, bestimmte Verhaltensweisen bei ihrem Auftreten zu registrieren und sie dann irgendwie für Vergleichszwecke zu quantifizieren. Doch es wurde bald offenbar, daß wir eine konkretere Spezifizierung der »bestimmten Verhaltensweisen« benötigten, die zu beobachten waren. Wir standen also vor dem Problem, definieren zu müssen, welches die einzelnen Größen einer Verhaltenssequenz waren – wann begann und wann endete sie? Das Sammeln ausführlicher Beschreibungen, die später kodifiziert und ausgewertet werden mußten, hätte praktisch zeitliche und finanzielle Anforderungen mit sich gebracht, die nicht leicht zu bewältigen waren. Wir entschieden uns daher für das oben beschriebene System – mit *a priori*-Beschreibungen von Verhaltensmöglichkeiten (wie wir sie aus früheren Beobachtungen und klinischer Erfahrung gewonnen hatten) und der direkten Beobachtung eines Kindes durch einen Beurteiler (indem der Beurteiler einfach eine der *a priori*-Beschreibungen abhakte, statt das beobachtete Verhalten im Detail zu registrieren). Wir gingen davon aus, daß das hier fehlende deskriptive Material aus der klinischen Arbeit hervorgehen würde. Doch diese *a priori*-Beschrei-

bungen, die wir zeitweise in den Kategorien benutzten, eigneten sich nicht ohne weiteres für jedes Kind in den später untersuchten Gruppen. Die Beurteiler manipulierten dann ihre Urteile, oft, indem sie sie in die unauffälligeren Kategorien einreihten, mit dem Ergebnis, daß die Kategorien nicht immer genügend zwischen den Kindern differenzierten. Außerdem waren manche Beurteilungen innerhalb der Kategorien einfach zu allgemein und umfaßten alle Punkte, so daß die drei anderen Positionen der Skala nicht beurteilt werden konnten.

Andererseits waren die Bezeichnungen der Kategorien häufig nicht spezifisch genug, so daß jeder Beurteiler bei seinen Beurteilungen eines bestimmten Kindes von Verhaltensweisen ausging, die leicht voneinander abwichen. Es ist gewiß klargeworden, daß Übereinstimmung unter den Beurteilern desto wahrscheinlicher wird, je genauer die Beurteilungskategorien beobachtbares Verhalten beschreiben. Wir fanden es daher erheblich leichter, mit Beschreibungen motorischer Verhaltensmuster zu arbeiten als mit Schlußfolgerungen über die Reaktion des Kindes auf innere Körpervorgänge oder mit der Entwicklung des Körperschemas. Um letztere untersuchen zu können, müssen subtilere, vorläufigere Forschungsansätze entwickelt werden.

Nachdem wir bei der Datensammlung auf halbem Wege angekommen waren, eliminierten wir jene Kategorien, die den Beurteilern nicht erlaubten, zwischen den Kindern zu differenzieren, und bei denen die Interrater-Verläßlichkeit gering war (d. h., wenn sich die Beurteiler hinsichtlich eines Kindes nicht einigen konnten). Die Eliminierung der schwächsten Kategorien aus diesen Gründen bedeutete, daß wir etwa ein Viertel der ursprünglich 58 Kategorien aufgaben; mit den verbliebenen arbeiteten wir weiter.

Die Eliminierung der schwächeren Kategorien löste keineswegs alle unsere Probleme; die raschen Veränderungen in der Entwicklung des normalen Kleinkindes schufen neue. Wir können von einem Kind kein Bild machen, wenn es nicht stillhält – und es hält nicht still! Ständig finden neue Entwicklungen statt, und die Variationen von einem Augenblick zum anderen, selbst im Laufe eines Tages (etwa durch Müdigkeit oder Hunger), sind beträchtlich. Filme kann man machen, photographieren nicht. Und doch war das Beurteilungsverfahren relativ statisch. Es konnte nicht alle Variationen von einem Augenblick zum anderen oder dynamische Veränderungen zeigen. Wir führten häufigere Beobachtungen und

Beurteilungen ein (zweimonatlich, soweit dies im Rahmen der Möglichkeiten unserer Mitarbeiter lag), doch selbst dies erbrachte nur eine Reihe relativ statischer Beschreibungen des Kindes, so daß wir sie allmählich durch die Beobachtung von Bereichen, die für uns von spezifischem Interesse waren, und durch die bereits geschilderten koordinierten Beobachtungen von teilnehmenden und nicht-teilnehmenden Beobachtern ersetzten.
Während bei der klinischen Arbeit das Sammeln von Informationen und Entdeckungen zeitlich eng verbunden sind, liegt beides bei den Verhaltensbeurteilungen und den nachfolgenden korrelierenden Analysen weit auseinander. Wenn Beurteilungen über ein oder zwei Jahre gesammelt werden, selbst wenn es sich nur um ein Dutzend Kinder handelt, liegt ein großer Zwischenraum zwischen einer spezifischen Beurteilung und den endgültigen korrelierenden Analysen, die durchgeführt werden, sobald sämtliche Daten zur Verfügung stehen. Während in manchen Forschungssettings diese Verzögerung kein Problem zu sein braucht, war sie es für uns in beträchtlichem Maße, denn sie erschwerte den Vergleich quantitativer Ergebnisse mit klinischen Ereignissen im jeweiligen Augenblick. Wir hatten gehofft, daß sich unsere Forschungen auf eine gegenseitige Befruchtung von einerseits stärker klinisch, andererseits stärker quantitativ ausgerichteten Verfahren würde stützen können, doch kam diese gegenseitige Befruchtung manchmal eben deshalb nicht zustande, weil die Durchführung des formalen Forschungsplans einen Aufschub erforderlich machte. Es traf zu, daß klinische und quantitative Fakten zu einem späteren Zeitpunkt zu gegenseitiger Bereicherung hätten führen können, nachdem die Analysen abgeschlossen waren. Doch statt abzuwarten, versuchten wir klinische und quantitative Arbeit näher zusammenzurücken – etwa durch schriftliche Darstellung der Phänomene, auf denen die Beurteilungen beruhten –, aber letztlich entschieden wir uns für zwar systematische, doch nicht-quantitative Ansätze.
Eine Nebenbemerkung verdient wegen ihres historischen Interesses festgehalten zu werden. Die Verhaltensbeurteilungen, die weitgehend versagten, weil sie mit dem Wachstum des Kleinkindes nicht Schritt hielten, wurden in der Tat formuliert, bevor wir eine Vorstellung von den Subphasen entwickelt hatten. Wie an anderen Punkten unserer Forschung, wo uns offensichtliche methodologische Probleme zu neuen Erkenntnissen führten, mag der Mangel an Übereinstimmung zwischen diesen Verhaltensbeurteilungen

und dem Entwicklungsprozeß dazu beigetragen haben, daß die Subphasen gerade zu diesem Zeitpunkt formuliert wurden.

Vergleichende Beobachtungen über die Individuation von Kindern in Beisein und in Abwesenheit der Mütter

Ein anderer Forschungsgang, der festgelegte Beurteilungen benutzte, hatte ein experimentelles, auf Beobachtung beruhendes Verfahren zur Folge. Das Funktionsniveau der Kinder vom älteren Kleinkindalter an wurde sowohl im Beisein als in Abwesenheit der Mütter beobachtet und ausgewertet. Es interessierte uns, in welchem Maße gewisse Errungenschaften vom Kind in Abwesenheit der Mutter bewahrt wurden. Bei welchen Kindern waren die Ich-Funktionen in Abwesenheit der Mutter nicht beeinträchtigt, und auf welchen Gebieten? Wir hofften, mittels kurzer Trennungen des Kindes von der Mutter herausfinden zu können, inwieweit das Funktionieren des Kindes von der körperlichen Anwesenheit der Mutter abhängig war.

Wir bewerteten sechs Bereiche: Spiel, Aufmerksamkeitsspanne, Verständnis und Gebrauch der Sprache, grob- und feinmotorische Fähigkeiten. Die Beurteiler wurden gebeten zu bestimmen, ob das Funktionsniveau in jedem dieser Bereiche in Anwesenheit der Mutter höher oder niedriger war als in ihrer Abwesenheit, und zwar entsprechend den Kriterien, die in einem Beurteilungshandbuch niedergelegt waren. Wenn solche Funktionsänderungen in Abwesenheit der Mutter festgestellt wurden, mußten wir zu ihrer Erklärung immer noch unser klinisches Material zu Rate ziehen. Entwicklungstests für Säuglinge und Kleinkinder wurden auf diese sechs Bereiche abgestimmt, so daß wir der Frage nachgehen konnten, ob jene Funktionen, die beim Kleinkind ein höheres Niveau erreicht hatten, in Abwesenheit der Mutter besser bewahrt wurden als weniger vollständig beherrschte Ich-Funktionen.

Diese Arbeit galt anfänglich dem Versuch, eine relativ geschlossene, doch sinnvolle experimentelle Situation zu schaffen, die lediglich hinsichtlich der Anwesenheit der Mutter und der Feststellung von Veränderungen der Reaktionen des Kleinkindes (die vermutlich auf Anwesenheit oder Abwesenheit der Mutter zurückzuführen waren) variierten. Das Problem bei Säuglingen und Kleinkindern lag jedoch darin, daß die Mütter anderer Kinder und die teilnehmenden Beobachter der Säuglinge ihren Umgang mit dem Kind oft sichtbar veränderten, sobald seine Mutter den Raum

verlassen hatte. Sie wurden wachsamer und pflegebewußter, kurz, sie übernahmen die Mutterrolle. Die Veränderung betraf also nicht nur die Anwesenheit der Mutter, und es war daher schwierig, spezifische Veränderungen beim Kind einzig auf die Anwesenheit oder Abwesenheit der Mutter zurückyaführen. Trotzdem ermöglichte diese Methode einige interessante Beobachtungen, die eine relativ vergleichbare Anwendung auf alle Kinder zuließen.
So gab es beispielsweise unter normalen Kleinkindern nicht nur solche, bei denen sich bestimmte Funktionsweisen in Abwesenheit der Mutter verschlechterten, sondern auch solche, bei denen sie sich verbesserten, und auch die Qualität ihres Funktionierens veränderte sich. Alles dies ergab sich aus der Subphasenposition des Kindes – mit der die Mutter-Kind-Beziehung zusammenhing – sowie aus der angeborenen Veranlagung des Kindes. In allen Fällen lag die Vermutung nahe, daß das Kind zwar noch nicht selbständig funktionierte, sich aber zur Steigerung oder Minderung dieses selbständigen Funktionierens auf irgendeine Weise der Mutter bediente. So senkte sich bei einem Kind, dessen grobmotorisches (Fortbewegungs-) Verhalten für sein Alter hochentwickelt war und dessen Mutter dieses Verhalten stets unterstützt und geschätzt hatte, das Niveau der Grobmotorik, wenn die Mutter abwesend war. Dieses Kind hatte den Anforderungen der Mutter stets entsprochen, indem es gute Leistungen in der von ihr gewünschten Weise erbrachte, doch hingen diese Leistungen noch bis zu einem gewissen Grade von der Anwesenheit der Mutter ab. An welchem Punkt wurde die motorische Tüchtigkeit in dem Sinne autonom, daß sie auch in Abwesenheit der Mutter aufrechterhalten werden konnte?
In scharfem Gegensatz dazu zeigte ein anderes Kind ein Muster motorischen Verhaltens, das in typischer Weise ziellos wirkte; es fiel oft und bös hin, ohne einen Laut von sich zu geben. Seine Mutter verfolgte hinsichtlich vieler Aspekte der Betreuung ihres Sohnes eine »Hände weg«-Politik: sie frustrierte ihn zwar nicht, versäumte aber anfangs, ihn bei der Sphinkterkontrolle zu unterstützen, und sie ignorierte sein häufiges hartes Hinfallen. Seinem ziellosen motorischen Verhalten schien eben das an innerer Lenkung zu fehlen, was ihm an Lenkung durch seine Mutter fehlte. Aber dieses Verhalten schien auch mit der physischen Anwesenheit der Mutter zusammenzuhängen; in ihrer Abwesenheit besserte sich sein grobmotorisches Verhalten: er fiel zum Beispiel seltener

hin und war etwas zielgerichteter. Diese enge Verbindung zwischen seinem motorischen Funktionieren und seiner Beziehung zur Mutter ließ vielleicht bereits seine späteren Fortschritte auf diesem Gebiet ahnen, die sich einstellten, als sich die Mutter-Kind-Beziehung änderte. Als das Kind sprechen lernte und die Mutter dieses Kommunikationsmittel nutzen konnte, um eine konzentriertere, ordnende Pflegeleistung zu bieten, machte das Kind nicht nur Fortschritte im verbalen, sondern auch im motorischen Bereich.

Beurteilung der Mütter

Neben diesen recht detaillierten Forschungsplänen formulierten wir auch ein ziemlich einfaches Verfahren, um jede Mutter nach Variablen zu beurteilen, die (sowohl in bezug auf das Kind wie auf sie selbst) ihre Neigung reflektierten, 1) infantiles, 2) altersentsprechendes, unabhängiges, 3) frühreifes, pseudo-unabhängiges Verhalten zu fördern oder an den Tag zu legen.

Trotz des Maßes an Planung und Mühe, das auf diese formalen Beurteilungsschemata verwandt wurde, ergaben sich bei der tatsächlichen Anwendung viele der bereits geschilderten methodologischen Schwierigkeiten und Unstimmigkeiten mit dem umfassenden klinischen Forschungsvorhaben. Die Beurteilungsschemata leisteten sicherlich einen Beitrag zu unserer Arbeit, doch kam dieser – wie bereits anläßlich der Erörterung des Grundprinzips unserer Forschung erwähnt – in erster Linie dem Prozeß der Spezifizierung zugute sowie der Verknüpfung von Konzepten mit Beobachtungen, der Verdeutlichung von Variablen; es war ein Beitrag, der gerade für die Formulierung dieser Forschungsstrategien von wesentlicher Bedeutung war. Nach diesen Bemühungen und während der klinisch-beobachtende Ansatz weiterverfolgt wurde, wandten wir uns ganz anderen Methoden der Datensystematisierung zu, die wir nun beschreiben wollen.

Von 1963 an (nachdem Mahler die Subphasentheorie skizziert hatte), als einigermaßen klare, gut ausgearbeitete Formulierungen einer Reihe von Subphasen des Loslösungs- und Individuationsprozesses (siehe Mahler, 1963) auf der Grundlage beobachtender Arbeit sowie der klinischen und Forschungsmeetings geschaffen worden waren, begannen wir ein Verfahren zu entwerfen, um die systematische Analyse klinischer Daten zu organisieren und mit den Subphasen zu koordinieren.

Nach einer Phase der Konferenzen, der Selbsterforschung und des

Studiums der gesammelten Daten und der tatsächlichen Beobachtungen wurden in den Jahren 1964 und 1965 die »Orientierungsfragen« formuliert.

Die Orientierungsfragen

Diese Fragen waren dazu bestimmt, unseren erfahrenen klinischen Mitarbeitern bei der Überprüfung von Beobachtungsnotizen aus früherer Zeit als Orientierungshilfe zu dienen. Zwar hatten wir diese Fragen bei unseren Beobachtungen anfänglich nicht im Sinn (was auch nicht möglich war, da sich die Fragen erst aus unseren Beobachtungen ergaben), konnten jedoch aufgrund der Fülle unserer verschiedenen Beobachtungsnotizen mit neuen Fragestellungen auf diese Aufzeichnungen zurückgreifen, d. h. unsere früheren Beobachtungen daraufhin untersuchen, was sie uns in bezug auf die neuformulierten Fragen zu sagen hatten.
Um die Erörterung dieser Fragen zu erleichtern, wollen wir die Subphasen des Loslösungs- und Individuationsprozesses (siehe II. Teil) im folgenden noch einmal zusammengefaßt darstellen:
1. Die Subphase der *Differenzierung* vom 5. Monat an (in der das Bewußtsein der Getrenntheit aufzudämmern beginnt);
2. der wichtige Anstieg der Selbständigkeit, genannt *Übungs*subphase (vom 10. bis 15. Monat) (in der die Aufmerksamkeit neuen motorischen Errungenschaften gilt, wobei die Mutter zeitweilig nahezu ausgeschlossen wird);
3. die Subphase der *Wiederannäherung* (vom 15. bis 22. Monat) (in der die Ansprüche an die Mutter erneuert werden, die in zunehmendem Maße als getrenntes Wesen empfunden wird, während das Wachstum der autonomen Ich-Apparate fortschreitet);
4. fortschreitende Entwicklung zur allmählichen Erwerbung libidinöser *Objektkonstanz* (vom 22. bis 36. Monat).
Bei unseren Konferenzen über potentielle Fragen, mit denen wir die früher gesammelten Beobachtungsdaten angehen konnten, die bereits der Untersuchung der Subphasen gegolten hatten, benutzten wir vier Kriterien, die uns bei der Festlegung und Auswahl der Fragen leiten sollten. Sie sollten 1. für alle vier Subphasen des Loslösungs- und Individuationsprozesses relevant sein (statt sich beispielweise auf ein spezifisches Ereignis einer einzelnen Subphase zu konzentrieren); 2. jede Frage sollte uns zu Fakten führen, die im Widerspruch zu unserer gegenwärtigen Ansicht über die Sub-

phasen standen oder sie ändern, aber auch bestätigen konnten; 3. jede Frage sollte vielfältige theoretische Implikationen haben (so daß nach der immensen Aufgabe der Datenanalyse, die wir zu unternehmen im Begriff standen, ein gewisser Theoriegewinn wahrscheinlicher wurde); und 4. jede Frage sollte so formuliert werden, daß von seiten der Mitarbeiter, die die Daten erneut auswählen und Ereignisse den jeweiligen Fragen zuordnen sollten, nur minimale Schlußfolgerungen erforderlich waren. Wir formulierten neun Orientierungsfragen.

Unsere Methode der Ordnung der Daten sah folgendermaßen aus: Jeder Mitarbeiter kehrte zu den Aufzeichnungen zurück, die vom ersten bis zum letzten Monat über ein bestimmtes Kind angefertigt worden waren. Dabei mußte er der neun Orientierungsfragen eingedenk sein und die Anweisung beachten, daß er die für jede Frage relevanten Daten auszuwählen und zusammenzufassen hatte. Wir hielten es für äußerst wünschenswert, daß jeder Mitarbeiter sich auf eine einzige Frage konzentrierte, indem er sie auf die Daten über alle Kinder auf jeder Altersstufe anwandte. Dadurch würde der Mitarbeiter zum »Experten« für diese Frage werden und deshalb mehr oder weniger allgemeingültige Maßstäbe bei den Daten über alle Kinder anlegen können. Zeitmangel machte dies jedoch unmöglich. Es wäre erforderlich gewesen, daß *jeder* Mitarbeiter *alle* alten Notizen über *alle* Kinder durchgegangen wäre (um jedes Kind hinsichtlich jeder Orientierungsfrage beurteilen zu können). So übergaben wir statt dessen die Akte über jedes Kind einem einzelnen Mitarbeiter, der dann dieses eine Kind im Hinblick auf alle neun Fragen beurteilte. Dies ergab Informationen über jede Frage von seiten mehrerer Mitarbeiter und Mitarbeiterinnen, von denen jeder mit den Aufzeichnungen über sein oder ihr bestimmtes Mutter-Kind-Paar arbeitete. Bei dieser Verfahrensweise brauchten die Mitarbeiter etwa ein Jahr, um die Datenaussonderung der Kinder im Alter von 5 bis 24 Monaten durchzuführen.

Die Aussonderung der Daten erfolgte auf der Grundlage des Materials für jeden Monat. Am Ende besaßen wir daher Aufzeichnungen über jede Frage für jedes Kind und jeden Monat und waren imstande, Vergleiche zwischen verschiedenen Kindern hinsichtlich jeder Frage auf allen Altersstufen zu ziehen sowie folglich Vergleiche über ein bestimmtes Kind zu verschiedenen Zeiten anzustellen. Die Mitarbeiter wurden aufgefordert, wichtiges, relevantes Material in summarischer Form darzustellen (höchstens 2 bis 3 Seiten pro Monat) und eine kurze Zusammenfassung der zentralen Merkmale der Daten hinsichtlich jener Frage für jedes Mutter-Kind-Paar zu diesem Zeitpunkt abzugeben.[2] Diese Zusammenfassungen wurden tabellarisch festgehalten, um ein visuelles Hilfsmittel beim Vergleich der Kinder zu haben.

Zweck dieses Verfahrens war es, unsere äußerst umfangreichen Daten auf ein handliches Maß zu reduzieren, jedoch entsprechend theoretischen Richtlinien, die uns wiederholte Begegnungen mit einer gewissen Anzahl von Daten ermöglichten, so daß unsere Erwartungen, Vergleichsmaßstäbe und klinische Vertrautheit mit bestimmten Phänomenen sich klarer herausbilden konnten. Die Ergebnisse dieser Arbeit finden sich in den Erörterungen der Subphasen in Teil II. Die neun Orientierungsfragen lauteten wie folgt:

1. *Annäherung – Distanzierung.* Welches sind die charakteristischen Muster von Annäherung und Distanzierung des Mutter-Kind-Paares sowie die bevorzugte »Durchschnittsentfernung« während dieser Zeitspanne? Notieren Sie das »Zusammenpassen« des Paares in diesem Punkt. Beachten Sie Verhaltenshinweise wie Körper- und Augenbewegungen, Lächelreaktion und Reaktion der Mutter, Sprechen und andere Lautbildungen. Beachten Sie auch intrapsychische Annäherung und Distanzierung wie Schlaf und emotionale Verfügbarkeit der Mutter.

Diese Frage, weitgehend in Verhaltens- und auf den Körper bezügliche Termini gefaßt, bildet das Gegenstück zum Gesamtvorgang des intrapsychischen Erwerbs des Bewußtseins der Getrenntheit. Soweit es sich um beobachtbares Verhalten handelt, steht sie in klarem Zusammenhang mit dem fortwährenden Weglaufen des Kindes von der Mutter in der zweiten Subphase (Übung) und dem stärker hervorstechenden »Beschatten« ihrer Person in der dritten (Wiederannäherungs-)Subphase; sie ist aber auch besonders geeignet, Distanzierungsphänomene der ersten Subphase (Differenzierung) zu beurteilen.

Es interessierte uns z. B., auf welche Weise der Säugling mit dem mütterlichen Körper verschmolz und wie sich dies änderte, wenn das differenzierende Kind sich vom Körper der Mutter, die es hielt, zurückzog, die Getrenntheit seines eigenen Körpers fühlte und die

[2] Dr. John McDevitt kommt ein besonderes Verdienst für die Formulierung dieser Methode der Aussonderung von Daten aus früheren Aufzeichnungen zu.

»Nicht-Mutter-Welt« abtastete. Die spontanen Versteckspiele dieser Periode und die Erforschung des Gesichts der Mutter durch das Kind wirken ebenfalls auf das Annäherungs- und Distanzierungsverhalten ein. Bei bestimmten Kindern lenkte diese Frage unsere Aufmerksamkeit darauf, ob Mutter und Kind Initiator größerer oder geringerer Distanzierung war, sowie darauf, welche Beziehung zwischen dieser Tatsache und Stadium und Erfolg der Individuation des Kindes bestand. Das »Zusammenpassen« von Mutter und Kind in dieser Hinsicht führte zu einer Änderung unserer Auffassungen über mögliche intradyadische Konflikte, pathologische Anpassung oder altersentsprechende Reziprozität. Die angegebenen Verhaltenshinweise verdeutlichen unsere umfassende Vorstellung vom Ausmaß von Verhaltensweisen, durch die in den verschiedenen Subphasen die Distanzierung erreicht oder überwunden werden kann; lediglich in dieser Beziehung werden sie als potentiell funktionale, äquivalente Verhaltensweisen angesehen.

2. *Neu in Erscheinung tretende Ich-Funktionen.* Welche Haltung nimmt das Kind gegenüber neu in Erscheinung tretenden Fähigkeiten ein, und welchen Gebrauch macht es von ihnen: Fortbewegung, manuelle Fertigkeiten, Sprache, Funktionen des Sensoriums, »Abtasten« (der Mutter und »anderer« mit Hilfe visueller und kontaktperzeptueller Modalitäten) und andere kognitive Fähigkeiten (etwa Antizipation, Urteilsfähigkeit usw.)? Beachten Sie, ob die neuen Funktionen gleichmäßig geübt werden (Aufrechterhaltung, Regression), den begleitenden Affekt und die Einstellung der Mutter zu ihm.

Diese Frage erwuchs aus unserem Interesse an der scheinbar vollständigen Absorbierung des Kindes durch seine neuen motorischen Funktionen, wenn es laufen lernt – eine Absorbierung, die einige Monate hindurch die meiste Zeit sogar sein Interesse an der Mutter überschattet. Die Frage war so gefaßt, daß wir auch etwas über die Beziehung des Kindes zu neu in Erscheinung tretenden Funktionen in anderen Stadien erfahren konnten (wenn sie unseres Erachtens das Interesse an der Mutter nicht zu beeinträchtigen schienen – beispielsweise besteht bei der Sprachentwicklung eine enge Beziehung zu ihr). Ebenso ermöglichte uns diese Frage, das natürliche Wachstum jener Fähigkeiten zu studieren, die den Grundstock der Entwicklung bilden, aus der jedes eigenständige Individuum hervorgehen muß. Der Hinweis auf die Gleichmäßigkeit der neuen Funktionen (und ihre Anfälligkeit für Regressionen), der kindliche Affekt und die Einstellung der Mutter zu ihm bestätigten unsere Erwartung, daß diese Fähigkeiten auf dem Boden der Mutter-Kind-Beziehung gedeihen und in hohem Maße auf die Einstellung der Mutter reagieren. Ihre relativ konfliktfreie Entfaltung hängt von angemessener mütterlicher Anteilnahme und Nichteinmischung ab. Dies spiegelte unser fortgesetztes Interesse an dem wider, was wir im vorigen Abschnitt behandelt haben (Beurteilung von Kindern in Anwesenheit oder Abwesenheit der Mutter), wobei wir uns einer revidierten Untersuchungsmethode bedienten.

3. *Bevorzugte Modalitäten.* Welches sind die bevorzugten, die gemiedenen und andere idiosynkratischen (wenngleich seltenen) sensorischen, motorischen, vokalen oder sonstigen Verhaltensmodalitäten des Kindes während dieser Zeit? Beschreiben Sie diese in bezug auf Ausdrucksfähigkeit, forschendes, spannungsregulierendes und Abfuhrverhalten sowie das Meistern von Schwierigkeiten. Beachten Sie Ähnlichkeiten und Unterschiede bei den bevorzugten Modalitäten in den verschiedenen Bereichen. Beachten Sie ebenso ihr Zusammenpassen mit den Modalitäten der Mutter (vgl. Frage 8) und mit ihrer ausdrücklichen oder impliziten Ermutigung oder Entmutigung hinsichtlich bestimmter Modalitäten.

Unser Interesse an dieser Frage ergab sich ursprünglich aus unserer Anteilnahme an der Individuation des Kindes. Wir glaubten, daß sich Hinweise auf den Beginn der Entwicklung einer individuellen Persönlichkeit daraus ableiten lassen würden, in welchem Maße die bevorzugten Modalitäten des Kindes von denen der Mutter differierten oder in anderer Weise angewendet wurden. Darüber hinaus sollte die Frage aber auch die Entwicklung der bevorzugten Modalitäten in ihrer Beziehung zu den bevorzugten Modalitäten der Mutter und ihrer Anwendung in einem Netz funktionaler, miteinander verbundener Verhaltensweisen von Mutter und Kind (Identifizierungen und Verinnerlichungen) erhellen.

Im Gegensatz dazu erwuchs unser Interesse an dieser Frage aber auch aus dem Studium abweichender Entwicklungen verschiedener Modalitäten (Verkümmerung, manierierter oder bizarrer Anwendung, Vertrauensseligkeit) bei den symbiotisch-psychotischen Kindern (vgl. Bergman und Escalona, 1949).

4. *Kummer- und lustvolle Erfahrungen.* Welche kummer- bzw. lustvollen Erfahrungen macht das Kind zu dieser Zeit? Beschreiben Sie, in welchen Situationen die kummer- bzw. lustvolle Erfah-

rung beobachtet wird, womit sie gewöhnlich verbunden ist, sowie die spezifischen affektiven Begleiterscheinungen. Beachten Sie bei jeder Altersstufe auch das Ausmaß des mit passiven Trennungserlebnissen verbundenen Kummers (selbst wenn diese nicht seine hauptsächliche Ursache sind). Diese Frage sollte uns Material liefern, um einschätzen zu können, in welchem Maße Trennungserlebnisse und/oder das Gewahrwerden der Getrenntheit in der einen oder anderen Subphase verhältnismäßig mehr Kummer bereiteten und, umgekehrt, in welchem Maße der Kontakt mit der Mutter oder (im Gegensatz dazu) die aktive Distanzierung von ihr die wichtigste Quelle lustvoller Empfindungen war (im Unterschied zur Betätigung erworbener Funktionen, der Beschäftigung mit Spielsachen, Interaktion mit anderen, mit der Nicht-Mutter). Unsere Vermutung bezüglich der relativ größeren Bedeutung des Gewahrwerdens der Getrenntheit als einer kummervollen Erfahrung in der ersten und dritten Subphase (siehe Teil II) bestand bereits, als wir diese Frage formulierten, doch nahmen wir nicht an (und tun es auch jetzt nicht), daß diese Erfahrungen in mehr als »durchschnittlich erwartbarem Maße« Kummer bereiten, es sei denn in pathologischen Situationen. (Später wandten wir unser Interesse der Fähigkeit des Kindes zu lustvollem Erleben zu, doch hatte sich dies bei der Formulierung der obigen Frage noch nicht artikuliert.)

5. *Wachheit.* Welches ist das charakteristische Merkmal der kindlichen Wachheit: Niveau, Beständigkeit, Labilität, Intensität, Übersteigerungen in positiver oder negativer Richtung (z. B. Rückzug in den Schlaf, überwache und übererregte Zustände)? Beachten Sie die hauptsächlichen Besetzungsfoki. Ist die Aufmerksamkeit nach außen oder innen, auf den Körper oder Körperteile, die Mutter oder andere, unbelebte Objekte und Ich-Funktionen oder spezifische Aktionsmuster gerichtet?

Das Ausmaß der Konzentration auf unbelebte Objekte, das Selbst und die Nicht-Mutter im Gegensatz zur Mutter sowie die Fähigkeit zur Aufrechterhaltung eines Wachheitszustandes auch in Abwesenheit der Mutter variieren unseres Erachtens in den verschiedenen Subphasen. Ja, sie gehören zu den definierenden Attributen dieser Subphasen. Frage 6 zeigt insbesondere unser Interesse an den Kriterien, die uns zu der Aussage befähigen, wann das Kind der Mutter-Kind-Zweieinheit »entschlüpft« ist, wann die psychische Geburt stattgefunden hat – wie es sich im ausschließlichen

»Lauschen« auf sein Inneres oder später in der Hinwendung seiner Aufmerksamkeit zur Mutter, zu anderen, zu der unbelebten Welt der Dinge darstellt.
6. *Grundstimmung.* Welches ist die charakteristische Stimmung des Kindes, betrachtet man die wechselnden Affekte hinsichtlich ihrer Position in einer Dimension, die von der Depression bis zum Überschwang reicht? Beachten Sie alle charakteristischen Varianten, Beständigkeit und Beibehaltung der Stimmung sowie das Tempo von Stimmungsschwankungen. Beachten Sie Hinweise auf die Gemütsverfassung im Gesichtsausdruck, in Gesten, Klangfarbe und Gehalt von Lautbildungen, Körpertonus und Aktivitätsgrad.
Als wir diese Frage erstmals formulierten, ahnten wir, daß sich die Stimmung in irgendeiner Weise als Indikator für das kindliche Bewußtwerden der Getrenntheit erweisen würde sowie auch für Lust oder Unlust, die es darüber empfand. Die Stimmung ist auch der allgemeinste Indikator für die Einstellung des Kindes zu sich selbst und zur Welt. Wir glaubten ferner, daß die Stimmung – ihre Ähnlichkeit oder Unähnlichkeit mit der Stimmung der Mutter – einen Hinweis auf die Individuation und das autonome Funktionieren des Kindes geben würde. (Wir können jetzt hinzufügen, daß es ein wichtiges Anzeichen abweichender Entwicklung ist, wenn die Stimmung des Kindes derjenigen entgegengesetzt ist, die der betreffenden Subphase entspricht.)
7. *Toleranz gegenüber Beeinträchtigungen.* Wieviel Beeinträchtigungen oder potentielle Beeinträchtigungen von innen oder außen kann das Kind im allgemeinen ertragen, einschließlich äußerer Reize, äußerlich zugefügter Schmerzen und Versagungen, Triebdruck und Angst? Im zutreffenden Fall beachten Sie Erschrecken, Ablenkbarkeit, Aufmerksamkeitsspanne, Triebmodulation, Ausmaß des Homöostaseverlustes und Häufigkeit der Rückkehr zur Ausgangsposition.
Diese Frage betrifft in höherem Maße Probleme der Individuation als der Loslösung. Sie verwies uns auf die vom Kind entwickelten intrapsychischen Abstufungen, wie sie sich in seiner Fähigkeit zu Aufschub, Verschiebung, Steuerung oder Wiedererlangung des Gleichgewichts äußerten. Im Gegensatz dazu wollten wir etwas darüber erfahren, in welchen Abstufungen sich das Kind auf die Mutter als Hilfs-Ich bei der Bewahrung der Homöostase verließ, sowie über pathologische Ausdehnungen dieses Verlassens auf die Mutter auf spätere Altersstufen. Diese Frage steht auch im Zusam-

menhang mit früheren Arbeiten über Tics und andere Muster der Abfuhr oder Beherrschung bzw. Nichtbeherrschung von Trieben (siehe Mahler, 1944, 1949a).

8. *Ähnlichkeiten und Unterschiede zwischen Mutter und Kind.* Welches sind die auffallenden Ähnlichkeiten bzw. Unterschiede im Verhalten von Mutter und Kind während dieser Zeitspanne? Beachten Sie insbesondere Übereinstimmungen in bezug auf die Gemütsverfassung, Tempo und Temperament, die Art des Vertrauens auf bestimmte Ich-Funktionen (Fortbewegung, sensorische Modalitäten, Verbalisierung) und soziale Verhaltensweisen (Beziehungen zu anderen Menschen). Notieren Sie jede Information über die Mechanismen, mit deren Hilfe sie (Ähnlichkeiten oder Unterschiede) zustande kommen (z. B. Ermutigung durch die Mutter, negativistische Weigerungen des Kindes).

Mit dieser Frage wird der in der Frage 3 berührte Gegenstand hinsichtlich der bevorzugten Modalitäten in umfassenderer Weise angegangen, d. h. die Entwicklung besonders individuierter Funktionsstile des Kindes in Verbindung mit denen der Mutter. Das Kind wird zur eigenständigen Persönlichkeit großenteils durch Identifizierung mit der Mutter und anderen wichtigen Personen seines Lebens. Individuation spiegelt sich nicht als Verschiedenheit *per se* wider, sondern in der Stabilität des kindlichen Funktionierens und den ineinandergreifenden Merkmalen jener Funktionen, die – wenngleich denen anderer Kinder ähnlich – stets ein ausgeprägtes Muster in bezug auf Triebe, Phantasien, Interaktionsformen sowie Ausdruck und Beherrschung positiver wie negativer Affekte aufweisen.

Als wir diese Frage formulierten, hatten wir auch das Problem im Sinn, was mit Müttern geschieht, deren Babys sehr verschieden von ihnen selbst sind (z. B. aktive Säuglinge ruhiger Mütter).

9. *Körper und Selbst.*[3] Welche Verhaltensweisen des Kindes lassen sein sich entwickelndes Gewahrwerden der Körpergrenzen, der Differenzierung und Getrenntheit, Objektkonstanz, Selbstgefühl und »Ich-Bewußtsein« oder die sexuelle Identifizierung während dieser Zeitspanne erkennen?

Beachten Sie, daß diese Frage auf einem weit abstrakteren Niveau definiert wurde als die anderen und daher auch ein höheres Niveau

[3] John B. McDevitts Spiegelexperimente, die sich über mehrere Jahre erstreckten, sind hier von besonderem Interesse.

der Schlußfolgerung von den Mitarbeitern erforderte. Das theoretische Interesse an dieser Frage war groß genug, um zu gewährleisten, daß wir sie zu beantworten versuchten. Es war uns gerade daran gelegen, eine große Anzahl möglicher Indikatoren dieser psychischen Phänomene zu finden, die uns – mit Hilfe der Orientierungsfragen – zu den Schlußfolgerungen gelangen ließen, deren unsere Mitarbeiter fähig waren. Beobachtungen von Spiegelverhalten, die Reaktionen des Kindes auf lebensgroße Puppen, das Spielen des Kindes mit beweglichen, mechanischen Spielsachen – alles dies hielten wir in unseren Aufzeichnungen fest. Sie wurden wie jede andere Möglichkeit oder unvorhergesehene Indikatoren unter dieser Frage aufgeführt.
Dies waren also die neun Orientierungsfragen. Parallel dazu entwickelten wir einen weiteren Ansatz zur systematischen Klassifizierung von Segmenten des zur Verfügung stehenden umfangreichen Datenmaterials. Ihm wenden wir uns jetzt zu.

Die Kategorien

Von Beginn der Untersuchung an versuchten wir, Aufzeichnungen zu machen, frühere Aufzeichnungen zu ordnen oder Beobachtungen zu diskutieren, indem wir sie in verschiedene Kategorien einreihten. Unser Ziel war dabei stets, zusammengehöriges Material über ein einzelnes Kind zu einem längeren Zeitraum oder über verschiedene Kinder zusammenzubringen. In der Wahl dieses Verfahrens spiegelte sich unsere Absicht wider, *nicht* individuelle Fallgeschichten als primäre Einheit der Datensynthese in den Mittelpunkt zu rücken, sondern uns vielmehr auf Phänomene einer spezifischen Entwicklungsphase von vermutlich allgemeiner Bedeutung zu konzentrieren. Wir bemühten uns, allgemeine Phänomene von den Beobachtungen zu abstrahieren, die wir bei bestimmten Personen gemacht hatten.
Entsprechend unserer jeweiligen Interessenlage änderten sich einige Kategorien im Laufe der Zeit, während andere recht konstant blieben. Da die Kategorien niemals dazu bestimmt waren, zur Quantifizierung oder rigorosen experimentellen Untersuchungen zu führen, konnte es nicht schaden, sie zu ändern, wie sich auch unser Urteil bezüglich ihrer potentiellen Nützlichkeit änderte. Wir betrachteten sie vielmehr als Mittel und Wege, die uns behilflich sein konnten, unser Denken und unsere Überlegungen zu be-

stimmten Zeiten auf spezifische substantielle Punkte zu konzentrieren. Es erwies sich stets als sehr wertvoll, daß es uns gelang, über die vielen Jahre der Untersuchung hinweg eine beachtliche Kontinuität hinsichtlich des Mitarbeiterstabes zu wahren, der auf frühere Beobachtungen zurückgreifen und ihnen Informationen entnehmen konnte, die seinen jeweiligen Interessen zugute kamen.

Wie bereits erwähnt, machten wir von vielen Kategorien über längere Zeit einen kontinuierlichen Gebrauch, auch wenn wir sie in mancher Beziehung änderten oder für eine Weile fallenließen. Diese Kontinuität ist nicht überraschend; obwohl sich unser Verständnis des Loslösungs- und Individuationsprozesses im Laufe der Jahre änderte und wuchs, blieben unsere grundlegenden Vorstellungen über die Kindesentwicklung recht konstant. Die Kategorien lesen sich im allgemeinen wie ein »Was ist was?« der Kindesentwicklung – sie zeigen an, die Kenntnis, welcher von vielen verschiedenen Bereichen nach unserer Auffassung wichtig und darzustellen war. Zu einem bestimmten Zeitpunkt arbeiteten wir beispielsweise mit den folgenden 17 Kategorien: 1) Fütterungs- und orales Verhalten, 2) Toilettengewohnheiten, Baden und allgemeine Körperpflege, 3) motorisches und kognitives Verhalten, 4) Schlafverhalten und Ermüdungsphänomene, 5) Individuation, 6) Reaktion auf andere Personen als Mutter und Vater, 7) Trennungsreaktionen, 8) Imitation, Spiel, Phantasie, Beziehungen zu unbelebten Objekten, 9) Kommunikation, 10) Aggression, Ambivalenz, Autoaggression, 11) Reaktion auf Schmerz und Frustration, 12) Persönlichkeit und Verhalten der Mutter, 13) Mutter-Kind-Interaktion, 14) Unterschiede im Verhalten zu Hause und im *Center,* 15) wichtige Ereignisse in der Familie, 16) Persönlichkeit des Vaters und anderer Familienmitglieder und 17) vorherrschende Eigenarten des Kindes. Diese 17 Kategorien waren in einer früheren Phase unserer Arbeit auf die Daten angewendet worden. Zu jener Zeit wurden alle Beobachtungen in einem bestimmten Monat für Untersuchungszwecke wieder in die Kategorien eingeordnet. (Die »Bereichs«-Beobachtungen beruhten im Gegensatz zu den früher beschriebenen Aufgaben der nicht-teilnehmenden Beobachter auf Einzelbeobachtungen ausgewählter Bereiche. Die 17 Kategorien dienten der Organisation multipler Beobachtungen, die auf verschiedene Arten gemacht wurden.)

Was sich änderte, als unsere Untersuchung fortschritt, war nicht unser grundlegender Ansatz hinsichtlich der Aufteilung der Daten in handlichere Kategorien, sondern 1) die ausdrückliche Niederlegung unseres Grundprinzips bezüglich der Ziele, die wir mit der Untersuchung der Kategorien verfolgten, und 2) der Grad der Systematisierung und die Durchführung der Kategorisierung selbst.

Bezüglich des ersteren war unser Grundprinzip folgendes: Anfänglich reflektierten die Kategorien unsere Vorstellung, daß es sich um einen Bereich handelte, den wir kennen müßten, oder aber, daß dieser Bereich uns helfen könnte, den Loslösungs- und Individuationsprozeß besser zu verstehen. Mit dem Anwachsen unserer klinischen Beobachtungen und Diskussionen begannen wir sehr viel klarere Vorstellungen über den Loslösungs- und Individuationsprozeß und seine Subphasen zu entwickeln. Zu diesem Zeitpunkt waren wir in der Lage, für weitere Studienzwecke eine schärfere begriffliche Unterscheidung zwischen den Kategorien (die unseres Erachtens wichtige Bereiche der kindlichen Entwicklung widerspiegelten) und dem Loslösungs- und Individuationsprozeß selbst (den wir nun in manchen Einzelheiten als normalen epigenetischen Vorgang empfanden) vorzunehmen. Wir gingen die Kategorien mit einer oder beiden der folgenden zwei Fragen an: Inwiefern erhellt unser gegenwärtiges Verständnis des Loslösungs- und Individuationsprozesses diesen allgemeinen Bereich der Kindesentwicklung? Und inwieweit vertieft unser Verständnis dieses Bereichs unser Verständnis des Loslösungs- und Individuationsprozesses? Wir untersuchten die Kategorien dort weiter, wo es uns aussichtsreich erschien, durch Beantwortung dieser Fragen zu anregenden Hypothesen zu gelangen.

Im Hinblick auf die zweite oben erwähnte Veränderung – die zunehmende Systematisierung und Durchführung der Kategorisierung selbst – gingen wir folgendermaßen vor: Im Jahre 1967 fingen wir an, eine Reihe von Kategorien auszuwählen, die in ähnlicher Weise wie die früher beschriebenen Orientierungsfragen angewandt werden sollten. Die Arbeit wurde folgendermaßen durchgeführt: Als Information wurden die entscheidenden Feststellungen und Notizen benutzt, die für jedes Kind monatlich unter dem Aspekt der neun Orientierungsfragen abstrahiert wurden. Diese Arbeit war abgeschlossen, und wir versuchten nun – ohne nochmals auf das gesamte Rohmaterial zurückzugreifen –, einige Daten in einem Set von Kategorien zusammenzufassen, die von besonderem Interesse für uns waren: 1) Objektbeziehungen, 2) Stimmung, 3) libidinöse und aggressive Triebentwicklung und 4) kognitive Entwicklung. Wir glaubten, daß diese Kategorien uns eine Grundlage böten, einige Hauptgebiete psychoanalytischen Interesses mit dem Loslösungs- und Individuationsprozeß, wie wir ihn zu verstehen begannen, in Verbindung zu setzen.

Diesmal konnten wir, da die Daten nicht so umfangreich waren (sie beruhten auf bereits vorgenommenen Auszügen und nicht auf dem gesamten Rohmaterial), jedem von vier Mitarbeitern eine Kategorie zuweisen. Jeder dieser Mitarbeiter wurde dann zum Spezialisten für diese Kategorie und prüfte alle Daten über alle Kinder unter diesem Gesichtspunkt. Es wurde eine monatliche Zusammenfassung der Daten für jedes Kind (in einer kurzen Notiz von 1 bis 2 Seiten) gemacht und sodann ein Aufsatz geschrieben, in dem alle Kinder unter dem Aspekt dieser Kategorie für einen bestimmten Monat verglichen wurden.

Die Kategorisierung war Bestandteil unserer gesamten Vorstellungen über den Loslösungs- und Individuationsprozeß geworden. Die Kategorien waren ebenso wie die Orientierungsfragen ein Denkwerkzeug, ein Rahmen, innerhalb dessen wir unser Denken an bestimmten Punkten der Untersuchung ordnen konnten. Sie sind in unseren Erörterungen im Teil II ausführlich dargestellt.

Rekonstruktive und synthetische Aspekte

Bei der individuellen Arbeit mit den Beobachtungsdaten über die Kinder fiel es uns nicht schwer, ihre Verhaltensweisen in eine Reihe verschiedener Kategorien einzuordnen, als wir die Analysen von den ersten Lebensmonaten ins zweite Lebensjahr weiterführten.

Zwei zufällige Beobachtungen wurden von mehreren klinischen Forschungsteilnehmern bei den Datenanalysen der zweiten Hälfte des 2. Lebensjahres gleichzeitig gemacht und veranlaßten uns, neue Ziele für die Arbeit über das 3. Jahr zu formulieren. Zwar waren wir bei unserer Arbeit an der Datenanalyse auf solche Beobachtungen nicht vorbereitet, doch nachdem wir einmal darauf gestoßen waren und sie in Worte gefaßt hatten, leuchteten sie unmittelbar ein und ließen uns erkennen, daß wir uns auf die Erforschung eines neuen Stadiums im kindlichen Leben zubewegten, das neue Ansätze erforderte.

Zunächst bemerkten wir, daß die Informationen nicht mehr ohne weiteres in verschiedene Kategorien »paßten«. Die Beschreibung von Verhaltensitems schien zunehmend willkürlicher zu werden, wenn man es nicht mit einem immer größeren Anteil der gesamten Verhaltensweisen des Kindes zu einem bestimmten Zeitpunkt in Beziehung setzte. Es schien, als würde das Verhalten des Kindes ständig integrierter oder, anders ausgedrückt, als prägten sich einige zentrale Gegenstände des kindlichen Lebens zunehmend deutlicher aus – eine Tatsache, deren man sich bewußt bleiben mußte, wollte man unterschiedliche Verhaltensitems beschreiben oder erklären.

Die zweite Beobachtung hing mit dem Geschlechtsunterschied zusammen. Bis zu diesem Zeitpunkt schien es uns oft, als paßten die Kinder in verschiedene Untergruppen – unter dem Gesichtspunkt von Loslösung und Individuation –, die sowohl Buben als Mädchen umfaßten. Nun machte es die Komplexität der Kinder zwar schwierig, sie einzugruppieren, doch legten die gemeinsamen Merkmale einen zunehmenden Trend zur Geschlechtsdifferenzierung und zur Entstehung der Geschlechtsidentität nahe.

Mit anderen Worten, die Daten des 3. Lebensjahres erforderten einen verschiedenartigen Ansatz nicht nur deshalb, weil emotionale, kognitive und Sprachentwicklung ein neues Niveau erreicht hatten, sondern auch weil die kindliche Persönlichkeit nunmehr gefestigter und in vieler Hinsicht stärker integriert war. Im 3. Jahr waren die Kinder recht sprachgewandt und beschäftigten sich sehr mit Phantasiespielen (weshalb wir individuelle Spielsitzungen veranstalten mußten, um sie verstehen zu können). Die älteren Kleinkinder schienen sich im allgemeinen weniger um ihre Mütter zu kümmern (die nicht im Raum waren) und viel stärker von ihren »Kindergärtnerinnen« und Interaktionen mit den Gleichaltrigen in Anspruch genommen. Das Material des 3. Jahres war deshalb unseres Erachtens von ganz verschiedener Art.

Wir entwickelten drei neue Forschungsziele: 1) die Untersuchung der 4. Subphase des Loslösungs- und Individuationsprozesses, den allmählichen Erwerb libidinöser Objektkonstanz im Zusammenhang mit der individuellen Entwicklung des Kindes während der vorausgegangenen Subphasen; 2) die Untersuchung früher Phasen der Charakterbildung (bzw. der Konsolidierung der Persönlichkeit) im 3. Lebensjahr; 3) die Untersuchung der beginnenden Bildung der Geschlechtsidentität im 3. Lebensjahr.

Mit der Darstellung dieser Ziele wollen wir darauf hinweisen, daß wir nicht nur deshalb am 3. Lebensjahr interessiert waren, weil es die 4. Subphase des Loslösungs- und Individuationsprozesses repräsentiert (das Erreichen der libidinösen Objektkonstanz), sondern auch deshalb, weil es das Endprodukt der ersten drei Subphasen darstellt und den Stempel spezifischer Erfahrungen und Methoden der Lösung von Entwicklungs- oder anderen Schwierigkeiten, die in jenen vorausgegangenen Subphasen auftauchten, tragen sollte. Unsere Analysen waren demnach nicht länger Beschreibungen von Kategorie um Kategorie, sondern ein Versuch, die von jedem Kind erreichte Beziehung zu seiner Mutter, sein Gefühl der Getrenntheit und Identität und die Beziehung zu seinen im 3. Lebensjahr in Erscheinung tretenden autonomen Ich-Apparaten in klinische Begriffe zu fassen. Dann wollten wir die früheren Stadien des Loslösungs- und Individuationsprozesses zurückverfolgen, um zu sehen, wie sie sich in der Lösung des 3. Lebensjahres präsentierten: versöhnt, integriert, vergessen oder als Konflikt.
Die bereits erwähnte Beobachtung, daß es gegen Ende des 2. Lebensjahres schwierig wurde, spezifische Aspekte kindlichen Funktionierens ohne Bezug auf das Ganze willkürlich herauszulösen, kann auch im Sinne beginnender Charakterentwicklung und Persönlichkeitskonsolidierung gedeutet werden. In dem Maße, wie sich diese um Männlichkeit oder Weiblichkeit organisiert, wird die Geschlechtsidentität zum zentralen Punkt. D. h., wir glauben das Zusammentreffen jener komplexen Verhaltensweisen zu erkennen, die die vorausgegangene Subphasenentwicklung jedes einzelnen Kindes charakterisieren (ebenso wie die Stadien der psychosexuellen und der Aggressionsentwicklung), indem sie einerseits seine Individuation, andererseits seine Geschlechtsidentität beeinflussen. Weiterhin glauben wir, daß dieses Zusammentreffen zentraler Gegenstände und Funktionsweisen der Beginn einer stärker konsolidierten Persönlichkeitsstruktur ist.
Auch hier bestand unser Ansatz darin, das uns Mögliche über Charakter und Persönlichkeit jedes Kindes im 3. Lebensjahr zu formulieren und dann anhand unserer früheren Kategorie-Analysen aus den ersten beiden Lebensjahren Repräsentanz, Versöhnung, Konflikt, neue Bedeutungen oder das Verschwinden signifikanter Aspekte früherer Entwicklung, wie sie im 3. Lebensjahr auftauchten, in der kindlichen Persönlichkeit aufzuspüren.
Das 3. Jahr ist von erheblicher theoretischer Signifikanz. Einige

Themen müssen wir bei der künftigen Erörterung dieser Periode im Auge behalten: Selbstkonstanz und Objektkonstanz, Identitätsgefühl, den Verinnerlichungsprozeß sowie Art und Ergebnis verinnerlichter Konflikte, die libidinöse und aggressive Triebe berühren, andere Aspekte der Ich-Entwicklung und des Lernens (etwa die Verschiebung vom Primär- zum Sekundärprozeß wie die Verschiebung vom Lust- zum Realitätsprinzip), die Art des kindlichen Spiels und der kindlichen Phantasie und endlich die Interaktion des Kindes mit den Gleichaltrigen. Doch all dies fügt sich zusammen, indem wir die Vorläufer der gegenwärtigen Subphasenphänomene und der Persönlichkeit in den Brennpunkt unseres Interesses rücken.

Abschließend läßt sich sagen, daß dieser letzte Ansatz sich radikal von dem unterschied, was wir in den früheren Stadien des kindlichen Lebens taten. Statt fortzufahren, Monat für Monat spezifische Informationskategorien für alle Kinder zu analysieren, gingen wir dazu über, ein Kind nach dem anderen zu analysieren, indem wir zunächst das Ergebnis der ersten drei Subphasen des Loslösungs- und Individuationsprozesses einer Beurteilung unterzogen und zweitens die Persönlichkeitsentwicklung, wie sie im 3. Lebensjahr in Erscheinung trat. Einige Resultate dieser Arbeit sind in unseren Fallgeschichten in Teil III enthalten, in denen die Entwicklung der Kinder bis zum Ende des 3. Lebensjahres verfolgt wurde.

Literaturverzeichnis

Abelin, E. L.: (1971), »The Role of the Father in the Separation-Individuation Process«, in: *Separation-Individuation: Essays in Honor of Margaret S. Mahler,* hrsg. v. J. B. McDevitt und C. F. Settlage, New York, S. 229–253.

–: (1972), »Some Further Observations and Comments on the Earliest Role of the Father.« Vortrag auf dem Margaret S. Mahler Symposium on Child Development, Philadelphia, Mai 1972. Unveröffentlicht.

Abraham, K.: (1921), »Ergänzungen zur Lehre vom Analcharakter«, in: *Psychoanalytische Studien,* Gesammelte Werke in zwei Bänden, hrsg. v. Johannes Cremerius, S. Fischer Verlag, Frankfurt (Main) 1969, zweite, ergänzte Auflage 1971, Bd. 1, S. 184–205.

–: (1924), »Beiträge der Oralerotik zur Charakterbildung«, in op. cit., S. 205–217.

Alpert, A.: (1959), »Reversibility of Pathological Fixations Associated with Maternal Deprivation in Infancy«, in: *The Psychoanalytic Study of the Child,* Bd. 14, New York, S. 169–185.

Angel, K.: (1967), »On Symbiosis and Pseudosymbiosis«, *J. Am. Psychoanal. Assoc.,* 15: 294–316.

Anthony, E. J.: (1961), »A Study of ›Screen Sensations‹«, in: *The Psychoanalytic Study of the Child,* Bd. 16, New York, S. 211–246.

–: (1971), »Folie à Deux: A Developmental Failure in the Process of Separation-Individuation«, in: *Separation-Individuation: Essays in Honor of Margaret S. Mahler,* hrsg. v. J. B. McDevitt und C. F. Settlage. New York, S. 253–273.

–: (1972), »Parenthood: Some Aspects of Its Psychology and Psychopathology«. Vortrag auf dem Margaret S. Mahler Symposium on Child Development. Philadelphia, Mai 1972. Unveröffentlicht.

Anthony, E. J. und Benedek, T.: (1970), *Parenthood: Its Psychology and Psychopathology.* Boston.

Arlow, J. A.: (1959), »The Structure of the Déja-Vu Experience«, *J. Am. Psychoanal. Assoc.,* 7: 611–631.

Bak, R. C.: (1941), »Temperature-Orientation and the Overflowing of Ego Boundaries in Schizophrenia«, in: *Schweizer Archiv. Neurol. Psychiatr.,* 46: 158–177.

–: (1971), »Object Relationship in Schizophrenia and Perversion«, *Int. J. Psycho-Anal.,* 52: 235–242.

–: (1974), »Distortions of the Concept of Fetishism«, in: *The Psychoanalytic Study of the Child,* Bd. 29, New Haven, S. 191–214.

Bakwin, H.: (1942), »Loneliness in Infants«, *Am. J. Dis. Child.* 63: 30–40.

Barglow, P. und Sadlow, L.: (1971), »Visual Perception: Its Development and Maturation from Birth to Adulthood«, *J. Am. Psychoanal. Assoc.,* 19: 433–450.

Bell, S.: (1970), »The Development of a Concept of Object as Related to Infant-Mother Attachment«, *Child Dev.*, 41: 291–311.
Benedek, T.: (1938), »Adaptation to Reality in Early Infancy«, *Psychoanal. Q.*, 7: 200–214.
–: (1949), »The Psychosomatic Implications of the Primary Unit: Mother-Child«, *Am. J. Orthopsychiatry,* 19: 642–654.
–: (1959), »Parenthood as a Developmental Phase: A Contribution to the Libido Theory«, *J. Am. Psychoanal. Assoc.*, 7: 389–417.
Benjamin, J. D.: (1950), »Methodological Considerations in the Validation and Elaboration of Psychoanalytical Personality Theory«, *Am. J. Orthopsychiatry,* 20: 139–156.
–: (1961), »The Innate and the Experiential in Child Development«, in: *Lectures on Experimental Psychiatry,* hrsg. v. H. Brosin, Pittsburgh, S. 19–42.
Bergman, A.: (1971), »›I and You‹: The Separation-Individuation Process in the Treatment of a Symbiotic Child«, in: *Separation-Individuation: Essays in Honor of Margaret S. Mahler,* hrsg. v. J. B. McDevitt und C. F. Settlage, New York, S. 325–355.
Bergman, P. und Escalona, S. K.: (1949), »Unusual Sensivities in Very Young Children«, in: *The Psychoanalytic Study of the Child,* Bd. 3/4, New York, S. 333–352.
Bergmann, M.: (1963), »The Place of Paul Federn's Ego Psychology in Psychoanalytic Metapsychology«, *J. Am. Psychoanal. Assoc.,* 11: 97–116.
Bibring, E.: (1953), »The Mechanism of Depression«, in: *Affective Disorders,* hrsg. v. P. Greenacre, New York, S. 13–48.
Blanck, G. und Blanck, R.: (1972), »Toward a Psychoanalytic Developmental Psychology«, *J. Am. Psychoanal. Assoc.,* 20: 668–710.
–: (1974), *Frontiers of Psychotherapy,* New York.
Bonnard, A.: (1958), »Pre-Body-Ego Types of (Pathological) Mental Functioning«, *J. Am. Psychoanal. Assoc.,* 6: 581–611.
Bornstein, B.: (1945), »Clinical Notes on Child Analysis«, in: *The Psychoanalytic Study of the Child,* Bd. 1. New York, S. 151–166.
Bouvet, M.: (1958), »Technical Variations and the Concept of Distance«, *Int. J. Psycho-Anal.,* 39: 211–221.
Bowlby, J.: (1958), »The Nature of the Child's Tie to the Mother«, *Int. J. Psycho-Anal.,* 39: 350–373.
Bowlby, J., Robertson, J. und Rosenbluth, D.: (1952), »A Two-Year-Old Goes to Hospital«, in: *The Psychoanalytic Study of the Child,* Bd. 7, New York, S. 82–94.
Brody, S. und Axelrad, S.: (1966), »Anxiety, Socialization, and Ego-Formation in Infancy«, *Int. J. Psycho-Anal.,* 47: 218–229.
–: (1970), *Anxiety and Ego Formation in Infancy,* New York.
Coleman, R. W., Kris, E. und Provence, S.: (1953), »The Study of Variations of Early Parental Attitudes: A Preliminary Report«, in: *The Psychoanalytic Study of the Child,* Bd. 8, New York, S. 20–47.
Eissler, K.: (1962), »On the Metapsychology of the Preconcious«, in: *The Psychoanalytic Study of the Child,* Bd. 17, New York, S. 9–41.
Elkisch, P.: (1953), »Simultaneous Treatment of a Child and His Mother«, *Am. J. Psychother.,* 7: 105–130.

–: (1971), »Initiating Separation-Individuation in the Simultaneous Treatment of a Child and his Mother«, in: *Separation-Individuation: Essays in Honor of Margaret S. Mahler,* hrsg. v. J. B. McDevitt und C. F. Settlage, New York, S. 356–376.
Erikson, E. H.: (1959), *Identität und Lebenszyklus.* Drei Aufsätze. Suhrkamp Verlag, Frankfurt (Main), 1973.
Escalona, S.: (1968), *The Roots of Individuality: Normal Patterns of Development in Infancy,* Chicago.
Fantz, R. L.: (1961), »The Origin of Form Perception«, *Scientific American,* Mai 1961, S. 66–72.
Fenichel, O.: (1945), *Psychoanalytische Neurosenlehre.* Ausgabe in drei Bänden. Walter Verlag, Olten, 1974/75.
Ferenczi, S.: (1913), »Entwicklungsstufen des Wirklichkeitssinnes«, in: *Schriften zur Psychoanalyse; Auswahl in zwei Bänden,* hrsg. v. Michael Balint, S. Fischer Verlag, Frankfurt (Main), 1970, Bd. 1, S. 148–163.
Fliess, R.: (1957), *Erogeneity and Libido: Addenda to the Theory of the Psychosexual Development of the Human,* New York.
–: (1961), *Ego and Body Ego.* New York, 1972.
Fraiberg, S.: (1969), »Libidinal Object Constancy and Mental Representation«, in: *The Psychoanalytic Study of the Child,* Bd. 14, New York, S. 9–47.
Frank, A.: (1969), »The Unrememberable and the Unforgettable: Passive Primal Repression«, in: *The Psychoanalytic Study of the Child,* Bd. 24, New York, S. 48–77.
Frankl, L.: (1963), »Self-Preservation and the Development of Accident Proneness in Children and Adolescents«, in: *The Psychoanalytic Study of the Child,* Bd. 18, New York, S. 464–483.
Freud, A.: (1936), *Das Ich und die Abwehrmechanismen.* Kindler Verlag, München 1975.
–: (1945), »Indications for Child Analysis«, in: *The Psychoanalytic Study of the Child,* Bd. 1, New York, S. 127–149.
–: (1949), »Agression in Relation to Emotional Development: Normal and Pathological«, in: *The Psychoanalytic Study of the Child,* Bd. 3/4, New York, S. 37–42.
–: (1951*a*), »Negativism and Emotional Surrender«, *Int. J. Psycho-Anal.,* 33 (1952): 265.
–: (1951*b*), »Observations on Child Development«, in: *The Psychoanalytic Study of the Child,* Bd. 6, New York, S. 18–30. Neuaufgelegt in: *The Writings of Anna Freud,* Bd. 5, New York 1969, S. 143–162.
–: (1952), »Studies in Passivity«, Teil 2, »Notes on a Connection Between the States of Negativism and of Emotional Surrender«, in: *The Writings of Anna Freud,* Bd. 4, New York 1968, S. 256–259.
–: (1952), »The Mutual Influences in the Development of the Ego and Id«, in: *The Psychoanalytic Study of the Child,* Bd. 7, New York, S. 42–50.
–: (1953), »Some Remarks on Infant Observation«, in: *The Psychoanalytic Study of the Child,* Bd. 8, New York, S. 9–19. Neuaufgelegt in: *The Writings of Anna Freud,* Bd. 4, New York 1968, S. 569–585.
–: (1954), »Psychoanalysis and Education«, in: *The Psychoanalytic Study of the Child,* Bd. 9, New York, S. 9–15.

–: (1957), »The Contribution of Direct Child Observation to Psychoanalysis«, in: *The Writings of Anna Freud,* Bd. 5, New York 1969, S. 95–101.
–: (1958), »Child Observation and Prediction of Development: A Memorial Lecture in Honor of Ernst Kris«, in: *The Psychoanalytic Study of the Child,* Bd. 13, New York, S. 92–116. Neuaufgelegt in: *The Writings of Anna Freud,* Bd. 5, New York 1969, S. 102–135.
–: (1963), »The Concept of Development Lines«, in: *The Psychoanalytic Study of the Child,* Bd. 18, New York, S. 245–266.
–: (1965*a*), »Direct Child Observation in the Service of Psychoanalytic Child Psychology«, in: *The Writings of Anna Freud,* Bd. 6, New York, S. 10–24.
–: (1965*b*), *Wege und Irrwege in der Kinderentwicklung.* Huber Verlag Bern, 1968. 2. Auflage Ernst Klett Verlag, Stuttgart 1971.
–: (1967), »About Losing and Being Lost«, in: *The Psychoanalytic Study of the Child,* Bd. 22, New York, S. 9–19.
–: (1971), »The Infantile Neurosis: Genetic and Dynamic Considerations«, in: *The Writings of Anna Freud,* Bd. 7, New York, S. 189–203.
Freud, S.: (1950*a* [1887–1902]), *Aus den Anfängen der Psychoanalyse.* Briefe an Wilhelm Fließ. Abhandlungen und Notizen aus den Jahren 1887–1902. Korrigierte Neuausgabe S. Fischer Verlag, Frankfurt (Main) 1975.
–: (1895), »Entwurf einer Psychologie«, enthalten in: *Aus den Anfängen der Psychoanalyse.* Briefe an Wilhelm Fließ. Abhandlungen und Notizen aus den Jahren 1887–1902. Korrigierte Neuausgabe S. Fischer Verlag, Frankfurt (Main) 1975.
–: (1900*a*), *Die Traumdeutung.* Gesammelte Werke (G. W.) Bd. 2/3. (Sigmund Freud, *Gesammelte Werke* [18 Bände], Bände 1–17 London, 1940–52; Band 18, Frankfurt am Main, 1968. Die ganze Edition seit 1960 beim S. Fischer Verlag, Frankfurt am Main.)
–: (1905*d*), *Drei Abhandlungen zur Sexualtheorie.* G. W., Bd. 5, S. 27.
–: (1909*b*), »Analyse der Phobie eines fünfjährigen Knaben«, G. W., Bd. 7, S. 241.
–: (1911*b*), »Formulierungen über die zwei Prinzipien des psychischen Geschehens«, G. W., Bd. 8, S. 229.
–: (1914*g*), »Weitere Ratschläge zur Technik der Psychoanalyse: II. Erinnern, Wiederholen und Durcharbeiten«, G. W., Bd. 10, S. 125.
–: (1914*c*), »Zur Einführung des Narzißmus«, G. W., Bd. 10, S. 137.
–: (1915*c*), »Triebe und Triebschicksale«, G. W., Bd. 10, S. 209.
–: (1917*e*), »Trauer und Melancholie«, G. W., Bd. 10, S. 427.
–: (1920*g*), *Jenseits des Lustprinzips.* G. W., Bd. 13, S. 1.
–: (1923*b*), *Das Ich und das Es.* G. W., Bd. 13, S. 235.
–: (1925*h*), »Die Verneinung«, G. W., Bd. 14, S. 11.
–: (1927*c*), *Die Zukunft einer Illusion.* G. W., Bd. 14, S. 323.
–: (1930*a* [1929]), *Das Unbehagen in der Kultur.* G. W., Bd. 14, S. 419.
–: (1937*d*), »Konstruktion in der Analyse«, G. W., Bd. 16, S. 41.
–: (1940*a* [1938]), *Abriß der Psychoanalyse.* G. W., Bd. 17, S. 63.
Fries, M. E. und Woolf, P. J.: (1953), »Some Hypotheses on the Role of Congenital Activity Type in Personality Development«, in: *The Psychoanalytic Study of the Child,* Bd. 8, New York, S. 48–62.
–: (1971), »The Influence of Constitutional Complex on Developmental Pha-

ses«, in: *Separation-Individuation: Essays in Honor of Margaret S. Mahler,* hrsg. v. J. B. McDevitt und C. F. Settlage. New York, S. 274–296.
Frijling-Schreuder, E. C. M.: (1969), »Borderline States in Children«, in: *The Psychoanalytic Study of the Child,* Bd. 24, New York, S. 307–327.
Furer, M.: (1964), »The Development of a Preschool Symbiotic Psychotic Boy«, in: *The Psychoanalytic Study of the Child,* Bd. 19, New York, S. 448–469.
–: (1967), »Some Developmental Aspects of the Superego«, *Int. J. Psycho-Anal.,* 48: 277–280.
–: (1971), »Observations on the Treatment of the Symbiotic Syndrome of Infantile Psychosis – Reality, Reconstruction, and Drive Maturation«, in: *Separation-Individuation: Essays in Honor of Margaret S. Mahler,* hrsg. v. J. B. McDevitt und C. F. Settlage. New York, S. 473–485.
Galenson, E.: (1971), »A Consideration of the Nature of Thought in Childhood Play«, in: *Separation-Individuation: Essays in Honor of Margaret S. Mahler,* hrsg. v. J. B. McDevitt und C. F. Settlage, New York, S. 41–60.
Galenson, E. und Roiphe, H.: (1971), »The Impact of Early Sexual Discovery on Mood, Defensive Organization and Symbolization«, in: *The Psychoanalytic Study of the Child,* Bd. 26, New York, S. 195–216.
Geleerd, E. R.: (1956), »Clinical Contribution to the Problems of the Early Mother-Child Relationship: Some Discussions of Its Influence on Self-Destructive Tendencies and Fugue States«, in: *The Psychoanalytic Study of the Child,* Bd. 11, New York, S. 336–351.
Gero, G.: (1936), »The Construction of Depression«, *Int. J. Psycho-Anal.,* 17: 423–461.
Glenn, J., reporter.: (1966), »Panel on Melanie Klein«. Vortragsabend der New Yorker Psychoanalytischen Gesellschaft vom 25. Mai 1965. *Psychoanal. Q.,* 35: 320–325.
Glover, E.: (1956), *On the Early Development of Mind.* New York.
Gouin-Decarie, T.: (1965), *Intelligence and Affectivity in Early Childhood.* New York.
Greenacre, P.: (1945), »The Biologic Economy of Birth«, in: *The Psychoanalytic Study of the Child,* Bd. 1, New York, S. 31–51.
–: (1947), »Vision, Headache and the Halo: Reactions to Stress in the Course of Superego Formation«, *Psychoanal. Q.,* 16: 177–194.
–: (1948), »Anatomical Structure and Super-Ego Development«, *Am. J. Orthopsychiatry,* 18: 636–648.
–: (1953), »Penis Awe and Its Relation to Penis Envy«, in: *Emotional Growth,* Bd. 1, New York, S. 31–49.
–: (1957), »The Childhood of the Artist: Libidinal Phase Development and Giftedness«, in: *The Psychoanalytic Study of the Child,* Bd. 12, New. York, S. 27–72.
–: (1958), »Early Physical Determinants in the Development of the Sense of Identity«, *J. Am. Psychoanal. Assoc.,* 6: 612–627.
–: (1959), »On Focal Symbiosis«, in: *Dynamic Psychology in Childhood,* hrsg. v. L. Jessner und E. Pavenstedt, New York, S. 243–256.
–: (1960), »Considerations Regarding the Parent-Infant Relationship«, in: *Emotional Growth,* Bd. 1, New York, S. 199–224.

–: (1966), »Problems of Overidealization of the Analyst and of Analysis: Their Manifestations in the Transference and Counter-Transference Relationships«, in: *The Psychoanalytic Study of the Child,* Bd. 21, New York, S. 193–212.
–: (1968), »Perversion: General Considerations Regarding Their Genetic and Dynamic Background«, in: *The Psychoanalytic Study of the Child«,* Bd. 23, New York, S. 47–62.
–: (1973), »The Primal Scene and the Sense of Reality«, *Psychoanal. Q.,* 42: 10–40.
Greenson, R. R.: (1968), »Dis-Identification«, *Int. J. Psycho-Anal.,* 49: 370–374.
–: (1971), »A Dream While Drowning«, in: *Separation-Individuation: Essays in Honor of Margaret S. Mahler,* hrsg. v. J. B. McDevitt und C. F. Settlage, New York, S. 377–384.
Harley, M.: (1971), »Some Reflections on Identity Problems in Prepuberty«, in: *Separation-Individuation: Essays in Honor of Margaret S. Mahler,* hrsg. v. J. B. McDevitt und C. F. Settlage, New York, S. 385–403.
Harrison, I.: (1973), »On the Maternal Origins of Awe«, in: *The Psychoanalytic Study of the Child,* Bd. 30 (in Vorbereitung).
Harrison, S.: (1971), »Symbiotic Infantile Psychosis: Observation of an Acute Episode«, in: *Separation-Individuation: Essays in Honor of Margaret S. Mahler,* hrsg. v. J. B. McDevitt und C. F. Settlage, New York, S. 404–415.
Hartmann, H.: (1939), *Ich-Psychologie.* Studien zur Psychoanalytischen Theorie. Klett Verlag, Stuttgart 1972.
–: (1950), »Psychoanalysis and Development Psychology«, in: *The Psychoanalytic Study of the Child,* Bd. 5. New York, S. 7–17.
–: (1952), »The Mutual Influences in the Development of the Ego and Id«, in: *The Psychoanalytic Study of the Child,* Bd. 7, New York, S. 9–30.
–: (1955), »Notes on the Theory of Sublimation«, in: *The Psychoanalytic Study of the Child,* Bd. 10, New York, S. 9–29.
–: (1956), »Notes on the Reality Principle«, in: *Essays on Ego Psychology,* New York, S. 241–267.
Hartmann, H., Kris, E. und Loewenstein, R. M.: (1946), »Comments on the Formation of Psychic Structure«, in: *The Psychoanalytic Study of the Child,* Bd. 2, New York, S. 11–38.
–: (1949), »Notes on the Theory of Aggression«, in: *The Psychoanalytic Study of the Child,* Bd. 3/4, New York, S. 9–36.
Heimann, P.: (1966), »Comment on Dr. Kernberg's Paper (Structural Derivatives of Object Relationships)«, *Int. J. Psycho-Anal.,* 47: 254–260.
Hendrick, I.: (1951), »Early Development of the Ego: Identification in Infancy«, *Psychoanal. Q.,* 20: 44–61.
Hermann, I.: (1926), »Das System Bw«, *Imago,* 12: 203–210.
–: (1936), »Sich-Anklammern, Auf-Suche-Gehen«, *Int. Z. Psychoanal.,* 22: 349–370.
Hoffer, W.: (1949), »Mouth, Hand and Ego-Integration,« in: *The Psychoanalytic Study of the Child,* Bd. 3/4. New York, S. 49–56.
–: (1950*a*), »Development of the Body Ego«, in: *The Psychoanalytic Study of the Child,* Bd. 5, New York, S. 18–23.

–: (1950*b*), »Oral Aggressiveness and Ego Development«, *Int. J. Psycho-Anal.,* 31: 156–160.
–: (1952), »The Mutual Influences in the Development of Ego and Id: Earliest Stages«, in: *The Psychoanalytic Study of the Child,* Bd. 7, New York, S. 31–41.
–: (1955), *Psychoanalysis: Practical and Research Aspects.* Baltimore, S. 10.
Hollander, M.: (1970), »The Need or Wish to be Held«, *Arch. Gen. Psychiatry,* 22: 445–453.
Homburger, A.: (1923), »Zur Gestaltung der normalen menschlichen Motorik und ihre Beurteilung«. *Z. Gesamte Psychiatr.,* 75. 274.
Isakower, O.: (1938), »A Contribution to the Pathopsychology of Phenomena Associated with Falling Asleep«, *Int. J. Psycho-Anal.,* 19: 331–345.
–: (1939), »On the Exceptional Position of the Auditory Sphere«, *Int. J. Psycho-Anal.,* 20: 340–348.
Jackson, E., Klatskin, E. und Ethelyn, H.: (1950), »Rooming-in Research Project: Development of Methodology of Parent-Child Relationship Study in a Clinical Setting«, in: *The Psychoanalytic Study of the Child,* Bd. 5, New York, S. 236–240.
Jacobson, E.: (1953), »The Affects and Their Pleasure-Unpleasure Qualities in Relation to the Psychic Discharge Processes«, in: *Drives, Affects, Behavior,* hrsg. v. R. M. Loewenstein, Bd. 1, New York, S. 38–66.
–: (1954), »The Self and the Object World: Vicissitudes of Their Infantile Cathexes and Their Influence of Ideational and Affective Development«, in: *The Psychoanalytic Study of the Child,* Bd. 9, New York, S. 75–127.
–: (1964), *Das Selbst und die Welt der Objekte,* Suhrkamp Verlag, Frankfurt am Main, 1973.
James, M.: (1960), »The Premature Ego Development: Some Observations on Disturbances in the First Three Months of Life«, *Int. J. Psycho-Anal.,* 41: 288–294.
Joffe, W. G. und Sandler, J.: (1965), »Notes on Pain, Depression, and Individuation«, in: *The Psychoanalytic Study of the Child,* Bd. 20, New York, S. 394–424.
Kafka, E.: (1971), »On the Development of the Experience of Mental Self, Bodily Self, and Self-Consciousness«, in: *The Psychoanalytic Study of the Child,* Bd. 26, New York, S. 217–240.
Kanner, L.: (1949), »Problems of Nosology and Psychodynamics of Early Infantile Autism«, *Am. J. Orthopsychiatry,* 19: 416–426.
Kaplan, L. J.: (1972), »Object Constancy in Piaget's Vertical Décalage«, *Bull. Menninger Clinic,* 36: 322–334.
Katan, A.: (1961), »Some Thoughts about the Role of Verbalization in Early Childhood«, in: *The Psychoanalytic Study of the Child,* Bd. 16, New York, S. 184–188.
Kaufman, I. C. und Rosenblum, L. A.: (1967), »Depression in Infant Monkeys Separated from Their Mothers«, *Science,* 155: 1030–1031.
–: (1968), »The Reaction to Separation in Infant Monkeys: Anaclitic Depression and Conservation-Withdrawal«, *Psychosom. Med.,* 29: 648–675.
Kernberg, O.: (1967), »Borderline Personality Organization«, *J. Am. Psychoanal. Assoc.,* 15: 641–685.
–: (1974), »Contrasting Viewpoints Regarding the Nature and Psychoanalytic

Treatment of Narcissistic Personalities: A Preliminary Communication«, *J. Am. Psychoanal. Assoc.,* 22: 255–267.
Kestenberg, J. S.: (1956), »On the Development of Maternal Feelings in Early Childhood: Observations and Reflections«, in: *The Psychoanalytic Study of the Child,* Bd. 11, New York, S. 257–291.
–: (1965*a*), »The Role of Movement Patterns in Development. I. Rhythms of Movement«, *Psychoanal. Q.,* 24: 1–26.
–: (1965*b*), »The Role of Movement Patterns in Development. II. Flow and Tension and Effort«, *Psychoanal. Q.,* 24: 517–563.
–: (1967), »The Role of Movement Patterns in Development. III. The Control of Shape. *Psychoanal. Q.,* 36: 356–409.
–: (1968), »Outside and Inside, Male and Female«, *J. Am. Psychological Assoc.,* 16: 457–520.
–: (1971), »From Organ-Object Imagery to Self and Object Representations«, in: *Separation-Individuation: Essays in Honor of Margaret S. Mahler,* hrsg. v. J. B. McDevitt und C. F. Settlage, New York, S. 75–99.
Khan, M. M. R.: (1963), »The Concept of Cumulative Trauma«, in: *The Psychoanalytic Study of the Child,* Bd. 18, New York, S. 286–306.
–: (1964), »Ego Distortion, Cumulative Trauma, and the Role of Reconstruction in the Analytic Situation«, *Int. J. Psycho-Anal.,* 45: 272–279.
Kierkegaard, S.: (1846), *Die Reinheit des Herzens.* (1926).
Kleeman, J. A.: (1967), »The Peek-a-Boo Game: Part I: Its Origins, Meanings, and Related Phenomena in the First Year«, in: *The Psychoanalytic Study of the Child,* Bd. 22, New York, S. 239–273.
Kohut, H.: (1972), »Thoughts on Narcissism and Narcissitic Rage«, in: *The Psychoanalytic Study of the Child,* Bd. 27, New York, S. 360–401.
Kris, E.: (1950), »Notes on the Development and on Some Current Problems of Psychoanalytic Child Psychology«, in: *The Psychoanalytic Study of the Child,* Bd. 5, New York, S. 24–46.
–: (1955), »Neutralization and Sublimation: Observations on Young Children«, in: *The Psychoanalytic Study of the Child,* Bd. 10, New York, S. 30–46.
–: (1956), »The Recovery of Childhood Memories«, in: *The Psychoanalytic Study of the Child,* Bd. 11, New York, S. 54–88.
–: (1962), »Decline and Recovery in the Life of a Three-Year-Old; or Data in Psychoanalytic Perspective on the Mother-Child Relationship«, in: *The Psychoanalytic Study of the Child,* Bd. 17, New York, S. 175–215.
Kris, E. et al.: (1954), »Problems of Infantile Neurosis: A Discussion«, in: *The Psychoanalytic Study of the Child,* Bd. 9, New York, S. 16–71.
Kris, M.: (1957), »The Use of Prediction in a Longitudinal Study«, in: *The Psychoanalytic Study of the Child,* Bd. 12, New York, 175–189.
–: (1972), »Some Aspects of Family Interaction: A Psychoanalytic Study«, *Freud Anniversary Lecture.* 28. März 1972. Unveröffentlicht.
Kupfermann, K.: (1971), »The Development and Treatment of a Psychotic Child«, in: *Separation-Individuation: Essays in Honor of Margaret S. Mahler,* hrsg. v. J. B. McDevitt und C. F. Settlage. New York, S. 441–470.
Lampl-de Groot, J.: (1973), »Vicissitudes of Narcisism and Problems of Civilization«, *Freud Anniversary Lecture.* 28. März 1973.
Unveröffentlicht.

Levita, D.: (1966), »On the Psychoanalytic Concept of Identity«, *Int. J. Psycho-Anal.,* 47: 299–305.
Levy, D. M.: (1937), »Primary Affect Hunger«, *Am. J. Psychol.,* 94: 643–652.
Lewin, B. D.: (1946), »Sleep, the Mouth and the Dream Screen«, *Psychoanal. Q.,* 15: 419–434.
–: (1948), »Inferences from the Dream Screen«, *Int. J. Psycho-Anal.,* 29: 224–231.
–: (1950), *The Psychoanalysis of Elation.* New York.
–: (1953), »Reconsideration of the Dream Screen«, *Psychoanal. Q.,* 22: 174–199.
Lichtenstein, H.: (1964), »The Role of Narcissism in the Emergence and Maintenance of a Primary Identity«, *Int. J. Psycho-Anal.,* 45: 49–56.
Lley, A. W.: (1972), »The Foetus as a Personality«, *Aust. N. Z. J. Psychiatry,* 6: 99–105.
Loewald, H. W.: (1951), »Ego and Reality«, *Int. J. Psycho-Anal.,* 32: 10–18.
–: (1962), »Internalization, Separation, Mourning, and the Superego«, *Psychoanal. Q.,* 31: 483–504.
Loewenstein, R. M.: (1950), »Conflict and Autonomous Ego Development During the Phallic Phase«, in: *The Psychoanalytic Study of the Child,* Bd. 5, New York, S. 47–52.
Löfgren, J. B.: (1968), »Castration Anxiety and the Body Ego«, *Int. J. Psycho-Anal.,* 49: 408–410.
Lustman, S. L.: (1956), »Rudiments of the Ego«, in: *The Psychoanalytic Study of the Child,* Bd. 11, New York, S. 89–98.
–: (1957), »Psychic Energy and the Mechanisms of Defense«, in: *The Psychoanalytic Study of the Child,* Bd. 12, New York, S. 151–165.
–: (1962), »Defense, Symptom, and Character«, in: *The Psychoanalytic Study of the Child,* Bd. 17, New York, S. 216–244.
Mahler, M. S.: (1944), »Tics and Impulsions in Children: A Study of Motility«, *Psychoanal. Q.,* 13: 430–444.
–: (1945), »Introductory Remarks To: Symposium on Tics in Children«, *Nerv. Child,* 4: 307.
–: (1949*a*), »A Psychoanalytic Evaluation of Tic in Psychopathology of Children: Symptomatic Tic and Tic Syndrome«, in: *The Psychoanalytic Study of the Child,* Bd. 3/4, New York, S. 279–310.
–: (1949*b*), »Remarks on Psychoanalysis with Psychotic Children«, *Q. J. Child Behaviour,* 1: 18–21. (Zitiert in R. Fliess, *Ego and Body Ego,* S. 24.)
–: (1950), Discussion of Papers by Anna Freud and Ernst Kris: Symposium on »Problems of Child Development.« Stockbridge, Mass., April 1950. Unveröffentlicht. (Zitiert in R. Fliess, *Ego and Body,* S. 30.)
–: (1952), »On Child Psychosis and Schizophrenia: Autistic and Symbiotic Infantile Psychoses«, in: *The Psychoanalytic Study of the Child,* Bd. 7, New York, S. 286–305.
–: (1955), »Discussion [of papers by Kanner and Eisenberg, Despert, Louriel], in: *Psychopathology of Childhood,* hrsg. v. P. H. Hoch und J. Zubin, New York, S. 285–289.
–: (1958*a*), »Autism and Symbiosis: Two Extreme Disturbances of Identity«, *Int. J. Psycho-Anal.,* 39: 77–83.
–: (1958*b*), »On Two Cruical Phases of Integration of the Sense of Identity:

Separation-Individuation and Bisexual Identity«, *J. Am. Psychoanal. Assoc.*, 6: 136–139.
–: (1960), »Symposium on Psychotic Object-Relationships: III. Perceptual De-Differentiation and Psychotic ›Object Relationship‹«, *Int. J. Psycho-Anal.*, 41: 548–553.
–: (1961), »On Sadness and Grief in Infancy and Childhood: Loss and Restoration of the Symbiotic Love Object«, in: *The Psychoanalytic Study of the Child*, Bd. 16, New York, S. 332–351.
–: (1963), »Thoughts about Development and Individuation«, in: *The Psychoanalytic Study of the Child*, Bd. 18. New York, S. 307–324.
–: (1965*a*), »On Early Infantile Psychosis: The Symbiotic and Autistic Syndromes«, *J. Am. Acad. Child Psychiatry*, 4: 554–568.
–: (1965*b*), »On the Significance of the Normal Separation-Individuation Phase: With Reference to Research in Symbiotic Child Psychosis«, in: *Drives, Affects, Behavior*, Bd. 2, hrsg. v. M. Schur, New York, S. 161–169.
–: (1966*a*), »Discussion of P. Greenacre's Problems of Overidealization of the Analyst and Analysis«, Auszug in *Psychoanal. Q.*, 36 (1967): 637.
–: (1966*b*), »Notes on the Development of Basic Moods: The Depressive Affect«, in: *Psychoanalysis – A General Psychology: Essays in Honor of Heinz Hartmann*, hrsg. v. R. M. Loewenstein, L. M. Newman, M. Schur und A. J. Solnit, New York, S. 152–168.
–: (1967*a*), »On Human Symbiosis and the Vicissitudes of Individuation«, *J. Am. Psychoanal. Assoc.*, 15: 740–763.
–: (1967*b*), »Child Development and the Curriculum«, *J. Am. Psychoanal. Assoc.*, 15: 876–886.
–: (1968*a*), »Discussion of Börje Löfgren's paper ›Castration Anxiety and the Body Ego‹«, *Int. J. Psychoanal.*, 49: 410–412.
–: (1968*b*), *Symbiose und Individuation.* Klett Verlag, Stuttgart 1972.
–: (1969), »Perturbances of Symbiosis and Individuation in the Development of the Psychotic Ego«, in: *Problems of Psychosis*, hrsg. v. P. Doucet und C. Laurin. *Exerpt. Med. Int. Cong. Series.* Teil 1, S. 188–196 und Teil 2, S. 375–378.
–: (1971), »A Study of the Separation-Individuation Process and Its Possible Application to Borderline Phenomena in the Psychoanalytic Situation«, in: *The Psychoanalytic Study of the Child*, Bd. 26, New York, S. 403–424.
–: (1972*a*), »On the First Three Subphases of the Separation-Individuation Process«, *Int. J. Psycho-Anal.*, 53: 333–338.
–: (1972*b*), »Rapprochement Subphase of the Separation-Individuation Process«, *Psychoanal. Q.*, 41: 487–506.
–: (1974), »Discussion of R. Stoller's ›Healthy Parental Influences on the Earliest Development of Masculinity in Baby Boys‹«, *Psychoanalytic Forum*, Bd. 5.
Mahler, M. S. und Elkisch, P.: (1953), »Some Observations on Disturbances of the Ego in a Case of Infantile Psychosis«, in: *The Psychoanalytic Study of the Child*, Bd. 8, New York, S. 252–261.
Mahler, M. S. und Furer, M.: (1960), »Observations on Research Regarding the ›Symbiotic Syndrome‹ of Infantile Psychosis«, *Psychoanal. Q.*, 29: 317–327.
–: (1963*a*), »Certain Aspects of the Separation-Individuation Phase«, *Psychoanal. Q.*, 32: 1–14.

–: (1963*b*), »Description of the Subphases. History of the Separation-Individuation Study«. Vorgestellt auf dem Workshop IV: Research in Progress. American Psychoanalytic Association, Jahrestreffen am 4. Mai 1963 in St. Louis, Mo. Unveröffentlicht.
–: (1966), »Development of Symbiosis, Symbiotic Psychosis, and the Nature of Separation Anxiety: Remarks on J. Weiland's Paper«, *Int. J. Psycho-Anal.,* 47: 559–560.
–: (1972), »Child Psychosis: A Theoretical Statement and Its Implications«, *J. Autism Child Schizo.,* 2/3: 213–218.
Mahler, M. S., Furer, M. und Settlage, C. F.: (1959), »Severe Emotional Disturbances in Childhood Psychosis«, in: *American Handbook of Psychiatry,* Bd. 1, hrsg. v. S. Arieti, New York, S. 816–839.
Mahler, M. S. und Gosliner, B. J.: (1955), »On Symbiotic Child Psychosis: Genetic, Dynamic and Restitutive Aspects«, in: *The Psychoanalytic Study of the Child,* Bd. 10, New York, S. 195–212.
Mahler, M. S. und Gross, I. H.: (1945), »Psychotherapeutic Study of a Typical Case with Tic Syndrome«, *Nerv. Child,* 4: 359–373.
Mahler, M. S. und La Perriere, K.: (1965), »Mother-Child Interaction during Separation-Individuation«, *Psychoanal. Q.,* 34: 483–498.
Mahler, M. S. und Luke, J. A.: (1946), »Outcome of the Tic Syndrome«, *J. Nerv. Ment. Dis.,* 103: 433–445. Auszug in *Digest Neurol. Psychiatry,* 14 (1946): 398.
Mahler, M. S., Luke, J. A. und Daltroff, W.: (1945), »Clinical and Follow-up Study of the Tic Syndrome in Children«, *Am. J. Orthopsychiatry,* 15: 631–647.
Mahler, M. S. und McDevitt, J. B.: (1968), »Observations on Adaptation and Defense in *Statu Nascendi:* Developmental Precursors in the First Two Years of Life«, *Psychoanal. Q.,* 37: 1–21.
Mahler, M. S., Pine, F. und Bergman, A.: (1970), »The Mother's Reaction to her Toddler's Drive for Individuation«, in: *Parenthood: Its Psychology and Psychopathology,* hrsg. v. E. J. Anthony and T. Benedek, Boston, S. 257–274.
Mahler, M. S., Ross, J. R. Jr. und De Fries, Z.: (1949), »Clinical Studies in Benign and Malignant Cases of Childhood Psychosis (Schizophrenia-like)«, *Am. J. Orthopsychiatry,* 19: 295–305.
Mahler, M. S. und Settlage, C. F.: (1956), »The Classification and Treatment of Childhood Psychoses.« American Psychiatric Association, Chicago, III., 1956. Unveröffentlicht. (Zitiert in R. Fliess, *Ego and Body Ego,* S. 25.)
Masterson, J. F.: (1973), »The Mother's Contribution to the Psychic Structure of the Borderline Personality«. Vortrag auf dem Margaret S. Mahler Symposium on Child Development, Philadelphia, Mai 1973. Unveröffentlicht.
McDevitt, J. B.: (1971), »Preoedipal Determinants of an Infantile Neurosis«, in: *Separation-Individuation: Essays in Honor of Margaret S. Mahler,* hrsg. v. J. B. McDevitt und C. F. Settlage, New York, S. 201–228.
–: (1972), »Libidinal Object Constancy: Some Developmental Considerations«. Vortrag der New York Psychoanalytic Society. New York, Januar 1972. Unveröffentlicht.
Modell, A. H.: (1968), *Object Love and Reality.* New York.

Murphy, L. B.: (1962), *The Widening World of Childhood.* New York.
Nagera, H.: (1966), *Early Childhood Disturbances: The Neurosis and the Adult Disturbances.* Monograph Series of the Psychological Study of the Child, Nr. 2, New York.
Niederland, W. G.: (1965), »The Role of the Ego in the Recovery of Early Memories«, *Psychoanal. Q.,* 34: 564–571.
Omwake, E. R. und Solnit, L.: (1961), »It Isn't Fair«, in: *The Psychoanalytic Study of the Child,* Bd. 16, New York, S. 352–404.
Pacella, B. L.: (1972), »Early Ego Development and the Déjà-Vu«. Vortrag vor der New York Psychoanalytic Society. New York, 30. Mai 1972. Unveröffentlicht.
Parens, H.: (1971), »A Contribution of Separation-Individuation to the Development of Psychic Structure«, in: *Separation-Individuation: Essays in Honor of Margaret S. Mahler,* hrsg. v. J. B. McDevitt und C. F. Settlage, New York, S. 100–112.
–: (1973), »Aggression: A Reconsideration«, *J. Am. Psychoanal. Assoc.,* 21: 34–60.
–: (1974), »Aggression: Towards Its Epigenesis in Early Childhood«. Unveröffentlicht.
Parens, H. und Saul, L. J.: (1971), *Dependence in Man.* New York.
Petö, A.: (1955), »On So-Called Depersonalization«, *Int. J. Psycho-Anal.,* 36: 379–386.
–: (1969), »Terrifying Eyes: A Visual Superego Forerunner«, in: *The Psychoanalytic Study of the Child,* Bd. 24, New York, S. 197–212.
–: (1970), »To Cast Away: An Vestibular Forerunner of the Superego«, in: *The Psychoanalytic Study of the Child,* Bd. 25, New York, S. 401–416.
Piaget, J.: (1929), *The Child's Conception of the World,* New York.
–: (1972), *Urteil und Denkprozeß des Kindes,* Düsseldorf.
–: (1975), *Die Entwicklung des Erkennens,* Bd. II, *Das physikalische Denken,* Stuttgart.
–: (1975), *Das Erwachen der Intelligenz beim Kinde,* Stuttgart.
–: (1974), *Der Aufbau der Wirklichkeit beim Kinde,* Stuttgart.
Pine, F.: (1964), »Some Patterns of Mother-Child Behavior in Toddlerhood«. Vortrag auf der Research Career Development Award Conference. Skytop, Pa., Juni 1964. Unveröffentlicht.
–: (1970), »On the Structuralization of Drive-Defense Relationships«, *Psychoanal. Q.,* 39: 17–37.
–: (1971), »On the Separation Process: Universal Trends and Individual Differences«, in: *Separation-Individuation: Essays in Honor of Margaret S. Mahler,* hrsg. v. J. B. McDevitt und C. F. Settlage, New York, S. 113–130.
–: (1974), »Libidinal Object Constancy: A Theoretical Note«, *Psychoanal. and Contemp. Sci.,* Bd. 3, hrsg. v. L. Goldberger und V. H. Rosen, New York, S. 307–313.
Pine, F. und Furer, M.: (1963), »Studies of the Separation-Individuation Phase: A Methodological Overview«, in: *The Psychoanalytic Study of the Child,* Bd. 18, New York, S. 325–342.
Provence S. und Lipton, R. C.: (1962), *Infants in Institutions.* New York.
Provence S. und Ritro, S.: (1961), »Effects of Deprivation on Institutionalized

Infants«, in: *The Psychoanalytic Study of the Child,* Bd. 16, New York, S. 189–205.
Ribble, M. A.: (1943), *The Rights of Infants: Early Psychological Needs and Their Satisfaction.* New York.
Rinsley, D. B.: (1965), »Intensive Psychiatric Hospital Treatment of Adolescents: An Objective-Relations Review«, *Psychiatr. Q.,* 39: 405–429.
–: (1968), »Economic Aspects of Object-Relations«, *Int. J. Psycho-Anal.,* 49: 38–48.
–: (1971*a*), »The Adolescent In-Patient: Patterns of Depersonification«, *Psychiatr. Q.,* 45: 1–20.
–: (1971*b*), »Theory and Practice of Intensive Residential Treatment of Adolescents«, in: *Adolescent Psychiatry,* Bd. 1, hrsg. v. S. C. Feinstein, P. L. Giovacchini und A. A. Miller, New York, S. 479–508.
Ritvo, S. und Solnit, A. J.: (1958), »Influences of Early Mother-Child Interaction on Identification Processes«, in: *The Psychoanalytic Study of the Child,* Bd. 13, New York, S. 64–91.
Roiphe, H. und Galenson, E.: (1971), »The Impact of Early Sexual Discovery on Mood, Defensive Organization and Symbolization«, in: *The Psychoanalytic Study of the Child,* Bd. 26, New York, S. 195–216.
–: (1972), »Early Genital Activity and the Castration Complex«, *Psychoanal. Q.,* 41: 334–347.
–: (1973), »Some Observations on Transitional Object and Infantile Fetish«. Vortrag (zu Ehren der) New York Psychoanalytic Society. New York, 27. März 1973. Unveröffentlicht.
Rose, G. J.: (1964), »Creative Imagination in Terms of Ego ›Core‹ and Boundaries«, *Int. J. Psycho-Anal.,* 45: 75–84.
–: (1966), »Body Ego and Reality«, *Int. J. Psycho-Anal.,* 47: 502–509.
Rubinfine, D. L.: (1958), »Report of Panel: Problems of Identity«, *J. Am. Psychoanal. Assoc.,* 6: 131–142.
–: (1961), »Perception, Reality Testing, and Symbolism«, in: *The Psychoanalytic Study of the Child,* Bd. 16, New York, S. 73–89.
Sander, L. W.: (1962*a*), »Adaptive Relationships in Early Mother-Child Interaction«, *J. Am. Acad. Child Psychiatry,* 3 (1964): 231–264.
–: (1962*b*), »Issues in Early Mother-Child Interaction«, *J. Am. Acad. Child Psychiatry,* 1 (1962): 141–166.
Sandler, J.: (1960), »On the Concept of the Superego«, in: *The Psychoanalytic Study of the Child,* Bd. 15, New York, S. 128–162.
Sandler, J., Holder, A. und Meers, D.: (1963), »The Ego Ideal and the Ideal Self«, in: *The Psychoanalytic Study of the Child,* Bd. 18, New York, S. 139–158.
Schilder, P. F.: (1914), *Selbstbewußtsein und Persönlichkeitsbewußtsein: eine psychopathologische Studie,* hrsg. v. A. Alzheimer und M. Lewandowsky. Berlin: J. Springer.
–: (1923), *The Image and Appearance of the Human Body: Studies in the Constructive Energies of the Psyche.* New York, 1951.
Schur, M.: (1955), »Comments on the Metapsychology of Somatization«, in: *The Psychoanalytic Study of the Child,* Bd. 10, S. 119–164.
–: (1966), *Das Es und die Regulationsprinzipien des psychischen Geschehens.* S. Fischer Verlag, Frankfurt am Main, 1973.

Settlage, C. F.: (1971), »On the Libidinal Aspect of Early Psychic Development and the Genesis of Infantile Neurosis«, in: *Separation-Individuation: Essays in Honor of Margaret S. Mahler,* hrsg. v. J. B. McDevitt und C. F. Settlage, New York, S. 131–156.

–: (1974), »Danger Signals in the Separation-Individuation Process: The Observations and Formulations of Margaret S. Mahler.« In: *The Infant at Risk,* Bd. 10, Nr. 2. Birth Defects: Original Article Series, hrsg. v. D. Bergsma, R. T. Gross, C. F. Settlage, A. J. Solnit und D. Dwyer. Miami: Symposia Specialists, S. 63–75, New York.

Solnit, A. J.: (1970), »A Study of Object Loss in Infancy«, in: *The Psychoanalytic Study of the Child,* Bd. 25, New York, S. 257–272.

Speers, R. W.: (1974), »Variations in Separation-Individuation and Implications for Play Ability and Learning«, in: *The Infant at Risk,* Bd. 10, Nr. 2. Birth Defects: Original Article Series, hrsg. v. D. Bergsma, R. T. Gross, C. F. Settlage, A. J. Solnit und D. Dwyer. Miami: Symposia Specialists, S. 77–100, New York.

Speers, R. W., McFarland, M. B., Arnaud, S. H. und Curry, N. E.: (1971), »Recapitulation of Separation-Individuation Process when the Normal Three-Year-Old Enters Nursery School«, in: *Essays in Honor of Margaret S. Mahler,* hrsg. v. J. B. McDevitt und C. F. Settlage, New York, S. 297 bis 324.

Sperling, O.: (1944), »On Appersonation«, *Int. J. Psycho-Anal.,* 25: 128–132.

Spiegel, L. A.: (1959), »The Self, the Sense of Self and Perception«, in: *The Psychoanalytic Study of the Child,* Bd. 14, New York, S. 81–109.

Spitz, R. A.: (1945), »Diacritic and Coenesthic Organizations: The Psychiatric Significance of a Functional Division of the Nervous System into a Sensory and Emotive Part«, *Psychoanal. Rev.,* 32: 146–162.

–: (1946), »The Smiling Response: A Contribution to the Ontogenesis of Social Relations« (with the assistance of K. M. Wolf, Ph. D.), *Genet. Psychol. Monogr.,* Nr. 34, S. 57–125.

–: (1950), »Relevancy of Direct Infant Observations«, in: *The Psychoanalytic Study of the Child,* Bd. 10, S. 215–240.

–: (1955), »The Primal Cavity: A Contribution to the Genesis of Perception and Its Role for Psychoanalytic Theory«, in: *The Psychoanalytic Study of the Child,* Bd. 10, New York, S. 215–240.

–: (1964), »The Derailment of Dialogue: Stimulus Overload, Action Cycles, and the Completion Gradient«, *J. Am. Psychoanal. Assoc.,* 12: 752–775.

–: (1965), *Vom Säugling zum Kleinkind.* Naturgeschichte der Mutter-Kind-Beziehung im ersten Lebensjahr. Klett Verlag, Stuttgart, 1974.

–: (1972), »Bridges: On Anticipation, Duration and Meaning«, *J. Am. Psychoanal. Assoc.,* 20: 721–735.

Spitz, R. A., Emde, R. N. und Metcalf, D. R.: (1970), »Further Prototypes of Ego Formation«, in: *The Psychoanalytic Study of the Child,* Bd. 25, New York, S. 417–441.

Spock, B.: (1963), »The Striving for Autonomy and Regressive Object Relationships«, in: *The Psychoanalytic Study of the Child,* Bd. 18, New York, S. 361–364.

–: (1965), »Innate Inhibition of Aggressiveness in Infancy«, in: *The Psychoanalytic Study of the Child,* Bd. 20, New York, S. 340–343.

Stoller, R. J.: (1973), »Male Transsexualism: Uneasiness«, *Am. J. Psychiatry,* 130: 536–539.
Tolpin, M.: (1972), »On the Beginnings of a Cohesive Self«, in: *The Psychoanalytic Study of the Child,* Bd. 26, New York, S. 316–352.
Waelder, R.: (1960), *The Basic Theory of Psychoanalysis.* New York, S. 56–57.
Weil, A. P.: (1956), »Some Evidences of Deviational Development in Infancy and Childhood«, in: *The Psychoanalytic Study of the Child,* Bd. 11, New York, S. 292–299.
–: (1970), »The Basic Core«, in: *The Psychoanalytic Study of the Child,* Bd. 25, New York, S. 442–460.
–: (1973), »Ego Strengthening Prior to Analysis«, in: *The Psychoanalytic Study of the Child,* Bd. 28, New Haven, S. 287–304.
Werner, H.: (1948), *Comparative Psychology of Mental Development.* New York.
Werner, H. und Kaplan, B.: (1963), *Symbol Formation.* New York.
Winnicott, D. W.: (1953), »Transitional Objects and Transitional Phenomena: A Study of the First Not-Me Possession«, *Int. J. Psycho-Anal.,* 34: 89–97.
–: (1956), »Primary Maternal Preoccupation«, in: *Collected Papers,* New York, 1958, S. 300–305.
–: (1957*a*), »The Ordinary Devoted Mother and Her Baby«. Neun Radiosendungen (1949). Wiederabgedruckt in *The Child and the Family.* New York.
–: (1957*b*), *Mother and Child: A Primer of First Relationships.* New York.
–: (1958), »The Capacity to be Alone«, *Int. J. Psycho-Anal.,* 39: 416–420.
–: (1962), *Reifungsprozesse und fördernde Umwelt,* Kindler Verlag, München, 1974.
Wolf, P. und White, B.: (1965), »Visual Pursuit and Attention in Young Infants«, *J. Am. Acad. Child Psychiatry,* 4: 473–484.
Wolff, P. H.: (1959), »Observations on Newborn Infants«, *Psychosom. Med.,* 21: 110–118.
Woodbury, M. A.: (1966), »Altered Body-Ego Experiences: A Contribution to the Study of Regression, Perception, and Early Development«, *J. Am. Psychoanal. Assoc.,* 14: 273–303.
Zetzel, E. R. (1949), »Anxiety and the Capacity to Bear It«, *Int. J. Psycho-Anal.,* 30: 1–12.
–: (1965), »Depression and the Incapacity to Bear It«, in: *Drives, Affects, Behavior,* Bd. 2, hrsg. v. M. Schur, New York, S. 243–274.
–: (1966), »The Predisposition to Depression«, *Can. Psychiatr. Assoc. J. Supp.,* 11: 236–249.

Namen- und Sachregister

Zusammengestellt von Christoph v. Gierke

Zeit für Kinder

Ursula Köhler (Hg.)
Kinderleben
Dichter erzählen
von Kindern
Band 11542

Mary MacCracken
Charlie, Eric und das ABC des Herzens
Außenseiter im
Klassenzimmer
Band 11544

Margaret S. Mahler/
Fred Pine/
Anni Bergman
Die psychische Geburt des Menschen
Band 11545

Ulrike Millhahn
Von der Schwierigkeit, eine gute Stiefmutter zu sein
Band 11546

Neil Postman
Das Verschwinden der Kindheit
Band 11547

Barbara
Sichtermann
Leben mit einem Neugeborenen
Ein Buch über das
erste halbe Jahr
Band 11548

Daniel Widlöcher
Was eine Kinderzeichnung verrät
Methode und
Beispiele
psychoanalytischer
Deutung
Band 11549

Hans Zulliger
Die Angst unserer Kinder
Band 11550

Fischer Taschenbuch Verlag

1 b

Psychologie

Eine Auswahl

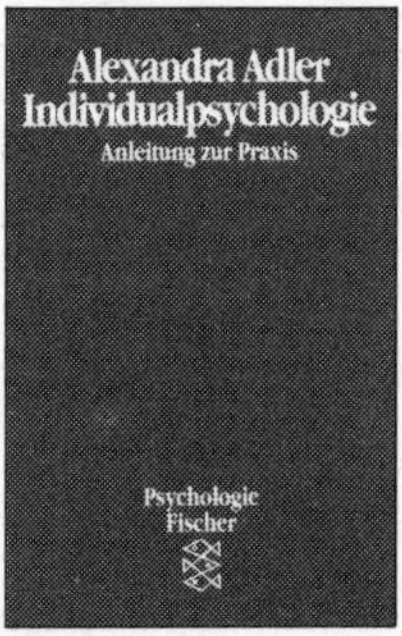

Alexandra Adler
Individual-psychologie
Anleitung zur Praxis
Band 10131

Robert F. Antoch
Von der Kommunikation zur Kooperation
Studien zur individual-psychologischen Theorie und Praxis
Band 4618

Charles Brenner
Grundzüge der Psychoanalyse
Band 6309

Praxis der Psychoanalyse
Psychischer Konflikt und Behandlungstechnik
Band 6740

Hilde Bruch
Eßstörungen
Zur Psychologie und Therapie von Übergewicht und Magersucht
Band 6796

Das verhungerte Selbst
Gespräche mit Magersüchtigen
Band 10167

Almuth Bruder-Bezzel
Geschichte der Individualpsychologie
Band 10793

Ernst Federn / Gerhard Wittenberger (Hg.)
Aus dem Kreis um Sigmund Freud
Nachträge zu den »Wiener Protokollen«
Band 10809

Sándor Ferenczi
Schriften zur Psychoanalyse
Auswahl in zwei Bänden
Herausgegeben von Michael Balint
I. Band: Bd. 7316
II. Band: Bd. 7317

Bernhard Handlbauer
Die Adler-Freud-Kontroverse
Band 7425

Jolande Jacobi
Die Psychologie von C. G. Jung
Eine Einführung in das Gesamtwerk
Band 6365

Russell Jacoby
Die Verdrängung der Psychoanalyse
oder Der Triumph des Konformismus
Band 10518

Fischer Taschenbuch Verlag

fi 1191 / 4 a

Psychologische Ratgeber

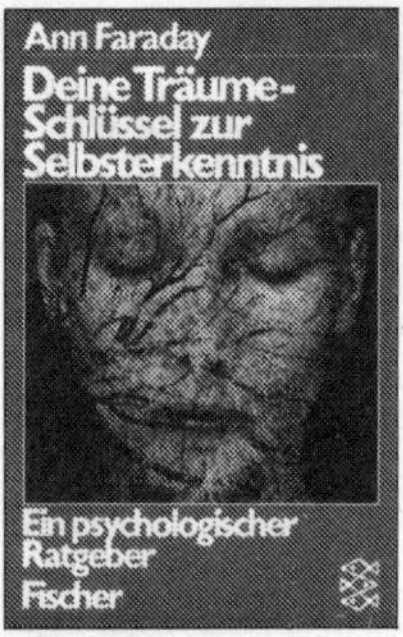

George R. Bach / Herb Goldberg
Keine Angst vor Aggression
Die Kunst der Selbstbehauptung
Band 3314

George R. Bach / Peter Wyden
Streiten verbindet
Spielregeln für Liebe und Ehe
Band 3321

Katharina Dalton
Mütter nach der Geburt
Wege aus der Depression
Band 10955

Ann Faraday
Deine Träume – Schlüssel zur Selbsterkenntnis
Band 3306

Ingrid Fiala
Mein Kind, dein Kind, unser Kind
Vom Umgang mit den Problemen in einer neuen Partnerschaft
Band 3529

Günther Gauß
Angewandtes Ganzheits-Training
Übungen und Erfahrungen
Band 3537

Der Weg zum Selbst
Übungen zur automeditativen Energetik
Band 3536

Liz Greene
Kosmos und Seele
Wege zur Partnerschaft
Ein astro-psychologischer Ratgeber
Band 10748

Werner Gross
Sucht ohne Drogen
Arbeiten, Spielen, Essen, Lieben …
Band 3531

Wolfgang Hölzle
Krankheit als Neubeginn
Bewußter leben nach dem Herzinfarkt
Band 3360

Edith Laudowicz
Älter werden wir doch alle …
Individuelle Erfahrungen und gesellschaftliche Perspektiven
Band 11462

Fischer Taschenbuch Verlag

fi 9/6a

Psychologische Ratgeber

Gottfried Lutz / Barbara Künzer-Riebel (Hg.)
Nur ein Hauch von Leben
Eltern berichten vom Tod ihres Babys und von der Zeit der Trauer
Band 10616

Angelika Mechtel
Jeden Tag will ich leben
Ein Krebstagebuch
Band 10874

Else Müller
Du spürst unter deinen Füßen das Gras
Autogenes Training in Phantasie- und Märchenreisen
Vorlesegeschichten
Band 3325

Else Müller
Auf der Silberlichtstraße des Mondes
Autogenes Training mit Märchen zum Entspannen und Träumen
Band 3363

Wege in der Wintersonne
Autogenes Training in Reiseimpressionen
Band 11354

Karl Robert Rosa
Das ist Autogenes Training
Band 3323

Renate Schwab
Der Drache im Herzen des Lebensbaums
Mit Märchen meditieren
Band 10163

Reinhart Stalmann
Psychosomatik
Wenn die Seele leidet, wird der Körper krank
Ein Therapeut erklärt Fälle aus der Praxis
Band 3332

Sven Wahlroos
Familienglück kann jeder lernen
Band 3302

Fischer Taschenbuch Verlag

fi 9/3b